Börsenerlaubnis

Börsen- und kapitalmarktrechtliche Abhandlungen

Herausgegeben von Horst Hammen

Band 18

Zur Qualitätssicherung und Peer Review der vorliegenden Publikation

Die Qualität der in dieser Reihe erscheinenden Arbeiten wird vor der Publikation durch den Herausgeber der Reihe geprüft.

Notes on the quality assurance and peer review of this publication

Prior to publication, the quality of the work published in this series is reviewed by the editors of the series.

Marcel Lohwasser-Spitzer

Börsenerlaubnis

Anspruch auf Erteilung und Widerruf der Börsenerlaubnis

PETER LANG

Bibliografische Information der Deutschen Nationalbibliothek
Die Deutsche Nationalbibliothek verzeichnet diese Publikation in der Deutschen Nationalbibliografie; detaillierte bibliografische Daten sind im Internet über http://dnb.d-nb.de abrufbar.

Zugl.: Gießen, Univ., Diss., 2017
Fachbereich Rechtswissenschaft

D 26
ISSN 1862-183X
ISBN 978-3-631-74553-3 (Print)
E-ISBN 978-3-631-74923-4 (E-PDF)
E-ISBN 978-3-631-74924-1 (EPUB)
E-ISBN 978-3-631-74925-8 (MOBI)
DOI 10.3726/b11635

Peter Lang – Berlin · Bern · Bruxelles · New York ·
Oxford · Warszawa · Wien

Diese Publikation wurde begutachtet.

www.peterlang.com

All denen, deren Nerven ich strapaziert habe.

Vorwort

Die vorliegende Arbeit wurde im Jahr 2015 vom Fachbereich Rechtswissenschaft der Justus-Liebig-Universität Gießen als Dissertation angenommen. Für die Drucklegung habe ich die Arbeit auf den Stand vom 15. September 2017 gebracht und dabei auch die ab dem 3. Januar 2018 geltende Rechtslage berücksichtigt.

Mein besonderer Dank gilt meinem Doktorvater Herrn Prof. Dr. Horst Hammen, der nicht nur das Thema dieser Arbeit anregte, sondern mir auch fortwährend ermöglichte, meine Thesen und Argumente mit ihm zu diskutieren. Die wissenschaftlich toleranten und sehr ausgiebigen Gespräche werden mir stets in bester Erinnerung bleiben. Auch danke ich ihm für die Aufnahme in diese Schriftenreihe. Zudem danke ich Herrn Prof. Dr. Sven Simon für die Erstellung des Zweitgutachtens.

Ferner möchte ich Frau Brigitte Rojan für ihre immer praktischen Hinweise während des Promotionsverfahrens sowie Herrn Dr. Christoph Haffner danken.

Besonders danken möchte ich meinen Eltern, die vor langer Zeit einen Grundstein gelegt haben, auf dem ich bis heute aufbaue.

Schließlich danke ich meiner Ehefrau für ihr unendliches Verständnis und meinen Kindern für ihr Interesse an Papier und Büchern.

Gießen, im November 2017 Dr. Marcel Lohwasser-Spitzer

Inhaltsverzeichnis

Abkürzungsverzeichnis

1. FiMaNoG	Erstes Finanzmarktnovellierungsgesetz
2. FiMaNoG	Zweites Finanzmarktnovellierungsgesetz
4. FMFG	Viertes Finanzmarktförderungsgesetz
a.A.	andere Ansicht
a.F.	alte Fassung
Abs.	Absatz
AEUV	Vertrag über die Arbeitsweise der Europäischen Union
AG	Aktiengesellschaft
AktG	Aktiengesetz
Alt.	Alternative
Anm.	Anmerkung
AO	Abgabenordnung
Art.	Artikel
BaFin	Bundesanstalt für Finanzdienstleistungsaufsicht
BayVwVfG	Bayerisches Verwaltungsverfahrensgesetz
BGB	Bürgerliches Gesetzbuch
BGBl.	Bundesgesetzblatt
BlnVwVfG	Gesetz über das Verfahren der Berliner Verwaltung
BremVwVfG	Bremisches Verwaltungsverfahrensgesetz
BVerfG	Bundesverfassungsgericht
bzw.	beziehungsweise
BörseG AUT	österreichisches Börsegesetz
BörsG	Börsengesetz
BörsG 2018	Börsengesetz in der Fassung vom 23. Juni 2017 (Bundesgesetzblatt Teil I, Seite 1693)
BörsV HE	Hessische Börsenverordnung
CRD IV	Capital Requirements Directive IV
d. h.	das heißt
DBAG	Deutsche Börse AG
EGV	Vertrag zur Gründung der Europäischen Gemeinschaft
Einl.	Einleitung
ErwGr.	Erwägungsgrund
EU	Europäische Union
EU-GRCharta	Charta der Grundrechte der Europäischen Union
EuGH	Europäischer Gerichtshof
EUV	Vertrag über die Europäische Union
EWGV	Vertrag zur Gründung der Europäischen Wirtschaftsgemeinschaft
EWR	Europäischer Wirtschaftsraum
f.	folgende
ff.	folgenden

FGO	Finanzgerichtsordnung
Fn.	Fußnote
FRUG	Finanzmarktrichtlinie-Umsetzungsgesetz
FWB	Frankfurter Wertpapierbörse
GewO	Gewerbeordnung
GG	Grundgesetz
GmbH	Gesellschaft mit beschränkter Haftung
GmbHG	Gesetz betreffend die Gesellschaften mit beschränkter Haftung
GWB	Gesetz gegen Wettbewerbsbeschränkungen
h.M.	herrschende Meinung
HmbVwVfG	Hamburgisches Verwaltungsverfahrensgesetz
Hs.	Halbsatz
HVwVfG	Hessisches Verwaltungsverfahrensgesetz
i.d.F.	in der Fassung
i.V.m.	in Verbindung mit
i.w.S.	im weiteren Sinne
KWG	Gesetz über das Kreditwesen
lit.	Litera
LSE	London Stock Exchange
LVwVfG	Verwaltungsverfahrensgesetz der Länder
m.w.N.	mit weiteren Nachweisen
MAR	Market Abuse Regulation
MaRisk	Mindestanforderungen an das Risikomanagement
MiFID	Finanzmarktrichtlinie
MiFID II	Finanzmarktrichtlinie 2
MiFIR	Markets in Financial Instruments and Amending Regulation
MTF	multilaterales Handelssystem
Nr.	Nummer
NVwVfG	Niedersächsisches Verwaltungsverfahrensgesetz
OFT	Office of Fair Trading
PRIIP	Packaged Retail and Insurance-based Investment Products
Rn.	Randnummer
S.	Seite
SFTR	Securities Financing Transactions Regulation
sog.	sogenannt
SVwVfG	Saarländisches Verwaltungsverfahrensgesetz
SächsVwVfZG	Gesetz zur Regelung des Verwaltungsverfahrens- und des Verwaltungszustellungsrechts für den Freistaat Sachsen
ThürVwVfG	Thüringer Verwaltungsverfahrensgesetz
UAbs.	Unterabsatz
UmwG	Umwandlungsgesetz
VAG	Gesetz über die Beaufsichtigung der Versicherungsunternehmen
Var.	Variante
vgl.	vergleiche

Vorb.	Vorbemerkung
VwG SH	Allgemeines Verwaltungsgesetz für das Land Schleswig-Holstein
VwGO	Verwaltungsgerichtsordnung
VwVfG	Verwaltungsverfahrensgesetz
VwVfG LSA	Verwaltungsverfahrensgesetz Sachsen-Anhalt
VwVfG M–V	Verwaltungsverfahrens-, Zustellungs- und Vollstreckungsgesetz des Landes Mecklenburg-Vorpommern
VwVfG NRW	Verwaltungsverfahrensgesetz für das Land Nordrhein-Westfalen
VwVfGBbg	Verwaltungsverfahrensgesetz für das Land Brandenburg
VwVfGBW	Verwaltungsverfahrensgesetz für Baden-Württemberg
VwVfGRPf	Verwaltungsverfahrensgesetz für Rheinland-Pfalz
VwZG	Verwaltungszustellungsgesetz
WHG	Wasserhaushaltsgesetz
WPDLRL	Wertpapierdienstleistungsrichtlinie
WpHG	Gesetz über den Wertpapierhandel
WpHG 2018	Gesetz über den Wertpapierhandel in der Fassung vom 23. Juni 2017 (Bundesgesetzblatt Teil I, Seite 1693)
WpÜG	Wertpapiererwerbs- und Übernahmegesetz
z. B.	zum Beispiel

1. Teil

Einleitung

Zur Zeit gibt es in Deutschland zehn Börsen: Börse Berlin, Düsseldorfer Börse, FWB, Hanseatische Wertpapierbörse Hamburg, Niedersächsische Börse zu Hannover, Börse München, Baden-Württembergische Wertpapierbörse, European Energy Exchange, Eurex Deutschland, Tradegate Exchange.[1] Am größten ist die FWB. An ihr notieren mehr als 450 Unternehmen (Regulated Market).[2] Daneben notieren fast 10.000 Unternehmen im Freiverkehr (Open Market), den die DBAG veranstaltet.[3] Das elektronische Handelssystem Xetra hat gegenwärtig 186 Handelsteilnehmer mit einer FWB-Zulassung, davon 98 aus dem Ausland.[4] 1

Betreibt ein Unternehmen eine Börse oder ein elektronisches Handelssystem, kann es damit viel Geld verdienen.[5] Das Unternehmen kann Börsendienstleistungen aber nicht autonom privatwirtschaftlich erbringen.[6] Die Vorschrift in § 4 Abs. 1 BörsG verlangt nämlich, dass ein Unternehmen eine Erlaubnis einholt, bevor es einen Börsenbetrieb aufnimmt. Die Errichtung einer Börse bedarf der schriftlichen Erlaubnis der Börsenaufsichtsbehörde, der sog. Börsenerlaubnis.[7] Diese Erlaubnis macht den Antragsteller gemäß § 5 Abs. 1 Satz 1 BörsG zum Börsenträger.

Gemäß § 2 Abs. 1 BörsG sind Börsen teilrechtsfähige Anstalten des öffentlichen Rechts. Teilrechtsfähige Anstalten üben Staatsgewalt aus.[8] Verantwortliches Zurechnungsendsubjekt der Börse ist dabei das jeweilige Bundesland.[9] Das Unternehmen als Börsenträger dient nur als Glied zwischen Börse und Bundesland. Dieses dualistische Börsensystem ist problematisch. Denn Private haben gewöhnlich keinen Anspruch darauf, Staatsgewalt auszuüben,[10] oder darauf, dass der Staat eine öffentlich-rechtliche Anstalt errichtet.[11] Aus diesen Gründen habe – so wird gesagt – ein privates Unternehmen keinen Anspruch, eine Börsenerlaubnis erteilt zu

1 *European Securities and Markets Authority (ESMA)*, ESMA Registers, Regulated Markets, url: https://registers.esma.europa.eu/publication/searchRegister?core=esma_registers_mifid_rma (abgerufen am 15. September 2017).

2 *Deutsche Börse Gruppe*, Monatsstatistik Kassamarkt August 2017 vom 1. September 2017, url: http://www.deutsche-boerse-cash-market.com/dbcm-de/instrumente-statistiken/statistiken/kassamarktstatistiken/monatsstatistiken-kassamarkt (abgerufen am 15. September 2017).

3 Ebd.

4 *Dies.*, Xetra Teilnehmer nach Land mit einer FWB-Zulassung, url: http://www.xetra.com/xetra-de/handel/handelsteilnehmer (abgerufen am 15. September 2017).

5 *H. Schmidt*, ZBB 2009, 233, 234.

6 *Burgi*, WM 2009, 2337, 2342.

7 Bevor das FRUG in Kraft trat, bedurfte dies nach § 1 BörsG a. F. einer Genehmigung. Die neue Terminologie erleichtert das Abgrenzen der Börsenerlaubnis von der Genehmigung der Börsenordnung nach § 16 Abs. 3 Satz 1 BörsG.

8 *M. Müller*, in: Stober/Kluth/Wolff/Bachof, Verwaltungsrecht II, § 86 Rn. 30.

9 *Burgard*, WM 2011, 1973, 1977.

10 BVerfGE 17, 371, 380 (= NJW 1964, 1516) – Notarstelle, Notarstellenbegrenzung.

11 *M. Müller*, in: Stober/Kluth/Wolff/Bachof, Verwaltungsrecht II, § 86 Rn. 51.

bekommen, also einen börsenmäßigen Handel veranstalten zu dürfen.[12] Außerdem könne der Börsenträger, nachdem er diese Aufgabe übernommen habe, sich ihrer nicht ohne Weiteres wieder entledigen.[13] Dieses Verständnis schließt nahezu aus, dass neue Börsenbetreiber auf dem deutschen Markt der Börsen Fuß fassen.[14] Daher versuchen private Unternehmen, den Markt für Finanzinstrumente über anders regulierte Finanzplätze innerhalb der EU zu betreten.[15] Das wirft die Frage auf, ob ein solcher Umweg tatsächlich notwendig ist.

2 In der Literatur werden die Ansichten zum Börsenrecht mit dem allgemeinen Verwaltungsrecht begründet. Dieses schleppt aber überkommene und unter Geltung des Grundgesetzes und des Vertrags über die Arbeitsweise der Europäischen Union überholte Auffassungen mit. Dieser Fehler dürfte sich im Börsenrecht fortsetzen. Daneben dürfte sich die Harmonisierung durch die MiFID[16] erheblich auf das Börsenrecht auswirken. Deswegen soll diese Arbeit die Frage beantworten, ob ein privates Unternehmen – unter Beachtung der aktuellen Rechtslage – nicht doch einen Anspruch darauf haben kann, einen börsenmäßigen Handel zu veranstalten sowie sich dieser Tätigkeit später wieder zu entledigen. Mit Wirkung zum 3. Januar

---

12 *Schwark*, Börsengesetz, 2. Aufl., § 1 BörsG Rn. 20; *Peterhoff*, in: Schäfer, Kapitalmarktgesetze, 1. Aufl., § 1 BörsG Rn. 1; *Groß*, Kapitalmarktrecht, 6. Aufl., § 4 BörsG Rn. 7; *Kümpel/Hammen*, WM 2000 Sonderbeilage Nr. 3, 3, 10; *U. H. Schneider/Burgard*, WM 2000 Sonderbeilage Nr. 3, 24, 37; speziell zur Rechtslage nach Umsetzung der MiFID durch das FRUG *Beck*, in: Schwark/Zimmer, Kapitalmarktrecht, 4. Aufl., § 4 BörsG Rn. 4; *Ledermann*, in: Schäfer/Hamann, Kapitalmarktgesetze, Bd. II, 2. Aufl. 7. EL., § 1 BörsG Rn. 2; *Burgi*, WM 2009, 2337, 2342; *Seehafer*, Grenzüberschreitende Börsenkonzentrationen, S. 540 f.; *Gurlit/Mülbert*, Der Börsenträger im Spannungsfeld, S. 14 f.; a.A. *Lepczyk*, Internationale Börsenfusionen, S. 64 ff.

13 *Göppert*, Das Recht der Börsen, S. 76; *Beck*, in: Schwark/Zimmer, Kapitalmarktrecht, 4. Aufl., § 4 BörsG Rn. 31; *ders.*, WM 1996, 2313, 2315 f.; *Ledermann*, in: Schäfer/Hamann, Kapitalmarktgesetze, Bd. II, 2. Aufl. 7. EL., § 1 BörsG Rn. 6; *Kümpel*, Bank- und Kapitalmarktrecht, 3. Aufl., Rn. 17.279; *Mues*, ZBB 2001, 353, 357; *Posegga*, WM 2002, 2402, 2403 f.; *Christoph*, Börsenkooperationen und Börsenfusionen, S. 270 f.; *Lepczyk*, Internationale Börsenfusionen, S. 79 f.; *Seehafer*, Grenzüberschreitende Börsenkonzentrationen, S. 188, 542; *Seiffert*, in: Kümpel/Wittig, Bank- und Kapitalmarktrecht, 4. Aufl., Rn. 4.159.

14 So für ausländische Unternehmen *Mues*, Die Börse als Unternehmen, S. 137; *Schönemann*, Die Organisationsstruktur der Börse, S. 140.

15 *Mues*, Die Börse als Unternehmen, S. 137; ähnlich *Schwark*, WM 1997, 293, 298, der auf die geringeren Chancen einer Zulassung als geregelter Markt in Deutschland gegenüber London hinweist.

16 Konsolidierte Fassung vom 4. Januar 2011 der Richtlinie 2004/39/EG des Europäischen Parlaments und des Rates vom 21. April 2004 über Märkte für Finanzinstrumente, zur Änderung der Richtlinien 85/611/EWG und 93/6/EWG des Rates und der Richtlinie 2000/12/EG des Europäischen Parlaments und des Rates und zur Aufhebung der Richtlinie 93/EWG des Rates, ABl. 2004 L 145 vom 30. April 2004, S. 1–44.

2018 wird die MiFID von der MiFID II[17] abgelöst. Zur Umsetzung der MiFID II hat der nationale Gesetzgeber durch das 2. FiMaNoG einige Gesetze angepasst. Aus diesem Grund geht diese Arbeit – soweit sich relevante Vorschriften ändern – auch auf die dann geltende Rechtslage mit dem BörsG und dem WpHG jeweils i.d.F. vom 23. Juni 2017 (BGBl. I S. 1693) (im Folgenden: BörsG 2018 und WpHG 2018) ein.

Um den Umfang dieser Arbeit in Grenzen zu halten, wird ansonsten nahezu ausschließlich die aktuelle Gesetzeslage beurteilt sowie im internationalen Kontext hauptsächlich auf das Recht der EU abgestellt. Des Weiteren wird das Europarecht vorwiegend anhand der Rechtsprechung näher beleuchtet. Dies dient vor allem der Klarheit dieser Arbeit, da die verschiedenen Ansichten zu den europäischen Grundfreiheiten im Schrifttum oftmals die Prüfungsebenen vermischen. 3

Welche tatbestandlichen Voraussetzungen erfüllt sein und welche Versagungsgründe fehlen müssen, damit eine Börsenerlaubnis erteilt werden kann, welcher Beurteilungsspielraum der Börsenaufsichtsbehörde auf der Tatbestandsebene verbleibt und welcher Ermessensspielraum ihr auf der Rechtsfolgenebene zusteht, hängt davon ab, wie sich die Erlaubnis rechtlich auswirkt. Daher wird vorliegend zunächst die Rechtswirkung der Börsenerlaubnis untersucht. Erst im Anschluss wird geprüft, ob ein Anspruch auf die Erteilung der Börsenerlaubnis bestehen kann. Ist es untersagt, eine Tätigkeit wieder zu beenden, so beeinflusst dies bereits die Entscheidung, die Tätigkeit aufzunehmen. Deshalb wird abschließend geklärt, ob ein Börsenträger sich seiner Börsenerlaubnis entledigen kann. 4

17 Konsolidierte Fassung vom 17. September 2014 der Richtlinie 2014/65/EU des Europäischen Parlaments und des Rates vom 15. Mai 2014 über Märkte für Finanzinstrumente sowie zur Änderung der Richtlinien 2002/92/EG und 2011/61/EU, ABl. 2014 L 173 vom 12. Juni 2014, S. 349–496.

2. Teil

Rechtswirkung der Börsenerlaubnis

Das Schrifttum nennt die unterschiedlichsten Rechtswirkungen einer Börsenerlaubnis. Zunächst hebe die Börsenerlaubnis das präventive Verbot sog. Privatbörsen, d. h. nicht erlaubter Börsenzusammenkünfte, auf.[1] Neben dem Einräumen von Rechten und Pflichten qualifiziere die Börsenerlaubnis eine Börsenzusammenkunft als Börse im Sinne des BörsG.[2] Die Börsenerlaubnis berechtige dazu, erlaubte Börsen zu betreiben (Betriebsberechtigung).[3] Zudem erlaube sie, die Anstalt Börse zu errichten.[4] Im Gegenzug verpflichte die Börsenerlaubnis den Börsenträger, die Anstalt Börse zu errichten und zu betreiben.[5] Hierdurch gehe staatliche Organisationsgewalt auf den Antragsteller über,[6] so dass die Börse nicht schon durch die Erlaubnis selbst entstehe. Vielmehr beleihe die Börsenerlaubnis den Börsenträger mit diesen Aufgaben.[7] Dem lag ursprünglich die Überlegung zugrunde, dass die Börsenerlaubnis lediglich gewisse Hoheitsbefugnisse auf die zu bildenden Börsenorgane übertrage.[8] Nach einer anderen Ansicht ist die Börsenerlaubnis selbst der konstitutive Rechtsakt, der die Börse als Anstalt des öffentlichen Rechts entstehen lässt.[9] 5

---

1 PrOVGE 34, 315, 315 (= ZHR 48 [1899], 274) – Feenpalast; *E. R. Huber*, Wirtschaftsverwaltungsrecht, Bd. I, S. 615; *Meyer/Bremer*, Börsengesetz, § 1 BörsG Anm. 3; *Schwark*, Börsengesetz, 2. Aufl., § 1 BörsG Rn. 21; *Kümpel*, Bank- und Kapitalmarktrecht, 2. Aufl., Rn. 17.26; *Beck*, in: Schwark, Kapitalmarktrecht, 3. Aufl., § 1 BörsG Rn. 14; *Christoph*, Börsenkooperationen und Börsenfusionen, S. 169.

2 *Christoph*, Börsenkooperationen und Börsenfusionen, S. 170; in diesem Sinne schon *Göppert*, Das Recht der Börsen, S. 72; *Meyer/Bremer*, Börsengesetz, § 1 BörsG Anm. 2.

3 *Schwark*, Börsengesetz, 2. Aufl., § 1 BörsG Rn. 21; *Beck*, in: Schwark/Zimmer, Kapitalmarktrecht, 4. Aufl., § 4 BörsG Rn. 5; *Christoph*, Börsenkooperationen und Börsenfusionen, S. 169; *Seehafer*, Grenzüberschreitende Börsenkonzentrationen, S. 104; *Gurlit/Mülbert*, Der Börsenträger im Spannungsfeld, S. 13; *Augsberg*, in: Ehlers/Fehling/Pünder, Besonderes Verwaltungsrecht, Bd. I, § 35 Rn. 14; BT-Drs. 14/8017, S. 72; ähnlich *Kümpel*, BKR 2003, 3, 5.

4 *Wiede*, Die Börse als verwaltungsrechtliches Problem und Rechtsinstitut, S. 161; *Schwark*, Börsengesetz, 2. Aufl., § 1 BörsG Rn. 21; *Augsberg*, in: Ehlers/Fehling/Pünder, Besonderes Verwaltungsrecht, Bd. I, § 35 Rn. 14.

5 *Augsberg*, in: Ehlers/Fehling/Pünder, Besonderes Verwaltungsrecht, Bd. I, § 35 Rn. 14; zum Errichten bereits *Christoph*, Börsenkooperationen und Börsenfusionen, S. 170; zum Betreiben bereits *Schwark*, Börsengesetz, 2. Aufl., § 1 BörsG Rn. 21; *Kümpel*, Bank- und Kapitalmarktrecht, 3. Aufl., Rn. 17.258; *Beck*, in: Schwark/Zimmer, Kapitalmarktrecht, 4. Aufl., § 4 BörsG Rn. 5; BT-Drs. 14/8017, S. 72.

6 *Schwark*, DB 1971, 949, 950; *ders.*, Börsengesetz, 2. Aufl., § 1 BörsG Rn. 21; *Beck*, WM 1996, 2313, 2315 f.; *ders.*, in: Schwark/Zimmer, Kapitalmarktrecht, 4. Aufl., § 4 BörsG Rn. 5; *Mues*, Die Börse als Unternehmen, S. 75.

7 Zum Errichten *Christoph*, Börsenkooperationen und Börsenfusionen, S. 170; zum Betreiben *Schwark*, Börsengesetz, 2. Aufl., § 1 BörsG Rn. 21; *Kümpel*, Bank- und Kapitalmarktrecht, 3. Aufl., Rn. 17.258.

8 *E. R. Huber*, Wirtschaftsverwaltungsrecht, Bd. I, S. 632 f.; *Meyer/Bremer*, Börsengesetz, § 1 BörsG Anm. 2.

9 *Göppert*, Das Recht der Börsen, S. 72 f.; *E. R. Huber*, Wirtschaftsverwaltungsrecht, Bd. I, S. 617; *Wiede*, Die Börse als verwaltungsrechtliches Problem und Rechtsinstitut,

Erteilt die Börsenaufsichtsbehörde die Börsenerlaubnis, wird der Antragsteller gemäß § 5 Abs. 1 Satz 1 BörsG einerseits zum Börsenträger und andererseits dazu berechtigt und verpflichtet, eine Börse zu errichten und zu betreiben. Um die Rechtswirkung der Börsenerlaubnis genau erfassen zu können, ist daher zunächst die Rechtsnatur des Börsenträgers zu erläutern. Anschließend sind die Rechte und Pflichten zu erörtern, die dem Antragsteller aufgrund dieser Position zukommen.

S. 53 f.; *Kümpel*, Börsenrecht, 1. Aufl., S. 39; *ders.*, Bank- und Kapitalmarktrecht, 2. Aufl., Rn. 17.139; *Breitkreuz*, Die Ordnung der Börse, S. 167 f.; *Augsberg*, in: Ehlers/Fehling/Pünder, Besonderes Verwaltungsrecht, Bd. I, § 35 Rn. 14; *Hammen*, Börsenerlaubnis, Anteilseignerkontrolle und Niederlassungsfreiheit, S. 111; unklar *Gurlit/Mülbert*, Der Börsenträger im Spannungsfeld, S. 13.

§ 1. Rechtsnatur des Börsenträgers

Die Bezeichnung *„Börsenträger“* stammt von *Göppert*, welcher so den Börsenbetreiber benannte.[1] Davor war der Begriff des *„Börsenhalters“* geläufig.[2] Die Rechtsnatur der Börse war damals aber heftigst umstritten. Neben einer Qualifikation als Anstalt wurde vor allem das Institut der öffentlich-rechtlichen Körperschaft angedacht.[3] *Göppert* verwandte den Begriff *Börsenträger* also nicht synonym mit dem Begriff des Anstaltsträgers. 6

Ungereimtheiten bestehen, weil das Börsenträgerunternehmen einerseits Privatrechtssubjekt und andererseits Träger öffentlicher Verwaltung sein soll.[4] Dem Börsenträger werden die auf die Börse bezogenen privatrechtlichen Rechte und Pflichten zugeordnet.[5] Er sei Eigentümer der börsenmäßigen Einrichtung.[6] Daher bezeichnet ihn *Mues* auch als *„Börsenunternehmer“* oder *„Börsenbetreiber“*.[7]

§ 5 Abs. 1 BörsG verpflichtet den Börsenträger, die Börse zu errichten und zu betreiben, also auszustatten und zu erhalten.[8] Hierin sehen weite Teile der Literatur eine Beleihung.[9] Sie nennen allerdings unterschiedliche Beleihungsgegenstände: die Anstaltsträgerschaft,[10] die Errichtung der öffentlich-rechtlichen Anstalt Börse,[11] 7

---

1 *Mues*, Die Börse als Unternehmen, S. 85, mit Blick auf *Göppert*, Das Recht der Börsen, S. 88.

2 *Rehm*, in: Rehm u. a., Börsengesetz, § 4 BörsG Anm. 3.

3 *Uppenbrink*, Wertpapierbörsen als Körperschaften, S. 90 f.; *Bindseil*, Verfügungsrechte an organisierten Wertpapiermärkten, S. 149; einen Überblick über die sonstigen Auffassungen im Schrifttum gibt *Mues*, Die Börse als Unternehmen, S. 67 ff.

4 Zur Trägerschaft öffentlicher Verwaltung *Kümpel*, Bank- und Kapitalmarktrecht, 2. Aufl., Rn. 17.153; ähnlich *ders.*, Bank- und Kapitalmarktrecht, 3. Aufl., Rn. 17.260; *Seiffert*, in: Kümpel/Wittig, Bank- und Kapitalmarktrecht, 4. Aufl., Rn. 4.416.

5 *Schwark*, Börsengesetz, 2. Aufl., § 1 BörsG Rn. 19; *Kümpel*, Bank- und Kapitalmarktrecht, 2. Aufl., Rn. 17.156; *Beck*, in: Schwark/Zimmer, Kapitalmarktrecht, 4. Aufl., § 4 BörsG Rn. 38; ähnlich *Kümpel*, Bank- und Kapitalmarktrecht, 3. Aufl., Rn. 17.324.

6 *Göppert*, Das Recht der Börsen, S. 66; *Mues*, Die Börse als Unternehmen, S. 69.

7 *Mues*, Die Börse als Unternehmen, S. 69.

8 *Bressler*, Public private partnership im Bank- und Börsenrecht, S. 60; zum Betreiben auch BR-Drs. 936/01 (neu), S. 198.

9 A.A. *Breitkreuz*, Die Ordnung der Börse, S. 187 f.

10 *Kümpel*, BKR 2003, 3, 5; *D. Schuster/Sohns*, ZBB 2006, 342, 351; *Bressler*, Public private partnership im Bank- und Börsenrecht, S. 60; wohl auch *Segna*, Die Rechtsform deutscher Wertpapierbörsen, S. 9; ähnlich *Beck*, WM 1996, 2313, 2315, der von *„Übertragung der Trägerschaft für eine Börse“* spricht.

11 *Kümpel*, Börsenrecht, 1. Aufl., S. 43; *Fett*, Anstalten als abhängige Konzernunternehmen, S. 256 f.; *Lenenbach*, Kapitalmarkt- und Gesellschaftsrecht, Rn. 3.39; undeutlich *Peterhoff*, in: Schäfer, Kapitalmarktgesetze, 1. Aufl., § 1 BörsG Rn. 3 f.

den Betrieb der Börse als Veranstaltung,[12] die Kombination von Errichtung und Betrieb der Anstalt Börse[13] oder vereinfacht die Betriebspflicht im Sinne des § 5 Abs. 1 BörsG.[14]

8 Um die Rolle des Börsenträgers richtig verstehen zu können, ist auf das Verwaltungsorganisationsrecht zurückzugreifen. Dieses ordnet Private in das System der Verwaltung ein, es rechnet ein Verhalten und normative Bindungen einer bestimmten Verwaltungseinheit zu.[15] Im Kern geht es darum, wie die institutionalisierte Leitungsmacht verteilt und wem sie zugeordnet wird.[16] Um den Börsenträger in die Verwaltungsorganisation einzupassen, muss klar sein, was genau dem Antragsteller übertragen wird. Nur so ist erkennbar, woraus er Rechte ableiten kann und woraus sich seine Pflichten ergeben. Insoweit stellen sich drei Fragen:

1. Wer ist der Anstaltsträger einer Börse?
2. Wird der Börsenträger beliehen?
3. Wie ist der Börsenträger organisationsrechtlich in die Verwaltung einzuordnen, falls er nicht beliehen wird?

A. Bundesland als Anstaltsträger der Börse

9 Die heutige Literatur begreift die Grundlagen des Verwaltungsorganisationsrechts im Bereich der Börsen durchaus unterschiedlich. Teile des Schrifttums befassen sich erst gar nicht mit der Figur der Anstaltsträgerschaft und ordnen den Börsenträger bloß als *„Verwaltungsträger"* ein.[17] Im Übrigen ist man sich nicht einig, wer Anstaltsträger der Börse ist. Die wohl herrschende Meinung sieht den Börsenträger auch als Anstaltsträger im verwaltungsrechtlichen Sinne an,[18] weil auch beliehene Privatrechtssubjekte

---

12 *E. R. Huber*, Wirtschaftsverwaltungsrecht, Bd. I, S. 617 f.; *Schwark*, Börsengesetz, 2. Aufl., § 1 BörsG Rn. 21; *Kümpel*, Bank- und Kapitalmarktrecht, 3. Aufl., Rn. 17.205, 17.218, 17.258; *Seiffert*, in: Kümpel/Wittig, Bank- und Kapitalmarktrecht, 4. Aufl., Rn. 4.96, 4.144; so auch der Gesetzgeber in BR-Drs. 936/01 (neu), S. 198.

13 *Wiede*, Die Börse als verwaltungsrechtliches Problem und Rechtsinstitut, S. 160 f.; *Mues*, Die Börse als Unternehmen, S. 76; *Lorenz*, Die Wertpapierbörse und ihr Träger, S. 76.

14 *Beck*, in: Schwark/Zimmer, Kapitalmarktrecht, 4. Aufl., § 4 BörsG Rn. 7.

15 *Krebs*, in: Isensee/Kirchhof, Handbuch des Staatsrechts, Bd. V, § 108 Rn. 30; *Kluth*, in: Stober/Kluth/Wolff/Bachof, Verwaltungsrecht II, § 79 Rn. 78.

16 *Kluth*, in: Stober/Kluth/Wolff/Bachof, Verwaltungsrecht II, § 79 Rn. 83.

17 *Beck*, in: Schwark/Zimmer, Kapitalmarktrecht, 4. Aufl., § 4 BörsG Rn. 7; *Lepczyk*, Internationale Börsenfusionen, S. 70; *Augsberg*, in: Ehlers/Fehling/Pünder, Besonderes Verwaltungsrecht, Bd. I, § 35 Rn. 12; ähnlich *Kümpel*, BKR 2003, 3, 5, der den Börsenträger als *„Träger öffentlicher Verwaltung"* einordnet.

18 *Schwark*, Börsengesetz, 1. Aufl., § 1 BörsG Rn. 11 sieht in der externen Trägerschaft *„ein wesentliches Merkmal anstaltlicher Organisation"*; ebenso *Segna*, Die Rechtsform deutscher Wertpapierbörsen, S. 9; auch *„prägt die externe Trägerschaft die Börse zur Anstalt"* nach *Laule*, in: Kübler/Mertens/Werner, FS Heinsius, S. 437, 439;

Anstaltsträger sein könnten.[19] Daher sei denkbar, dass zunächst ein Hoheitsträger die Anstalt errichte und der Börsenträger erst danach durch eine Beleihung als Anstaltsträger fungiere.[20] Diesem Lager müssen auch Ansichten zugeordnet werden, die eine Beleihung des Börsenträgers zwar ablehnen, den Börsenträger allerdings aus anderen Gründen ebenfalls als Anstaltsträger einordnen.[21] So wird die Anstaltsträgerschaft des Börsenträgers vereinzelt bereits deswegen bejaht, weil der Börsenträger zum Betrieb der Börse berechtigt und verpflichtet ist.[22] Insgesamt erhebe die Börsenerlaubnis den Antragsteller zum Anstaltsträger im verwaltungsrechtlichen Sinne.[23]

Nach der gegenteiligen Ansicht ist der Börsenträger nicht Träger der Verwaltungseinheit Börse,[24] also nicht Anstaltsträger.[25] Denn er lege weder Kompetenzen noch die Organisation der Börse fest.[26] Vielmehr führe die Börse börsenmäßige Veranstaltungen mit Hilfe ihrer Organe durch.[27] Diese *„inneren Börsenangelegenheiten"* sollen gerade nicht zu den Aufgaben des Börsenbetreibers gehören,[28] die aus der Erlaubnis resultieren. Während der Börsenträger betriebsbezogene Funktionen wahrnehme, befasse sich die Börse mit allen marktbezogenen Aufgaben.[29] Nicht die Anstalt diene dem Anstaltsträger zur Erledigung der ihm zugewiesenen Aufgaben.[30] Vielmehr habe die Geschäftsführung der Börse gemäß

---

ebenso *„bedarf"* die Börse nach *Peterhoff*, in: Schäfer, Kapitalmarktgesetze, 1. Aufl., § 1 BörsG Rn. 34 *„als unselbständige Anstalt des öffentlichen Rechts [. . .] eines Trägers"*; nach *Lenenbach*, Kapitalmarkt- und Gesellschaftsrecht, Rn. 3.50 *„ist für den Anstaltscharakter die anstaltstypische externe Trägerschaft des Börsenträgers entscheidend"*; von *„der Trägerschaft für eine Börse"* spricht *Bressler*, Public private partnership im Bank- und Börsenrecht, S. 60; ähnlich *Beck*, WM 1996, 2313, 2315; im Ergebnis auch *Hammen*, Börsenerlaubnis, Anteilseignerkontrolle und Niederlassungsfreiheit, S. 99.

19 *M. Müller*, in: Stober/Kluth/Wolff/Bachof, Verwaltungsrecht II, § 86 Rn. 17; explizit für Börsen *Segna*, Die Rechtsform deutscher Wertpapierbörsen, S. 9; *Breitkreuz*, Die Ordnung der Börse, S. 103 f.; *Christoph*, Börsenkooperationen und Börsenfusionen, S. 121.

20 *Christoph*, Börsenkooperationen und Börsenfusionen, S. 121 f.

21 So a. a. O., S. 124.

22 A. a. O., S. 172.

23 A. a. O., S. 170.

24 *Köndgen/Mues*, WM 1998, 53, 57.

25 *Mues*, Die Börse als Unternehmen, S. 85; *Breitkreuz*, Die Ordnung der Börse, S. 104; *Seehafer*, Grenzüberschreitende Börsenkonzentrationen, S. 103.

26 *Mues*, Die Börse als Unternehmen, S. 85.

27 Ebd.

28 *Göppert*, Das Recht der Börsen, S. 88; *E. R. Huber*, Wirtschaftsverwaltungsrecht, Bd. I, S. 626, 631; *Wiede*, Die Börse als verwaltungsrechtliches Problem und Rechtsinstitut, S. 118; *Bremer*, Grundzüge des deutschen und ausländischen Börsenrechts, S. 58; auch *Mues*, Die Börse als Unternehmen, S. 71; *Kümpel*, Bank- und Kapitalmarktrecht, 3. Aufl., Rn. 17.293 ff.; *Schwark*, WM 2000, 2517, 2520.

29 *Mues*, Die Börse als Unternehmen, S. 76, 74.

30 A. a. O., S. 85.

§ 5 Abs. 1 Satz 2 BörsG umgekehrt ein Anforderungsrecht, welches mit einer Bereitstellungspflicht des Trägers korrespondiere.[31] Fordern die Börsenorgane eine gewisse Infrastruktur an, so habe der Träger diese in *„zumutbarem"* Umfang zur Verfügung zu stellen.[32] Mit dieser Infrastruktur erfülle die Börse dann selbst Aufgaben öffentlicher Verwaltung.[33] Aus diesem Grund sei der Börsenträger *„nicht Herr, sondern Diener der Organisation des Börsenbetriebs."*[34] Eine solche Stellung sei völlig untypisch für die Trägerschaft öffentlicher Anstalten.[35] Zudem sei das die Börse *„genehmigende"* Bundesland der originäre Aufgabenträger,[36] also auch Anstaltsträger.[37]

Nach vermittelnder Ansicht überträgt die Börsenaufsichtsbehörde dem Börsenträger – vorbehaltlich der eigenen Weisungs- und Direktionsbefugnis – lediglich einen Ausschnitt der verwaltungsrechtlichen Trägerschaft: die Stellung als privatrechtlicher Eigentümer der Börseneinrichtungen.[38]

Um den Anstaltsträger der Börse zu benennen, ist wiederum auf das allgemeine Verwaltungsorganisationsrecht zurückzugreifen:

I. Grundmerkmale einer Anstaltsträgerschaft

10 Regelmäßig ist diejenige Hoheitsperson Anstaltsträger, welche die Anstalt errichtet, deren Aufgaben die Anstalt zu ihrem Teil wahrnimmt und deren Willen durch sie und in ihr zur Geltung kommt.[39] Die Anstaltsträgerschaft besteht demnach aus drei grundlegenden Komponenten: Errichtung, Aufgabenwahrnehmung, Willensumsetzung. Bei diesen Komponenten handelt es sich um lockere Grundmerkmale einer Anstaltsträgerschaft, nicht jedoch um starre begriffliche Voraussetzungen.[40]

11 Im Normalfall sind Anstaltsträger und Errichtungskörperschaft identisch,[41] notwendig ist dies aber keineswegs.[42] Meist handelt es sich bei der Hoheitsperson des Anstaltsträgers um eine Gebietskörperschaft (Bundes-, Landes-, Kreis-, Gemeinde-

---

31 *Schlüter*, Börsenhandelsrecht, S. 384 Rn. 170.
32 *Mues*, Die Börse als Unternehmen, S. 85.
33 Ebd.
34 *Schlüter*, Börsenhandelsrecht, S. 384 Rn. 170.
35 *Mues*, Die Börse als Unternehmen, S. 85.
36 *Bressler*, Public private partnership im Bank- und Börsenrecht, S. 264.
37 *Mues*, Die Börse als Unternehmen, S. 85; *Seehafer*, Grenzüberschreitende Börsenkonzentrationen, S. 103.
38 *Schlüter*, Börsenhandelsrecht, S. 384 Rn. 171.
39 *M. Müller*, in: Stober/Kluth/Wolff/Bachof, Verwaltungsrecht II, § 86 Rn. 17; ähnlich *Maurer*, Allgemeines Verwaltungsrecht, § 23 Rn. 51.
40 In diesem Sinne *M. Müller*, in: Stober/Kluth/Wolff/Bachof, Verwaltungsrecht II, § 86 Rn. 17.
41 Ebd.
42 *Thode/Peres*, VerwArch 89 (1998), 439, 446.

anstalt).[43] Aber auch eine Handwerkskammer oder sogar eine beliehene Privatperson kann Träger einer Anstalt sein.[44] Mehrere Hoheitspersonen können eine Anstalt auch gemeinsam tragen oder sich zu einer Körperschaft zusammenschließen, um eine Anstalt zu errichten und zu betreiben.[45] Für diese mehreren Hoheitspersonen gelten die gleichen tatbestandlichen Anforderungen wie für einzelne.

Übertragen auf die Börse bedeutet dies Folgendes: Errichtungskörperschaft ist das Bundesland.[46] Es errichtet die Anstalt Börse durch die Börsenaufsichtsbehörde.[47] Allerdings ist gerade bei der Börse vorstellbar, dass Anstaltsträgerschaft und Errichtungskörperschaft auseinanderfallen. Es wäre daran zu denken, dass die Errichtungskörperschaft, welche zunächst selbst Anstaltsträger wäre, die Anstaltsträgerschaft auf einen Dritten übertragen könnte. Da Börsen keinen eigenen, schon ihrer Natur nach nichtstaatlichen Aufgaben- und Wirkungskreis haben,[48] müsste die Errichtungskörperschaft dann zumindest die zweite oder dritte Komponente der Anstaltsträgerschaft übertragen. **12**

Fraglich ist demnach zunächst, worin genau die staatliche Aufgabe bzw. Staatsaufgabe[49] einer Börse liegt. Die staatliche Aufgabe kann jedenfalls nicht in der Anstaltsträgerschaft selbst liegen. Denn es geht gerade um die Frage, wie die Anstaltsträgerschaft übertragen wird. Staatsaufgaben sind ein Unterfall der öffentlichen Aufgaben.[50] Öffentlich sind Aufgaben, deren Erfüllung die Öffentlichkeit maßgeblich interessiert.[51] Zwar kann man darüber streiten, ob es einen gewissen Kanon originärer Staatsaufgaben gibt,[52] welche aufgrund des Demokratieprinzips, des Rechtsstaatsprinzips oder anderer Verfassungsprinzipien niemals von Privaten erfüllt werden können.[53] Gleichwohl sind staatliche Aufgaben nicht anhand materieller Kriterien zu identifizieren.[54] Vielmehr sind Staatsaufgaben formell zu **13**

43 *M. Müller*, in: Stober/Kluth/Wolff/Bachof, Verwaltungsrecht II, § 86 Rn. 17.

44 Ebd.

45 *M. Müller*, in: Stober/Kluth/Wolff/Bachof, Verwaltungsrecht II, § 86 Rn. 17; für Börsen *Christoph*, Börsenkooperationen und Börsenfusionen, S. 399; a.A. für Börsen *Posegga*, WM 2002, 2402, 2403, weil die Antragsbefugnis nominal auf einen Antragsteller begrenzt sei.

46 *Bressler*, Public private partnership im Bank- und Börsenrecht, S. 89.

47 *Hammen*, Der Konzern 2008, 269, 271.

48 *Samm*, Börsenrecht, S. 51; ähnlich bereits *Wiede*, Die Börse als verwaltungsrechtliches Problem und Rechtsinstitut, S. 156; *Schwark*, Börsengesetz, 1. Aufl., Einl. Rn. 56.

49 Die Begriffe *staatliche Aufgabe* und *Staatsaufgabe* haben vorliegend entsprechend dem Verständnis von *Isensee*, in: Isensee/Kirchhof, Handbuch des Staatsrechts, Bd. IV, § 73 Rn. 13 eine identische Bedeutung.

50 A. a. O., § 73 Rn. 12.

51 *Peters*, in: Dietz/Hübner, FS Nipperdey, Bd. II, S. 877, 880.

52 Einen Überblick über die unterschiedlichen Ansichten gibt *Ossenbühl*, VVDStRL 29 (1971), 137, 153 Fn. 76.

53 *Bressler*, Public private partnership im Bank- und Börsenrecht, S. 30.

54 *Ossenbühl*, VVDStRL 29 (1971), 137, 154 Fn. 76.

bestimmen.[55] Der Kanon an Staatsaufgaben ist damit offen.[56] Als staatliche Aufgaben sind öffentliche Aufgaben daher erst zu qualifizieren, wenn die Verfassung, ein Gesetz oder das Unionsrecht dem Staat die betreffende Aufgabe zuweist.[57]

Börsenmäßig organisierte Märkte haben große volkswirtschaftliche Bedeutung.[58] Sie tragen zur Ressourcenallokation bei.[59] Die Öffentlichkeit ist daher maßgeblich daran interessiert, dass Börsen ihre Dienstleistungen erbringen.[60] Aus diesem Grund ist die Aufgabe, Börsendienstleistungen anzubieten, eine öffentliche Aufgabe.[61] Diese Aufgabe überträgt das BörsG einer teilrechtsfähigen Anstalt des öffentlichen Rechts[62] bzw. den Organen der Börse als Stellen unterstaatlicher Verwaltung.[63] Hierdurch wird die öffentliche Aufgabe, Börsendienstleistungen zu erbringen, zu einer Staatsaufgabe.[64]

Zunächst obliegt diese staatliche Aufgabe der Errichtungskörperschaft. Trotzdem kommt eine Übertragung dieser Aufgabe mittels der Börsenerlaubnis auf den Antragsteller als späteren Börsenträger in Betracht. Denn es ist denkbar, dass der Börsenträger – verstanden als Anstaltsträger – diese Aufgabe dann wiederum an die Börse als Anstalt des öffentlichen Rechts vermittelt. Das Rechtsverhältnis zwischen dem Börsenträger und der Börse könnte nämlich als ein gesetzlich weitergeleiteter Auftrag einzuordnen sein.[65] Nach diesem Verständnis hat der Börsenträger den Auftrag, die Börse *„als Veranstaltung"* zu betreiben.[66] Denn nach § 5 Abs. 1 Satz 1 BörsG ist er zum Börsenbetrieb berechtigt und verpflichtet. Nach der Betriebspflicht in § 5 Abs. 1 Satz 2 BörsG muss der Börsenträger die zur Durchführung und angemessenen Fortentwicklung des Börsenbetriebs erforderlichen sachlichen, personellen und finanziellen Mittel zur Verfügung stellen, wenn die Geschäftsführung der Börse diese anfordert. Sein Auftrag, die Börse *„als Veranstaltung"* zu betreiben, gehe über diese

---

55 *Heimburg*, Verwaltungsaufgaben und Private, S. 32.
56 *Ossenbühl*, VVDStRL 29 (1971), 137, 153 m.w.N.
57 *Martens*, Öffentlich als Rechtsbegriff, S. 131.
58 BT-Drs. 12/6679, S. 63.
59 *Mues*, Die Börse als Unternehmen, S. 125; in diesem Sinne *Augsberg*, Rechtsetzung zwischen Staat und Gesellschaft, S. 154.
60 *Göppert*, Das Recht der Börsen, S. 75, 89; *Samm*, WM 1990, 1265, 1267; *Kümpel*, Börsenrecht, 1. Aufl., S. 22; *U. H. Schneider/Burgard*, WM 2000 Sonderbeilage Nr. 3, 24, 26; BR-Drs. 936/1/01, S. 2; *Schlüter*, Börsenhandelsrecht, S. 354 Rn. 22; ähnlich *Posegga*, WM 2002, 2402, 2403 f.; *Augsberg*, in: Ehlers/Fehling/Pünder, Besonderes Verwaltungsrecht, Bd. I, § 35 Rn. 7.
61 Ähnlich *Mues*, Die Börse als Unternehmen, S. 125.
62 *Seehafer*, Grenzüberschreitende Börsenkonzentrationen, S. 159.
63 *Mues*, Die Börse als Unternehmen, S. 126.
64 *Seehafer*, Grenzüberschreitende Börsenkonzentrationen, S. 159; *Burgard*, WM 2011, 1973, 1977.
65 *Hammen*, Börsenerlaubnis, Anteilseignerkontrolle und Niederlassungsfreiheit, S. 97 f.
66 BT-Drs. 14/8017, S. 72.

Betriebspflicht jedoch hinaus.[67] Der Auftrag verpflichte den Börsenträger auch dazu, regelmäßig Veranstaltungen für einen Börsenhandel durchzuführen.[68] In der Folge wird die Börse teilweise auch als eine Art *„geschäftsbesorgende Gesellschaft"* des Börsenträgers eingeordnet.[69] Die Überlegungen zum gesetzlich weitergeleiteten Auftrag helfen vorliegend allerdings nicht weiter. Denn das Institut des gesetzlich weitergeleiteten Auftrags wird damit begründet, dass den Börsenträger die Aufgabe treffe, die Börse als Veranstaltung zu betreiben, also zusätzliche Tätigkeiten zu erledigen, damit die organisatorischen und rechtlichen Rahmenbedingungen für eine funktionsfähige Marktveranstaltung vorhanden sind.[70] Hier geht es aber um die Frage, ob die staatliche Aufgabe, Börsendienstleistungen zu erbringen, durch die Erteilung der Börsenerlaubnis auf den Antragsteller als späteren Börsenträger übertragen wird, so dass der Börsenträger diese Aufgabe dann wiederum an die Börse als Anstalt des öffentlichen Rechts übertragen könnte. Die Aufgabe des Betriebs einer Börse ist nicht gleichbedeutend mit der Aufgabe, Börsendienstleistungen selbst zu erbringen. Während es beim Betrieb einer Börse um die Binnenorganisation geht, also um die organisatorischen und rechtlichen Rahmenbedingungen, befasst sich das Erbringen von Börsendienstleistungen mit den Außenbeziehungen der Börse zu ihren Mitgliedern und Handelsteilnehmern. Die letztgenannte Aufgabe nimmt die Börse wahr. Diese Aufgabe wird aber nicht herangezogen, um das Rechtsverhältnis zwischen dem Börsenträger und der Börse als gesetzlich weitergeleiteten Auftrag einzuordnen. Folglich zwingt auch die Qualifizierung dieses Rechtsverhältnisses als gesetzlich weitergeleiteter Auftrag nicht dazu, dass die Aufgabe, Börsendienstleistungen zu erbringen, mit der Erteilung der Börsenerlaubnis auf den Börsenträger übertragen werden müsste.

§ 5 Abs. 1 Satz 1 BörsG erwähnt das Erbringen von Börsendienstleistungen nicht, so dass diese Aufgabe nicht auf den Börsenträger übertragen wird. Es gibt auch keinen Grund, davon auszugehen, dass der Staat eine seiner Aufgaben auf einen Privaten überträgt, damit dieser die Aufgabe dann wieder auf eine staatliche Institution überträgt. Eine solche Zwischenschaltung wäre völlig ineffizient. Genauso fernliegend scheint der vorherige Schritt: der Staat soll aus der öffentlichen Aufgabe, Börsendienstleistungen zu erbringen, eine staatliche Aufgabe machen, um diese dann wieder in die Hände privater Unternehmer zu legen. Es ist nicht erkennbar, was damit gewonnen sein sollte. Die Anstaltsträgerschaft folgt eben nicht einer Übertragung der Betriebspflicht auf den Börsenträger. Die Aufgabe, Börsendienstleistungen zu erbringen, überträgt das genehmigende Bundesland direkt auf die Börse. Daher erfüllt die Anstalt die Aufgaben des Bundeslandes.

---

67 *Hammen*, in: Grundmann u. a., FS Schwark, S. 389, 394.

68 *Kümpel*, BKR 2003, 3, 7; *Hammen*, in: Grundmann u. a., FS Schwark, S. 389, 394.

69 *Burgi*, WM 2009, 2337, 2341, der die Börse aber als eine Betriebseinheit versteht, die aus Börse und Börsenträger bestehe.

70 *Kümpel*, Bank- und Kapitalmarktrecht, 3. Aufl., Rn. 17.231.

Auch die zweite Komponente einer Anstaltsträgerschaft wird also nicht auf den privaten Antragsteller übertragen.

14 Dritte Komponente einer Anstaltsträgerschaft ist, dass durch die Anstalt und in ihr der Wille ihres Anstaltsträgers zur Geltung kommt. Was diesen Willen angeht, kommt derjenige des Börsenträgers oder der Wille des Bundeslandes in Betracht. Börsen sind als teilrechtsfähige Anstalten des öffentlichen Rechts der mittelbaren Staatsverwaltung zugeordnet.[71] In der mittelbaren Staatsverwaltung erledigen Träger öffentlicher Verwaltung die ihnen überlassenen oder zugewiesenen öffentlichen Aufgaben dezentral als eigene.[72] Demnach verhelfen Börsen grundsätzlich ihrem eigenen Willen zur Geltung. Allerdings sind die Organe der Börse nach § 3 Abs. 2 Satz 2 BörsG verpflichtet, die Börsenaufsichtsbehörde bei der Erfüllung ihrer Aufgaben zu unterstützen. Zwar ist das Erbringen von Börsendienstleistungen nach dem Vorgesagten nicht mehr direkt die Aufgabe der Errichtungskörperschaft. Nichtsdestoweniger muss die Börse zumindest den Willen der Börsenaufsichtsbehörde beachten. Dies bringt auch § 3 Abs. 10 BörsG zum Ausdruck: Hiernach kann die Börsenaufsichtsbehörde als *ultima ratio* die Aufgaben der Börse durch Dritte erbringen lassen. Die dritte Komponente wird damit jedenfalls nicht dem Börsenträger übertragen.

II. Ergänzende Merkmale einer Anstaltsträgerschaft

15 Neben Grundmerkmalen einer Anstaltsträgerschaft stehen noch ergänzende Merkmale. Diese gehen *in der Regel* mit einer Anstaltsträgerschaft einher. Ein solches Kriterium ist die Einflussnahmemöglichkeit des Anstaltsträgers. Die Anstalt ist Organ oder Glied ihres externen Trägers, des *„Anstaltsherrn"*.[73] Dieser kann die Anstalt *in der Regel* selbst oder durch seine hierfür zuständigen Organe beeinflussen.[74] Diesen Einfluss kann der Anstaltsträger auch mittels einer beliehenen Privatperson ausüben.[75] Die Einflussnahme zielt darauf ab, dass der Anstaltsträger die Kompetenzen und die Organisation der Anstalt bestimmen kann, soweit sie nicht durch Gesetz geregelt sind.[76] *In der Regel* setzt der Anstaltsträger auch die Geschäfts- und Wirtschaftspläne fest und bestellt die Organwalter.[77] Soweit der Finanzbedarf nicht von den Benutzern aufgebracht wird, sorgt der Anstaltsträger *in der Regel* auch für diesen.[78] Im Übrigen kontrolliert er *in der Regel* laufend die die Anstalt selbst-

---

71 *Beck*, in: Schwark/Zimmer, Kapitalmarktrecht, 4. Aufl., § 3 BörsG Rn. 3.
72 Ebd.
73 *M. Müller*, in: Stober/Kluth/Wolff/Bachof, Verwaltungsrecht II, § 86 Rn. 18.
74 Ebd.
75 Ebd.
76 Ebd.
77 Ebd.
78 A. a. O., § 86 Rn. 19.

ständig verwaltenden Anstaltsorgane, z. B. anlässlich der Genehmigung wichtiger Geschäfte.[79]

Seit dem sog. *Berliner Börsenstreit* in den Jahren 1902 und 1903 ist man sich einig, dass der Börsenträger die *inneren Angelegenheiten* der Börse rechtlich nicht beeinflussen kann.[80] Ein solches Recht folgt auch nicht daraus, dass die Börse wirtschaftlich vom Börsenträger abhängig ist.[81] Die Börsengeschäftsführung leitet die Börse in eigener Verantwortung (§ 15 Abs. 1 Satz 1 BörsG). Da die Funktionen der Börsengeschäftsführung an das aktienrechtliche Modell angelehnt sind,[82] agiert die Börsengeschäftsführung weisungsfrei. Zudem veranstaltet die Börse den Wertpapierhandel im öffentlichen Interesse.[83] Selbst bei Annahme einer Beleihung könnte der Börsenträger die Börse also nur faktisch beeinflussen. **16**

Allerdings stehen einige Handlungen der Börsenorgane unter dem Vorbehalt einer Genehmigung durch die Börsenaufsichtsbehörde. Diese muss die Börsenordnung (§ 16 Abs. 3 Satz 1 BörsG), die Gebührenordnung (§ 17 Abs. 2 Satz 1 BörsG), die Zulassungsordnung für Börsenhändler (§ 19 Abs. 6 Satz 4 BörsG) sowie die Veranstaltung eines Freiverkehrssegments (§ 48 Abs. 3 Satz 1 BörsG) genehmigen. Daneben ist die Börsengeschäftsführung vielfach verpflichtet, die Börsenaufsichtsbehörde zu unterrichten (§ 25 Abs. 1 Satz 2 BörsG/§ 25 Abs. 1a BörsG 2018). Die Börse hat auch Maßgaben der Börsenaufsichtsbehörde zu beachten, wenn sie eine Handelsüberwachungsstelle einrichtet (§ 7 Abs. 1 Satz 1 BörsG). Der Handelsüberwachungsstelle als Börsenorgan kann die Börsenaufsichtsbehörde dann sogar Weisungen erteilen (§ 7 Abs. 1 Satz 4 BörsG/§ 7 Abs. 1 Satz 6 BörsG 2018). Vor allem übt die Börsenaufsichtsbehörde die Aufsicht über die Börse nach den Vorschriften des BörsG aus (§ 3 Abs. 1 Satz 1 BörsG). Neben der Überwachung der Einhaltung der börsenrechtlichen Vorschriften erstreckt sich diese Aufsicht auch auf börsenrechtliche Anordnungen der Börsenaufsichtsbehörde, die ordnungsgemäße Durchführung des Handels an der Börse sowie die ordnungsgemäße Erfüllung der Börsengeschäfte (§ 3 Abs. 1 Satz 3 BörsG). Das Anordnungsrecht der Börsenaufsichtsbehörde geht sogar soweit, dass sie den Börsenhandel aussetzen oder einstellen kann (§ 3 Abs. 5 Satz 3 Nr. 1 BörsG). Im äußersten Fall kann sie Aufgaben der Börse durch Beauftragte erledigen lassen (§ 3 Abs. 10 BörsG). Um

---

79 *M. Müller*, in: Stober/Kluth/Wolff/Bachof, Verwaltungsrecht II, § 86 Rn. 19.

80 *Göppert*, Das Recht der Börsen, S. 88; *E. R. Huber*, Wirtschaftsverwaltungsrecht, Bd. I, S. 626; *Wiede*, Die Börse als verwaltungsrechtliches Problem und Rechtsinstitut, S. 118; *Samm*, Börsenrecht, S. 52 f.; *Olenhusen*, Börsen und Kartellrecht, S. 83 f.; *Köndgen/Mues*, WM 1998, 53, 57; *Mues*, Die Börse als Unternehmen, S. 76 f.; *Kümpel*, Bank- und Kapitalmarktrecht, 3. Aufl., Rn. 17.293 ff.; *Schwark*, WM 2000, 2517, 2520; *Lorenz*, Die Wertpapierbörse und ihr Träger, S. 133; *Christoph*, Börsenkooperationen und Börsenfusionen, S. 146; *Schönemann*, Die Organisationsstruktur der Börse, S. 62; *Seiffert*, in: Kümpel/Wittig, Bank- und Kapitalmarktrecht, 4. Aufl., Rn. 4.165 ff.

81 *Kümpel*, BKR 2003, 3, 6.

82 *Schwark*, in: Schwark/Zimmer, Kapitalmarktrecht, 4. Aufl., § 15 BörsG Rn. 1.

83 Siehe Rn. 13.

ihre Aufgaben zu erfüllen, kann die Börsenaufsichtsbehörde von der Börse auch Auskünfte und die Vorlage von Unterlagen verlangen (§ 3 Abs. 4 Satz 1 BörsG). Die Bandbreite der Maßnahmen, die der Börsenaufsichtsbehörde gegenüber der Börse zustehen, konkretisiert die Aufgabe der Behörde. Sie überprüft, ob die Börse ihre Kompetenzen einhält, sie überwacht den Börsenbetrieb und dessen Organisation und gewährleistet dadurch einen ordnungsgemäßen Handel an der Börse. Mithin kann die Börsenaufsichtsbehörde und durch diese mittelbar das Bundesland die Börse erheblich beeinflussen.

17 Die Geschäfts- und Wirtschaftspläne legt der private Antragsteller gemäß § 4 Abs. 2 Satz 2 Nr. 3 BörsG bereits mit dem Antrag fest. Auch für den Finanzbedarf der Börse sorgt der Börsenträger (vgl. § 5 Abs. 1 Satz 2 BörsG). Ein Weisungsrecht steht weder der Börsenaufsichtsbehörde noch dem Börsenträger zu. Allerdings ist die Börsenaufsichtsbehörde für die Kontrolle der selbstständig verwaltenden Anstaltsorgane zuständig; sie hat dabei wichtige Geschäfte zu genehmigen.

18 Allein der Umstand, dass der Börsenträger die Geschäfts- und Wirtschaftspläne festlegt und den Finanzbedarf der Börse stellt, reicht nicht aus, um eine Anstaltsträgerschaft zu begründen. Vielmehr spricht für die Anstaltsträgerschaft des Bundeslandes neben den Grundmerkmalen der Errichtung und der Aufgabenwahrnehmung, dass das Bundesland durch die Börsenaufsichtsbehörde die Börse erheblich beeinflussen kann. Anstaltsträger ist daher das die Börse genehmigende Bundesland.

B. Keine Beleihung des Börsenträgers

19 Nach heute herrschender Meinung ist die Börsenträgerschaft verwaltungsorganisationsrechtlich eine Beleihung.[84] Auch der Gesetzgeber bezeichnet die Form der Aufgabenzuweisung an den Börsenträger als Beleihung.[85] Zweck einer Beleihung ist, die öffentliche Verwaltung zu dezentralisieren, die Sachkunde, Initiative und das Interesse, sowie die technischen und betrieblichen Mittel und Möglichkeiten von Privaten, insbesondere der privaten Wirtschaftsunternehmen, zu nutzen und gleichzeitig den eigenen Verwaltungsapparat zu entlasten.[86] Durch eine Beleihung ändert sich nichts am Status des Beliehenen, er ist und bleibt Privatrechtssubjekt.[87]

---

84 *E. R. Huber*, Wirtschaftsverwaltungsrecht, Bd. I, S. 618; *Wiede*, Die Börse als verwaltungsrechtliches Problem und Rechtsinstitut, S. 152; *Schwark*, Börsengesetz, 2. Aufl., § 1 BörsG Rn. 21; *Beck*, WM 1996, 2313, 2315; *Peterhoff*, in: Schäfer, Kapitalmarktgesetze, 1. Aufl., § 1 BörsG Rn. 4; *Kümpel*, Bank- und Kapitalmarktrecht, 3. Aufl., Rn. 17.259; *Groß*, Kapitalmarktrecht, 6. Aufl., § 5 BörsG Rn. 3; *Schönemann*, Die Organisationsstruktur der Börse, S. 56 ff.; *Seiffert*, in: Kümpel/Wittig, Bank- und Kapitalmarktrecht, 4. Aufl., Rn. 4.145.

85 BR-Drs. 936/01 (neu), S. 198.

86 *Stober*, in: Stober/Kluth/Wolff/Bachof, Verwaltungsrecht II, § 90 Rn. 3; *Maurer*, Allgemeines Verwaltungsrecht, § 23 Rn. 56; *Rengeling*, Erfüllung staatlicher Aufgaben durch Private, S. 26.

87 *Maurer*, Allgemeines Verwaltungsrecht, § 23 Rn. 56.

Beleihungsgegenstand der Börsenerlaubnis ist nach herrschender Meinung die Anstaltsträgerschaft.[88] Zwar trägt zunächst das Bundesland die Anstalt Börse.[89] Dies schließt jedoch nicht aus, dass die Anstaltsträgerschaft nachträglich auf den Börsenträger übertragen wird. Ob dies bei einer Börseneröffnung wegen der zeitlichen Abfolge der einzelnen Rechtsakte möglich ist, sei an dieser Stelle dahingestellt. Statt der Anstaltsträgerschaft könnte auch die Betriebspflicht Gegenstand der Beleihung sein.[90] Denn wesentliche Pflicht eines Beliehenen ist die Betriebspflicht.[91] Sie verpflichtet den Beliehenen, weder untätig zu bleiben noch den Betrieb ohne Zustimmung der Beleihungsbehörde einzustellen.[92] Schließlich könnte Beleihungsgegenstand auch allein die Pflicht sein, die Börse zu errichten.[93]

I. Definition der Beleihung

Wann eine Beleihung vorliegt, ist umstritten. Die Literatur hat hierzu zunächst die Aufgabentheorie und die Befugnistheorie entwickelt. Diese zwei Theorien schließen sich allerdings nicht gegenseitig aus, sondern stellen ein und denselben Vorgang nur in einer unterschiedlichen Sichtweise dar.[94] Neben diesen Theorien wird noch zusätzlich eine Kombination beider Ansätze vertreten. **20**

1. Aufgabentheorie

Nach der Aufgabentheorie ist nicht entscheidend, ob dem Privaten eine Handlungsbefugnis übertragen wird.[95] Vielmehr definiert die Aufgabentheorie die Beleihung materiell als Übertragung einer Staatsfunktion, insbesondere eines *„Stück[s] öffent-* **21**

---

88 *Kümpel*, BKR 2003, 3, 5; *D. Schuster/Sohns*, ZBB 2006, 342, 351; *Bressler*, Public private partnership im Bank- und Börsenrecht, S. 60; *Gurlit/Mülbert*, Der Börsenträger im Spannungsfeld, S. 14; wohl auch *Segna*, Die Rechtsform deutscher Wertpapierbörsen, S. 9; ähnlich *Beck*, WM 1996, 2313, 2315, der von *„Übertragung der Trägerschaft für eine Börse"* spricht.

89 Siehe Rn. 18.

90 *Beck*, in: Schwark/Zimmer, Kapitalmarktrecht, 4. Aufl., § 4 BörsG Rn. 7; in diesem Sinne *E. R. Huber*, Wirtschaftsverwaltungsrecht, Bd. I, S. 617 f.; *Schwark*, Börsengesetz, 2. Aufl., § 1 BörsG Rn. 21; *Kümpel*, Bank- und Kapitalmarktrecht, 3. Aufl., Rn. 17.205, 17.218, 17.258; *Seiffert*, in: Kümpel/Wittig, Bank- und Kapitalmarktrecht, 4. Aufl., Rn. 4.96, 4.144; so auch der Gesetzgeber in BR-Drs. 936/01 (neu), S. 198.

91 *Stober*, in: Stober/Kluth/Wolff/Bachof, Verwaltungsrecht II, § 90 Rn. 48.

92 Ebd.

93 *Kümpel*, Börsenrecht, 1. Aufl., S. 43; *Fett*, Anstalten als abhängige Konzernunternehmen, S. 256 f.; *Lenenbach*, Kapitalmarkt- und Gesellschaftsrecht, Rn. 3.39; undeutlich *Peterhoff*, in: Schäfer, Kapitalmarktgesetze, 1. Aufl., § 1 BörsG Rn. 3 f.

94 *Bressler*, Public private partnership im Bank- und Börsenrecht, S. 28.

95 A. a. O., S. 29.

licher Verwaltung", auf ein Privatrechtssubjekt.[96] Dieses *Stück öffentlicher Verwaltung* liegt aber noch nicht in einer öffentlichen Aufgabe. Denn die Beleihung muss *Etwas* beinhalten, was eine *„äußerliche Zutat"* zum Rechtskreis des Beliehenen darstellt und ihm sonst nicht zusteht.[97] Öffentliche Aufgaben darf aber jedermann wahrnehmen.[98] Sie liegen im Interesse der Allgemeinheit.[99] Solange der Staat eine öffentliche Aufgabe also nicht an sich zieht und so zur Staatsaufgabe macht, können Private sie ohne Weiteres in eigener Regie erledigen. Eine Aufgabe, die ein Privater ohnehin schon wahrnehmen könnte, erweitert aber nicht dessen Rechtskreis. Sie eignet sich folglich nicht als Übertragungsgegenstand einer Beleihung.[100]

22 Somit verbleiben als mögliche Beleihungsgegenstände die Staatsaufgaben.[101] Da der Staat naturgemäß aber ohnehin nur mit etwas beleihen kann, das sich bereits in seinem Rechtskreis befindet, sagt die Aufgabentheorie letztlich nicht mehr aus als eine Selbstverständlichkeit:[102] Der Staat kann Private nur damit beleihen, seine Aufgaben für ihn zu erledigen.[103] Der Schluss von der Staatsaufgabe auf die Beleihung ist zirkulär.[104] Die Übertragung einer Staatsaufgabe ist notwendige, aber eben nicht hinreichende Bedingung einer Beleihung.[105]

23 Auch die Übertragung einer Verwaltungsaufgabe charakterisiert die Beleihung nicht näher. Beleiht der Staat einen Privaten mit einer Staatsaufgabe, so überträgt er diesem immer zugleich eine Verwaltungsaufgabe.[106] Denn im Bereich der Legislative und Judikative ist eine Beleihung nicht möglich.[107] Damit konkretisiert die Aufgabentheorie den Tatbestand einer Beleihung nicht und ist abzulehnen.[108]

---

96 *Mayer*, Deutsches Verwaltungsrecht, Bd. II, S. 95, 244; im Anschluss an diesen *Richter*, VVDStRL 6 (1929), 69, 89; *E. R. Huber*, Wirtschaftsverwaltungsrecht, Bd. I, S. 533; *Jellinek*, Verwaltungsrecht, S. 526; *Nebinger*, Verwaltungsrecht, S. 15.

97 *Mayer*, Deutsches Verwaltungsrecht, Bd. II, S. 243; *Michaelis*, Der Beliehene, S. 7.

98 *Christoph*, Börsenkooperationen und Börsenfusionen, S. 175.

99 *Peters*, in: Dietz/Hübner, FS Nipperdey, Bd. II, S. 877, 880.

100 So auch *Bressler*, Public private partnership im Bank- und Börsenrecht, S. 29.

101 Zur Kategorie der Staatsaufgaben siehe Rn. 13.

102 *Weisel*, Privatisierung und Beleihung, S. 62.

103 Ebd.

104 *Michaelis*, Der Beliehene, S. 19; *Bressler*, Public private partnership im Bank- und Börsenrecht, S. 31.

105 *Bressler*, Public private partnership im Bank- und Börsenrecht, S. 72.

106 A. a. O., S. 31.

107 *Stober*, in: Stober/Kluth/Wolff/Bachof, Verwaltungsrecht II, § 90 Rn. 23; *Michaelis*, Der Beliehene, S. 42, 54.

108 *Weisel*, Privatisierung und Beleihung, S. 62; im Ergebnis auch *Heimburg*, Verwaltungsaufgaben und Private, S. 31 ff.; *Benz*, Zulässigkeit der Beleihung einer AG, S. 29.

2. *Befugnistheorie*

24 Nach der Befugnis- oder auch Rechtsstellungstheorie ist Beliehener ein Privater, dem der Staat echte Hoheitsbefugnisse verliehen hat.[109] Echte Hoheitsbefugnisse umfassen nach heutigem Verständnis sowohl die obrigkeitliche als auch die schlicht-hoheitliche Wahrnehmung bestimmter Verwaltungsaufgaben.[110] Beliehen ist daher ein Privater, wenn ihn die Rechtsordnung mit der Fähigkeit ausgestattet hat, seine Rechtsbeziehungen zu Dritten öffentlich-rechtlich zu regeln.[111] Für das Institut der Verwaltungssubstitution verbleibt daneben kein Anwendungsbereich mehr.[112] Die Befugnisse des Beliehenen müssen aber einzeln aufgeführt sein oder dürfen nur Spezial aber keine Regelzuständigkeiten darstellen, da sonst gegen Art. 33 Abs. 4 GG verstoßen wird.[113]

3. *Kombinationstheorie*

25 Die Kombinationstheorie will die Elemente der Aufgabentheorie und der Befugnistheorie vereinen.[114] Dies bringt allerdings keine neuen Erkenntnisse, da der Beleihungsgegenstand inhaltlich mit dem der Befugnistheorie identisch ist.[115]

II. Staatsaufgaben

26 Die Anstaltsträgerschaft ist als staatliche Aufgabe der Beleihung grundsätzlich zugänglich, da sie und die mit ihr verbundenen Befugnisse hinreichend bestimmt sind.[116] Wie erwähnt, besteht die Anstaltsträgerschaft aus drei Komponenten: Errichtung, Aufgabenwahrnehmung, Willensumsetzung.[117] Errichtungskörperschaft ist bei einer Börse das betreffende Bundesland.[118] Dies kann nachträglich

---

109 *Hatschek*, Lehrbuch des deutschen und preußischen Verwaltungsrechts, S. 386; *Köhler*, Grundlehren des Deutschen Verwaltungsrechts, S. 145; *Vogel*, Öffentliche Wirtschaftseinheiten in privater Hand, S. 81; *Jecht*, Die Öffentliche Anstalt, S. 84.

110 *Michaelis*, Der Beliehene, S. 66 f.; *Brohm*, Strukturen der Wirtschaftsverwaltung, S. 206; *Burgi*, in: Geis/Lorenz, FS Maurer, S. 581, 585.

111 *Michaelis*, Der Beliehene, S. 66 f.; *Brohm*, Strukturen der Wirtschaftsverwaltung, S. 206; Diskussionsbeitrag *Vogel*, VVDStRL 29 (1971), 237, 256; *Heimburg*, Verwaltungsaufgaben und Private, S. 34, 36; *Frenz*, Die Staatshaftung in den Beleihungstatbeständen, S. 31; *Weisel*, Privatisierung und Beleihung, S. 65 f.

112 *Stober*, in: Stober/Kluth/Wolff/Bachof, Verwaltungsrecht II, § 91 Rn. 25.

113 A. a. O., § 90 Rn. 35.

114 *Steiner*, JuS 1969, 69, 70; *Steiner* verweist zur Begründung auf *Peters*, in: Dietz/Hübner, FS Nipperdey, Bd. II, S. 877, 894, dem diese Theorie aber nicht zu entnehmen ist.

115 *Weisel*, Privatisierung und Beleihung, S. 67; *Bressler*, Public private partnership im Bank- und Börsenrecht, S. 33.

116 *Wolfers/Kaufmann*, DVBl. 2002, 507, 509; a.A. *Thode/Peres*, VerwArch 89 (1998), 439, 447 ff., die den Begriff der Einzelzuständigkeit enger verstehen.

117 Siehe Rn. 10.

118 Siehe Rn. 12.

nicht mehr geändert werden. Auch die Einwirkungsmöglichkeiten zur Willensumsetzung liegen nach dem BörsG weiterhin bei der Börsenaufsichtsbehörde, also dem Bundesland selbst.[119] Um den Börsenträger als mit der Anstaltsträgerschaft beliehen anzusehen, müsste also zumindest die dritte Komponente auf den Börsenträger übertragen werden: das Erbringen von Börsendienstleistungen. Nur diese Komponente der Anstaltsträgerschaft wäre noch verkehrsfähig. Hierin liegt auch eine Staatsaufgabe.[120]

Dagegen sind die Betriebspflicht und die Einrichtungspflicht selbst keine staatlichen Aufgaben. Allerdings ist die Aufgabe, eine öffentlich-rechtliche Anstalt einzurichten und zu betreiben, ihrer Natur nach zunächst eine staatliche. Daher sind zwar die Pflichten des § 5 Abs. 1 Satz 1 BörsG als Gegenstand einer Beleihung ausgeschlossen. Das Einrichten oder der Betrieb der Börse selbst könnten aber jeweils Gegenstand einer Beleihung sein.

III. Keine Hoheitsbefugnisse des Börsenträgers

27 Wie erläutert, besagt die Befugnistheorie: *„ohne Befugnisse keine Beleihung!“*[121] Bereits das Recht, eine öffentlich-rechtliche Anstalt zu betreiben, könnte als hoheitliche Befugnis einzuordnen sein.[122] Allerdings werden Hoheitsbefugnisse nicht schon dadurch überlassen, dass einem Privaten eine Staatsaufgabe übertragen wird.[123] Durch die Übertragung auf einen Privaten könnte die Staatsaufgabe nämlich wieder zur bloßen öffentlichen Aufgabe werden.[124] Deswegen muss die Befugnis übertragen werden, auch in der Form des öffentlichen Rechts, also hoheitlich, zu handeln.[125] Zum hoheitlichen Handeln gehören sowohl die obrigkeitliche als auch die schlichthoheitliche Tätigkeit.[126] Die Verwaltung handelt immer dann obrigkeitlich, wenn sie eine Materie einseitig, verbindlich regelt:[127] Verwaltungsakt, Rechtsverordnung, Satzung, Verwaltungsvorschrift, Plan, Zusage. Alle übrigen Handlungen der Verwaltung

---

119 Siehe Rn. 16.

120 Siehe Rn. 13.

121 *Burgi*, in: Geis/Lorenz, FS Maurer, S. 581, 588.

122 Diese Ansicht vertritt *Beck*, in: Schwark/Zimmer, Kapitalmarktrecht, 4. Aufl., § 4 BörsG Rn. 8; ebenso *Augsberg*, in: Ehlers/Fehling/Pünder, Besonderes Verwaltungsrecht, Bd. I, § 35 Rn. 15.

123 *Bressler*, Public private partnership im Bank- und Börsenrecht, S. 73; a.A. *D. Schmidt*, ZfgK 2003, 180, 182.

124 *Bressler*, Public private partnership im Bank- und Börsenrecht, S. 73.

125 *Bressler*, Public private partnership im Bank- und Börsenrecht, S. 73; a.A. *Badura*, Das Verwaltungsmonopol, S. 252 Anm. 60.

126 *Michaelis*, Der Beliehene, S. 66 f.; *Brohm*, Strukturen der Wirtschaftsverwaltung, S. 206; *Burgi*, in: Geis/Lorenz, FS Maurer, S. 581, 585.

127 *Stober*, in: Stober/Kluth/Wolff/Bachof, Verwaltungsrecht I, § 23 Rn. 77.

sind schlicht-hoheitlich:[128] verwaltungsrechtliche Willenserklärung, verwaltungsrechtlicher Vertrag, verwaltungsinterne Regelung, schlichtes Verwaltungshandeln.[129]

Verabschiedet die Anstalt Börse eine Satzung oder erlässt sie einen Verwal- **28**
tungsakt, so sind dies obrigkeitliche Maßnahmen.[130] Den Börsenträger ermächtigt das BörsG nicht dazu, obrigkeitlich tätig zu werden. Er hat lediglich die Erlaubnis, die Börse einzurichten und zu betreiben.[131] Diese Aufgabe erfüllt der Börsenträger, wenn er die zur Durchführung und Fortentwicklung des Börsenbetriebs erforderlichen sachlichen, personellen und finanziellen Mittel zur Verfügung stellt, sofern die Geschäftsführung der Börse diese anfordert (§ 5 Abs. 1 Satz 2 BörsG). Diese Tätigkeit wäre maximal als schlichtes Verwaltungshandeln einzuordnen. Das Schrifttum kennt viele unterschiedliche Ansätze, um schlichtes Verwaltungshandeln zu umschreiben.[132] Gleichwohl wird mehrheitlich darauf abgestellt, dass das Verwaltungshandeln final darauf gerichtet sein muss, einen tatsächlichen Erfolg herbeizuführen.[133] So ist auch rein verwaltungsinternes Handeln erfasst.[134] Das schlichte Verwaltungshandeln muss sich also keineswegs stets gegenüber einem Bürger auswirken.[135] Daher könnte bereits das Ausstatten einer Verwaltungseinheit mit Material, Personal oder Kapital eine schlichthoheitliche Verwaltungstätigkeit sein.[136]

---

128 *Siems*, Schlichtes Verwaltungshandeln, S. 87; *Stober*, in: Stober/Kluth/Wolff/Bachof, Verwaltungsrecht I, § 23 Rn. 78.

129 *Siems*, Schlichtes Verwaltungshandeln, S. 99.

130 *Burgi*, WM 2009, 2337, 2341.

131 Zum Betreiben auch *Münstermann*, Märkte für Risikokapital, S. 84 f.; *Christoph*, Börsenkooperationen und Börsenfusionen, S. 176.

132 Einen Überblick gibt *Siems*, Schlichtes Verwaltungshandeln, S. 45 ff.

133 *Bretzinger*, Verwaltungsfachkunde I, S. 147; *Ehlers*, Die Verwaltung in Privatrechtsform, S. 491; *Loytved*, in: Schroeder-Printzen/Lohaus/Loytved, Allgemeines Verwaltungsrecht, S. 136 Rn. 596; *Stober*, in: Stober/Kluth/Wolff/Bachof, Verwaltungsrecht I, § 57 Rn. 1; *Maurer*, Allgemeines Verwaltungsrecht, § 15 Rn. 1; *Schmitz*, in: Stelkens/Bonk/Sachs, Verwaltungsverfahrensgesetz, § 1 VwVfG Rn. 148; *Wolff*, Allgemeines Verwaltungsrecht, S. 229; *Schmalz*, Verwaltungsrecht und Verwaltungsrechtsschutz, Rn. 636; *Schulte*, Schlichtes Verwaltungshandeln, S. 29; *P. M. Huber*, Allgemeines Verwaltungsrecht, S. 237; *Siems*, Schlichtes Verwaltungshandeln, S. 82 f.; *Remmert*, in: Erichsen/Ehlers, Allgemeines Verwaltungsrecht, 14. Aufl., § 36 Rn. 1.

134 *Bressler*, Public private partnership im Bank- und Börsenrecht, S. 74.

135 *Mutius*, Jura 1979, 223, 224; *Ehlers*, Die Verwaltung in Privatrechtsform, S. 491; *Schulte*, Schlichtes Verwaltungshandeln, S. 31; *Siems*, Schlichtes Verwaltungshandeln, S. 56 f.

136 *Bressler*, Public private partnership im Bank- und Börsenrecht, S. 75; auch in diesem Sinne *Hammen*, Börsenerlaubnis, Anteilseignerkontrolle und Niederlassungsfreiheit, S. 112 f.

1. *Kein schlicht-hoheitliches Handeln des Börsenträgers*

29 In zuvor erwähntem Sinne unterscheidet *Burgi* zwischen unmittelbarem Eigenhandeln und zuzurechnendem Handeln durch die Börse.[137] Er ordnet die unmittelbaren, primär finanz-, personal- und organisationsbezogenen Handlungen des Börsenträgers als schlicht-hoheitliche Maßnahmen ein.[138] Auf den Vorgang der Mittelbeschaffung abzustellen, verbietet sich allerdings. Der Börsenträger beschafft die Mittel als Privatrechtssubjekt.[139] Ihm müssen nicht einseitig ausübbare hoheitliche Befugnisse übertragen werden, damit er die Börse einrichten kann.[140] Fehlen dem Börsenträger hoheitliche Befugnisse, führt dies aber noch nicht dazu, dass er schlicht-hoheitlich handelt.[141] Vielmehr ist das Zurverfügungstellen der Mittel zunächst lediglich als schlichte Tätigkeit des Börsenträgers einzustufen.

30 Das Zurverfügungstellen der Mittel müsste also zudem noch hoheitlichen Charakter haben. Die Tätigkeit müsste entsprechend dem Begriff *hoheitlich* dem öffentlichen Recht zuzurechnen sein.[142] Dies sei – so wird gesagt – der Fall, wenn eine Tätigkeit öffentlich-rechtlich geregelt ist,[143] das Handeln also auf einem öffentlich-rechtlichen Rechtssatz beruhe.[144] Dieser Ansatz geht allerdings zu weit. Selbst wenn zunächst davon auszugehen wäre, dass § 5 Abs. 1 Satz 2 BörsG dem öffentlichen Recht zuzuordnen ist, so ließe sich daraus eben nur eines folgern: Die Börse ist Träger von Staatsgewalt. Nur das Anforderungsrecht der Börse aus § 5 Abs. 1 Satz 2 BörsG ist danach als hoheitliche Befugnis einzustufen, nicht aber die Pflicht des Börsenträgers, die Mittel auch zur Verfügung zu stellen. Die Börse entscheidet gemäß § 5 Abs. 1 Satz 2 BörsG, *ob* der Börsenträger ihr sachliche, personelle und/oder finanzielle Mittel bereitstellen muss. Der Umfang der daraus folgenden Pflicht des Börsenträgers orientiert sich am materiellen Börsenbegriff.[145] Er ist durch den Grundsatz der Verhältnismäßigkeit begrenzt.[146] Zwar kann der Börsenträger selbstverständlich immer freiwillig mehr leisten, als nach Gesichtspunkten der Verhältnismäßigkeit notwendig wäre. Allerdings steht ihm grund-

---

137 *Burgi*, WM 2009, 2337, 2341.

138 Ebd.

139 *Bressler*, Public private partnership im Bank- und Börsenrecht, S. 75.

140 *Kümpel*, Bank- und Kapitalmarktrecht, 3. Aufl., Rn. 17.261; *Beck*, in: Schwark/Zimmer, Kapitalmarktrecht, 4. Aufl., § 5 BörsG Rn. 3.

141 So aber *Kümpel*, Bank- und Kapitalmarktrecht, 3. Aufl., Rn. 17.261; *Beck*, in: Schwark/Zimmer, Kapitalmarktrecht, 4. Aufl., § 5 BörsG Rn. 3.

142 *Battis*, Allgemeines Verwaltungsrecht, S. 247.

143 *Mutius*, Jura 1979, 223, 224.

144 *Bressler*, Public private partnership im Bank- und Börsenrecht, S. 75.

145 *Beck*, in: Schwark/Zimmer, Kapitalmarktrecht, 4. Aufl., § 5 BörsG Rn. 4; ähnlich *Posegga*, WM 2002, 2402, 2403.

146 *Posegga*, WM 2002, 2402, 2403; *Beck*, in: Schwark/Zimmer, Kapitalmarktrecht, 4. Aufl., § 5 BörsG Rn. 4.

sätzlich kein eigener Beurteilungsspielraum bei der Erfüllung seiner Pflicht zu,[147] soweit die Börse konkrete Vorgaben macht. Soweit die Börse dem Börsenträger jedoch einen Beurteilungsspielraum hinsichtlich des *Wie* überlässt, ist das Ausfüllen dieses Spielraums im Sinne der *Zweistufentheorie*[148] privatrechtlicher Natur.[149] Das Handeln des Börsenträgers hat also keinerlei hoheitlichen Charakter.[150] Er bekommt daher grundsätzlich keine hoheitlichen Befugnisse übertragen.[151]

Etwas anderes könnte aus der MiFID/MiFID II folgen. Denn § 5 Abs. 1 BörsG dient der Umsetzung von Art. 36 Abs. 3 MiFID, welcher nach Auffassung des nationalen Gesetzgebers *„dem Betreiber des geregelten Marktes die Verantwortung für den ordnungsgemäßen Betrieb des Marktes"* auferlege.[152] Nach Art. 36 Abs. 3 UAbs. 1 MiFID/Art. 44 Abs. 3 UAbs. 1 MiFID II ist ein Marktbetreiber dafür verantwortlich, *„dass der geregelte Markt, den er verwaltet,"* den Anforderungen des Titels III der MiFID/MiFID II genügt. Hierzu soll der Marktbetreiber die Rechte wahrnehmen dürfen, *„die dem von ihm verwalteten geregelten Markt"* zustehen (Art. 36 Abs. 3 UAbs. 2 MiFID/Art. 44 Abs. 3 UAbs. 2 MiFID II). Die Richtlinie sieht in Art. 36 Abs. 1 UAbs. 3 MiFID/Art. 44 Abs. 1 UAbs. 3 MiFID II eine Aufspaltung in Marktbetreiber und geregelten Markt in zwei Fällen vor: *„Verwaltung"* des geregelten Marktes durch einen anderen Marktbetreiber als den geregelten Markt selbst oder *„Betrieb"* des geregelten Marktes durch einen anderen Marktbetreiber. Die Richtlinie kennt also *verwaltende Marktbetreiber* und *betreibende Marktbetreiber*. Der Börsenträger im Sinne des BörsG ist lediglich ein Marktbetreiber im Sinne der MiFID/MiFID II, welcher einen geregelten Markt im Sinne der MiFID/MiFID II *betreibt*; *verwaltet* wird der geregelte Markt nach dem BörsG durch sich selbst, nämlich die Organe der Börse. **31**

---

147 *Lorenz*, Die Wertpapierbörse und ihr Träger, S. 100; ähnlich *Mues*, Die Börse als Unternehmen, S. 76; a.A. nur für den Fortentwicklungsauftrag der Betriebspflicht *Schwark*, WM 2000, 2517, 2520; *Beck*, in: Schwark/Zimmer, Kapitalmarktrecht, 4. Aufl., § 5 BörsG Rn. 6; *Christoph*, Börsenkooperationen und Börsenfusionen, S. 159; wobei davon auszugehen sein dürfte, dass *Schwark*, *Beck* und *Christoph* lediglich einen Beurteilungsspielraum hinsichtlich des *Wie* und nicht des *Ob* der Fortentwicklung meinen; in diesem Sinne vermittelnd *Kümpel*, Bank- und Kapitalmarktrecht, 3. Aufl., Rn. 17.276; ebenso *Gurlit/Mülbert*, Der Börsenträger im Spannungsfeld, S. 28 f.

148 Zu dieser Theorie siehe *Maurer*, Allgemeines Verwaltungsrecht, § 17 Rn. 2; *Ehlers*, in: Erichsen/Ehlers, Allgemeines Verwaltungsrecht, 14. Aufl., § 3 Rn. 38.

149 Zwar begründete *Ipsen*, Öffentliche Subventionierung Privater, S. 61 ff. die *Zweistufentheorie* für Subventionierungen, allerdings ist der Gedanke auch hier anwendbar.

150 *Bremer*, Grundzüge des deutschen und ausländischen Börsenrechts, S. 57, mit Verweis auf BFHE 60, 32, 34 (= BStBl. III 1955, 12), der dem Börsenträger *„keinen Hoheits- oder hoheitsähnlichen Charakter"* zuspricht.

151 *Münstermann*, Märkte für Risikokapital, S. 84 f.; *Christoph*, Börsenkooperationen und Börsenfusionen, S. 176; ähnlich hält *Breitkreuz*, Die Ordnung der Börse, S. 187 f. die Organisationsgewalt, welche dem Börsenträger übertragen wird, für zu minimal, um eine Beleihung zu begründen; a.A. *U. H. Schneider/Burgard*, WM 2000 Sonderbeilage Nr. 3, 24, 29, allerdings ohne Begründung.

152 BT-Drs. 16/4028, S. 82.

Art. 36 Abs. 3 MiFID/Art. 44 Abs. 3 MiFID II ist seinem Wortlaut nach aber nur auf *verwaltende Marktbetreiber* anzuwenden.

Auch Art. 36 Abs. 1 UAbs. 3 MiFID/Art. 44 Abs. 1 UAbs. 3 MiFID II hilft nicht weiter. Danach legen die EU-Mitgliedstaaten im Fall einer Aufspaltung in Marktbetreiber und geregelten Markt zwar fest, *„welche der verschiedenen Verpflichtungen des Marktbetreibers nach dieser Richtlinie von dem geregelten Markt und welche vom Marktbetreiber zu erfüllen sind.“* Zu beachten ist aber, dass dies nicht umgekehrt gilt: Der nationale Gesetzgeber kann nicht darüber entscheiden, wer die Pflichten des geregelten Marktes zu erfüllen hat. Diese muss immer der geregelte Markt selbst erfüllen. Der Börsenträger muss also keine Rechte wahrnehmen können, die einem geregelten Markt nach der MiFID/MiFID II zustehen. Auch die MiFID/MiFID II verpflichtet den Börsenträger nicht, den ordnungsgemäßen Betrieb der Börse sicherzustellen.

32 Zwar vermag im Einzelfall die Möglichkeit bestehen, dass die Börsenregelwerke die Stellung des Börsenträgers konkretisieren, indem sie ihm Hilfsfunktionen zuordnen, die als hoheitlich eingestuft werden können. Dann würde eine etwaige Beleihung allerdings aus einer Satzung, Verwaltungsvorschrift oder einem Verwaltungsakt der Anstalt Börse resultieren und nicht bereits aus der hier zu prüfenden gesetzlichen Einordnung als Börsenträger.

Aus der Verpflichtung des Börsenträgers, der Börse die erforderlichen Mittel zur Verfügung zu stellen, folgt im Ergebnis nicht, dass dem Börsenträger einseitig ausübbare hoheitliche Befugnisse übertragen werden (müssten).[153]

2. *Keine Existenzvermittlung durch den Börsenträger*

33 Interessant erscheint der Ansatz *Bresslers*. Danach folge die hoheitliche Stellung des Privaten daraus, dass die rechtliche Existenz der Anstalt Börse als Stück öffentlicher Verwaltung von seiner eigenen rechtlichen Existenz abhänge.[154] In der Folge nimmt *Bressler* auch an, dass die Anstalt beim Untergang des Privaten ebenfalls untergehe, sofern nicht die öffentliche Hand wieder die Trägerschaft übernehme.[155] Eher denkbar ist aber, dass in diesem Moment die hypothetische Beleihung endet und die existenzvermittelnde Stellung wieder zurück auf das Bundesland übergeht. Denn es ist kaum vorstellbar, dass eine Staatsaufgabe, die einem Privaten übertragen wird, durch dessen Untergang ihre Qualität als Staatsaufgabe verlieren soll. Des Weiteren widerspräche dies dem Funktionsschutz des Kapitalmarktes: so könnte nach dieser Ansicht der Börsenträger selbstständig dafür sorgen, dass ein Teil des deutschen Kapitalmarktes zusammenbricht. Außerdem ist die existenzvermittelnde Stellung kein tauglicher Beleihungsgegenstand. Wenn die Existenz der Anstalt tatsächlich

---

153 *Beck*, in: Schwark/Zimmer, Kapitalmarktrecht, 4. Aufl., § 5 BörsG Rn. 3; ebenso *Gurlit/Mülbert*, Der Börsenträger im Spannungsfeld, S. 14; im Ergebnis auch *Bredt*, WM 2013, 1839, 1846, nach dem der Börsenträger unmittelbar keine hoheitlichen Befugnisse ausübt.

154 *Bressler*, Public private partnership im Bank- und Börsenrecht, S. 75.

155 Ebd.

auf der Existenz des Privaten beruhen würde, bedürfte es erst gar keiner Beleihung! Ein weiterer Kritikpunkt ist, dass das jeweilige Bundesland der originäre Anstaltsträger ist[156] und das BörsG nicht voraussetzt, dass die Anstaltsträgerschaft auf den Privaten übertragen werden muss. Insofern wäre auch der Gesetzesvorbehalt nicht eingehalten. § 5 Abs. 1 Satz 2 BörsG betrifft nur die wirtschaftliche Existenz der Anstalt Börse. Der Börsenträger trägt die wirtschaftliche Verantwortung für den Börsenbetrieb,[157] nicht die rechtliche. Die rechtliche Existenz der Anstalt Börse hängt nicht davon ab, dass der Börsenträger die Betriebsmittel bereitstellt. Aus diesen Gründen liegt die existenzvermittelnde Rolle bei dem jeweiligen Bundesland. Dieses ist Anstaltsträger der Börse;[158] von diesem leitet die Börse ihre Existenz ab. So erkennt auch *Bressler*, dass zur Existenzvermittlung ausschließlich der Staat berechtigt ist.[159]

Im Ergebnis scheidet eine Beleihung daher aus, weil das jeweilige Bundesland 34
durch die Börsenaufsichtsbehörde keine Hoheitsbefugnisse auf den Börsenträger überträgt. Sämtliche Entscheidungsbefugnisse – soweit sie nicht ohnehin der Börse zustehen – verbleiben bei der Börsenaufsichtsbehörde. Dieses Ergebnis kommt auch dem ursprünglichen Gedanken nahe, der der herrschenden Meinung zugrunde liegt. Denn diese stützt sich auf *E. R. Huber*, der eigentlich die Börsenorgane als *„beliehene Stelle“* ansieht.[160] Den Börsenorganen werden nämlich gewisse hoheitliche Befugnisse übertragen,[161] nicht dem Börsenträger.

C. Börsenträger als Verwaltungshelfer

Auch wenn der Börsenträger nicht als Beliehener der mittelbaren Staatsverwaltung 35
angegliedert ist, könnte er zumindest als Verwaltungshelfer zu qualifizieren sein.[162] Bei der klassischen Verwaltungshilfe wird ein Privater für eine Behörde als unselbstständiges Hilfsorgan tätig und lediglich eingeschaltet, um hoheitliche Aufgaben zu erledigen; er ist dabei außerordentlicher Organwalter i.w.S.[163] Solche Private nennt man unselbstständige Verwaltungshelfer oder private Vollzugshelfer.[164] Die

156 Siehe Rn. 18.
157 *Beck*, BKR 2002, 662, 664.
158 Siehe Rn. 18.
159 *Bressler*, Public private partnership im Bank- und Börsenrecht, S. 75.
160 *E. R. Huber*, Wirtschaftsverwaltungsrecht, Bd. I, S. 632 f.
161 *E. R. Huber*, Wirtschaftsverwaltungsrecht, Bd. I, S. 632 f.; *Meyer/Bremer*, Börsengesetz, § 1 BörsG Anm. 2.
162 Dies vertritt *Breitkreuz*, Die Ordnung der Börse, S. 188 f.; ebenso *Christoph*, Börsenkooperationen und Börsenfusionen, S. 179; *Seehafer*, Grenzüberschreitende Börsenkonzentrationen, S. 103.
163 *Stober*, in: Stober/Kluth/Wolff/Bachof, Verwaltungsrecht II, § 91 Rn. 2; ähnlich *Maurer*, Allgemeines Verwaltungsrecht, § 23 Rn. 59.
164 *Stober*, in: Stober/Kluth/Wolff/Bachof, Verwaltungsrecht II, § 91 Rn. 2.

Behörde beauftragt die Verwaltungshelfer und weist diese an.[165] Die Verwaltungshelfer handeln bei Erfüllung der hoheitlichen Aufgabe gegenüber Dritten nicht voll privatautonom.[166] Dadurch stehen die Verwaltungshelfer nicht in einer derart unmittelbaren Rechtsbeziehung zu Dritten, wie dies bei der Beleihung typisch ist.[167] Trotzdem ist rechtlicher Kontakt zwischen dem Verwaltungshelfer und Dritten zulässig, in Einzelfällen sogar erforderlich.[168]

Nach der Rechtsprechung liegt es umso näher, einen Privaten der Verwaltung als Verwaltungshelfer bzw. Erfüllungsgehilfe zuzuordnen, je *„stärker der hoheitliche Charakter der Aufgabe in den Vordergrund tritt, je enger die Verbindung zwischen der übertragenen Tätigkeit und der von der Behörde zu erfüllenden hoheitlichen Aufgabe und je begrenzter der Entscheidungsspielraum des Unternehmers ist"*.[169] Damit stellt die Rechtsprechung eine funktionale Gesamtbetrachtung an und gibt die Unterscheidung zwischen selbstständiger und unselbstständiger Verwaltungshilfe auf.[170]

36 Nach der so modifizierten Werkzeugtheorie darf der Staat nicht in das Privatrecht flüchten, um sich seiner öffentlich-rechtlichen Bindungen zu entziehen, sofern öffentliche Aufgaben bis zur Entscheidungsreife vorbereitet werden.[171] Die Verantwortung für die Aufgabe muss beim Staat verbleiben.[172] Genauer gesagt: nicht das privatrechtlich geregelte Innenverhältnis zwischen Verwaltung und Privatperson ist entscheidend. Im Gegensatz zum Beliehenen bereitet der Verwaltungshelfer stets nur vor und führt durch, er entscheidet nicht.[173] Ein Verwaltungshelfer ist also nur soweit befugt, wie keine öffentlich-rechtlichen Befugnisse abschließend wahrgenommen werden.[174] Verwaltungshelfer ist daher jede Privatperson, die zur Erfüllung öffentlicher Aufgaben auf freiwilliger Basis im Außenverhältnis eingesetzt wird, ohne dass ihr eigene hoheitliche Befugnisse übertragen werden und ohne dass es auf das Merkmal der Unselbstständigkeit ankommt.[175]

37 Dem Börsenträger wird mit § 5 Abs. 1 Satz 1 BörsG die Pflicht übertragen, die Anstalt Börse zu betreiben. Das Betreiben einer öffentlich-rechtlichen Anstalt ist eine Staatsaufgabe.[176] Der Börsenträger wird somit in die Erfüllung einer Staats-

165 *Stober*, in: Stober/Kluth/Wolff/Bachof, Verwaltungsrecht II, § 91 Rn. 2.
166 BGHZ 91, 84, 96 (= NJW 1985, 197).
167 *Stober*, in: Stober/Kluth/Wolff/Bachof, Verwaltungsrecht II, § 91 Rn. 2.
168 *Maurer*, Allgemeines Verwaltungsrecht, § 23 Rn. 59.
169 BGHZ 121, 161, 165 f. (= NJW 1993, 1258); in diesem Sinne auch *Maurer*, Allgemeines Verwaltungsrecht, § 23 Rn. 59; *Stober*, in: Stober/Kluth/Wolff/Bachof, Verwaltungsrecht II, § 91 Rn. 3.
170 *Würtenberger*, JZ 1993, 1003, 1004.
171 *Stober*, in: Stober/Kluth/Wolff/Bachof, Verwaltungsrecht II, § 91 Rn. 4.
172 *Brüning*, NWVBl. 1997, 286, 291 f.
173 *Stober*, in: Stober/Kluth/Wolff/Bachof, Verwaltungsrecht II, § 91 Rn. 24.
174 Ebd.
175 *Christoph*, Börsenkooperationen und Börsenfusionen, S. 178.
176 Siehe Rn. 26.

aufgabe eingebunden.[177] Diese Einbindung erfolgt freiwillig, da sie auf Antrag des zukünftigen Börsenträgers erfolgt. Um die genannte Staatsaufgabe zu erfüllen, kann der Börsenträger eigenständig Rechtsbeziehungen zu Dritten eingehen und substanzielle Entscheidungen treffen;[178] z. B. Einrichtungsgegenstände kaufen oder Arbeitsverträge abschließen. Dies erfolgt privatrechtlich und ohne hoheitliche Befugnisse.[179] Zudem erfüllt § 5 Abs. 1 Satz 1 BörsG einen Gesetzesvorbehalt, der eventuell einzuhalten ist,[180] wenn der Staat Private als Verwaltungshelfer einschaltet.[181] Insgesamt ist der Börsenträger somit nicht Beliehener, sondern Verwaltungshelfer.

---

177 *Christoph*, Börsenkooperationen und Börsenfusionen, S. 179, der allerdings die Anstaltsträgerschaft als Staatsaufgabe ansieht.

178 Ebd.

179 Siehe Rn. 30 f.; so auch *Christoph*, Börsenkooperationen und Börsenfusionen, S. 179.

180 Ähnlich *Christoph*, Börsenkooperationen und Börsenfusionen, S. 180 Fn. 472, wonach die Börsenerlaubnis eine Inanspruchnahme aufgrund eines formellen Gesetzes sei.

181 *Stober*, in: Stober/Kluth/Wolff/Bachof, Verwaltungsrecht II, § 91 Rn. 31; einen Überblick gibt *Ehlers*, Die Erledigung von Gemeindeaufgaben durch Verwaltungshelfer, S. 30.

§ 2. Rechte des Börsenträgers

Neben der Stellung als Börsenträger erlangt der Antragsteller durch die Börsenerlaubnis gemäß § 5 Abs. 1 Satz 1 BörsG das Recht, eine Börse zu errichten und zu betreiben. Die Anforderungen der Börsenerlaubnis orientieren sich also auch am Umfang des Betriebsrechts und des Errichtungsrechts im Sinne des § 5 Abs. 1 Satz 1 BörsG. **38**

A. Betriebsrecht

Das Recht, Börsen zu betreiben, spiegelt sich bereits in der Erlaubnispflicht nach § 4 Abs. 1 BörsG wider. Nach dem Wortlaut des § 4 Abs. 1 BörsG bedarf zwar lediglich die *„Errichtung einer Börse“* einer Erlaubnis. § 5 Abs. 1 Satz 1 BörsG zeigt aber, dass der Börsenträger mit der Erteilung der Erlaubnis auch zum Betrieb einer Börse berechtigt wird. Zudem *„bezieht“* sich die Erlaubnis gemäß § 4 Abs. 5 Satz 1 Nr. 1 BörsG auch auf den Börsenbetrieb. Der Gesetzgeber spricht sogar ausdrücklich von der *„Erlaubnis zum Börsenbetrieb“*.[1] Folglich ist auch das *Betreiben einer Börse* erlaubnisbedürftig.[2] Aus diesem Grund bringt die Erlaubnispflicht das Verbot zum Ausdruck, Börsen ohne Erlaubnis zu betreiben. Der mögliche Umfang des Betriebsrechts ergibt sich also daraus, welche Börsenzusammenkünfte genau betrachtet verboten sind. **39**

Früher beinhaltete die Genehmigung einer Börse die Aufhebung des präventiven Verbots sog. Privatbörsen, d. h. nicht genehmigter Börsenzusammenkünfte.[3] Damals bestand für Börsendienstleistungen ein staatliches Monopol.[4] Dieses Monopol lockerte der Gesetzgeber durch das 4. FMFG. § 59 BörsG i.d.F. vom 21. Juni 2002 (BGBl. I S. 2010) gestattete Kreditinstituten, eine *„börsenähnliche Einrichtung“* in elektronischer Form zu betreiben.[5] Mit dem FRUG gestattete der Gesetzgeber den Betrieb solcher multilateraler Systeme gemäß § 1 Abs. 1a Satz 2 Nr. 1b KWG auch in nichtelektronischer Form.[6] Das hat manche zu der Feststellung veranlasst, **40**

---

1 BT-Drs. 16/4028, S. 82.

2 Im Ergebnis auch *Beck*, in: Schwark/Zimmer, Kapitalmarktrecht, 4. Aufl., § 4 BörsG Rn. 4.

3 PrOVGE 34, 315, 315 (= ZHR 48 [1899], 274) – Feenpalast; *E. R. Huber*, Wirtschaftsverwaltungsrecht, Bd. I, S. 615; *Meyer/Bremer*, Börsengesetz, § 1 BörsG Anm. 3; *Schwark*, Börsengesetz, 2. Aufl., § 1 BörsG Rn. 21; *Kümpel*, Bank- und Kapitalmarktrecht, 2. Aufl., Rn. 17.26; *Beck*, in: Schwark, Kapitalmarktrecht, 3. Aufl., § 1 BörsG Rn. 14.

4 *Emmerich/Hoffmann*, in: Osterloh/Schmidt/Weber, FS Selmer, S. 305, 314.

5 A. a. O., 315.

6 BT-Drs. 16/4028, S. 41, 90.

hierdurch sei die privatrechtliche Organisation einer Börse im materiellen Sinne möglich geworden.[7]

Heute könnte das Verbot von Privatbörsen aus § 2 Abs. 1 i.V.m. § 5 Abs. 1 Satz 1 BörsG folgen, weil Börsen danach als Anstalten des öffentlichen Rechts errichtet werden.[8] Nach § 2 Abs. 1 BörsG *„regeln und überwachen"* Börsen *„multilaterale Systeme"*. § 2 Abs. 1 BörsG stellt an diese multilateralen Systeme ähnliche Anforderungen wie § 1 Abs. 1a Satz 2 Nr. 1b KWG und § 2 Abs. 3 Satz 1 Nr. 8 WpHG/§ 2 Abs. 8 Satz 1 Nr. 8 WpHG 2018. Die Definitionen des BörsG und des KWG unterscheiden sich nur in drei Punkten:[9] Erstens sind Handelsgegenstände an MTF lediglich Finanzinstrumente im Sinne des § 1 Abs. 11 KWG,[10] während Handelsgegenstände an Börsen neben diesen Finanzinstrumenten auch Rechte und Wirtschaftsgüter wie Rohstoffe und Waren sein können.[11] Zweitens müssen die Handelsgegenstände an Börsen nach den §§ 23, 32 ff. BörsG zum Börsenhandel zugelassen sein. Drittens müssen MTF die Interessen der Teilnehmer so zusammenbringen, dass sie zu einem Vertrag über den Kauf der Finanzinstrumente führen, wohingegen Börsen das Zusammenbringen lediglich fördern müssen, die verschiedenen Interessen sich also auch außerhalb des Systems treffen können.[12] Der Begriff eines multilateralen Systems im Sinne des § 2 Abs. 1 BörsG ist also teilweise weiter und teilweise enger als derjenige gemäß § 1 Abs. 1a Satz 2 Nr. 1b KWG. Das Zulassungserfordernis der Handelsgegenstände grenzt Börsen aber nicht materiell von MTF ab.[13] Dieses Zulassungserfordernis folgt vielmehr aus der Börsenerlaubnis selbst, die ein multilaterales System erst als Börse qualifiziert. Außerdem könnte ein MTF ein entsprechendes Regelwerk privatrechtlich nachbilden. Bei einem solchen Verständnis schließt die materiell-rechtliche Definition einer Börse die Definition eines MTF mit ein. Damit sind Börsen von MTF durch materielle Kriterien zwar nicht umfassend, aber doch immerhin teilweise abgrenzbar.[14]

---

7 *Boschan*, Wertpapierhandelssysteme, S. 149; in diesem Sinne schon zu § 59 BörsG i.d.F. vom 21. Juni 2002 (BGBl. I S. 2010) *Reuschle/Fleckner*, BKR 2002, 617, 625.

8 So *Schönemann*, Die Organisationsstruktur der Börse, S. 140.

9 Anders *Beck*, in: Schwark/Zimmer, Kapitalmarktrecht, 4. Aufl., § 2 BörsG Rn. 22, der als einzigen Unterschied das Erfordernis einer Zulassung der Handelsgegenstände ausmacht.

10 § 1 Abs. 11 KWG definiert Finanzinstrumente entsprechend den Vorgaben in Art. 4 Abs. 1 Nr. 17 bis 19 MiFID/Art. 4 Abs. 1 Nr. 15, 17 und 44 MiFID II i.V.m. Anhang I Abschnitt C, siehe *Schäfer*, in: Boos/Fischer/Schulte-Mattler, KWG, CRR-VO, Bd. I, 5. Aufl., § 1 KWG Rn. 277.

11 BT-Drs. 16/4028, S. 79.

12 *Spindler/Kasten*, WM 2006, 1749, 1754 f.; *J. Thieme*, Wertpapierdienstleistungen im Binnenmarkt, S. 326; *Schäfer*, in: Boos/Fischer/Schulte-Mattler, KWG, CRR-VO, Bd. I, 5. Aufl., § 2 KWG Rn. 135.

13 Ähnlich *Groß*, Kapitalmarktrecht, 6. Aufl., § 2 BörsG Rn. 6, allerdings unklar i.V.m. Rn. 2.

14 A.A. *Beck*, in: Schwark/Zimmer, Kapitalmarktrecht, 4. Aufl., § 2 BörsG Rn. 22.

I. Verbot, *qualifizierte multilaterale Systeme* zu betreiben

Soweit ein multilaterales System auf den Kauf und Verkauf von Wirtschaftsgütern oder Rechten bezogen ist, die nicht Finanzinstrumente sind, oder es die Interessen der Teilnehmer nicht zwangsläufig zusammenbringt, sondern ein solches Zusammenbringen lediglich fördert (im Folgenden: *qualifiziertes multilaterales System*), ist dies kein erlaubnispflichtiges MTF im Sinne des § 1 Abs. 1a Satz 2 Nr. 1b KWG mehr. Solche Systeme sind ausnahmslos den Börsen nach § 2 Abs. 1 BörsG vorbehalten. Insoweit besteht ein Verbot, *qualifizierte multilaterale Systeme* zu betreiben. Durch das Betriebsrecht des § 5 Abs. 1 Satz 1 BörsG hebt die Börsenerlaubnis dieses Verbot auf. **41**

II. Verbot, *einfache multilaterale Systeme* als Börse zu betreiben

Soweit ein multilaterales System sowohl unter § 2 Abs. 1 BörsG als auch unter § 1 Abs. 1a Satz 2 Nr. 1b KWG subsumierbar ist (im Folgenden: *einfaches multilaterales System*), unterscheiden sich Börsen und MTF nach Maßgabe verfahrensrechtlicher Elemente.[15] Seit dem Erlass des FRUG bestimmt § 2 Abs. 1 BörsG nämlich auch formelle Aspekte als Wesenselemente der Börse.[16] Börsen sind dadurch gekennzeichnet, dass staatliche Stellen sie genehmigen, regeln und überwachen.[17] Reguliert und beaufsichtigt der Staat Handelssegmente, dann weisen diese besondere Qualitätsmerkmale auf.[18] Der Staat gewährleistet Regeln und Abläufe mit höchsten Standards.[19] Hieran fehlt es bei MTF. Aus diesem Grund steht die Bezeichnung *Börse* bei Marktteilnehmern insgesamt für qualitativ hochwertige Dienstleistungen und ist damit ein erheblicher Wettbewerbsfaktor.[20] Der Rechtsverkehr unterscheidet die Bezeichnungen *MTF* und *Börse*.[21] Er vertraut dem Betreiber eines MTF nicht in dem Maße, wie er dem Betreiber einer Börse traditionell vertraut.[22] Das Qualitätssiegel einer Börse ist einem Antragsteller verwehrt, wenn er ein privatrechtlich verfasstes MTF betreibt. Ein Anspruch auf Betrieb einer Börse unterscheidet sich daher erheblich von einem Anspruch auf Betrieb eines MTF.[23] Die Erlaubnis nach § 4 Abs. 1 BörsG, ein *einfaches multilaterales System* als Börse zu betreiben, ist ein *Mehr* gegenüber der Erlaubnis, es **42**

15 Ähnlich, aber auf die Abgrenzung insgesamt bezogen *Beck*, in: Schwark/Zimmer, Kapitalmarktrecht, 4. Aufl., § 2 BörsG Rn. 22.
16 BT-Drs. 16/4028, S. 81.
17 *Schwark*, in: Schwark/Zimmer, Kapitalmarktrecht, 4. Aufl., Einl. BörsG Rn. 16.
18 In diesem Sinne *Emmerich/Hoffmann*, in: Osterloh/Schmidt/Weber, FS Selmer, S. 305, 316; *Seehafer*, Grenzüberschreitende Börsenkonzentrationen, S. 536.
19 *Emmerich/Hoffmann*, in: Osterloh/Schmidt/Weber, FS Selmer, S. 305, 316.
20 *Schönemann*, Die Organisationsstruktur der Börse, S. 142.
21 A. a. O., S. 108.
22 *Schönemann*, Die Organisationsstruktur der Börse, S. 108; im Ergebnis auch schon *Emmerich/Hoffmann*, in: Osterloh/Schmidt/Weber, FS Selmer, S. 305, 316.
23 Ähnlich *Schönemann*, Die Organisationsstruktur der Börse, S. 108.

als MTF zu betreiben.[24] Als was ein System einzuordnen ist, kann der Betreiber eines *einfachen multilateralen Systems* selbst wählen,[25] indem er einen Antrag nach § 32 Abs. 1 i.V.m. § 1 Abs. 1a Satz 2 Nr. 1b KWG bei der BaFin oder eben nach § 4 Abs. 3 i.V.m. Abs. 2 BörsG bei der Börsenaufsichtsbehörde stellt.[26] Wird ein *einfaches multilaterales System* ohne jegliche Art von Erlaubnis betrieben, ist es mangels Börsenerlaubnis nicht als Börse im Sinne des § 2 Abs. 1 BörsG zu qualifizieren. Das nicht erlaubte Betreiben eines *einfachen multilateralen Systems* fällt als erlaubnispflichtige Finanzdienstleistung nach § 1 Abs. 1a Satz 2 Nr. 1b KWG in den Aufsichtsbereich der BaFin.[27] Die Erlaubnispflicht nach § 4 Abs. 1 BörsG beinhaltet insoweit nur ein Verbot, *einfache multilaterale Systeme* unter der Bezeichnung *Börse* zu betreiben. Durch das Betriebsrecht des § 5 Abs. 1 Satz 1 BörsG hebt die Börsenerlaubnis dieses Verbot auf.

B. *Errichtung* im Sinne des § 5 Abs. 1 Satz 1 BörsG als Einrichtungsrecht

43 Auch das Recht, Börsen zu errichten, spiegelt sich in der Erlaubnispflicht nach § 4 Abs. 1 BörsG wider. Diese bringt auch das Verbot zum Ausdruck, Börsen ohne Erlaubnis zu errichten. Entscheidend ist, was mit *„Errichtung"* im Sinne des § 4 Abs. 1 und § 5 Abs. 1 Satz 1 BörsG gemeint ist.

Das Schrifttum verwendet die Begriffe *„Bildung"*, *„Errichtung"* und *„Einrichtung"*, wenn öffentlich-rechtliche Funktionssubjekte erschaffen werden.[28] Im besonderen Verwaltungsrecht missachtet es oft die Unterschiede dieser Begriffe, so auch im Börsenrecht. Denn mit diesen Begriffen werden im Börsenrecht teils dieselben, teils unterschiedliche Vorgänge beschrieben. Diese Lage zeigt sich sogar im Schrifttum zum Allgemeinen Verwaltungsrecht. Dort fasst *Maurer* mit dem Begriff Errichtung das zusammen, was *Kluth* in Bildung und Errichtung unterteilt, *Burgi* wiederum verkehrt die Bezeichnungen dieser Zusammenfassung.[29] Um die Organisation im Börsenrecht als Ganzes verstehen zu können und

---

24 Ähnlich *Boschan*, Wertpapierhandelssysteme, S. 163, der von einer *„Privilegierung dieser Marktveranstaltungen aus dem Kreis der materiellen Börsenveranstaltungen"* spricht.

25 BT-Drs. 16/4028, S. 81; *Boschan*, Wertpapierhandelssysteme, S. 435; *Groß*, Kapitalmarktrecht, 6. Aufl., § 2 BörsG Rn. 6.

26 *Groß*, Kapitalmarktrecht, 6. Aufl., § 2 BörsG Rn. 6a.

27 BT-Drs. 16/4028, S. 81; so im Ergebnis auch *Groß*, Kapitalmarktrecht, 6. Aufl., § 4 BörsG Rn. 3.

28 So *Kluth*, in: Stober/Kluth/Wolff/Bachof, Verwaltungsrecht II, § 82 Rn. 116 ff.; einen Überblick gibt *Maurer*, Allgemeines Verwaltungsrecht, § 21 Rn. 58; *Burgi*, in: Erichsen/Ehlers, Allgemeines Verwaltungsrecht, 14. Aufl., § 8 Rn. 2.

29 *Maurer*, Allgemeines Verwaltungsrecht, § 21 Rn. 58; *Kluth*, in: Stober/Kluth/Wolff/Bachof, Verwaltungsrecht II, § 82 Rn. 119 ff.; *Burgi*, in: Erichsen/Ehlers, Allgemeines Verwaltungsrecht, 14. Aufl., § 8 Rn. 2.

eine einheitliche Systematik zu gewährleisten, bedarf es aber einer eindeutigen Begrifflichkeit.

Zunächst unterscheiden sich die abstrakte Bildung und die konkrete Errichtung.[30] **44**
Bei der Bildung bestimmen abstrakte Rechtssätze einen Typus durch allgemeine Merkmale und bilden so ein organisatorisches Funktionssubjekt.[31] Die Merkmale bestimmen die Rechtsform und Struktur.[32] Abstrakt organisatorische Rechtssätze existieren aber nicht für alle Funktionssubjekte.[33]

Unter Errichtung ist das konkrete Schaffen des individuellen Funktionssubjekts zu verstehen.[34] Funktionssubjekte werden durch konkret organisatorische Rechtssätze oder Einzelrechtsakte erschaffen, welche den rechtlichen Status verleihen, die Organe festlegen, bilden und besetzen, die wahrzunehmenden Aufgaben zuweisen, die Finanzierung vorgeben sowie die Aufsicht über diese regeln.[35] Soweit dies bereits ein Gesetz abstrakt bestimmt, hat sich die konkrete Regelung innerhalb dieser Grenzen zu bewegen.[36]

Neben der abstrakten Bildung und der konkreten Errichtung steht die tatsächliche Einrichtung eines Funktionssubjekts. Diese erfolgt durch konkretes Zuweisen von Personal- und Sachmitteln, also Stellen besetzen sowie Gebäude und sonstige für den Arbeitsablauf erforderliche Instrumente und Materialien bereitstellen.[37] Die ersten Akte der Einrichtung kann nur ein bereits existierendes und funktionstüchtiges Funktionssubjekt wahrnehmen.[38] Daher können nur Organe des gründenden Verwaltungsträgers oder kommissarisch mit dieser Aufgabe betraute Funktionsträger das Funktionssubjekt einrichten.[39] Erst wenn das zu gründende Funktionssubjekt eine Mindestfunktionsfähigkeit hat, kann es die weiteren Einrichtungsakte selbst vornehmen.[40]

---

30 So unterscheidet auch *Kluth*, in: Stober/Kluth/Wolff/Bachof, Verwaltungsrecht II, § 82 Rn. 116.

31 A. a. O., § 82 Rn. 117.

32 Ebd.

33 Ebd.

34 *Kluth*, in: Stober/Kluth/Wolff/Bachof, Verwaltungsrecht II, § 82 Rn. 119; so zum Teil dann auch *Maurer*, Allgemeines Verwaltungsrecht, § 21 Rn. 58; dagegen definiert *Burgi*, in: Erichsen/Ehlers, Allgemeines Verwaltungsrecht, 14. Aufl., § 8 Rn. 2 so allerdings die Einrichtung.

35 *Kluth*, in: Stober/Kluth/Wolff/Bachof, Verwaltungsrecht II, § 82 Rn. 119; in diesem Sinne auch *Maurer*, Allgemeines Verwaltungsrecht, § 21 Rn. 58.

36 Ähnlich *Kluth*, in: Stober/Kluth/Wolff/Bachof, Verwaltungsrecht II, § 82 Rn. 119.

37 *Kluth*, in: Stober/Kluth/Wolff/Bachof, Verwaltungsrecht II, § 82 Rn. 121; so auch *Maurer*, Allgemeines Verwaltungsrecht, § 21 Rn. 58; dagegen definiert *Burgi*, in: Erichsen/Ehlers, Allgemeines Verwaltungsrecht, 14. Aufl., § 8 Rn. 2 so allerdings die Errichtung.

38 *Kluth*, in: Stober/Kluth/Wolff/Bachof, Verwaltungsrecht II, § 82 Rn. 121.

39 Ebd.

40 Ebd.

I. Bildung der Börse durch den Gesetzgeber

45 Der Gesetzgeber hat mit § 2 Abs. 1 BörsG die organisatorische Einheit Börse abstrakt als *„teilrechtsfähige Anstalten des öffentlichen Rechts"* gebildet. Hierdurch hat der Gesetzgeber die Organisations- und Rechtsform der Börse als Anstalt festgelegt. Zwar hat der Gesetzgeber die öffentlich-rechtlichen Organisations- und Rechtsformen nicht in abschließender und typisierender Form geregelt, so dass die Gestaltungsmöglichkeiten nicht begrenzt sind.[41] Entgegen dem Wortlaut auszulegen verbietet sich im vorliegenden Zusammenhang indes, da der Gesetzgeber die sprachliche Fassung von § 2 Abs. 1 BörsG in Kenntnis des geschilderten Meinungsstreits über die Organisations- und Rechtsform der Börse gewählt hat.[42] Zudem sprechen die §§ 12 ff. BörsG für eine anstaltliche Organisation der Börse.

II. Errichtung der Börse durch die Börsenaufsichtsbehörde

46 Wegen der engen Vorgaben des BörsG erschöpft sich die Errichtung einer Börse weitestgehend darin, dass ihr die Teilrechtsfähigkeit verliehen wird. Rechtsfähige Anstalten sind selbst Verwaltungsträger.[43] Errichtet der Staat einen neuen Verwaltungsträger, entscheidet er grundlegend über die Verwaltungsorganisation.[44] Daher ist eine rechtsfähige Anstalt durch oder aufgrund eines Gesetzes zu errichten.[45] Nichtrechtsfähige Anstalten dagegen sind rechtlich nur Teil eines anderen Verwaltungsträgers.[46] Um diese zu errichten, genügt daher ein bloßer Organisationsakt des zukünftigen Anstaltsträgers.[47] Teilrechtsfähige Anstalten sind nur soweit selbstständige Verwaltungsträger, wie ihre Rechtsfähigkeit reicht.[48] Zu diesem Teil sind sie aber selbst Verwaltungsträger. Zumindest für die Errichtung dieses rechtsfähigen Teils der Anstalt bedarf es daher eines formellen Gesetzes (Art. 87 Abs. 3 Satz 1 GG), einer Rechtsverordnung, eines Verwaltungsaktes auf der Grundlage eines Gesetzes, einer Satzung oder eines öffentlich-rechtlichen Vertrages.[49]

§ 2 Abs. 1 BörsG bildet die Börse lediglich abstrakt, die Norm errichtet aber keine bestimmte Börse. Ferner beinhaltet das BörsG keine Ermächtigungsgrundlage dafür, eine entsprechende Rechtsverordnung oder einen Verwaltungsakt zu

---

41 *Kluth*, in: Stober/Kluth/Wolff/Bachof, Verwaltungsrecht II, § 82 Rn. 125.

42 Einen Überblick zu diesem Streit gibt bereits *Breitkreuz*, Die Ordnung der Börse, S. 52 ff.; eingeführt wurde die Definition der Börse allerdings erst mit dem FRUG, siehe BT-Drs. 16/4028, S. 79.

43 *Maurer*, Allgemeines Verwaltungsrecht, § 23 Rn. 48.

44 A. a. O., § 21 Rn. 66.

45 *Maurer*, Allgemeines Verwaltungsrecht, § 23 Rn. 51; *M. Müller*, in: Stober/Kluth/Wolff/Bachof, Verwaltungsrecht II, § 86 Rn. 28.

46 *Maurer*, Allgemeines Verwaltungsrecht, § 23 Rn. 48.

47 *M. Müller*, in: Stober/Kluth/Wolff/Bachof, Verwaltungsrecht II, § 86 Rn. 50.

48 *Maurer*, Allgemeines Verwaltungsrecht, § 23 Rn. 48.

49 So schlussfolgert *M. Müller*, in: Stober/Kluth/Wolff/Bachof, Verwaltungsrecht II, § 86 Rn. 50 für rechtsfähige Anstalten.

erlassen. Auch sieht das Gesetz hierzu keinen öffentlich-rechtlichen Vertrag vor. Ebenfalls fordert keine Norm explizit, dass die Börse mittels Satzung zu errichten ist. Das Gesetz informiert nicht ausdrücklich darüber, wer befugt ist, eine Börse zu errichten. Aufgrund des Gesetzesvorbehalts steht diese Befugnis grundsätzlich zunächst der Legislative zu. Um herauszufinden, wem die Befugnis schlussendlich zusteht, ist daher zu untersuchen, ob das BörsG die Befugnis auf eine andere Einrichtung übertragen hat.

1. *Organisationsgewalt*

Wer befugt ist, staatliche Funktionssubjekte rechtlich und tatsächlich zu verfassen, hat Organisationsgewalt.[50] Er kann Verwaltungsträger in Gestalt staatlicher Behörden sowie Körperschaften, Anstalten und Stiftungen des öffentlichen Rechts errichten, ändern und aufheben.[51] Zunächst hat der Gesetzgeber die Organisationsgewalt, da die Verfassung jede Maßnahme der Organisationsgewalt legitimieren muss.[52] Will der Gesetzgeber seine Organisationsgewalt ausüben, muss er ein Gesetz erlassen. Durch ein Gesetz kann er die Organisationsgewalt auch auf die Exekutive übertragen. Im Börsenrecht hat der Gesetzgeber seine Organisationsgewalt teilweise ausgeübt; er hat die Börse durch § 2 Abs. 1 BörsG abstrakt gebildet. Dagegen hat er nicht die Möglichkeit wahrgenommen, Börsen auch konkret zu errichten. Vielmehr überträgt § 4 Abs. 1 BörsG der Börsenaufsichtsbehörde die Befugnis, neue Börsen zu erlauben. Der Wortlaut des § 4 Abs. 1 BörsG klärt allerdings noch nicht, ob der Gesetzgeber dadurch die Befugnis, neue Börsen zu errichten, auf die Börsenaufsichtsbehörde oder den Börsenträger übertragen hat. **47**

Teile der Literatur gehen von einer Doppelfunktion der Börsenerlaubnis aus. Die Börsenaufsichtsbehörde erlaube dem Antragsteller durch die Börsenerlaubnis nicht nur, eine Börse zu betreiben, sondern übertrage diesem auch unmittelbar die Organisationsgewalt, die Börse als Anstalt des öffentlichen Rechts zu errichten und mit den nötigen Mitteln auszustatten.[53] Hierfür könnten auch § 4 Abs. 1 und § 5 Abs. 1 Satz 1 BörsG sprechen, deren Wortlaut den privaten Antragsteller als Börsenträger zur *„Errichtung"* der Börse berechtigt. **48**

Andere Stimmen lehnen eine solche Doppelfunktion ab. Die Börsenaufsichtsbehörde übertrage die Organisationsgewalt nicht durch die Börsenerlaubnis auf den Antragsteller. Der statusbegründende Verleihungsakt liege nicht allein in der Erlaubnis, sondern in der Verbindung dieser Erlaubnis mit der Genehmigung der

---

50 *Stern*, Staatsrecht, Bd. II, § 41 IV 10 e α m.w.N.; *Traumann*, Organisationsgewalt, S. 26; *Kluth*, in: Stober/Kluth/Wolff/Bachof, Verwaltungsrecht II, § 81 Rn. 7.

51 *Stern*, Staatsrecht, Bd. II, § 41 IV 10 e α m.w.N.

52 Ebd.

53 *Schwark*, Börsengesetz, 2. Aufl., § 1 BörsG Rn. 21; *Kümpel*, Bank- und Kapitalmarktrecht, 2. Aufl., Rn. 17.139; *Beck*, in: Schwark/Zimmer, Kapitalmarktrecht, 4. Aufl., § 4 BörsG Rn. 5; *Lenenbach*, Kapitalmarkt- und Gesellschaftsrecht, Rn. 3.39.

Börsenordnung.[54] Der Gesetzgeber gebe durch das BörsG zwar gewisse Leitlinien vor, die Organisationsgewalt zur Errichtung der Anstalt Börse komme aber der Börsenaufsichtsbehörde zu.[55]

49 Die Börsenaufsichtsbehörde kann die Organisationsgewalt nur auf einen privaten Antragsteller übertragen, wenn der Gesetzgeber die Organisationsgewalt zuvor auf die Behörde übertragen hat. Weiterhin muss die Behörde befugt sein, die Organisationsgewalt weiter zu übertragen oder der Gesetzgeber muss vorgegeben haben, wann die Organisationsgewalt von ihr kraft Gesetzes auf den privaten Antragsteller übergehen soll. Anderenfalls ist der organisationsrechtliche Gesetzesvorbehalt nicht eingehalten.

Solche Regelungen sind dem BörsG unmittelbar nicht zu entnehmen. Zwar könnte § 4 Abs. 1 BörsG so zu verstehen sein, dass die Befugnis, eine Börse zu errichten, Organisationsgewalt bedeutet und folglich der private Antragsteller die Börse faktisch errichtet. Allerdings betont der Gesetzgeber, dass die Erlaubnis lediglich ein Teil der Errichtung der Börse ist.[56] Zudem wird eine teilrechtsfähige Anstalt durch formelles Gesetz, Rechtsverordnung, Verwaltungsakt, Satzung oder öffentlich-rechtlichen Vertrag errichtet.[57] Statusbegründender Rechtsakt könnte daher die Börsenordnung sein, die gemäß § 12 Abs. 2 Satz 1 Nr. 1 BörsG als Satzung zu erlassen ist. Die Organisationsgewalt, die Anstalt Börse zu errichten, hat dann derjenige, der die Satzungsgewalt hinsichtlich der Börsenordnung inne hat.

2. *Satzungsgewalt*

50 Gegenstände einer Satzung, die eine Anstalt errichten soll, sind zweckmäßigerweise: Name, Aufgaben, Bestimmungen über die Organe, Höhe des Stammkapitals, Wirtschaftsführung, Vermögensverwaltung und Rechnungslegung.[58] Soweit diesen Inhalt ein Gesetz vorschreibt, bindet es den Satzungsgeber. Ansonsten kann der Satzungsgeber den Inhalt frei bestimmen.[59]

51 Den obligatorischen Inhalt einer Börsenordnung legt § 16 Abs. 1 Satz 2 BörsG fest.[60] Gemäß § 12 Abs. 2 Satz 1 Nr. 1 BörsG erlässt der Börsenrat die Börsenordnung. Den Börsenrat wählen grundsätzlich die Börsenteilnehmer für bis zu drei Jahre aus

---

54 *Uppenbrink*, Wertpapierbörsen als Körperschaften, S. 60 f., 75; *Mues*, Die Börse als Unternehmen, S. 72.

55 *Hopt/Baum*, in: Hopt/Rudolph/Baum, Börsenreform, S. 405; *Christoph*, Börsenkooperationen und Börsenfusionen, S. 408; so auch *Mues*, Die Börse als Unternehmen, S. 135; *Seehafer*, Grenzüberschreitende Börsenkonzentrationen, S. 102.

56 BR-Drs. 936/01 (neu), S. 198; BT-Drs. 14/8017, S. 72.

57 Siehe Rn. 46.

58 *Ochmann*, Privatisierung von Anstalten, S. 49 f.

59 So *Schwark*, in: Schwark/Zimmer, Kapitalmarktrecht, 4. Aufl., § 16 BörsG Rn. 10 zur Organisation von Börsen.

60 A. a. O., § 16 BörsG Rn. 5 mit Hinweis auf inhaltliche Ergänzungen in § 15 Abs. 2, § 19 Abs. 3, § 33 Abs. 2 BörsG.

ihrem Kreis (§ 13 Abs. 1, § 12 Abs. 1 Satz 2 bis 4 BörsG). Vor dem Erschaffen der Börse liegen die Voraussetzungen für die Wahl eines Börsenrates nach § 13 BörsG aber in der Regel nicht vor.[61] *„Mit der Genehmigung einer neuen Börse bestellt die Börsenaufsichtsbehörde"* daher gemäß § 12 Abs. 5 BörsG einen vorläufigen Börsenrat. Obwohl der Wortlaut nicht mit dem des § 4 Abs. 1 BörsG übereinstimmt, kann mit der *„Genehmigung"* im Sinne des § 12 Abs. 5 BörsG nur die Börsenerlaubnis gemeint sein, nicht hingegen die Genehmigung der Börsenordnung nach § 16 Abs. 3 Satz 1 BörsG. Denn die Börsenordnung setzt nach § 12 Abs. 2 Satz 1 Nr. 1 BörsG selbst voraus, dass ein Börsenrat existiert. Folglich ist der vorläufige Börsenrat vor allem dafür zuständig, erstmalig eine Börsenordnung zu erlassen. Dem später gewählten Börsenrat kann insoweit nur die Kompetenz zukommen, eine schon bestehende Börsenordnung nach Maßgabe des § 16 Abs. 1 Satz 2 BörsG zu ändern; statusändernde Entscheidungen sind ihm untersagt. Somit liegt es nahe, davon auszugehen, dass dem vorläufigen Börsenrat die autonome Rechtsmacht zukommt, die Börse zu organisieren, er mithin Satzungsgewalt hat.[62] Dem könnte aber entgegenstehen, dass die Börsenaufsichtsbehörde den vorläufigen Börsenrat einsetzt und die von diesem erlassene Börsenordnung genehmigen muss. Durch diese Entscheidungen könnte die Behörde verhindern, dass eine Börsenordnung wirksam wird.

a) Pflicht zur Bestellung des vorläufigen Börsenrates

Maßgeblich ist, ob ein Antrag nach § 4 Abs. 2 BörsG, an dessen Ende die Börsenaufsichtsbehörde die Börsenerlaubnis erteilt, diese berechtigt oder verpflichtet, einen vorläufigen Börsenrat zu bestellen. Wäre die Behörde nicht verpflichtet, sondern nur berechtigt, hätte dies Folgen für die Börsenerlaubnis. Die Behörde könnte die Erlaubnis dann mit der Begründung versagen, ihr obliege ein Entschließungsermessen hinsichtlich der Bestellung des vorläufigen Börsenrates. Gewährt das BörsG aber einen Anspruch auf die Erteilung der Börsenerlaubnis, so wäre es systemwidrig, die Behörde frei entscheiden zu lassen, ob sie einen vorläufigen Börsenrat bestellt oder nicht. 52

Selbst wenn das BörsG aber nur einen Anspruch auf ermessensfehlerfreie Entscheidung gewährt, wäre ein Ermessen hinsichtlich der Bestellung des vorläufigen Börsenrates systemwidrig und widerspräche dem Grundsatz der Verfahrensökonomie. Dürfte die Börsenaufsichtsbehörde nämlich auf einen Antrag nach § 4 Abs. 2 BörsG ein Ermessen ausüben, so wäre ein erneutes Ermessen bei der Bestellung des vorläufigen Börsenrates nur sinnvoll, wenn die Behörde bei dieser Entscheidung andere Kriterien berücksichtigen könnte. Anderenfalls könnte sie ihrer ablehnenden Entscheidung bereits auf einen Antrag nach § 4 Abs. 2 BörsG zur Existenz verhelfen.

Sollte der Gesetzgeber der Börsenaufsichtsbehörde bei der Erteilung der Börsenerlaubnis einen Ermessens- oder Beurteilungsspielraum zugestehen, so können

61 *Schwark*, in: Schwark/Zimmer, Kapitalmarktrecht, 4. Aufl., § 12 BörsG Rn. 21.

62 So *Bröcker*, in: Erne/Claussen, Bank- und Börsenrecht, S. 382 Rn. 41, der ebenfalls den vorläufigen Börsenrat meinen dürfte.

dessen Grenzen aber keinesfalls dadurch ausgeweitet werden, dass der Behörde ein Entschließungsermessen dahin gehend zukommt, den vorläufigen Börsenrat überhaupt zu bestellen. In diesem Fall könnte die Börsenaufsicht den Vollzug einer erteilten Börsenerlaubnis willkürlich verhindern. Im Ergebnis ist die Börsenaufsichtsbehörde nach Erteilung einer Börsenerlaubnis daher als verpflichtet anzusehen, einen vorläufigen Börsenrat zu bestellen.

b) Kein Ermessen bei Genehmigung der Börsenordnung

53 Dass ein vorläufiger Börsenrat bestellt wird, darf die Börsenaufsichtsbehörde nach dem Vorgesagten nicht verhindern. Denkbar wäre aber, dass sie die Genehmigung der Börsenordnung versagen darf. Hiervon kann allerdings nicht ausgegangen werden, wenn der Erlass der Börsenordnung als eine Selbstverwaltungsmaßnahme der Börse zu beurteilen ist. Grundsätzlich hat die Börse eigene Organisationshoheit.[63] Anstalten fehlt jedoch die Mitgliederbasis und damit eine Betroffenengemeinschaft.[64] Daher kann die Verleihung von Satzungsautonomie an Anstalten prinzipiell nicht durch den Selbstverwaltungsgedanken legitimiert werden.[65] Damit Anstalten Satzungen autonom erlassen können, ist vielmehr eine gesetzliche Ermächtigung notwendig.[66] Die Autonomie folgt also erst der Rechtsfähigkeit und kann nicht vor der Errichtung der Anstalt vorhanden sein. Die Börsenordnung als Satzung zu erlassen, ist daher keine Selbstverwaltungsmaßnahme der Börse, sondern ein Rechtsetzungsakt.[67] Sie ist als Gesetz des genehmigenden Bundeslandes zu qualifizieren.[68] Die Anstalt Börse muss erst gegründet werden, bevor sie in die Selbstverwaltung entlassen werden kann. In der Folge kann es sich bei dem vorläufigen Börsenrat nicht bereits um ein Organ der Börse im Sinne des § 3 Abs. 1 Satz 2 BörsG handeln, so dass seine Bestellung die Existenz der Anstalt Börse voraussetzen würde.[69] Dieses System zeigt sich auch in § 16 Abs. 3 Satz 1 BörsG. Danach bedarf die Börsenordnung der Genehmigung durch die Börsenaufsichtsbehörde. Dies spricht zunächst dafür, dass die Letztentscheidungsbefugnis faktisch bei der Behörde verbleibt.

Dem Wortlaut des § 16 Abs. 3 BörsG ist aber nicht eindeutig zu entnehmen, ob die Genehmigung lediglich eine Rechts- und Gesetzmäßigkeitskontrolle gestattet oder ob die Börsenaufsichtsbehörde auch Zweckmäßigkeitserwägungen anstellen

---

63 BT-Drs. 14/8017, S. 76; *Schönemann*, Die Organisationsstruktur der Börse, S. 62.

64 *Ossenbühl*, in: Isensee/Kirchhof, Handbuch des Staatsrechts, Bd. V, § 105 Rn. 27.

65 Ebd.

66 *M. Müller*, in: Stober/Kluth/Wolff/Bachof, Verwaltungsrecht II, § 86 Rn. 55.

67 *Kümpel*, WM 1985 Sonderbeilage Nr. 5, 3, 5; *ders.*, WM 1988, 1621, 1623; *ders.*, Bank- und Kapitalmarktrecht, 1. Aufl., Rn. 14.371; *Augsberg*, Rechtsetzung zwischen Staat und Gesellschaft, S. 163 f.; später nur noch zur Qualifikation als Rechtsetzungsakt *Kümpel*, Bank- und Kapitalmarktrecht, 3. Aufl., Rn. 17.384.

68 *Burgi*, WM 2009, 2337, 2339.

69 So aber *Hammen*, Börsenerlaubnis, Anteilseignerkontrolle und Niederlassungsfreiheit, S. 110.

darf.[70] Ein Rückgriff auf die allgemeinen Vorschriften in § 3 BörsG hilft nicht weiter.[71] Auch spricht keineswegs für eine zusätzliche Zweckmäßigkeitskontrolle, dass die Behörde nach § 16 Abs. 3 Satz 2 BörsG verlangen kann, bestimmte Vorschriften in die Börsenordnung aufzunehmen.[72] Die Befugnis, eine solche Aufnahme zu verlangen, enthält jeder Genehmigungsvorbehalt mit Gesetzmäßigkeitskontrolle.[73] Zudem berührt der Genehmigungsvorbehalt nicht den Charakter der Satzung als autonome Rechtsvorschrift, sondern ist lediglich eine Wirksamkeitsvoraussetzung[74] und damit Grenze für die Betätigung der Autonomie.[75] Dieser Zusammenhang deutet eher darauf hin, dass bei der Beurteilung der Börsenordnung keine Zweckmäßigkeitserwägungen anzustellen sind.[76] Ferner ist zu gewichten, dass die Erlaubnis nach § 4 Abs. 1 BörsG und die Genehmigung nach § 16 Abs. 3 Satz 1 BörsG in gewisser Weise verbunden sind. Denn nach § 12 Abs. 5 BörsG bestellt die Börsenaufsichtsbehörde einen vorläufigen Börsenrat mit Erteilung der Börsenerlaubnis.[77] Mithin ist zunächst ein Antrag nach § 4 Abs. 2 BörsG erforderlich. Die Börsenaufsichtsbehörde kann einen vorläufigen Börsenrat nicht von Amts wegen bestellen; sie kann eine Börse nicht selbstständig errichten. Aufgrund dieses Antragserfordernisses bei der Börsenerlaubnis kann der Behörde bei der Genehmigung nach § 16 Abs. 3 Satz 1 BörsG kein Ermessen zugebilligt sein, das über dasjenige bei der Erteilung der Börsenerlaubnis hinaus geht. Diesbezüglich verhält es sich nicht anders als bei der Bestellung des vorläufigen Börsenrates.[78] Ein Ermessen widerspräche dem Grundsatz der Verfahrensökonomie. Der Börsenaufsichtsbehörde obliegen keine Zweckmäßigkeitserwägungen bei ihrer Entscheidung über die Genehmigung der Börsenordnung.

c) Faktischer Einfluss der Börsenaufsichtsbehörde

Erteilt die Börsenaufsichtsbehörde die Börsenerlaubnis, so ist sie verpflichtet, einen **54** vorläufigen Börsenrat zu bestellen. Dieser vorläufige Börsenrat hat die Aufgabe, den Inhalt der Börsenordnung innerhalb der Grenzen des § 16 BörsG festzulegen. Stehen der vom vorläufigen Börsenrat erlassenen Börsenordnung keine rechtlichen Bedenken entgegen, dann muss die Börsenaufsichtsbehörde diese Börsenordnung genehmigen.[79] Die vom vorläufigen Börsenrat als Satzung erlassene Börsenordnung

---

70 *Schwark*, in: Schwark/Zimmer, Kapitalmarktrecht, 4. Aufl., § 16 BörsG Rn. 3.
71 Ebd.
72 BT-Drs. 7/101, S. 10; *Schwark*, in: Schwark/Zimmer, Kapitalmarktrecht, 4. Aufl., § 16 BörsG Rn. 3.
73 *Schwark*, in: Schwark/Zimmer, Kapitalmarktrecht, 4. Aufl., § 16 BörsG Rn. 3.
74 *Möstl*, in: Erichsen/Ehlers, Allgemeines Verwaltungsrecht, 14. Aufl., § 20 Rn. 14.
75 *Kümpel*, Bank- und Kapitalmarktrecht, 1. Aufl., Rn. 14.370.
76 In diesem Sinne *Augsberg*, Rechtsetzung zwischen Staat und Gesellschaft, S. 166.
77 Siehe Rn. 51.
78 Siehe Rn. 52.
79 Siehe Rn. 53; ebenso *Schwark*, in: Schwark/Zimmer, Kapitalmarktrecht, 4. Aufl., § 16 BörsG Rn. 4.

ist mithin keine autonome Regelung der Börse selbst, sondern eine heteronome. Die Satzungsgewalt liegt beim vorläufigen Börsenrat. Allerdings hat die Börsenaufsichtsbehörde faktisch die Möglichkeit, das Geschehen erheblich zu beeinflussen, da sie die Mitglieder des Börsenrates auswählt. Mangels Satzungsgewalt obliegt die Organisationsgewalt demnach nicht dem privaten Antragsteller.

3. Fazit

55 Da die entscheidenden Teile der Satzungs- und Organisationsgewalt bei der Börsenaufsichtsbehörde verbleiben, errichtet diese die Börse.[80] Weil die Börsenordnung auch Außenwirkung entfaltet, ist sie bekannt zu machen.[81] Hierfür ist keine gesetzliche Form vorgeschrieben.[82] Die ordnungsgemäße Verkündung ist aber ein rechtsstaatliches Erfordernis.[83] Gültigkeitsvoraussetzung einer Satzung ist die amtliche Publikation.[84] Daher wird die Börsenordnung in der Regel in Regierungs- und Amtsblättern bekannt gemacht.[85] Erst hiermit erlangt die konstitutiv wirkende Börsenordnung ihre Rechtskraft. Der statusbegründende Verleihungsakt liegt also in der Verbindung der Börsenerlaubnis mit der Genehmigung der Börsenordnung ergänzt durch deren anschließende Bekanntmachung. Errichtet ist die Börse somit nicht schon im Zeitpunkt der Erteilung der Börsenerlaubnis, sondern erst mit der nach der Genehmigung erfolgenden Bekanntmachung der durch den vorläufigen Börsenrat erlassenen Börsenordnung.

56 Einer solchen Auslegung stehen Bedenken entgegen: durch die Bestellung des Börsenrates sei schon von der Erlaubnis *„Gebrauch"* gemacht, wonach der Wortlaut des § 4 Abs. 4 BörsG leer laufe.[86] Allerdings setzt diese Regelung Art. 36 Abs. 5 lit. a MiFID um.[87] Danach und nach Art. 44 Abs. 5 lit. a MiFID II kann einem geregelten Markt die Zulassung entzogen werden, *„wenn dieser nicht binnen zwölf Monaten von der Zulassung Gebrauch macht"*. Die Richtlinie stellt also nicht darauf ab, dass die genehmigende Behörde von der Zulassung Gebrauch macht. Die Bestellung des vorläufigen Börsenrates ist daher nach richtlinienkonformer Auslegung kein *Gebrauch machen* im Sinne des § 4 Abs. 4 BörsG.[88] Folglich sind die Bedenken unbegründet.

---

80 So auch *Mues*, Die Börse als Unternehmen, S. 75.
81 *Schwark*, in: Schwark/Zimmer, Kapitalmarktrecht, 4. Aufl., § 16 BörsG Rn. 2.
82 Ebd.
83 *Stober*, in: Stober/Kluth/Wolff/Bachof, Verwaltungsrecht I, § 28 Rn. 4.
84 Ebd.
85 *Schwark*, in: Schwark/Zimmer, Kapitalmarktrecht, 4. Aufl., § 16 BörsG Rn. 2.
86 *Christoph*, Börsenkooperationen und Börsenfusionen, S. 171.
87 BT-Drs. 16/4028, S. 81.
88 Im Ergebnis auch *Christoph*, Börsenkooperationen und Börsenfusionen, S. 171 Fn. 425.

III. Einrichtung der Börse durch den Börsenträger

Entgegen dem Gesetzeswortlaut errichtet der private Antragsteller die Börse nicht. **57**
Der Begriff „*Errichtung*“ in § 4 Abs. 1 und § 5 Abs. 1 Satz 1 BörsG meint dann aber zumindest die tatsächliche Einrichtung der Börse, also die konkrete Zuweisung von Personal- und Sachmitteln.[89] Der Börsenträger muss demnach Stellen besetzen sowie Gebäude und sonstige für den Arbeitsablauf erforderliche Instrumente und Materialien bereitstellen. Ein solches Verständnis entspricht auch mehr dem Wortlaut des § 5 Abs. 1 Satz 1 BörsG im Übrigen. Danach wird der private Antragsteller nämlich „*als Träger*“ berechtigt und verpflichtet. Um diesen aber als Träger der Börse zu berechtigen und zu verpflichten, muss die Börse als Anstalt bereits existent sein. Die Errichtung muss also bereits erfolgt sein.

Der Börsenträger kann auch die ersten Einrichtungsakte vornehmen, da er handlungsfähig im Sinne des Privatrechts ist. Zudem ist eine spätere Selbstvornahme durch die Börse im Börsenorganisationsrecht nicht vorgesehen. Die Börsenerlaubnis berechtigt den Börsenträger also dazu, die Anstalt Börse tatsächlich einzurichten. Zu beachten ist aber, dass das Anforderungsrecht der Börse die Einrichtung durch den Börsenträger prägt. Der Börsenträger kann die Börse nämlich nicht nach seinem freien Ermessen einrichten, sondern ist an die Anforderungen der Börse nach § 5 Abs. 1 Satz 2 BörsG gebunden.

---

89 So auch *Bressler*, Public private partnership im Bank- und Börsenrecht, S. 89; *Hammen*, Börsenerlaubnis, Anteilseignerkontrolle und Niederlassungsfreiheit, S. 111; auch in diesem Sinne *Seehafer*, Grenzüberschreitende Börsenkonzentrationen, S. 535.

§ 3. Pflichten des Börsenträgers

Mit der Erteilung der Börsenerlaubnis wird der Antragsteller gemäß § 5 Abs. 1 Satz 1 BörsG zum Börsenträger. Entsprechend seiner Überschrift regelt § 5 BörsG die Pflichten des Börsenträgers. Neben diesem gesetzlichen Pflichtenkatalog könnte der Börsenträger zudem weiteren Pflichten unterworfen sein.[1] **58**

A. Pflichtenkatalog des § 5 BörsG

Die zentrale Vorschrift zum materiellen Pflichtenkreis des Börsenträgers ist § 5 BörsG.[2] Sie regelt die Pflichten, die der Börsenträger nach Erteilung der Börsenerlaubnis erfüllen muss.[3] § 5 BörsG verpflichtet den Börsenträger zur Einrichtung, zum Betrieb, zur Publizität, zur ordnungsgemäßen Auslagerung, zur Organisation, zur ausreichenden finanziellen Leistungsfähigkeit und zur Einrichtung eines Whistleblowing-Systems. Daneben verlangt § 5 BörsG vom Börsenträger, das Sitzbundesland von eventuellen Amtshaftungsansprüchen freistellen zu können. **59**

Mit dem 2. FiMaNoG führt der Gesetzgeber ab dem 3. Januar 2018 noch weitere Pflichten des Börsenträgers ein. Neben den zuvor genannten Pflichten verpflichtet § 5 BörsG 2018 den Börsenträger auch noch zur Verwendung der Handelssysteme in stabiler Art und Weise sowie zur neutralen Ausführung von Kundenaufträgen.

I. Einrichtungspflicht (§ 5 Abs. 1 Satz 1 BörsG)

Nach dem Wortlaut des § 5 Abs. 1 Satz 1 BörsG verpflichtet die Börsenerlaubnis den Antragsteller zur *„Errichtung"* der Börse. Die Norm ist dahin gehend auszulegen, dass der zukünftige Börsenträger zur Einrichtung der Börse verpflichtet ist.[4] Er muss das Personal und die Sachmittel konkret zuweisen, also Stellen besetzen sowie Gebäude und sonstige für den Arbeitsablauf erforderliche Instrumente und Materialien bereitstellen.[5] **60**

II. Betriebspflicht (§ 5 Abs. 1 Sätze 1 und 2 BörsG)

Die Betriebspflicht ist in § 5 Abs. 1 BörsG verankert.[6] Nach Satz 1 wird der Antragsteller durch die Börsenerlaubnis als Börsenträger zum *„Betrieb"* der Börse berechtigt und verpflichtet. Gegenstand dieser Betriebspflicht ist nach Satz 2, dass **61**

---

1 Dagegen im Ergebnis *Gurlit/Mülbert*, Der Börsenträger im Spannungsfeld, S. 70.
2 *Beck*, in: Schwark/Zimmer, Kapitalmarktrecht, 4. Aufl., § 4 BörsG Rn. 1.
3 BT-Drs. 16/4028, S. 82.
4 Siehe Rn. 57.
5 Siehe Rn. 57.
6 BT-Drs. 16/4028, S. 82.

der Börsenträger *„der Börse auf Anforderung der Geschäftsführung der Börse die zur Durchführung und angemessenen Fortentwicklung des Börsenbetriebs erforderlichen finanziellen, personellen und sachlichen Mittel zur Verfügung stellen"* muss. Zweck der Betriebspflicht ist also einerseits die Durchführung und andererseits die Fortentwicklung des Börsenbetriebs.

1. Durchführung des Börsenbetriebs

62 Zunächst hat der Börsenträger nach § 5 Abs. 1 Satz 2 BörsG die zur *„Durchführung [. . .] des Börsenbetriebs erforderlichen"* Mittel zu stellen, wenn die Börse diese anfordert. Insgesamt soll der Zweck der Durchführung des Börsenbetriebs Art. 36 Abs. 3 MiFID umsetzen, welcher dem Betreiber eines geregelten Marktes die Verantwortung für den ordnungsgemäßen Betrieb eines geregelten Marktes auferlegt.[7] Allerdings ist Art. 36 Abs. 3 MiFID/Art. 44 Abs. 3 MiFID II nur auf den sog. *verwaltenden Marktbetreiber* – also die Börse – bezogen. Der Börsenträger ist aber *betreibender Marktbetreiber.*[8] Daher ist er nur verpflichtet, die Börse zu erhalten.[9] Für die tatsächliche Durchführung des Börsenbetriebs ist nicht er, sondern die Börse verantwortlich.[10] Folglich ist die Betriebspflicht hinsichtlich der Durchführung des Börsenbetriebs bereits erfüllt, wenn der Börsenträger der Börse diejenigen Mittel zur Verfügung stellt, mit denen sie den Börsenbetrieb wettbewerbsfähig und wirtschaftlich sinnvoll aufrechterhalten *kann.* Dabei bestimmt das Tatbestandsmerkmal der Erforderlichkeit das Mindestmaß der Betriebspflicht.[11]

63 Wichtigster Zweck der Betriebspflicht ist es zu gewährleisten, dass der Börsenhandel funktionsfähig bleibt,[12] also dass die Börse den Handel durchführen kann. Der Durchführungszweck kann also dem Grunde nach nicht durch die Leistungsfähigkeit des Börsenträgers beschränkbar sein,[13] da sonst der Kapitalmarkt und dessen Anleger nicht ausreichend geschützt wären. Der Durchführungszweck könnte also theoretisch über die Leistungsfähigkeit des Antragstellers hinausgehen. Jedoch ist die Betriebspflicht begrenzt: qualitativ durch den Anstaltszweck;[14] quantitativ

---

7 BT-Drs. 16/4028, S. 82.

8 Siehe Rn. 31.

9 *Burgard,* WM 2011, 2021, 2022.

10 Ähnlich *Seehafer,* Grenzüberschreitende Börsenkonzentrationen, S. 105; *Augsberg,* in: Ehlers/Fehling/Pünder, Besonderes Verwaltungsrecht, Bd. I, § 35 Rn. 11; *Hammen,* Börsenerlaubnis, Anteilseignerkontrolle und Niederlassungsfreiheit, S. 96; a.A. *Gurlit/Mülbert,* Der Börsenträger im Spannungsfeld, S. 28.

11 *Burgard,* WM 2011, 2021, 2022; in diesem Sinne wohl auch schon *Kümpel,* Bank- und Kapitalmarktrecht, 3. Aufl., Rn. 17.273; a.A. wohl *Beck,* in: Schwark/Zimmer, Kapitalmarktrecht, 4. Aufl., § 5 BörsG Rn. 4, 6, der das Kriterium der Erforderlichkeit scheinbar als eine gesetzliche Ausprägung des Grundsatzes der Verhältnismäßigkeit ansieht.

12 *Bressler,* Public private partnership im Bank- und Börsenrecht, S. 90.

13 Ähnlich auch *Burgard,* WM 2011, 2021, 2023.

14 *Bressler,* Public private partnership im Bank- und Börsenrecht, S. 90.

durch den Grundsatz der Verhältnismäßigkeit.[15] Den Anstaltszweck bestimmt der Antragsteller selbst, nämlich durch den Entwurf des Geschäftsplans in seinem Antrag nach § 4 Abs. 2 BörsG. Er wird den Anstaltszweck also auf seine wirtschaftliche Leistungsfähigkeit abstimmen. An diesen Anstaltszweck ist die Börse gebunden.[16] Somit muss sie die wirtschaftliche Leistungsfähigkeit des Börsenträgers faktisch berücksichtigen, wenn sie Mittel anfordert.[17] Hierbei ist das Spannungsverhältnis zwischen der Leistungsfähigkeit des Börsenträgers und dem Durchführungszweck nach dem Grundsatz der Verhältnismäßigkeit aufzulösen.

Nicht geeignete oder über den tatsächlichen Bedarf der konkret geplanten Börse hinausgehende Mittel sind von dem Börsenträger nicht zu stellen.[18] Erforderlich sind diejenigen Mittel, die den Anforderungen an einen funktionierenden und ordnungsgemäßen Börsenhandel gerecht werden.[19] Ausschlaggebend sind nach § 5 Abs. 5 BörsG und Art. 39 lit. f MiFID/Art. 47 Abs. 1 lit. f MiFID II Art und Umfang der Geschäfte, die der Antragsteller an der Börse plant, sowie die Risiken, denen die Börse ausgesetzt sein wird.[20] Unter mehreren gleichermaßen geeigneten Mitteln, ist sodann das für den Börsenträger am wenigsten belastende auszuwählen.

2. Fortentwicklung des Börsenbetriebs

Des Weiteren hat der Börsenträger gemäß § 5 Abs. 1 Satz 2 BörsG die zur *„angemessenen Fortentwicklung des Börsenbetriebs erforderlichen“* Mittel zu stellen, **64**
wenn die Börse diese anfordert. Der Börsenbetrieb ist fortzuentwickeln, weil sich die Börsendienstleistungen nach den Börsenteilnehmern richten müssen und sich deren Bedürfnisse stetig wandeln.[21] Der Börsenträger hat die Mittel hierzu nur *„zur Verfügung zu stellen“*; er muss den Börsenbetrieb nicht selbst angemessen fortentwickeln.[22] Daher darf die Betriebspflicht nicht überinterpretiert werden; § 5 Abs. 1 Satz 2 BörsG belastet den Börsenträger nicht mit einem Fortentwicklungsauftrag.[23] Ein solcher Auftrag kann nur die Börse treffen. Der Börse und ihren Organen ob-

---

15 *Burgard*, WM 2011, 2021, 2023.

16 Im Ergebnis auch *Gurlit/Mülbert*, Der Börsenträger im Spannungsfeld, S. 63.

17 Ähnlich *Posegga*, WM 2002, 2402, 2403; auch in diesem Sinne *Seehafer*, Grenzüberschreitende Börsenkonzentrationen, S. 183; *Bredt*, WM 2013, 1839, 1840.

18 *Beck*, in: Schwark/Zimmer, Kapitalmarktrecht, 4. Aufl., § 5 BörsG Rn. 4; *Kümpel*, Bank- und Kapitalmarktrecht, 3. Aufl., Rn. 17.275; *Burgard*, WM 2011, 2021, 2023.

19 *Groß*, Kapitalmarktrecht, 6. Aufl., § 5 BörsG Rn. 4; *Posegga*, WM 2002, 2402, 2403; Beispiele hierzu finden sich bei *Kümpel*, Bank- und Kapitalmarktrecht, 3. Aufl., Rn. 17.275; *Beck*, in: Schwark/Zimmer, Kapitalmarktrecht, 4. Aufl., § 5 BörsG Rn. 4; *Burgard*, WM 2011, 2021, 2022.

20 Zu einzelnen Risiken siehe Rn. 73.

21 *Seehafer*, Grenzüberschreitende Börsenkonzentrationen, S. 161.

22 *Gurlit/Mülbert*, Der Börsenträger im Spannungsfeld, S. 30; a.A. *Bredt*, WM 2013, 1839, 1842.

23 So aber *Christoph*, Börsenkooperationen und Börsenfusionen, S. 170.

liegt es, die rechtlichen Voraussetzungen für eine Fortentwicklung zu schaffen.[24] Die Börsenorgane entscheiden, ob das Leistungs- und Produktangebot der Börse geändert oder erweitert wird,[25] sie entwickeln den Börsenbetrieb fort. Dem entspricht auch, dass § 5 Abs. 1 Satz 2 BörsG Art. 39 lit. f MiFID umsetzt,[26] wonach das ordnungsgemäße Funktionieren eines geregelten Marktes lediglich *„fortlaufend [. . .] zu erleichtern"* ist.

65 Die konkrete Pflicht des Börsenträgers, der Börse Mittel zur Verfügung zu stellen, wird tatbestandlich durch die Erforderlichkeit der Mittel und die Angemessenheit der Fortentwicklung sowie allgemein durch den Grundsatz der Verhältnismäßigkeit beschränkt.[27] Erforderlich sind diejenigen Mittel, die den Anforderungen an einen funktionierenden und ordnungsgemäßen Börsenhandel gerecht werden. Als Maßstab dienen die Geschäfte, die dem zukünftig geänderten oder erweiterten Leistungs- und Produktangebot entsprechen.[28] Erforderlich ist daher nur ein Mittel, dessen es zur Verbesserung der Wettbewerbsfähigkeit der Börse bedarf.[29] Dies kann durch eine Erweiterung der Produktpalette oder eine geographische Expansion erfolgen.[30] Allerdings bedeutet Wettbewerbsfähigkeit nicht zwangsläufig, dass eine Position beständig durch Investitionen zu verbessern wäre.[31] Verändert sich ein Markt, kann es auch sinnvoll sein, Ausgaben zurückzufahren, um wettbewerbsfähig zu bleiben.[32]

66 Angemessen ist eine Fortentwicklung, wenn der für die Fortentwicklung erforderliche Aufwand in einem vernünftigen Verhältnis zum bestehenden Bedarf an der Fortentwicklung steht.[33] Diese Abwägung auf der Tatbestandsseite erfolgt, ohne dass die Interessen des Börsenträgers zu berücksichtigen wären. Denn es geht nur um die Frage, ob am Markt der Börsen ein Bedarf an einem entsprechend fortentwickelten Börsenhandel besteht. Entscheidend ist also die zukünftige Wettbewerbsfähigkeit.

67 Der so ermittelte Bedarf ist sodann am Grundsatz der Verhältnismäßigkeit zu messen. Danach kann die Börse den Börsenträger nur zu Investitionen verpflichten, die zur Fortentwicklung des Börsenbetriebs geeignet, erforderlich und angemessen sind.[34] Geeignet sind nur solche Mittel, die das Ziel fördern, den Börsenbetrieb fort-

---

24 *Beck*, in: Schwark/Zimmer, Kapitalmarktrecht, 4. Aufl., § 5 BörsG Rn. 5.

25 Ebd.

26 BT-Drs. 16/4028, S. 82.

27 *Burgard*, WM 2011, 2021, 2023; a.A. *Beck*, in: Schwark/Zimmer, Kapitalmarktrecht, 4. Aufl., § 5 BörsG Rn. 5 f., der von einer doppelten Verhältnismäßigkeitsprüfung spricht.

28 Ähnlich *Burgard*, WM 2011, 2021, 2023, der die Verbesserung der Wettbewerbsfähigkeit als Maßstab ansieht.

29 Ebd.

30 *Gurlit/Mülbert*, Der Börsenträger im Spannungsfeld, S. 27.

31 Ebd.

32 In diesem Sinne auch ebd.

33 *Beck*, in: Schwark/Zimmer, Kapitalmarktrecht, 4. Aufl., § 5 BörsG Rn. 6.

34 *Burgard*, WM 2011, 2021, 2023.

zuentwickeln. Hierzu reicht es nicht aus, dass ein Mittel lediglich den tatsächlichen Bedarf des bisher ausgeführten Börsenbetriebs deckt. Vielmehr ist eine zusätzliche Investition notwendig. Erforderlich ist eine Investition dann, wenn es keine kostengünstigere ebenso erfolgversprechende Alternative gibt.[35] Außerdem beschränkt die Erforderlichkeit das Recht der Börse, zwischen finanziellen, personellen und sachlichen Mitteln zu wählen. So könnte der Börsenträger in Einzelfällen lediglich dazu verpflichtet sein, Finanzmittel zu stellen. Dann könnte er z. B. auf die Bereitstellung eigener oder von ihm organisierter elektronischer Systeme verzichten. Angemessen sind Investitionen, die zu dem angestrebten Erfolg, dem fortentwickelten Börsenhandel, nicht außer Verhältnis stehen.[36] Bei dieser Abwägung auf der Rechtsfolgenseite sind die Belange des Börsenträgers zu berücksichtigen. Nach § 5 Abs. 5 BörsG muss der Börsenträger lediglich eine ausreichende Kapitalausstattung *„für eine ordnungsgemäße Durchführung des Börsenbetriebs"* gewährleisten.[37] Nachschusspflichten für eine Fortentwicklung sind nicht vorgesehen.[38] Alles andere wäre widersinnig. Der Wettbewerbsfähigkeit des Börsenhandels wäre nicht geholfen, wenn die Börse den Börsenträger durch ihre Anforderungen in die Insolvenz treibt.[39] Damit ist der Fortentwicklungszweck durch die Leistungskraft des Börsenträgers beschränkt.[40] Die Börse muss also die wirtschaftliche Leistungsfähigkeit des Börsenträgers berücksichtigen, wenn sie ihr Anforderungsrecht ausübt;[41] sie darf den Börsenträger nicht übermäßig belasten.[42] Der Träger ist nicht zu jeder Investition verpflichtet,[43] muss also z. B. nicht zwangsläufig elektronische Handels-, Auftragsübermittlungs- und Abwicklungsunterstützungssysteme bereitstellen.[44]

III. Publizitätspflicht (§ 5 Abs. 2 BörsG)

Gemäß § 5 Abs. 2 BörsG muss der Börsenträger seine aktuelle Eigentümerstruktur in dem nach § 4 Abs. 2 Satz 2 Nr. 4 BörsG erforderlichen Umfang auf seiner **68**

---

35 *Burgard*, WM 2011, 2021, 2023.

36 Ebd.

37 So auch a. a. O., 2023, 2026.

38 *Gurlit/Mülbert*, Der Börsenträger im Spannungsfeld, S. 27.

39 *Lorenz*, Die Wertpapierbörse und ihr Träger, S. 124 f.; *Seehafer*, Grenzüberschreitende Börsenkonzentrationen, S. 152.

40 *Burgard*, WM 2011, 2021, 2023; ähnlich *Beck*, in: Schwark/Zimmer, Kapitalmarktrecht, 4. Aufl., § 5 BörsG Rn. 6, nach dem die Leistungsfähigkeit des Börsenträgers jedenfalls zu berücksichtigen ist; *Kumpan*, in: Baumbach/Hopt, Handelsgesetzbuch, § 5 BörsG Rn. 1; in diesem Sinne dürften auch *Gurlit/Mülbert*, Der Börsenträger im Spannungsfeld, S. 26 f. zu verstehen sein, obwohl diese auf das Tatbestandsmerkmal der Angemessenheit abstellen.

41 *Posegga*, WM 2002, 2402, 2403.

42 *Beck*, in: Schwark/Zimmer, Kapitalmarktrecht, 4. Aufl., § 5 BörsG Rn. 6; *Burgard*, WM 2011, 2021, 2023.

43 BT-Drs. 14/8017, S. 72.

44 So aber *Beck*, in: Schwark/Zimmer, Kapitalmarktrecht, 4. Aufl., § 5 BörsG Rn. 4.

Internetseite veröffentlichen. Diese Publizitätspflicht stellt sicher, dass nicht nur wesentliche Veränderungen der Eigentümerstruktur publik werden, sondern auch die gegenwärtige Zusammensetzung der Anteilseigner.[45] Damit wird auch die dem zugrunde liegende Regelung in Art. 38 Abs. 2 lit. a MiFID umgesetzt.[46] Hiernach und nach Art. 46 Abs. 2 lit. a MiFID II soll der Betreiber eines geregelten Marktes *„der zuständigen Behörde Angaben zu den Eigentumsverhältnissen des geregelten Marktes und/oder des Marktbetreibers, insbesondere die Namen aller Parteien, die wesentlichen Einfluss auf seine Geschäftsführung nehmen können, und die Höhe ihrer Beteiligungen"* vorlegen und *„diese Informationen"* veröffentlichen. Die Öffentlichkeit soll sich ständig über die Beteiligungsverhältnisse der Trägergesellschaft informieren können.[47]

IV. Pflicht zur ordnungsgemäßen Auslagerung (§ 5 Abs. 3 BörsG)

69 Der Börsenträger darf nach § 5 Abs. 3 Satz 1 BörsG Bereiche nicht auf andere Unternehmen auslagern, die wesentlich sind, um den Börsenbetrieb durchzuführen, sofern dadurch der Börsenhandel oder die Geschäftsabwicklung nicht mehr ordnungsgemäß durchgeführt werden kann oder die Aufsicht über die Börse beeinträchtigt wird. Satz 2 konkretisiert die Anforderungen an eine Auslagerung. Der Börsenträger hat sich die *„erforderlichen Weisungsbefugnisse vertraglich zu sichern und die ausgelagerten Bereiche in seine internen Kontrollverfahren einzubeziehen."* Satz 3 beinhaltet eine Anzeigepflicht gegenüber der Börsenaufsichtsbehörde; Absicht und Vollzug der Auslagerung sind unverzüglich mitzuteilen. Die Vorschrift ist terminologisch an die §§ 25a f. KWG angelehnt.[48] Die MaRisk[49] konkretisiert die Anforderungen dieser Regelung des KWG.[50] In Anlehnung an AT 9 Nr. 1 MaRisk ist Auslagerung die Beauftragung eines anderen Unternehmens (Auslagerungsunternehmen) durch den Börsenträger, auf Dauer oder zumindest für längere Zeit eine für die Durchführung des Börsenbetriebs wesentliche Funktion oder Tätigkeit wahrzunehmen, die er ansonsten selbst wahrnehmen würde.[51] Abweichend von den Anforderungen der §§ 25a f. KWG ist dabei zu beachten, dass den Börsenträger eine dauerhafte Betriebspflicht trifft.[52] Hierin liegt ein erheblicher Unterschied zu den

---

45 BT-Drs. 16/4028, S. 82.

46 Ebd.

47 *Beck*, in: Schwark/Zimmer, Kapitalmarktrecht, 4. Aufl., § 5 BörsG Rn. 11.

48 BT-Drs. 16/4028, S. 82, allerdings noch auf § 25a KWG i.d.F. der Bekanntmachung vom 9. September 1998 (BGBl. I S. 2776) zuletzt geändert durch Art. 1 des Gesetzes vom 17. November 2006 (BGBl. I S. 2605, 2606) bezogen.

49 *BaFin*, Rundschreiben 10/2012 (BA) – Mindestanforderungen an das Risikomanagement – MaRisk, Geschäftszeichen BA 54-FR 2210–2012/0002, 14. Dezember 2012.

50 *Burgard*, WM 2011, 2021, 2024; *Beck*, in: Schwark/Zimmer, Kapitalmarktrecht, 4. Aufl., § 5 BörsG Rn. 14.

51 *Beck*, in: Schwark/Zimmer, Kapitalmarktrecht, 4. Aufl., § 5 BörsG Rn. 16.

52 *Burgard*, WM 2011, 2021, 2024.

von der MaRisk betroffenen Kreditinstituten.[53] Aus diesem Grund sind die Anforderungen an den Börsenträger bei einer Auslagerung höher.[54] Der Börsenträger muss vertraglich oder gesellschaftsrechtlich absichern, dass er das Auslagerungsunternehmen hinsichtlich der ausgelagerten Funktionen und Tätigkeiten beeinflussen kann, und Vorkehrungen treffen, um die Auslagerung zu beenden[55] sowie den Wegfall des Auslagerungsunternehmens zu kompensieren. Er muss auch Interessenkonflikte verhindern, die entstehen könnten, wenn das Auslagerungsunternehmen sein Handelssystem mehreren Börsen bereitstellt.[56]

Neben Teilakten des Börsenbetriebs können auch Hilfsfunktionen wie Aufsicht oder Risikoüberwachung wesentlich sein.[57] Daher ist es jedenfalls unzulässig, originäre Leitungsaufgaben oder zentrale Führungsaufgaben der Börsenträgergesellschaft auszulagern.[58] Zudem darf der Börsenträger die internen Kontrollverfahren nicht vollständig auslagern, da gerade diese die ausgelagerten Bereiche kontrollieren sollen.[59]

V. Organisationspflichten (§ 5 Abs. 4 BörsG)

§ 5 Abs. 4 BörsG setzt Art. 39 MiFID um und normiert auch für den Börsenträger Organisationspflichten.[60] Der Gesetzgeber regelt in § 5 Abs. 4 Nr. 1 bis 3 BörsG erstmals Anforderungen an die Ablauforganisation und das Risikomanagement.[61] Der Wortlaut der deutschen Vorschrift entspricht derart dem Wortlaut der Richtlinienregelung, dass es nicht zu einem unterschiedlichen Auslegungsergebnis kommen kann. Daher wird im Folgenden nicht auf die Richtlinie zurückgegriffen, um die Auslegung weiter zu konkretisieren. **70**

1. Verhindern von Interessenkonflikten

§ 5 Abs. 4 Nr. 1 BörsG verpflichtet den Börsenträger, *„Vorkehrungen zu treffen, um Konflikte zwischen Eigeninteressen des Börsenträgers oder dessen Eigentümern“* auf der einen Seite *„und dem öffentlichen Interesse am ordnungsgemäßen Betrieb der Börse“* auf der anderen Seite *„zu erkennen und zu verhindern“*. Betroffen sind nur Interessenkonflikte, die *„geeignet sind, sich nachteilig auf den Börsenbetrieb oder auf* **71**

---

53 *Burgard*, WM 2011, 2021, 2024.
54 Ebd.
55 Ähnlich ebd.
56 Ebd.
57 *Kumpan*, in: Baumbach/Hopt, Handelsgesetzbuch, § 5 BörsG Rn. 3.
58 *Christoph*, Börsenkooperationen und Börsenfusionen, S. 324; *Beck*, in: Schwark/Zimmer, Kapitalmarktrecht, 4. Aufl., § 5 BörsG Rn. 17.
59 *Kumpan*, in: Baumbach/Hopt, Handelsgesetzbuch, § 5 BörsG Rn. 3.
60 BT-Drs. 16/4028, S. 82.
61 *Beck*, in: Schwark/Zimmer, Kapitalmarktrecht, 4. Aufl., § 5 BörsG Rn. 23.

die Handelsteilnehmer auszuwirken". Beispielhaft nennt die Norm den Fall, dass „*die der Börse übertragenen Überwachungsaufgaben betroffen sind.*"

Potenziell konfliktträchtig sind alle Interessen des Börsenträgers oder seiner Eigentümer, sofern sie dem öffentlichen Interesse entgegenstehen.[62] Das öffentliche Interesse zielt auf einen ordnungsgemäßen Börsenbetrieb ab, nämlich darauf, dass die Börse funktionsfähig ist und der Börsenhandel ordnungsgemäß abläuft.[63] Ein Interessenkonflikt liegt z. B. vor, wenn der Börsenträger aus Rücksicht auf das Interesse seiner Anteilseigner, einen möglichst hohen Gewinn auszuschütten, Investitionen unterlässt, die erforderlich sind, um den Börsenbetrieb aufrechtzuerhalten oder weiterzuentwickeln.[64] Werden die Service Level im Börsenbetrieb reduziert, um Kosten einzusparen, so birgt dies ebenfalls einen Interessenkonflikt, wenn dadurch der Börsenhandel gemessen am Handelsvolumen nicht mehr störungsfrei durchgeführt oder abgewickelt werden kann.[65] Einbußen an Qualität und Quantität des Börsenhandels könnten ebenfalls einen Interessenkonflikt auslösen.[66] In solchen Fällen würde die Börse oder auch der Börsenträger zumeist auch gegen börsenrechtliche Pflichten im Bereich der Marktaufsicht, der Teilnehmergleichbehandlung oder der Erfüllung der Betriebspflicht verstoßen.[67] Daneben führt ein solcher Interessenkonflikt aller Voraussicht nach zu einem erheblichen wirtschaftlichen Schaden oder einem Reputationsschaden.[68] Aus diesem Grund ist ein solcher Konflikt in der Praxis eher hypothetisch.[69] Ferner kann die Notierung der Börsenträgergesellschaft an der von ihr getragenen Börse zu einem Interessenkonflikt führen.[70] Weiter wäre bei abhängigen Börsenträgern zu befürchten, dass das herrschende Unternehmen sich Know-how und Geschäftschancen des Börsenträgers aneignet.[71] Auch könnte der Konzern, in den der Börsenträger eingebunden ist, mittels anderer Konzernunternehmen im Geschäftszweig der Börse tätig sein und so durch Wettbewerbshandlungen den Erfolg des Börsenträgers schmälern.[72]

72 Das Wort „*verhindern*" in § 5 Abs. 4 Nr. 1 BörsG zeigt, dass ein Interessenkonflikt nicht schon bestehen muss. Das öffentliche Interesse überwiegt daher bereits, wenn die privaten Interessen geeignet sind, das öffentliche zu beeinträchtigen.[73]

62 *Burgard*, WM 2011, 2021, 2024.
63 In diesem Sinne BT-Drs. 16/4028, S. 82.
64 *Beck*, in: Schwark/Zimmer, Kapitalmarktrecht, 4. Aufl., § 5 BörsG Rn. 24.
65 Ebd.
66 Ebd.
67 Ebd.
68 Ebd.
69 Ebd.
70 *Bressler*, Public private partnership im Bank- und Börsenrecht, S. 92; zur Bewältigung solcher Interessenkonflikte siehe *Hammen/R. Müller*, in: Hammen, Interessenkonflikte beim Börsengang von Börsen, S. 75, 81 ff.
71 *Burgard*, WM 2011, 2021, 2025.
72 Ebd.
73 A. a. O., 2025 f.

Ausreichend ist also die nicht ganz fern liegende Möglichkeit einer Beeinträchtigung des Börsenbetriebs.[74] Der Börsenträger kann Interessenkonflikte verhindern, indem er die Interessensphären durch betriebliche Organisation strikt voneinander abgrenzt.[75] Er könnte z. B. abgeschottete Unternehmensbereiche schaffen, sog. *chinese walls*, Personenidentitäten vermeiden,[76] Ausschüttungen begrenzen oder Wettbewerbslagen verhindern.[77] Allgemein muss der Börsenträger Konfliktfelder identifizieren, anschließend effektive Instrumente entwickeln, um entsprechende Konflikte zu vermeiden oder jedenfalls zu verringern, und schließlich die entsprechenden Instrumente umsetzen.[78]

2. Risikomanagement

§ 5 Abs. 4 Nr. 2 BörsG regelt das erforderliche Risikomanagement eines Börsenbetreibers.[79] Nach dem Wortlaut der Norm hat der Börsenträger *„angemessene Vorkehrungen und Systeme zur Ermittlung und zum Umgang mit den wesentlichen Risiken des Börsenbetriebs zu schaffen"*. Als Maßstab für das erforderliche Risikomanagement soll nach der Gesetzesbegründung die MaRisk der BaFin herangezogen werden.[80] Danach erfasst und misst der Börsenträger systematisch die Risiken des Börsenbetriebs, entwickelt begrenzende Maßnahmen und trifft Vorkehrungen, wie bei Eintritt eines bestimmten Risikos zu verfahren ist.[81] AT 1, 4.3 und 4.4 MaRisk fordern hierfür aufbau- und ablauforganisatorische Vorkehrungen und eine entsprechende Infrastruktur. Nach AT 4.2 MaRisk ist die geplante Geschäftsstrategie um eine darauf abgestimmte Risikostrategie zu ergänzen. AT 2.2 MaRisk unterteilt und strukturiert die Risiken für den Bankensektor: Marktrisiken, Liquiditätsrisiken, Adressausfallrisiken, operative und sonstige Risiken. Diese Risiken sind zu bewerten, für das Risikomanagement erforderliche Daten zu generieren, zu erfassen und zugänglich zu machen.[82] Danach sind die erkannten Risiken durch Vorkehrungen in den operativen Abläufen zu reduzieren.[83] Ein Maßnahmenplan bestimmt die zu treffenden Vorkehrungen, bevor die Risiken auftreten.[84] Nicht verlangt ist, dass 73

74 *Burgard*, WM 2011, 2021, 2026; ähnlich *Gurlit/Mülbert*, Der Börsenträger im Spannungsfeld, S. 48.
75 Ähnlich *Burgard*, WM 2011, 2021, 2026; *Bressler*, Public private partnership im Bank- und Börsenrecht, S. 92.
76 *Bressler*, Public private partnership im Bank- und Börsenrecht, S. 92.
77 *Burgard*, WM 2011, 2021, 2026.
78 *Gurlit/Mülbert*, Der Börsenträger im Spannungsfeld, S. 57.
79 BT-Drs. 16/4028, S. 82.
80 Ebd.
81 *Beck*, in: Schwark/Zimmer, Kapitalmarktrecht, 4. Aufl., § 5 BörsG Rn. 26.
82 Ebd., mit Verweisen auf AT 4.3.2 und 7.2, BT 1 und 2 MaRisk.
83 Ebd., mit Verweisen auf AT 5 und 6 MaRisk.
84 Ebd., mit Verweis auf AT 7.3 MaRisk.

Risiken vollständig vermieden werden; dies kann in einem Geschäftsbetrieb nicht geleistet werden.[85]

Ob das Risikomanagement angemessen ist, hängt von Art, Umfang und Komplexität des Börsenbetriebs ab.[86] § 5 Abs. 4 Nr. 2 BörsG soll unvorhergesehenen wirtschaftlichen Schwierigkeiten des Börsenträgers vorbeugen und die Stabilität der Börse und des Kapitalmarktes sichern.[87] Der Umgang mit den wesentlichen Risiken des Betreibers steht nicht im Belieben des Börsenträgers. Vielmehr muss der Börsenträger wirksame Maßnahmen ergreifen, um das Risiko zu begrenzen.

3. Technische Funktionsfähigkeit

74 Gemäß § 5 Abs. 4 Nr. 3 BörsG hat der Börsenträger *„die technische Funktionsfähigkeit der Börsenhandels- und Abwicklungssysteme sicherzustellen“*; weiter muss er technische Vorkehrungen schaffen, um *„einen reibungslosen und zeitnahen Abschluss der im Handelssystem“* geschlossenen Geschäfte zu gewährleisten; er hat insbesondere geeignete Notfallmaßnahmen für einen Systemausfall vorzusehen. Schon ein Vergleich der vom Gesetz verwendeten Begriffe zeigt den engen Zusammenhang der Regelung mit § 5 Abs. 4 Nr. 2 BörsG.[88]

Die Börsenhandels- und Abwicklungssysteme müssen störungsfrei und mit der erforderlichen Qualität funktionieren; nicht nur im gewöhnlichen Betrieb, sondern auch, wenn neue Systeme eingeführt oder bestehende Systeme erweitert sowie modifiziert werden.[89] Die Systeme müssen die gesamte börsliche Prozesskette abdecken: Handel, Abrechnung (Clearing), Abwicklung (Settlement).[90] Sie müssen in der Lage sein, auch außergewöhnlich hohe Handelsvolumina ohne Ausfallrisiko zu bewältigen.[91]

VI. Pflicht zur Verwendung der Handelssysteme in stabiler Art und Weise (§ 5 Abs. 4a BörsG 2018)

75 Nach § 5 Abs. 4a Nr. 1 BörsG 2018 soll der Börsenträger über Systeme und Verfahren verfügen, die sicherstellen, dass die verwendeten Handelssysteme belastbar sind und ihre Kapazität ausreicht, um Spitzenvolumina an Aufträgen und Mitteilungen bewerkstelligen zu können. Diese Norm setzt Art. 48 Abs. 1 MiFID II um. Das Handelssystem muss danach in der Lage sein, auch unter extremen Stress-

---

85 *Beck*, in: Schwark/Zimmer, Kapitalmarktrecht, 4. Aufl., § 5 BörsG Rn. 26.

86 Ebd.

87 *Bressler*, Public private partnership im Bank- und Börsenrecht, S. 92.

88 Im Ergebnis auch *Beck*, in: Schwark/Zimmer, Kapitalmarktrecht, 4. Aufl., § 5 BörsG Rn. 27.

89 *Beck*, in: Schwark/Zimmer, Kapitalmarktrecht, 4. Aufl., § 5 BörsG Rn. 27; ähnlich *Bredt*, WM 2013, 1839, 1843 f.

90 *Gurlit/Mülbert*, Der Börsenträger im Spannungsfeld, S. 42.

91 Ebd.

bedingungen auf den Märkten einen ordnungsgemäßen Handel zu gewährleisten. Außerdem soll das Handelssystem wirksamen Notfallvorkehrungen unterliegen, um den Geschäftsbetrieb auch bei Störungen im Handelssystem aufrechterhalten zu können. Des Weiteren sollen diese Systeme und Verfahren nach § 5 Abs. 4a Nr. 2 BörsG 2018 Aufträge ablehnen, die die im Voraus festgelegten Grenzen für Volumina und Kurse überschreiten oder eindeutig irrtümlich zustande kamen. Hierdurch wird Art. 48 Abs. 4 MiFID II umgesetzt.[92] Zweck der Richtlinienregelung ist es, Gefahren zu verhindern, die sich für die geordnete Funktionsweise der Märkte aus dem algorithmischen Handel und dem Hochfrequenzhandel ergeben.[93] Hierzu sollen angemessene organisatorische Sicherheitsvorkehrungen geschaffen und sinnvolle Risikokontrollen eingeführt werden, um einen marktstörenden Handel einzudämmen und die Belastbarkeit der Handelsplattformen zu gewährleisten.[94] Den Börsenträger trifft nach § 5 Abs. 4a BörsG 2018 also die Pflicht, Systeme und Verfahren vorzuhalten, welche die Stabilität der von ihm verwendeten Handelssysteme sicherstellen. Er ist verpflichtet, Handelssysteme in stabiler Art und Weise zu verwenden.

VII. Pflicht zur ausreichenden finanziellen Leistungsfähigkeit (§ 5 Abs. 5 BörsG)

Der Börsenträger muss über *„ausreichende finanzielle Mittel“* verfügen, um *„eine ordnungsgemäße Durchführung des Börsenbetriebs“* zu gewährleisten (§ 5 Abs. 5 Hs. 1 BörsG). Dabei sind *„Art, Umfang und Risikostruktur der an der Börse getätigten Geschäfte zu berücksichtigen“* (§ 5 Abs. 5 Hs. 2 BörsG). Für eine Fortentwicklung muss die Kapitalausstattung dagegen nicht ausreichen.[95] Die Norm setzt Art. 39 lit. f MiFID um,[96] wonach ein geregelter Markt *„bei der Zulassung und fortlaufend über ausreichende Finanzmittel“* verfügen muss, *„um sein ordnungsgemäßes Funktionieren zu erleichtern“*. Die Richtlinie richtet sich an die Mitgliedstaaten, schreibt aber nicht vor, wie die Mitgliedstaaten dies umzusetzen oder wem sie diese Pflicht aufzuerlegen haben. Die Richtlinie stellt in Art. 39 lit. f MiFID/Art. 47 Abs. 1 lit. f MiFID II auch auf den Grundsatz der Verhältnismäßigkeit ab. Danach ist nämlich *„der Art und dem* **76**

92 BR-Drs. 813/16, S. 321; BT-Drs. 18/10936, S. 267.

93 *Kommission der Europäischen Union*, Vorschlag für eine Richtlinie des Europäischen Parlaments und des Rates über Märkte für Finanzinstrumente zur Aufhebung der Richtlinie 2004/39/EG des Europäischen Parlaments und des Rates, KOM (2011) 656 endgültig, S. 1–214, 9.

94 *Kommission der Europäischen Union*, Vorschlag für eine Richtlinie des Europäischen Parlaments und des Rates über Märkte für Finanzinstrumente zur Aufhebung der Richtlinie 2004/39/EG des Europäischen Parlaments und des Rates, KOM (2011) 656 endgültig, S. 1–214, 9.

95 *Burgard*, WM 2011, 2021, 2026; *Groß*, Kapitalmarktrecht, 6. Aufl., § 5 BörsG Rn. 16; *Gurlit/Mülbert*, Der Börsenträger im Spannungsfeld, S. 41.

96 BT-Drs. 16/4028, S. 82.

Umfang der an dem geregelten Markt geschlossenen Geschäfte sowie dem Spektrum und der Höhe der Risiken, denen er ausgesetzt ist, Rechnung zu tragen". Als Finanzmittel kommt sowohl Eigenkapital als auch Fremdkapital in Betracht.[97] Durch Eigenkapital ist allein das Verlustrisiko abzusichern.[98] Der Börsenträger muss ausreichend Eigenkapital bereithalten, um den Börsenbetrieb in etwaigen Krisenzeiten in geordneten Bahnen beenden zu können.[99] Bei der Beurteilung der angemessenen Höhe des Eigenkapitals hat die Börsenaufsicht daher zu berücksichtigen, wie hoch die Börsenumsätze sein werden, welche Geschäfte an der Börse abgeschlossen werden sollen und welche speziellen Risiken das Geschäftsmodell des Börsenbetreibers birgt.[100] Insgesamt darf die Erfüllung der Betriebspflicht nicht dadurch gefährdet sein, dass der Börsenträger finanziell nicht ausreichend mit Eigen- und Fremdkapital ausgestattet ist. Der Umfang der angemessenen Finanzausstattung des Börsenträgers bestimmt sich im Einzelfall grundsätzlich nach den Anforderungen, welche die Börse an den Träger stellt.[101]

VIII. Freistellungspflicht (§ 5 Abs. 6 BörsG)

77 Verursachen *„die für die Börse Handelnden in Ausübung der ihnen übertragenen Aufgaben"* Schäden bei Dritten, dann muss der Börsenträger nach § 5 Abs. 6 BörsG das Sitzbundesland der Börse von den daraus resultierenden Amtshaftungsansprüchen freistellen. Hierzu muss er ausreichend Kapital vorhalten oder sich entsprechend versichern. Die Anforderungen an die finanzielle Kraft oder eine entsprechende Versicherung ergeben sich aus Art und Umfang der Geschäfte, die der Antragsteller an der Börse plant, sowie den Risiken, denen die Börse ausgesetzt sein wird.

IX. Pflicht zur neutralen Ausführung von Kundenaufträgen (§ 5 Abs. 7 BörsG 2018)

78 § 5 Abs. 7 BörsG 2018 verpflichtet den Börsenträger bei der Ausführung von Kundenaufträgen zwei Verhaltensweisen zu unterlassen. Zum einen darf der Börsenträger nach § 5 Abs. 7 Alt. 1 BörsG 2018 nicht *„an einer Börse Kundenaufträge unter Einsatz seines eigenen Kapitals"* ausführen. Hierdurch wird Art. 47 Abs. 2 Alt. 1 MiFID II umgesetzt,[102] wonach ein Marktbetreiber nicht an einem von ihm *„betriebenen geregelten Markt Kundenaufträge unter Einsatz des Eigenkapitals"* ausführen darf. Im Gegensatz zur Richtlinienregelung bezieht sich die nationale Vorschrift nicht nur auf Geschäfte an der vom Börsenträger betriebenen Börse, sondern auf Geschäfte an Börsen insgesamt. Gemäß Art. 4 Abs. 1 Nr. 6 MiFID II ist mit dem Einsatz des eigenen Kapitals der

97 *Gurlit/Mülbert*, Der Börsenträger im Spannungsfeld, S. 40; *Bredt*, WM 2013, 1839, 1842 f.
98 *Gurlit/Mülbert*, Der Börsenträger im Spannungsfeld, S. 40.
99 Ähnlich *Seehafer*, Grenzüberschreitende Börsenkonzentrationen, S. 540.
100 BT-Drs. 16/4028, S. 82.
101 *Beck*, in: Schwark/Zimmer, Kapitalmarktrecht, 4. Aufl., § 5 BörsG Rn. 28.
102 BR-Drs. 813/16, S. 321; BT-Drs. 18/10936, S. 267.

Handel für eigene Rechnung gemeint. Dem Börsenträger ist es also verboten, bei der Ausführung von Kundenaufträgen an Börsen für eigene Rechnung Handel zu treiben.

Zum anderen ist es dem Börsenträger nach § 5 Abs. 7 Alt. 2 BörsG 2018 nicht gestattet, „*auf die Zusammenführung sich deckender Kundenaufträge*" im Sinne des § 2 Abs. 29 WpHG 2018 zurückzugreifen. Hierdurch wird Art. 47 Abs. 2 Alt. 2 MiFID II umgesetzt.[103] Danach ist das sog. *matched principal trading* verboten.[104] Unter Berücksichtigung des § 2 Abs. 29 WpHG 2018 und des Art. 4 Abs. 1 Nr. 38 MiFID handelt es sich um Geschäfte, bei denen der Börsenträger während der gesamten Ausführung des Geschäfts keinem Marktrisiko ausgesetzt ist, das Kauf- und das Verkaufsgeschäft gleichzeitig ausgeführt werden und er bis auf die vorab offengelegte Provision, Gebühr oder sonstige Vergütung weder Gewinn noch Verlust macht. **79**

Insgesamt verhindert § 5 Abs. 7 BörsG 2018, dass der Börsenträger seinen Informationsvorsprung und seine Handelsmöglichkeiten gegenüber anderen Marktteilnehmern zu seinen Gunsten ausnutzt, indem er ihn verpflichtet, sich bei der Ausführung von Kundenaufträgen insoweit neutral zu verhalten. **80**

X. Pflicht zur Einrichtung eines Whistleblowing-Systems (§ 5 Abs. 7 BörsG/§ 5 Abs. 8 BörsG 2018)

§ 5 Abs. 7 BörsG/§ 5 Abs. 8 BörsG 2018 verpflichtet den Börsenträger, ein Whistleblowing-System einzurichten. Er muss über einen Prozess verfügen, der es seinen Mitarbeitern „*ermöglicht, mögliche oder tatsächliche Verstöße*" gegen gesetzliche Vorgaben sowie „*etwaige strafbare Handlungen*" derart an geeignete Stellen innerhalb des Unternehmens zu melden, dass die Vertraulichkeit ihrer Identität gewahrt bleibt.[105] Die Norm wurde mit dem 1. FiMaNoG eingeführt und bezog sich zunächst auf Verstöße gegen das BörsG, das WpHG und auf Grund dessen erlassener Rechtsverordnungen sowie auf Verstöße gegen die EU-Verordnungen MAR[106] und PRIIP[107]. Aufgrund des 2. FiMaNoG sind auch Verstöße gegen die SFTR[108] und ab dem **81**

---

103 BR-Drs. 813/16, S. 321; BT-Drs. 18/10936, S. 267.

104 BR-Drs. 813/16, S. 321; BT-Drs. 18/10936, S. 267.

105 BR-Drs. 19/16, S. 84; BT-Drs. 18/7482, S. 74.

106 Konsolidierte Fassung vom 3. Juli 2016 der Verordnung (EU) Nr. 596/2014 des Europäischen Parlaments und des Rates vom 16. April 2014 über Marktmissbrauch (Marktmissbrauchsverordnung) und zur Aufhebung der Richtlinie 2003/6/EG des Europäischen Parlaments und des Rates und der Richtlinien 2003/124/EG, 2003/125/EG und 2004/72/EG der Kommission, ABl. 2014 L 173 vom 12. Juni 2014, S. 1–61.

107 Konsolidierte Fassung vom 24. Dezember 2016 der Verordnung (EU) Nr. 1286/2014 des Europäischen Parlaments und des Rates vom 26. November 2014 über Basisinformationsblätter für verpackte Anlageprodukte für Kleinanleger und Versicherungsanlageprodukte (PRIIP), ABl. 2014 L 352 vom 9. Dezember 2014, S. 1–23.

108 Verordnung (EU) 2015/2365 des Europäischen Parlaments und des Rates vom 25. November 2015 über die Transparenz von Wertpapierfinanzierungsgeschäf-

3. Januar 2018 auch Verstöße gegen die MiFIR[109] erfasst.[110] Zweck der Vorschrift ist es, ein möglichst effektives Risikomanagement zu gewährleisten, durch welches der Börsenträger bedrohliche Risiken frühzeitig erkennt, um in der Folge geeignete Gegenmaßnahmen zu treffen.[111] Hierzu sollen die Mitarbeiter Verstöße intern über einen speziellen, unabhängigen und autonomen Kanal melden können.[112] Die konkrete Ausgestaltung des Systems bleibt dabei dem Börsenträger überlassen.[113]

B. Keine weiteren Pflichten des Börsenträgers

82 Zu prüfen ist, ob den Börsenträger neben den gesetzlichen Pflichten aus § 5 BörsG – wie von *Schneider* und *Burgard* angedacht – weitere Pflichten treffen. Der Börsenträger könnte verpflichtet sein, die gute Ordnung am Kapitalmarkt zu gewährleisten sowie den Finanzplatz Deutschland zu fördern.[114] Zudem könnte der Börsenträger eine öffentlich-rechtliche Treuepflicht zu erfüllen haben.[115]

I. Gewährleistung der guten Ordnung am Kapitalmarkt

83 Der Börsenträger könnte die gute Ordnung am Kapitalmarkt und dabei auch die Interessen der Emittenten und Anleger zu gewährleisten haben.[116] Der Gesetzgeber wollte immer wieder die Funktionsfähigkeit deutscher Börsen absichern.[117] Diesem Zweck steht nicht schon entgegen, dass die Bundesländer für die Börsenaufsicht zuständig sind (vgl. § 3 Abs. 1 Satz 1 BörsG). Denn die Landesverwaltung vollzieht hier Bundesrecht.[118] Beurteilungsmaßstab ist daher ganz Deutschland und nicht nur das jeweilige Bundesland.

Allerdings kann ein Börsenträger kaum die gute Ordnung am nationalen Kapitalmarkt insgesamt gewährleisten. Er könnte hierzu lediglich einen Beitrag leisten. Vielmehr ist es die Aufgabe des Gesetzgebers, Grundsätze zur Ordnung am Kapi-

---

ten und der Weiterverwendung sowie zur Änderung der Verordnung (EU) Nr. 648/2012, ABl. 2015 L 337 vom 23. Dezember 2015, S. 1–34.

109 Konsolidierte Fassung vom 1. Juli 2016 der Verordnung (EU) Nr. 600/2014 des Europäischen Parlaments und des Rates vom 15. Mai 2014 über Märkte für Finanzinstrumente und zur Änderung der Verordnung (EU) Nr. 648/2012, ABl. 2014 L 173 vom 12. Juni 2014, S. 84–148.

110 BR-Drs. 813/16, S. 318, 321; BT-Drs. 18/10936, S. 265, 267.

111 So zu § 25a Abs. 1 Satz 6 Nr. 3 KWG *Greve*, ZD 2014, 336, 341.

112 So zu § 25a Abs. 1 Satz 6 Nr. 3 KWG *Braun*, in: Boos/Fischer/Schulte-Mattler, KWG, CRR-VO, Bd. I, 5. Aufl., § 25a KWG Rn. 689.

113 So zu § 25a Abs. 1 Satz 6 Nr. 3 KWG a. a. O., § 25a KWG Rn. 690.

114 *U. H. Schneider/Burgard*, WM 2000 Sonderbeilage Nr. 3, 24, 36, 44.

115 A. a. O., 34.

116 So a. a. O., 44.

117 BT-Drs. 12/6679, S. 1; in der Folge auch BT-Drs. 14/8017, S. 62; ähnlich bereits BT-Drs. 11/4177, S. 1.

118 *Beck*, in: Schwark/Zimmer, Kapitalmarktrecht, 4. Aufl., § 3 BörsG Rn. 4.

talmarkt vorzugeben und zu konkretisieren.[119] Hierauf hat der Gesetzgeber aber bewusst verzichtet.[120] Macht der Gesetzgeber keine Angaben zu den erforderlichen Maßnahmen, so kann die Entscheidung hierüber nicht den Landesbehörden überlassen werden.[121] Die Interessen der Emittenten und Anleger werden bereits ausreichend durch die Regeln über die Zulassung der Handelsgegenstände und Handelsteilnehmer sowie durch die Vorschriften über die Abwicklung der Börsengeschäfte geschützt.[122] Der Börsenträger ist im Ergebnis nicht verpflichtet, die gute Ordnung am Kapitalmarkt zu gewährleisten.

II. Förderung des Finanzplatzes Deutschland

U. H. Schneider und *Burgard* forderten, dass die Neueröffnung einer Börse den Finanzplatz Deutschland fördern müsse.[123] Dahinter stand insbesondere die Furcht, dass der Finanzplatz Deutschland an Bedeutung verlieren könne.[124] Der Finanzplatz Deutschland soll also gefördert werden, um dessen Wettbewerbsfähigkeit zu erhalten. Nach vereinzelter Ansicht ist die Wettbewerbsfähigkeit aber nur durch eine begrenzte Anzahl von Börsen zu erhalten.[125] **84**

Ob eine Börse allerdings den Finanzplatz Deutschland und dessen Wettbewerbsfähigkeit fördert, ist immer auch abhängig von den neben dieser Börse bestehenden nationalen Börsen und vor allem von der Position geregelter Märkte anderer Länder. Hierauf kann der Antragsteller keinen Einfluss nehmen, vor allem nicht, wenn die Finanzplätze sich entgegen den Annahmen entwickeln.[126] Folglich kann den Börsenträger auch keine Pflicht treffen, den Finanzplatz Deutschland zu fördern.

III. Öffentlich-rechtliche Treuepflicht

Dem Börsenträger könnte eine öffentlich-rechtliche Treuepflicht obliegen.[127] An den Börsenträger sind jedoch keine Anforderungen zu stellen, die eine Anstaltsträgerschaft voraussetzen. Anstaltsträger ist das die Börse genehmigende Bundesland, nicht der Börsenträger.[128] Der Börsenträger könnte aber eine besondere aufsichtsrechtliche Treuepflicht gegenüber dem genehmigenden Bundesland zu erfüllen haben.[129] Eine **85**

---

119 *Schwark*, WM 2000, 2517, 2527.
120 *Lepczyk*, Internationale Börsenfusionen, S. 64.
121 Ähnlich *Christoph*, Börsenkooperationen und Börsenfusionen, S. 264.
122 *Boschan*, Wertpapierhandelssysteme, S. 180.
123 *U. H. Schneider/Burgard*, WM 2000 Sonderbeilage Nr. 3, 24, 36.
124 *Beck*, in: Schwark/Zimmer, Kapitalmarktrecht, 4. Aufl., § 4 BörsG Rn. 28.
125 *Lenenbach*, Kapitalmarkt- und Gesellschaftsrecht, Rn. 3.25.
126 Ebenfalls kritisch zur Wettbewerbsfähigkeit *Lepczyk*, Internationale Börsenfusionen, S. 72.
127 *U. H. Schneider/Burgard*, WM 2000 Sonderbeilage Nr. 3, 24, 34.
128 Siehe Rn. 18.
129 *Kümpel*, Bank- und Kapitalmarktrecht, 3. Aufl., Rn. 17.268 ff.; *Bressler*, Public private partnership im Bank- und Börsenrecht, S. 106 ff.

solche Pflicht könnte aus einem öffentlich-rechtlichen Auftragsverhältnis resultieren.[130] Da der Börsenträger nicht beliehen wird,[131] gibt es kein Auftragsverhältnis aus einer Beleihung. Allerdings könnte die Stellung des Börsenträgers als Verwaltungshelfer ein Auftrags- und Treuhandverhältnis begründen, auf welches subsidiär privatrechtliches Auftragsrecht anzuwenden sein könnte. Welches Rechtsregime für die Verwaltungshilfe gilt, ist weitgehend ungeklärt.[132] Das privatrechtliche Auftragsrecht ist aber nur subsidiär anzuwenden, soweit die Rechtsstellung des Verwaltungshelfers nicht durch das BörsG spezifisch und abschließend geregelt ist.[133] Zwar sind die Regelungen des BörsG alles andere als eindeutig.[134] Gleichwohl betrifft § 5 BörsG – als die zentrale Vorschrift – den materiellen Pflichtenkreis des Börsenträgers.[135] Dem Gesetzgeber zufolge regelt § 5 BörsG *„die Pflichten des Börsenträgers, die nach Erteilung der Erlaubnis mit dem Betrieb der Börse verbunden sind."*[136] Daneben bringt im Allgemeinen Verwaltungsrecht § 49 Abs. 2 Satz 1 Nr. 5 LVwVfG[137] eine gewisse Treuepflicht zum Ausdruck. Danach darf ein Verwaltungsakt widerrufen werden, um schwere Nachteile für das Gemeinwohl zu verhüten oder zu beseitigen. Erfüllt der Börsenträger aber die Betriebspflicht, kann nicht davon ausgegangen werden, dass er schwere Nachteile für das Gemeinwohl verursacht. § 5 BörsG regelt den Pflichtenkreis des Börsenträgers also abschließend. Die Rechtsstellung des Börsenträgers basiert eben nicht auf seiner Einordnung als Verwaltungshelfer, sondern ausschließlich auf den einschlägigen Gesetzen.[138] Wer mit staatlichen Aufgaben betraut ist, muss diese Aufgaben erfüllen. Darüber hinausgehende allgemeine Treuepflichten sind dem öffentlichen Recht fremd.[139] Dem Börsenträger obliegt keine öffentlich-rechtliche Treuepflicht, die über den Pflichtenkreis des § 5 BörsG hinausgeht.

---

130 So *Kümpel*, Bank- und Kapitalmarktrecht, 3. Aufl., Rn. 17.268; *Bressler*, Public private partnership im Bank- und Börsenrecht, S. 113.

131 Siehe Rn. 34.

132 *Stober*, in: Stober/Kluth/Wolff/Bachof, Verwaltungsrecht II, § 91 Rn. 30.

133 *Christoph*, Börsenkooperationen und Börsenfusionen, S. 180.

134 Ebd.

135 *Beck*, in: Schwark/Zimmer, Kapitalmarktrecht, 4. Aufl., § 4 BörsG Rn. 1; ähnlich *Gurlit/Mülbert*, Der Börsenträger im Spannungsfeld, S. 70.

136 BT-Drs. 16/4028, S. 82.

137 § 49 Abs. 2 Satz 1 Nr. 5 VwVfGBW; Art. 49 Abs. 2 Satz 1 Nr. 5 BayVwVfG; § 1 Abs. 1 BlnVwVfG i.V.m. § 49 Abs. 2 Satz 1 Nr. 5 VwVfG; § 1 Abs. 1 Satz 1 VwVfGBbg i.V.m. § 49 Abs. 2 Satz 1 Nr. 5 VwVfG; § 49 Abs. 2 Satz 1 Nr. 5 BremVwVfG; § 49 Abs. 2 Satz 1 Nr. 5 HmbVwVfG; § 49 Abs. 2 Satz 1 Nr. 5 HVwVfG; § 49 Abs. 2 Satz 1 Nr. 5 VwVfG M-V; § 1 Abs. 1 NVwVfG i.V.m. § 49 Abs. 2 Satz 1 Nr. 5 VwVfG; § 49 Abs. 2 Satz 1 Nr. 5 VwVfG NRW; § 1 Abs. 1 VwVfGRPf i.V.m. § 49 Abs. 2 Satz 1 Nr. 5 VwVfG; § 49 Abs. 2 Satz 1 Nr. 5 SVwVfG; § 1 Satz 1 SächsVwVfZG i.V.m. § 49 Abs. 2 Satz 1 Nr. 5 VwVfG; § 1 Abs. 1 Satz 1 VwVfG LSA i.V.m. § 49 Abs. 2 Satz 1 Nr. 5 VwVfG; § 117 Abs. 2 Satz 1 Nr. 5 VwG SH; § 49 Abs. 2 Satz 1 Nr. 5 ThürVwVfG.

138 *Christoph*, Börsenkooperationen und Börsenfusionen, S. 181.

139 *Schwark*, WM 2000, 2517, 2527.

3. Teil

Anspruch auf Erteilung der Börsenerlaubnis

Nachdem beantwortet worden ist, wie sich die Börsenerlaubnis rechtlich auswirkt, **86**
kann der Anspruch auf Erteilung der Börsenerlaubnis erörtert werden. Von der Rechtswirkung der Börsenerlaubnis hängt nämlich ab, welche tatbestandlichen Voraussetzungen erfüllt sein und welche Versagungsgründe geprüft werden müssen, damit die Börsenaufsichtsbehörde eine Börsenerlaubnis erteilen kann, welcher Beurteilungsspielraum der Behörde auf der Tatbestandsebene verbleibt und welcher Ermessensspielraum ihr auf der Rechtsfolgenebene zusteht. Hierbei ist auf Lehrmeinungen einzugehen, die ungeschriebene Voraussetzungen oder Versagungsgründe der Börsenerlaubnis annehmen,[1] der Börsenaufsichtsbehörde einen Ermessensspielraum zugestehen[2] oder beides kombinieren.[3]

Ein Anspruch auf Erteilung der Börsenerlaubnis setzt voraus, dass eine Anspruchsgrundlage die Erteilung der Börsenerlaubnis als Rechtsfolge vorsieht und alle Voraussetzungen dieser Anspruchsgrundlage vorliegen.

1 *U. H. Schneider/Burgard*, WM 2000 Sonderbeilage Nr. 3, 24, 44.

2 *Samm*, Börsenrecht, S. 45; *Schwark*, Börsengesetz, 2. Aufl., § 1 BörsG Rn. 20; *Baums/Segna*, Börsenreform, S. 30; *Segna*, Die Rechtsform deutscher Wertpapierbörsen, S. 14; *Peterhoff*, in: Schäfer, Kapitalmarktgesetze, 1. Aufl., § 1 BörsG Rn. 1; *Breitkreuz*, Die Ordnung der Börse, S. 183; *Kümpel/Hammen*, WM 2000 Sonderbeilage Nr. 3, 3, 10; *Beck*, in: Schwark/Zimmer, Kapitalmarktrecht, 4. Aufl., § 4 BörsG Rn. 4; *Groß*, Kapitalmarktrecht, 6. Aufl., § 4 BörsG Rn. 7; *Ledermann*, in: Schäfer/Hamann, Kapitalmarktgesetze, Bd. II, 2. Aufl. 7. EL., § 1 BörsG Rn. 2.

3 *Christoph*, Börsenkooperationen und Börsenfusionen, S. 236, 409; *Lepczyk*, Internationale Börsenfusionen, S. 62 ff.

§ 4. Voraussetzungen des § 4 Abs. 3 i.V.m. Abs. 2 BörsG

Für einen Anspruch auf Erteilung der Börsenerlaubnis müssen die formellen Voraussetzungen des § 4 Abs. 2 BörsG und die materiellen Voraussetzungen des § 4 Abs. 3 BörsG vorliegen. Anspruchsgrundlage für die Erteilung der Börsenerlaubnis ist daher § 4 Abs. 3 i.V.m. Abs. 2 BörsG. **87**

A. Formelle Voraussetzungen

I. Zuständigkeit

1. Sachliche Zuständigkeit

Sachlich zuständig für die Erteilung einer Börsenerlaubnis ist nach § 4 Abs. 1 BörsG die Börsenaufsichtsbehörde. Dies ist gemäß § 3 Abs. 1 Satz 1 BörsG die jeweilige oberste Landesbehörde. Diese handeln durch ihre Leiter, in der Regel die Wirtschaftsminister oder -senatoren des jeweiligen Bundeslandes.[1] **88**

2. Örtliche Zuständigkeit

Die örtliche Zuständigkeit ergibt sich nicht ohne Weiteres aus dem BörsG. Es dürfte aber auf den Sitz des zukünftigen Börsenbetriebs abzustellen sein.[2] Denn die Börsenerlaubnis bezieht sich nach ihrem Sinn und Zweck auf den Börsenbetrieb, nicht auf den sonstigen Geschäftsbetrieb des Antragstellers.[3] Der Sitz des Antragstellers ist mithin unerheblich.[4] Aufgrund der Rechtsnatur der Börse als Anstalt des öffentlichen Rechts kann sie ihren Sitz nur in dem sie errichtenden Bundesland haben.[5] Zudem kann eine Landesbehörde wegen des Territorialitätsprinzips öffentlich-rechtliche Anstalten nur in dem sie tragenden Bundesland errichten. Im Ergebnis **89**

---

1 *Ledermann*, in: Schäfer/Hamann, Kapitalmarktgesetze, Bd. II, 2. Aufl. 7. EL., § 1 BörsG Rn. 2; *Beck*, in: Schwark/Zimmer, Kapitalmarktrecht, 4. Aufl., § 4 BörsG Rn. 2; *Augsberg*, in: Ehlers/Fehling/Pünder, Besonderes Verwaltungsrecht, Bd. I, § 35 Rn. 27.

2 *Augsberg*, in: Ehlers/Fehling/Pünder, Besonderes Verwaltungsrecht, Bd. I, § 35 Rn. 27.

3 *Christoph*, Börsenkooperationen und Börsenfusionen, S. 194.

4 Im Ergebnis auch *Beck*, in: Schwark/Zimmer, Kapitalmarktrecht, 4. Aufl., § 4 BörsG Rn. 2, der für die örtliche Zuständigkeit an den Verwaltungssitz der Börse anknüpft und nach dem der Sitz des Antragstellers nicht mit dem der Börse identisch sein muss; auch in diesem Sinne *Lepczyk*, Internationale Börsenfusionen, S. 59; a.A. *Kurth*, ZfgK 1998, 618, 622; *Breitkreuz*, Die Ordnung der Börse, S. 166; *Wastl/Schlitt*, MMR 2000, 387, 390; *Spindler*, WM 2001, 1689, 1696 ff.

5 *Lepczyk*, Internationale Börsenfusionen, S. 163.

ist also die oberste Landesbehörde des Bundeslandes zuständig, in dem die Börse ihren Sitz haben soll.[6]

90 Bei elektronischen Börsen ist umstritten, nach welchen Kriterien sich der Sitz der Börse bestimmt. Teilweise wird auf den Standort der Handelsteilnehmer abgestellt.[7] Dem widerspricht aber die Funktion der Börse als zentralem Marktplatz.[8] Zudem verhindert diese Herangehensweise eine eindeutige Zuständigkeit. Schon bei Handelsteilnehmern aus verschiedenen Bundesländern wären mehrere Landesbehörden gleichzeitig zuständig. Noch problematischer ist dies bei den sog. *remote memberships*. Bei diesen haben an der Börse zugelassene Handelsteilnehmer ihren Sitz im Ausland.[9] Der geregelte Markt errichtet im Herkunftsland einer Wertpapierfirma sog. *access points*, über welche die Wertpapierfirma auf den geregelten Markt zugreift.[10] Dies kann z. B. durch Terminals oder Handelsbildschirme geschehen.[11] Bei Börsen mit *remote memberships* im Ausland wären folglich viele unterschiedliche Rechtsordnungen anzuwenden.[12]

Zentrales Merkmal einer Börse ist, dass sie Angebot und Nachfrage der Marktteilnehmer zusammenführt und die Preise für die Handelsinstrumente feststellt,[13] also den Börsenhandel durchführt. Daher sei denkbar – so wird gesagt – an den Standort des Börsencomputers, welcher Angebot und Nachfrage technisch zusammenführt, anzuknüpfen, den sog. Zentralrechner.[14] Die örtliche Zuständigkeit würde hiernach

---

6 *Beck*, in: Schwark/Zimmer, Kapitalmarktrecht, 4. Aufl., § 4 BörsG Rn. 2.

7 *Schwark*, Börsengesetz, 2. Aufl., § 1 BörsG Rn. 25.

8 *Beck*, in: Schwark/Zimmer, Kapitalmarktrecht, 4. Aufl., § 4 BörsG Rn. 2; *Christoph*, Börsenkooperationen und Börsenfusionen, S. 192.

9 Zum Begriff *remote membership* siehe *Klenke*, Börsendienstleistungen im europäischen Binnenmarkt, S. 178 f.; *Kümpel*, Bank- und Kapitalmarktrecht, 2. Aufl., Rn. 17.40, 17.71, 17.581, der darunter den elektronischen Marktzugang ausländischer Marktteilnehmer versteht; später differenziert *ders.*, Bank- und Kapitalmarktrecht, 3. Aufl., Rn. 14.130, 17.53, 17.549 zwischen den Marktteilnehmern (*remote member)* und dem dezentralen Zugang (*remote access*); den Begriff *remote member* verwendet auch *Beck*, in: Schwark/Zimmer, Kapitalmarktrecht, 4. Aufl., § 3 BörsG Rn. 76.

10 *J. Thieme*, Wertpapierdienstleistungen im Binnenmarkt, S. 509 Fn. 956; in diesem Sinne auch *Klenke*, Börsendienstleistungen im europäischen Binnenmarkt, S. 179; *Hopt*, in: Horn/Lwowski/Nobbe, FS Schimansky, S. 631, 636 f.; *Elster*, Europäisches Kapitalmarktrecht, S. 311.

11 *J. Thieme*, Wertpapierdienstleistungen im Binnenmarkt, S. 509 Fn. 956; für Handelsbildschirme auch *Klenke*, Börsendienstleistungen im europäischen Binnenmarkt, S. 179.

12 *Spindler*, WM 2001, 1689, 1696; bereits kritisch in Bezug auf Terminalanschlüsse *Vaupel*, RIW 1993, 733, 737.

13 *Lepczyk*, Internationale Börsenfusionen, S. 59.

14 So *Christoph*, Börsenkooperationen und Börsenfusionen, S. 191, der auf die folgenden Quellen für eine solche Ansicht verweist: *Beck*, WM 1998, 417, 423; *Kurth*, ZfgK 1998, 618, 622; *Kümpel*, WM 1989, 1313, 1314 Fn. 15; *Vaupel*, RIW 1993, 733, 735 f.; *Dreyling*, WM 1990, 1529, 1529; *Kümpel*, WM 1990, 45, 47; diese Quellen bringen allerdings alle

aber vom Zufall abhängen.[15] Denn der Börsenbetreiber könnte den Rechnerstandort willkürlich in ein anderes Bundesland oder sogar ins Ausland verlagern.[16]

Da der Standort des Börsencomputers rechtlich nicht greifbar ist, haben elektronische Börsen rechtlich keinen zentralen Ort mehr. Ersatzweise ist auf denjenigen Ort abzustellen, der den Eindruck eines Marktes erweckt.[17] Einen solchen Eindruck erweckt der Ort, an dem die Durchführung des Börsenhandels organisiert und betrieben wird.[18] Dies geschieht in der Verwaltung des Börsenmarktes, also dem Sitz der Börsenorgane.[19] Die zuständige Börsenaufsichtsbehörde ergibt sich daher aus dem geplanten Verwaltungssitz der Börse.[20]

II. Antrag

Mit Blick auf die Grundrechte ist eine Inanspruchnahme als Börsenträger nur auf freiwilliger Basis möglich.[21] Dies zeigt sich auch in § 4 Abs. 2 Satz 1 BörsG, wonach die Börsenerlaubnis nur auf Antrag zu erteilen ist. Sie ist ein mitwirkungsbedürfti- **91**

---

nicht zum Ausdruck, dass der jeweilige Autor den Standort des Börsencomputers als Sitz der Börse ansehen würde; ebenso wie *Christoph* behauptet *Spindler*, WM 2001, 1689, 1696 f. dass eine solche Ansicht vertreten werden würde, nennt aber keine Quellen.

15 Ähnlich *Vaupel*, RIW 1993, 733, 737, der zudem bei Umgehungstatbeständen für möglich erachtet, dass einzelne Landesaufsichtsbehörden ihre Zuständigkeit reklamieren.

16 *Spindler*, WM 2001, 1689, 1697; *Florian*, Rechtsfragen des Wertpapierhandels im Internet, S. 254 f.; *Beck*, in: Schwark/Zimmer, Kapitalmarktrecht, 4. Aufl., § 4 BörsG Rn. 2; schon in diesem Sinne *G. Schuster*, Die internationale Anwendung des Börsenrechts, S. 240.

17 *G. Schuster*, Die internationale Anwendung des Börsenrechts, S. 240; *Lepczyk*, Internationale Börsenfusionen, S. 59.

18 In diesem Sinne *G. Schuster*, Die internationale Anwendung des Börsenrechts, S. 240.

19 *Beck*, in: Schwark/Zimmer, Kapitalmarktrecht, 4. Aufl., § 4 BörsG Rn. 2; auch in diesem Sinne *Ledermann*, in: Schäfer/Hamann, Kapitalmarktgesetze, Bd. II, 2. Aufl. 7. EL., § 1 BörsG Rn. 27; ähnlich *Christoph*, Börsenkooperationen und Börsenfusionen, S. 192, der zwischen dem Marktort und der Börsenverwaltung differenziert.

20 *Beck*, in: Schwark/Zimmer, Kapitalmarktrecht, 4. Aufl., § 4 BörsG Rn. 2; *Groß*, Kapitalmarktrecht, 6. Aufl., § 4 BörsG Rn. 10; *Christoph*, Börsenkooperationen und Börsenfusionen, S. 194 f.; auch in diesem Sinne *Kümpel*, in: Kümpel/Hammen, Börsenrecht, 2. Aufl., S. 24 f.; ähnlich *Breitkreuz*, Die Ordnung der Börse, S. 165 f., der allerdings differenziert. So soll die Zuständigkeit für die Börsenerlaubnis aus dem Sitz des Antragstellers folgen und die Zuständigkeit für die Aufsicht über eine bereits erlaubte Börse aus dem Sitz der Börsenorgane.

21 Schon nach *Göppert*, Das Recht der Börsen, S. 90 konnte der Betroffene nur mit seiner Zustimmung in Anspruch genommen werden; so auch *E. R. Huber*, Wirtschaftsverwaltungsrecht, Bd. I, S. 618.

ger Verwaltungsakt,[22] der auf der Initiative des Antragstellers beruht.[23] Unerheblich sind vorliegend diejenigen Verfahrensvorschriften, die die Behörde einzuhalten hat, da diese nicht vom Antragsteller beeinflusst werden können.

III. Form

92 Gemäß § 4 Abs. 2 Satz 1 BörsG ist der Antrag auf Erteilung der Börsenerlaubnis schriftlich zu stellen.[24] Den Antragsinhalt bestimmt § 4 Abs. 2 Satz 2 bis 4 BörsG. Den eigentlichen Mindestinhalt regelt § 4 Abs. 2 Satz 2 Nr. 1 bis 5 BörsG. Um eine ausreichende Prüfung des Antragstellers zu gewährleisten, kann die Börsenaufsichtsbehörde nach § 4 Abs. 2 Satz 3 BörsG zusätzliche Angaben verlangen. Sind die Geschäftsleiter des Antragstellers zugleich Geschäftsleiter eines organisierten Marktes, erleichtert § 4 Abs. 2 Satz 4 BörsG die Nachweispflicht. Insgesamt soll die Behörde auf Basis der Angaben im Antrag entscheiden können, ob der Antragsteller fähig und bereit ist, die Pflichten des Börsenträgers der geplanten Börse zu erfüllen. Die Behörde soll die materiellen Erlaubnisvoraussetzungen sachgemäß überprüfen können.

1. Nachweis der finanziellen Leistungsfähigkeit des Börsenträgers (§ 4 Abs. 2 Satz 2 Nr. 1 BörsG)

93 Nach § 4 Abs. 2 Satz 2 Nr. 1 BörsG muss der Antragsteller in geeigneter Weise nachweisen, dass er die *„nach § 5 Abs. 5 zum Börsenbetrieb erforderlichen Mittel"* aufbringen kann. Hierdurch wollte der Gesetzgeber sicherstellen, *„dass auch bei Zulassung einer Börse die finanzielle Leistungsfähigkeit des Börsenträgers nachzuweisen ist"*.[25] Zudem sollte Art. 39 lit. f MiFID umgesetzt werden.[26] Danach und nach Art. 47 Abs. 1 lit. f MiFID II schreiben die Mitgliedstaaten vor, dass ein geregelter Markt *„bei der Zulassung und fortlaufend über ausreichende Finanzmittel verfügt, um sein ordnungsgemäßes Funktionieren zu erleichtern"*. Allerdings ist diese Regelung eine materiell-rechtliche Vorschrift, wohingegen § 4 Abs. 2 Satz 2 Nr. 1 BörsG nur den erforderlichen Inhalt des Antrags näher beschreibt. Daher setzt § 4 Abs. 2 Satz 2 Nr. 1 BörsG die Richtlinie nicht unmittelbar um.

---

22 *Kümpel/Hammen*, WM 2000 Sonderbeilage Nr. 3, 3, 10; *U. H. Schneider/Burgard*, WM 2000 Sonderbeilage Nr. 3, 24, 27; *Beck*, in: Schwark/Zimmer, Kapitalmarktrecht, 4. Aufl., § 4 BörsG Rn. 3; im Grunde auch schon *E. R. Huber*, Wirtschaftsverwaltungsrecht, Bd. I, S. 618, der allerdings noch von einem antragsbedürftigen Verwaltungsakt spricht.

23 *Münstermann*, Märkte für Risikokapital, S. 84.

24 Dieses Schriftformerfordernis ist von dem Formerfordernis des § 4 Abs. 1 BörsG zu unterscheiden, welches die Börsenaufsichtsbehörde verpflichtet, die Börsenerlaubnis schriftlich zu erteilen.

25 BT-Drs. 16/4028, S. 81.

26 Ebd.

Der notwendige Inhalt eines Antrags ergibt sich aber grundsätzlich aus den materiell-rechtlichen Voraussetzungen der Erlaubnis. Der Verweis auf § 5 Abs. 5 BörsG zeigt, dass die Erlaubnis vor allem die Fähigkeit des Antragstellers voraussetzt, die für den Betrieb der beantragten Börse erforderlichen finanziellen Mittel aufzubringen.[27] Der Inhalt des Antrags muss also geeignet sein, dies nachzuweisen. Der Antragsteller muss mithin Bilanzen, Gewinn- und Verlustrechnungen, Kapitalflussrechnungen sowie Finanzpläne für die Börse und sich selbst vorlegen (vgl. z.B. § 1 Abs. 1 Sätze 1 und 2 BörsV HE). Diese Unterlagen sollten mehrere Jahre in die Zukunft reichen (vgl. z.B. § 1 Abs. 1 Satz 3 BörsV HE). Dann kann die Börsenaufsichtsbehörde die finanziellen Möglichkeiten des Antragstellers und die wirtschaftlichen Erfolgsaussichten des Vorhabens prüfen.

2. *Namen der Geschäftsleiter des Börsenträgers und zusätzliche Angaben zu diesen Personen (§ 4 Abs. 2 Satz 2 Nr. 2 BörsG)*

Im Antrag sind gemäß § 4 Abs. 2 Satz 2 Nr. 2 BörsG die Namen der Geschäfts- **94**
leiter des Börsenträgers anzugeben. Daraus folgt zunächst, dass einzelne natürliche Personen nicht Börsenträger sein können. Der Antragsteller muss zumindest eine Gesellschaft im privatrechtlichen Sinne oder eine juristische Person des öffentlichen Rechts sein.[28] Des Weiteren muss die Behörde nach § 4 Abs. 2 Satz 2 Nr. 2 BörsG aufgrund zusätzlicher Angaben beurteilen können, ob die Geschäftsleiter des Antragstellers zuverlässig und fachlich geeignet sind.

§ 4 Abs. 2 Satz 2 Nr. 2 BörsG soll Art. 37 Abs. 1 UAbs. 1 MiFID sowie Art. 38 **95**
Abs. 1 MiFID umsetzen.[29] Art. 37 Abs. 1 UAbs. 1 Satz 1 MiFID verpflichtet die Mitgliedstaaten dazu vorzuschreiben, *„dass die Personen, die die Geschäfte und den Betrieb des geregelten Marktes tatsächlich leiten, gut beleumdet sein und über ausreichende Erfahrung verfügen müssen, um eine solide und umsichtige Verwaltung und Führung des geregelten Marktes zu gewährleisten."* Wie die Mitgliedstaaten dies gewährleisten, steht ihnen frei. Nach Art. 37 Abs. 1 UAbs. 1 Satz 2 MiFID müssen die Marktbetreiber dazu jedenfalls der zuständigen Behörde die Namen derjenigen mitteilen, die die Geschäfte und den Betrieb des geregelten Marktes tatsächlich leiten, sowie nachfolgende personelle Veränderungen. Nach dem erläuterten System steht es gemäß Art. 36 Abs. 1 UAbs. 3 MiFID dem deutschen Gesetzgeber frei, ob er diese Aufgabe dem Börsenträger oder der Börse selbst auferlegt.[30]

§ 4 Abs. 2 Satz 2 Nr. 2 BörsG verpflichtet den zukünftigen Börsenträger, seine Geschäftsleiter zu nennen. Damit setzt der deutsche Gesetzgeber Art. 37 Abs. 1 UAbs. 1 Satz 2 MiFID nur bezüglich derjenigen Personen um, die den Betrieb des

27 *Beck*, in: Schwark/Zimmer, Kapitalmarktrecht, 4. Aufl., § 4 BörsG Rn. 13.
28 *Gurlit/Mülbert*, Der Börsenträger im Spannungsfeld, S. 17.
29 BT-Drs. 16/4028, S. 81.
30 Siehe Rn. 31.

geregelten Marktes führen. Hinsichtlich derjenigen Personen, die die Geschäfte des geregelten Marktes lenken, also der Geschäftsleiter der Börse, setzt § 15 Abs. 1 Satz 3 BörsG das Sekundärrecht um.[31]

96 Kann eine Person *„direkt oder indirekt tatsächlich wesentlichen Einfluss auf die Verwaltung des geregelten Marktes nehmen"*, muss diese gemäß Art. 38 Abs. 1 MiFID/Art. 46 Abs. 1 MiFID II die dafür erforderliche Eignung besitzen. Die Anforderungen an diese Eignung stehen also in Relation zu der Aufgabe, eine Börse zu verwalten. Diese Aufgabe obliegt den Organen der Börse.[32] § 4 Abs. 2 Satz 2 Nr. 2 BörsG betrifft aber nur die Geschäftsleiter des Börsenträgers. Da schon der Börsenträger die *inneren Angelegenheiten* der Börse rechtlich nicht beeinflussen kann,[33] ist dies seinen Geschäftsleitern in ihrer Position ebenfalls nicht möglich. Unerheblich ist ein rein faktischer Einfluss. Dieser kann nämlich nicht wesentlich im Sinne des Art. 38 Abs. 1 MiFID/Art. 46 Abs. 1 MiFID II sein, weil er nicht durchsetzbar ist. § 4 Abs. 2 Satz 2 Nr. 2 BörsG setzt Art. 38 Abs. 1 MiFID/Art. 46 Abs. 1 MiFID II daher nicht um.

Trotzdem ist mit dem Gesetzgeber davon auszugehen, dass bei den zusätzlichen Angaben *„die Art der Wirtschaftsgüter, die an der Börse gehandelt werden und die Komplexität der dort abgeschlossenen Geschäfte zu berücksichtigen"* ist.[34] Denn die Zuverlässigkeit und fachliche Eignung der Geschäftsleiter ist aufgrund der Betriebspflicht nur in Relation zu diesen Aspekten zu beurteilen.

3. Namen der Geschäftsleiter und der Mitglieder des Verwaltungs- oder Aufsichtsorgans des Börsenträgers und zusätzliche Angaben zu diesen Personen (§ 4 Abs. 2 Satz 2 Nr. 2 BörsG 2018)

97 Die MiFID II stellt nicht mehr auf die Personen ab, die die Geschäfte und den Betrieb des geregelten Marktes leiten. Vielmehr bezieht sich Art. 45 Abs. 1 Satz 1 und Abs. 8 MiFID II allgemein auf die *„Mitglieder des Leitungsorgans eines Marktbetreibers"*. Innerhalb des deutschen Systems der Börsenorganisation ist diese Regelung sowohl auf die Börse als *verwaltenden Marktbetreiber* als auch auf den Börsenträger als

---

31 BT-Drs. 16/4028, S. 83.

32 Siehe Rn. 31.

33 *Göppert*, Das Recht der Börsen, S. 88; *E. R. Huber*, Wirtschaftsverwaltungsrecht, Bd. I, S. 626; *Wiede*, Die Börse als verwaltungsrechtliches Problem und Rechtsinstitut, S. 118; *Samm*, Börsenrecht, S. 52 f.; *Olenhusen*, Börsen und Kartellrecht, S. 83 f.; *Köndgen/Mues*, WM 1998, 53, 57; *Mues*, Die Börse als Unternehmen, S. 76 f.; *Kümpel*, Bank- und Kapitalmarktrecht, 3. Aufl., Rn. 17.293 ff.; *Schwark*, WM 2000, 2517, 2520; *Lorenz*, Die Wertpapierbörse und ihr Träger, S. 133; *Christoph*, Börsenkooperationen und Börsenfusionen, S. 146; *Schönemann*, Die Organisationsstruktur der Börse, S. 62; *Seiffert*, in: Kümpel/Wittig, Bank- und Kapitalmarktrecht, 4. Aufl., Rn. 4.165 ff.

34 BT-Drs. 16/4028, S. 81.

betreibenden Marktbetreiber anzuwenden.[35] Daher ergibt sich insoweit hinsichtlich der Umsetzung des Art. 45 Abs. 8 MiFID II im Vergleich zur MiFID kein Unterschied. Allerdings erfasst der Begriff Leitungsorgan nach Art. 4 Abs. 1 Nr. 36 Satz 2 MiFID II nicht nur die Geschäftsleitung, sondern alle Organe innerhalb eines Marktbetreibers, die eine Geschäftsleitungs- oder Aufsichtsfunktion haben. Daher hat der nationale Gesetzgeber mit dem 2. FiMaNoG § 4 Abs. 2 Satz 2 Nr. 2 BörsG angepasst. Gemäß § 4 Abs. 2 Satz 2 Nr. 2 BörsG 2018 sind im Antrag nicht mehr nur die Namen der Geschäftsleiter des Börsenträgers anzugeben, sondern auch die Namen der Mitglieder des Verwaltungs- oder Aufsichtsorgans des Börsenträgers. Des Weiteren sind nicht mehr nur Angaben zu machen, die für die Beurteilung der Zuverlässigkeit und der fachlichen Eignung dieser Personen erforderlich sind. Vielmehr hat der Antragsteller Angaben zu machen, die zur Beurteilung der Fragen erforderlich sind, ob die Geschäftsleitung des Börsenträgers den Anforderungen des § 4a BörsG 2018 entspricht und ob die Mitglieder des Verwaltungs- oder Aufsichtsorgans des Börsenträgers den in § 4b BörsG 2018 an sie gestellten Anforderungen entsprechen.

4. Geschäftsplan des Börsenträgers und Regelwerk der Börse (§ 4 Abs. 2 Satz 2 Nr. 3 BörsG)

Nach § 4 Abs. 2 Satz 2 Nr. 3 BörsG hat der Antragsteller einen Geschäftsplan des **98** Börsenträgers und das Regelwerk der Börse vorzulegen. Der Geschäftsplan soll *„die Art der geplanten Geschäfte"*, den *„organisatorische[n] Aufbau"* und *„die geplanten internen Kontrollverfahren des Trägers der Börse"* enthalten. Die Vorlage des Geschäftsplans des Börsenträgers und des Regelwerks der Börse bezweckt, dass die Börsenaufsichtsbehörde bei der Erstgenehmigung der Börse umfassend prüfen kann, ob alle Vorgaben des Titels III der MiFID/MiFID II eingehalten werden.[36] Dazu muss der Geschäftsplan des Börsenträgers zumindest schlüssig sein und das Regelwerk der Börse die gesetzlichen Anforderungen erfüllen.

Entsprechend der Gesetzesbegründung soll aus dem Geschäftsplan *„die Art der* **99** *an der Börse geplanten Geschäfte [. . .] hervorgehen"*.[37] Um den Inhalt näher zu bestimmen, kann bei vergleichbaren Sachverhalten auf die Auslegung des § 32 Abs. 1 Satz 2 Nr. 5 KWG zurückgegriffen werden, da diese Bestimmung dem Wortlaut des § 4 Abs. 2 Satz 2 Nr. 3 BörsG ähnelt.[38] Das vorgelegte Geschäftsmodell muss insgesamt wirtschaftlich plausibel und für den Antragsteller finanzierbar sein.[39] Für eine solche Prognose sind Planbilanzen und Plangewinn- und -verlustrechnungen nötig.[40] Die Organisationsstruktur kann mit Hilfe eines Organigramms dargestellt

35 Zu den Begriffen *verwaltender Marktbetreiber* und *betreibender Marktbetreiber* siehe Rn. 31.
36 *Beck*, in: Schwark/Zimmer, Kapitalmarktrecht, 4. Aufl., § 4 BörsG Rn. 17.
37 BT-Drs. 16/4028, S. 81.
38 *Beck*, in: Schwark/Zimmer, Kapitalmarktrecht, 4. Aufl., § 4 BörsG Rn. 17.
39 *Lepczyk*, Internationale Börsenfusionen, S. 61.
40 Ebd.

werden, welches insbesondere die Verteilung der Geschäftsfelder, die Führungsstruktur und die Personalausstattung erkennen lässt.[41] Im Geschäftsplan sind also anzugeben: Handelsprodukte; ob ein Kassahandel oder ein Terminhandel stattfinden soll; Handels-, Clearing- und Abwicklungssysteme; Geschäftserwartungen; Aufbau- und Ablauforganisation; Risikokontrollsysteme (Compliance, Revision, Risikomanagement).[42]

Das vom Antragsteller vorgelegte Regelwerk der Börse ist im deutschen dualen Börsensystem nur ein Entwurf. Endgültig erlässt das Regelwerk erst der Börsenrat (vgl. § 12 Abs. 2 Satz 1 Nr. 1 und 4 BörsG). § 4 Abs. 2 Satz 2 Nr. 3 BörsG verlangt daher Entwürfe der erforderlichen Satzungen – speziell der Börsenordnung – sowie gegebenenfalls nachrangiger Verwaltungsvorschriften und geplanter Verwaltungsakte.[43] Die Börsenaufsichtsbehörde kann diese Entwürfe darauf überprüfen, ob das beantragte Vorhaben einen Börsenbetrieb erfordert und als solcher umzusetzen ist.

5. Angabe der Eigentümerstruktur des Börsenträgers (§ 4 Abs. 2 Satz 2 Nr. 4 BörsG)

100 § 4 Abs. 2 Satz 2 Nr. 4 BörsG zufolge muss der Antrag die Eigentümerstruktur des Börsenträgers angeben. Als Regelbeispiel nennt die Norm *„insbesondere die Inhaber bedeutender Beteiligungen im Sinne des § 6 Abs. 6 und deren Beteiligungshöhe“*. Bedeutende Beteiligungen im Sinne des § 6 Abs. 6 BörsG sind gemäß § 6 Abs. 1 Satz 1 BörsG i.V.m. § 1 Abs. 9 KWG i.V.m. Art. 4 Abs. 1 UAbs. 36 CRD IV-Verordnung[44] *„das direkte oder indirekte Halten von mindestens 10 % des Kapitals oder der Stimmrechte eines Unternehmens oder eine andere Möglichkeit der Wahrnehmung eines maßgeblichen Einflusses auf die Geschäftsführung dieses Unternehmens“*.

Die Börsenaufsichtsbehörde muss die Bedeutung einer Beteiligung beurteilen können. Daher sind im Antrag die Eigentümer mit ihrer Beteiligungshöhe anzugeben.[45] Sind die Eigentumsverhältnisse nicht ausreichend transparent, kann der Antrag abgelehnt werden. Die Kenntnis der Eigentümerstruktur folgt bei einer börsennotierten AG aus den Mitteilungspflichten der §§ 21 ff. WpHG/§§ 33 ff. WpHG 2018 und bei einer GmbH aus der zum Handelsregister angemeldeten Gesellschafterliste (§ 8 Abs. 1 Nr. 3 i.V.m. § 40 GmbHG). Unkenntnis der Eigentümerstruktur ist nur in dem Fall denkbar, dass es sich beim Börsenträger um eine nicht börsennotierte

---

41 *Lepczyk*, Internationale Börsenfusionen, S. 61.

42 *Beck*, in: Schwark/Zimmer, Kapitalmarktrecht, 4. Aufl., § 4 BörsG Rn. 17; zur Auslegung des § 32 Abs. 1 Satz 2 Nr. 5 KWG siehe *Fischer/C. Müller*, in: Boos/Fischer/Schulte-Mattler, KWG, CRR-VO, Bd. I, 5. Aufl., § 32 KWG Rn. 48.

43 *Beck*, in: Schwark/Zimmer, Kapitalmarktrecht, 4. Aufl., § 4 BörsG Rn. 17.

44 Konsolidierte Fassung vom 18. Januar 2015 der Verordnung 575/2013/EU des Europäischen Parlaments und des Rates vom 26. Juni 2013 über Aufsichtsanforderungen an Kreditinstitute und Wertpapierfirmen und zur Änderung der Verordnung 646/2012/EU, ABl. 2013 L 176 vom 27. Juni 2013, S. 1–337.

45 *Beck*, in: Schwark/Zimmer, Kapitalmarktrecht, 4. Aufl., § 4 BörsG Rn. 18.

AG handelt, welche überwiegend Inhaberaktien ausgegeben hat, der Anspruch auf Einzelverbriefung insoweit ausgeschlossen ist und die Sammelurkunde bei einer der in § 10 Abs. 1 Satz 2 Nr. 2 AktG genannten Stellen hinterlegt wurde. Einer solchen Gesellschaft bleibt aber unbenommen, ihre Strukturen zu ändern oder eine Tochtergesellschaft mit transparenten Eigentumsverhältnissen zu gründen, die dann als Antragsteller fungieren kann.

6. Angaben zur Zuverlässigkeit der Eigentümer des Börsenträgers (§ 4 Abs. 2 Satz 2 Nr. 5 BörsG)

Der Antragsteller muss gemäß § 4 Abs. 2 Satz 2 Nr. 5 Hs. 1 BörsG Tatsachen angeben, mittels derer die Börsenaufsichtsbehörde die Zuverlässigkeit der Inhaber bedeutender Beteiligungen beurteilen kann. Sind dies juristische Personen, beurteilt die Behörde deren gesetzliche oder satzungsmäßige Vertreter; sind dies Personenhandelsgesellschaften, beurteilt die Behörde deren persönlich haftende Gesellschafter (§ 4 Abs. 2 Satz 2 Nr. 5 Hs. 2 BörsG). Sinn und Zweck der Norm ist, auf die entscheidungsbefugten natürlichen Personen blicken zu können. Ist persönlich haftender Gesellschafter einer Personenhandelsgesellschaft eine juristische Person, so beurteilt die Behörde daher die Zuverlässigkeit der gesetzlichen oder satzungsmäßigen Vertreter der juristischen Person. **101**

7. Erforderliche zusätzliche Angaben (§ 4 Abs. 2 Satz 3 BörsG)

Ist eine angemessene Prüfung der materiellen Erlaubnisvoraussetzungen anhand der vorstehenden Angaben nicht möglich, kann die Börsenaufsichtsbehörde zusätzliche Angaben verlangen (§ 4 Abs. 2 Satz 3 BörsG). Denkbar wären z. B. Unterlagen zur geplanten technischen Infrastruktur des Börsenbetriebs.[46] **102**

8. Absehen von gewissen Angaben bei Personenidentität (§ 4 Abs. 2 Satz 4 BörsG)

Bei Personenidentität der Geschäftsleiter des Börsenträgers mit denen eines organisierten Marktes kann der Antragsteller gemäß § 4 Abs. 2 Satz 4 BörsG hinsichtlich dieser Personen von den Angaben nach § 4 Abs. 2 Satz 2 Nr. 2 und 5 BörsG absehen. Mangels einer Legaldefinition des *organisierten Marktes* im BörsG ist auf die Definition in § 2 Abs. 5 WpHG/§ 2 Abs. 11 WpHG 2018 zurückzugreifen. Hierfür spricht auch der Verweis auf § 2 Abs. 5 WpHG in § 19 Abs. 4 Satz 2 BörsG. Nach § 2 Abs. 5 WpHG ist ein organisierter Markt *„ein im Inland, in einem anderen Mitgliedstaat der Europäischen Union oder einem anderen Vertragsstaat des Abkommens über den Europäischen Wirtschaftsraum betriebenes oder verwaltetes, durch staatliche Stellen genehmigtes, geregeltes und überwachtes multilaterales System, das die Interessen* **103**

46 *Beck*, in: Schwark/Zimmer, Kapitalmarktrecht, 4. Aufl., § 4 BörsG Rn. 19.

einer Vielzahl von Personen am Kauf und Verkauf von dort zum Handel zugelassenen Finanzinstrumenten innerhalb des Systems und nach festgelegten Bestimmungen in einer Weise zusammenbringt oder das Zusammenbringen fördert, die zu einem Vertrag über den Kauf dieser Finanzinstrumente führt." Diese Definition entspricht der Definition des geregelten Marktes in Art. 4 Abs. 1 Nr. 14 MiFID/Art. 4 Abs. 1 Nr. 21 MiFID II.[47] Organisierte Märkte im Sinne des § 4 Abs. 2 Satz 4 BörsG sind also geregelte Märkte im Sinne der MiFID/MiFID II, die im Geltungsbereich der Richtlinie betrieben oder verwaltet werden.[48] In Deutschland erfüllt diese Voraussetzungen nur der regulierte Markt im Sinne der §§ 2 ff., §§ 32 ff. BörsG als Marktsegment einer Börse.[49]

Der Gesetzgeber wollte Art. 37 Abs. 2 MiFID umsetzen und eine Doppelprüfung von Geschäftsleitern geregelter Märkte vermeiden.[50] Deren Zuverlässigkeit und Eignung wurde nämlich bereits in dem vorangegangenen Zulassungsverfahren nach der MiFID/MiFID II sichergestellt.

9. Nähere Bestimmung durch landesrechtliche Rechtsverordnung (§ 4 Abs. 6 BörsG)

104 § 4 Abs. 6 Satz 1 BörsG ermächtigt die Landesregierungen, *„Art, Umfang, Zeitpunkt und Form der nach Absatz 2 zu machenden Angaben und vorzulegenden Unterlagen durch Rechtsverordnung näher zu bestimmen.*" Diese Ermächtigung kann die Landesregierung wiederum durch Rechtsverordnung auf die Börsenaufsichtsbehörde übertragen (§ 4 Abs. 6 Satz 2 BörsG). Die Regelung bildet § 32 Abs. 1 Satz 3 KWG nach[51] und gibt den Ländern Flexibilität.[52] Weder die Landesregierungen noch die Börsenaufsichtsbehörden können aber zusätzliche inhaltliche Erlaubnisvoraussetzungen durch die jeweilige Rechtsverordnung schaffen; § 4 Abs. 2 und Abs. 3 BörsG bilden weiterhin die Schranken.[53]

B. Materielle Voraussetzungen

105 Materiell setzt ein Anspruch auf Erteilung der Börsenerlaubnis voraus, dass ein Vorhaben erlaubnisbedürftig und erlaubnisfähig ist. Die Erlaubnisfähigkeit beurteilt sich vorliegend anhand der Versagungsgründe des § 4 Abs. 3 BörsG sowie der ungeschriebenen Erlaubnisvoraussetzungen und Versagungsgründe.

---

47 *Wehowsky*, in: Erbs/Kohlhaas, Strafrechtliche Nebengesetze, Bd. IV, § 2 WpHG Rn. 32.
48 Zur räumlichen Einschränkung auf den Geltungsbereich der MiFID siehe *Kumpan*, in: Schwark/Zimmer, Kapitalmarktrecht, 4. Aufl., § 2 WpHG Rn. 119.
49 *Wehowsky*, in: Erbs/Kohlhaas, Strafrechtliche Nebengesetze, Bd. IV, § 2 WpHG Rn. 32.
50 BT-Drs. 16/4028, S. 81.
51 BT-Drs. 16/4028, S. 82.
52 *Beck*, in: Schwark/Zimmer, Kapitalmarktrecht, 4. Aufl., § 4 BörsG Rn. 48.
53 Ebd.

I. Erlaubnisbedürftigkeit

Der Antragsteller hat auf die Erteilung der Börsenerlaubnis nur einen Anspruch, **106** wenn das jeweilige Vorhaben überhaupt einer solchen Erlaubnis bedarf. Anderenfalls würde eine wesentliche gesetzliche Voraussetzung für den Erlass des beantragten Verwaltungsaktes fehlen.[54] Dass ein multilaterales System einer Börsenerlaubnis bedarf, folgt entweder aus dem Verbot, *qualifizierte multilaterale Systeme* zu betreiben, oder aus dem Verbot, *einfache multilaterale Systeme* als Börse zu betreiben.

Neben der Eröffnung einer neuen Börse in Deutschland sind daher folgende Fälle näher zu betrachten: der Wechsel der Person des Börsenträgers, die Umwandlung des Börsenträgers oder der Anstalt Börse, sog. *remote memberships* sowie der Zuzug eines Marktbetreibers oder geregelten Marktes.

1. Eröffnung einer neuen Börse in Deutschland

Standardfall des § 4 Abs. 1 BörsG ist die Eröffnung einer neuen Börse in Deutschland. **107** Zum einen wird eine Börse neu eröffnet, wenn das als Börse zu qualifizierende Handelssystem zuvor nicht bestand und neu in den Markt eingeführt wird;[55] zum anderen, wenn ein bereits bestehendes Handelssystem, das bisher nicht als Börse zu qualifizieren war, so verändert wird, dass es nun den materiell-rechtlichen Börsenbegriff erfüllt.[56]

Die Neueröffnung einer Börse ist allerdings in drei unterschiedliche Fälle einzuteilen: Der Börsenträger kann aus Deutschland, einem anderen Mitgliedstaat der EU oder des EWR sowie aus dem sonstigen Ausland kommen. Während die Erlaubnisbedürftigkeit im ersten Fall ohne Weiteres aus § 4 Abs. 1 BörsG folgt, könnte sich für den zweiten Fall etwas anderes aus dem Unionsrecht ergeben. Für den dritten Fall könnte die Erlaubnisbedürftigkeit nur aufgrund eines bilateralen Abkommens entfallen.[57]

Grundsätzlich ist jeder Mitgliedstaat auf seinem Territorium für die Eröffnung **108** neuer Börsen selbst zuständig. Anders wäre dies aber, wenn das Prinzip der gegenseitigen Anerkennung für die Zulassung als geregelter Markt gelten würde. Dann wäre die Aufsichtsbehörde des Herkunftsmitgliedstaates des Unternehmens dafür zuständig, eine entsprechende Zulassung zu erteilen (sog. Herkunftslandprinzip). Nach Erteilung einer solchen Zulassung dürfte Deutschland dem Unternehmen dann die Eröffnung einer Börsc auf dem eigenen Territorium nicht mehr untersagen, weil die Zulassung EU-weit gelten würde (sog. Europäischer Pass).[58]

---

54 So zum Genehmigungsverfahren nach der Gewerbeordnung BVerwGE 32, 41, 44 (= MDR 1969, 691).

55 *Breitkreuz*, Die Ordnung der Börse, S. 176; *Christoph*, Börsenkooperationen und Börsenfusionen, S. 190.

56 *Christoph*, Börsenkooperationen und Börsenfusionen, S. 190.

57 Eine Prüfung bilateraler Abkommen würde den Rahmen dieser Arbeit sprengen.

58 *Christoph*, Börsenkooperationen und Börsenfusionen, S. 229, wonach Art. 42 Abs. 6 MiFID einen europäischen Pass für geregelte Märkte gewährt; allgemein zu diesen

109 Das Herkunftslandprinzip ist kein allgemeiner Grundsatz des primären Unionsrechts. Vielmehr ist eine *„Ausdehnung"* von Zulassungen auf andere Mitgliedstaaten dem Aufsichtsrecht generell fremd.[59] Auch das deutsche Aufsichtsrecht kennt keine *„Überleitung"* ausländischer Zulassungen.[60] Als rechtliche Grundlage eines Herkunftslandprinzips wäre daher eine sekundärrechtliche Regelung notwendig.

Die Zweite Bankrechtskoordinierungsrichtlinie[61] führte für den Bankensektor in Art. 18 das Herkunftslandprinzip und den Europäische Pass ein. Entsprechende Regelungen im Finanzdienstleistungssektor brachte die WPDLRL[62] hervor:[63] Firmen durften Wertpapierdienstleistungen, die unter die Richtlinie fielen, erst nach Zulassung durch ihren Herkunftsmitgliedstaat erbringen. Diese Zulassung galt allerdings für den gesamten Gemeinschaftsbereich. Die Richtlinie regelte die Organisation der Marktaufsicht aber nur minimal.[64] Daher hatte der nationale Gesetzgeber einen weiten Spielraum, um seine staatliche Organisationsgewalt, insbesondere bei der Errichtung neuer Verwaltungsträger, auszuüben.[65]

Seit 2004 ersetzt die MiFID die WPDLRL. Diese neue Richtlinie legt hohe Standards für den Anlegerschutz und die Integrität des Marktes fest.[66] Daneben soll sie bestehende Hindernisse für den grenzüberschreitenden Verkehr von Wertpapierfirmen abbauen und die Marktdurchdringung vorantreiben.[67] Hierfür wurde im Vergleich zur WPDLRL das Konzept der Herkunftslandkontrolle und des Europäischen Passes weiter ausgebaut.[68]

Prinzipien siehe *Lenenbach*, Kapitalmarkt- und Gesellschaftsrecht, Rn. 1.115; *Bröcker*, in: Erne/Claussen, Bank- und Börsenrecht, S. 362 Rn. 6; *Stünkel*, EG-Grundfreiheiten und Kapitalmärkte, S. 48 ff.; *Lutter/Bayer/J. Schmidt*, Europäisches Unternehmens- und Kapitalmarktrecht, § 17 Rn. 13.

59 *Lepczyk*, Internationale Börsenfusionen, S. 69.

60 *G. Schuster/Binder*, WM 2004, 1665, 1672.

61 Zweite Richtlinie 89/646/EWG des Rates vom 15. Dezember 1989 zur Koordinierung der Rechts- und Verwaltungsvorschriften über die Aufnahme und Ausübung der Tätigkeit der Kreditinstitute und zur Änderung der Richtlinie 77/780/EWG, ABl. 1989 L 386 vom 30. Dezember 1989, S. 1–13.

62 Konsolidierte Fassung vom 11. Februar 2003 der Richtlinie 93/22/EWG des Rates vom 10. Mai 1993 über Wertpapierdienstleistungen, ABl. 1993 L 141 vom 11. Juni 1993, S. 27–46.

63 Die Richtlinien basieren auf demselben Konzept, siehe dazu *Kümpel*, Bank- und Kapitalmarktrecht, 3. Aufl., Rn. 18.11; im Ergebnis auch *J. Thieme*, Wertpapierdienstleistungen im Binnenmarkt, S. 347.

64 *Kümpel*, Bank- und Kapitalmarktrecht, 3. Aufl., Rn. 18.12 f.; zuvor noch deutlicher *ders.*, Bank- und Kapitalmarktrecht, 1. Aufl., Rn. 14.512.

65 *Kümpel*, Bank- und Kapitalmarktrecht, 1. Aufl., Rn. 14.513.

66 *J. Thieme*, Wertpapierdienstleistungen im Binnenmarkt, S. 500.

67 Ebd.

68 *Duve/Keller*, BB 2006, 2425, 2427; *J. Thieme*, Wertpapierdienstleistungen im Binnenmarkt, S. 500.

Der Europäische Pass erfasst nach diesem Ausbau nun auch neu aufgenommene und neu qualifizierte Wertpapierhaupt- und -nebendienstleistungen bzw. die Ausübung von Anlagetätigkeiten (Anlageberatung, Betreiben eines MTF sowie Wertpapier- und Finanzanalyse).[69] Wertpapierfirmen sollen auf der Grundlage der Herkunftslandaufsicht Dienstleistungen im gesamten Binnenmarkt der Union erbringen können (ErwGr. 2 Satz 3 MiFID/ErwGr. 3 Satz 3 MiFID II). Der Europäische Pass in Art. 6 Abs. 3 MiFID/Art. 6 Abs. 3 MiFID II gewährt den Wertpapierfirmen, die zugelassenen Wertpapierdienstleistungen oder Anlagetätigkeiten innerhalb der gesamten Union *„zu erbringen bzw. auszuüben"*. Dies kann nach Art. 6 Abs. 3 MiFID *„durch Errichtung einer Zweigniederlassung oder im Rahmen des freien Dienstleistungsverkehrs geschehen."* Der neue Art. 6 Abs. 3 MiFID II stellt also klar, dass der Europäische Pass auch die Ausübung im Wege der Niederlassungsfreiheit erfasst. **110**

Bei den anfänglichen Beratungen über eine Überarbeitung der WPDLRL wurde vorgeschlagen, den geregelten Markt als solchen ebenfalls mit einem Europäischen Pass auszustatten.[70] Dieser hätte die geregelten Märkte berechtigt, nach Zulassung im Herkunftsstaat einen eben solchen geregelten Markt ohne erneutes Zulassungserfordernis auch in einem anderen Mitgliedstaat zu betreiben.[71] Zwar folgt nach *Hopt* ein Europäischer Pass für geregelte Märkte bereits aus Art. 15 Abs. 4 WPDLRL.[72] Die Neufassung in Art. 33 MiFID/Art. 36 MiFID II verdeutlicht aber, dass es – auch heute – nur einen Europäischen Pass für Wertpapierfirmen gibt.[73] Fraglich ist daher, ob den geregelten Märkten nach anderen Regeln der MiFID/MiFID II ein originärer Europäischer Pass zukommt oder ob sie gegebenenfalls einen Europäischen Pass aus einer gleichzeitigen Stellung als Wertpapierfirma herleiten können. **111**

a) *Kein europäischer Pass des geregelten Marktes selbst*

Einen geregelten Markt zu betreiben, setzt nach Art. 36 Abs. 1 MiFID/Art. 44 Abs. 1 MiFID II die Zulassung durch einen Mitgliedstaat voraus. In dieser Zulassung könnte ein Europäischer Pass für geregelte Märkte liegen. Aufgrund des Territorialitätsprinzips haben die Mitgliedstaaten grundsätzlich aber nur Hoheitsgewalt über ihr eigenes Territorium, ihr Staatsgebiet.[74] Entsprechendes sieht die MiFID/MiFID II vor. **112**

---

69 *J. Thieme*, Wertpapierdienstleistungen im Binnenmarkt, S. 501.

70 *J. Thieme*, Wertpapierdienstleistungen im Binnenmarkt, S. 509, mit Verweis auf *EG-Kommission*, Arbeitsdokument zu Anpassungen der Wertpapierdienstleistungs-Richtlinie, url: http://ec.europa.eu/internal_market/securities/docs/isd/revision-isd/isd_wpdoc_de.pdf (abgerufen am 15. September 2017), S. 37, wo allerdings lediglich von einer Zweigniederlassung die Rede ist; wie *J. Thieme* auch *Seitz*, AG 2004, 497, 505, ebenfalls mit Verweis auf das erste Konsultationsdokument der Kommission zur MiFID.

71 *Seitz*, AG 2004, 497, 505; *J. Thieme*, Wertpapierdienstleistungen im Binnenmarkt, S. 509.

72 *Hopt*, in: Horn/Lwowski/Nobbe, FS Schimansky, S. 631, 636.

73 *Seitz*, AG 2004, 497, 505 Fn. 52.

74 *Mössner*, Einführung in das Völkerrecht, S. 194 f.

Die zuständigen Behörden müssen sich gemäß Art. 36 Abs. 1 UAbs. 2 MiFID/Art. 44 Abs. 1 UAbs. 2 MiFID II davon überzeugen, *„dass sowohl der Marktbetreiber als auch die Systeme des geregelten Marktes zumindest den Anforderungen"* der Art. 36 ff. MiFID/Art 44 ff. MiFID II genügen. Nach Art. 48 Abs. 1 Satz 1 MiFID/Art. 67 Abs. 1 Satz 1 MiFID II benennt jeder Mitgliedstaat hierzu die für sein Staatsgebiet zuständigen Behörden. Daher kann ein Mitgliedstaat nur geregelte Märkte zulassen, die auf seinem Staatsgebiet betrieben werden. Die einmal erteilte Zulassung sollte alle mit dem Betrieb des Marktes verbundenen Tätigkeiten erlauben, nämlich das Anzeigen, Abwickeln, Ausführen, Bestätigen und Melden von Aufträgen ab ihrem Eingang sowie das Zulassen von Finanzinstrumenten zum Handel (ErwGr. 49 Satz 1 MiFID/ErwGr. 112 Satz 1 MiFID II). Nicht notwendig ist eine solche Zulassung gemäß Art. 42 Abs. 6 UAbs. 1 MiFID/Art. 53 Abs. 6 UAbs. 1 MiFID II, wenn lediglich ein Fernzugang oder eine Fernmitgliedschaft (sog. *remote membership*[75]) ermöglicht werden soll.[76]

Die Zulassung nach Art. 36 MiFID/Art. 44 MiFID II könnte wie ein Europäischer Pass wirken, wenn das Verfahren einer Herkunftslandkontrolle entspricht. Als Herkunftsmitgliedstaat eines geregelten Marktes versteht Art. 4 Abs. 1 Nr. 20 lit. b MiFID/Art. 4 Abs. 1 Nr. 55 lit. b MiFID II den Mitgliedstaat, in dem der geregelte Markt registriert ist; hat er nach dem Recht dieses Mitgliedstaates keinen Sitz, gilt als Herkunftsmitgliedstaat derjenige, in dem sich der Hauptverwaltungssitz des geregelten Marktes befindet. Art. 47 Satz 1 MiFID/Art. 56 Satz 1 MiFID II verpflichtet die Mitgliedstaaten, ein Verzeichnis der geregelten Märkte zu erstellen, für die sie Herkunftsmitgliedstaat sind. Registrieren dürfen die Mitgliedstaaten in diesem Verzeichnis aber nur diejenigen Märkte, denen sie auch die Zulassung erteilt haben. Anderenfalls könnte ein geregelter Markt mehrere Herkunftsmitgliedstaaten im Sinne des Art. 4 Abs. 1 Nr. 20 lit. b MiFID/Art. 4 Abs. 1 Nr. 55 lit. b MiFID II haben. Herkunftsmitgliedstaat eines geregelten Marktes kann also nur der Mitgliedstaat sein, der dem Antragsteller die Zulassung erteilt, einen geregelten Markt in seinem Staatsgebiet zu betreiben. Demgegenüber ist Aufnahmemitgliedstaat derjenige, in dem ein geregelter Markt geeignete Vorkehrungen bietet, um Fernmitgliedern oder Fernteilnehmern in dem jeweiligen Mitgliedstaat den Zugang zum Handel über sein System zu erleichtern (Art. 4 Abs. 1 Nr. 21 MiFID/Art. 4 Abs. 1 Nr. 56 MiFID II). Die Zulassung eines geregelten Marktes knüpft also an den Ort der Tätigkeit an, den Betriebsort des geregelten Marktes. Man könnte daher in Bezug auf den geregelten Markt von einer Herkunftslandkontrolle sprechen, in Bezug auf den Antragsteller kann dies allerdings nicht gelten.

113 Im Ergebnis erteilt die MiFID/MiFID II keinen Europäischen Pass für geregelte Märkte.[77] Eine Art. 6 Abs. 3 MiFID/Art. 6 Abs. 3 MiFID II entsprechende Regelung

---

75 Zum Begriff *remote membership* siehe Rn. 90 m.w.N.

76 Allerdings sieht *Christoph*, Börsenkooperationen und Börsenfusionen, S. 229 in Art. 42 Abs. 6 MiFID insgesamt einen europäischen Pass für geregelte Märkte.

77 So auch *Seitz*, AG 2004, 497, 505.

ist den Art. 36 ff. MiFID/Art. 44 ff. MiFID II nicht zu entnehmen.[78] Somit berechtigt die Erstzulassung im Heimatland des geregelten Marktes den Marktbetreiber nicht dazu, einen eben solchen geregelten Markt ohne Weiteres auch in einem anderen Mitgliedstaat zu betreiben. Die Zulassung gilt nur für diesen einen Mitgliedstaat. Ein dem Herkunftslandprinzip für Wertpapierfirmen entsprechendes Recht für geregelte Märkte wurde in die MiFID nicht übernommen.[79] Auch das Umsetzungsgesetz beinhaltet keine von den Vorgaben der MiFID abweichende Regelung.[80] Entsprechendes gilt für die MiFID II.

b) Kein europäischer Pass als Wertpapierfirma

Das Herkunftsland einer Wertpapierfirma (Art. 4 Abs. 1 Nr. 20 lit. a MiFID/Art. 4 Abs. 1 Nr. 55 lit. a MiFID II) ist weiterhin für die Zulassung von Wertpapierdienstleistungen verantwortlich (Art. 5 Abs. 1 Satz 2 MiFID/Art. 5 Abs. 1 Satz 2 MiFID II). Hier ist zu fragen, ob der Europäische Pass einer Wertpapierfirma einen zugleich betriebenen geregelten Markt mit umfasst. Art. 6 Abs. 3 MiFID/Art. 6 Abs. 3 MiFID II *„gestattet einer Wertpapierfirma, Wertpapierdienstleistungen oder Anlagetätigkeiten, für die ihr eine Zulassung erteilt wurde,“* in der gesamten Union zu erbringen. Diese Tätigkeiten (vgl. Art. 4 Abs. 1 Nr. 2 und 3 MiFID/Art. 4 Abs. 1 Nr. 2 und 3 MiFID II) umfassen auch den *Betrieb eines MTF* (Anhang I Abschnitt A Nr. 8 MiFID/Anhang I Abschnitt A Nr. 8 MiFID II). Der Betrieb oder die Verwaltung eines geregelten Marktes ist davon aber nicht erfasst. Denn die MiFID/MiFID II unterscheidet geregelte Märkte und MTF: Während ein MTF – wie auch Anhang I Abschnitt A Nr. 8 MiFID/Anhang I Abschnitt A Nr. 8 MiFID II zeigt – nach Art. 4 Abs. 1 Nr. 15 MiFID/Art. 4 Abs. 1 Nr. 22 MiFID II auch Wertpapierfirmen betreiben können, dürfen einen geregelten Markt nach Art. 4 Abs. 1 Nr. 14 MiFID/Art. 4 Abs. 1 Nr. 21 MiFID II ausschließlich Marktbetreiber betreiben. Einen geregelten Markt zu betreiben oder zu verwalten, ist daher keine Wertpapierdienstleistung. 114

Zudem differenziert schon Art. 1 Abs. 1 MiFID/Art. 1 Abs. 1 MiFID II zwischen Wertpapierfirmen und geregelten Märkten. Auch die Begriffsbestimmungen in Art. 4 MiFID/Art. 4 MiFID II unterscheiden diese beiden Institutionen. Wertpapierfirma ist gemäß Art. 4 Abs. 1 Nr. 1 MiFID/Art. 4 Abs. 1 Nr. 1 MiFID II eine *„juristische Person, die im Rahmen ihrer üblichen beruflichen oder gewerblichen Tätigkeit gewerbsmäßig eine oder mehrere Wertpapierdienstleistungen für Dritte erbringt und/oder eine oder mehrere Anlagetätigkeiten ausübt.“*[81] Geregelter Markt ist dagegen nach Art. 4 Abs. 1 Nr. 14 MiFID/Art. 4 Abs. 1 Nr. 21 MiFID II *„ein von einem Marktbetreiber betriebenes*

---

78 Im Ergebnis auch *J. Thieme*, Wertpapierdienstleistungen im Binnenmarkt, S. 512; *Lepczyk*, Internationale Börsenfusionen, S. 69.

79 *J. Thieme*, Wertpapierdienstleistungen im Binnenmarkt, S. 509; *Lepczyk*, Internationale Börsenfusionen, S. 69.

80 *Lepczyk*, Internationale Börsenfusionen, S. 69.

81 Unter besonderen Bedingungen können die Mitgliedstaaten auch andere Personen als Wertpapierfirmen definieren (Art. 4 Abs. 1 Nr. 1 Satz 1 MiFID/Art. 4 Abs. 1 Nr. 1

und/oder verwaltetes multilaterales System, das die Interessen einer Vielzahl Dritter am Kauf und Verkauf von Finanzinstrumenten innerhalb des Systems und nach seinen nichtdiskretionären Regeln in einer Weise zusammenführt oder das Zusammenführen fördert, die zu einem Vertrag in Bezug auf Finanzinstrumente führt, die gemäß den Regeln und/oder den Systemen des Marktes zum Handel zugelassen wurden, sowie eine Zulassung erhalten hat und ordnungsgemäß und gemäß Titel III dieser Richtlinie funktioniert." Der Verweis auf Titel III („*Geregelte Märkte*") verdeutlicht nochmals die Abgrenzung zu den Wertpapierfirmen in Titel II („*Zulassung von Wertpapierfirmen und Bedingungen für die Ausübung der Tätigkeit*"). Ein Europäischer Pass für Wertpapierdienstleistungen kann das Betreiben und Verwalten eines geregelten Marktes daher nicht umfassen.

Aus alledem folgt, dass für die Neueröffnung eines geregelten Marktes durch einen Antragsteller aus einem anderen Mitgliedstaat eine Börsenerlaubnis erforderlich ist, ganz gleich, ob dieser bereits einen geregelten Markt nach der MiFID/MiFID II betreibt.

2. *Wechsel der Person des Börsenträgers*

115 Neben der Neueröffnung einer Börse gibt es den Wechsel des Börsenträgers, bei dem dann zu fragen ist, ob eine neue Börsenerlaubnis erforderlich wird.[82] Dieser Wechsel kann auf zwei Arten erfolgen. Entweder wechselt der bisherige Börsenträger mit einem neuen oder zum alten Börsenträger tritt ein weiterer Börsenträger hinzu, so dass die Börse dann zwei (oder mehrere) Börsenträger hat. Einer Mehrheit von Börsenträgern steht nicht entgegen, dass das BörsG vom Börsenträger nur im Singular spricht.[83] Andere Gesetze sprechen ebenfalls beispielsweise vom Schuldner nur im Singular, ohne dass dies eine Mehrheit von Schuldnern ausschließen würde.[84]

116 Klassisch ist die erste Art des Trägerwechsels. So wurde die Trägerschaft der FWB 1991 von der Industrie- und Handelskammer Frankfurt auf die DBAG *„überge-*

Satz 1 MiFID II) oder sogar natürliche Personen eine Wertpapierfirma darstellen (Art. 4 Abs. 1 Nr. 1 Satz 2 MiFID/Art. 4 Abs. 1 Nr. 1 Satz 2 MiFID II).

82 So *U. H. Schneider/Burgard*, WM 2000 Sonderbeilage Nr. 3, 24, 28; *Beck*, in: Schwark/Zimmer, Kapitalmarktrecht, 4. Aufl., § 4 BörsG Rn. 35; ähnlich *Christoph*, Börsenkooperationen und Börsenfusionen, S. 200, der zusätzlich annimmt, dass der Wechsel des Börsenträgers zum Erlöschen der ursprünglichen Erlaubnis führe; *Breitkreuz*, Die Ordnung der Börse, S. 184 will § 1 Abs. 1 BörsG i.d.F. vom 17. Juli 1996 (BGBl. I S. 1029, 1030) beim Wechsel des Börsenträgers analog anwenden; offen *Laule*, in: Kübler/Mertens/Werner, FS Heinsius, S. 437, 455 f.; ebenso *Kümpel*, Börsenrecht, 1. Aufl., S. 38. Nach diesen beiden wird die Börsenerlaubnis auf den neuen Börsenträger *„übergeleitet"*. Wie diese Überleitung rechtlich einzuordnen ist, erläutern *Laule* und *Kümpel* allerdings nicht.

83 So aber *Breitkreuz*, Die Ordnung der Börse, S. 179; *Posegga*, WM 2002, 2402, 2403.

84 *Christoph*, Börsenkooperationen und Börsenfusionen, S. 398; zum gleichen Ergebnis kommt *Beck*, in: Schwark/Zimmer, Kapitalmarktrecht, 4. Aufl., § 4 BörsG Rn. 36.

leitet".[85] Ob ein solcher Wechsel des Börsenträgers eine neue Börsenerlaubnis erfordert, hängt davon ab, ob die Börsenerlaubnis nachfolgefähig ist.[86] Nachfolgefähig ist ein Verwaltungsakt, wenn er nicht an eine Person gebunden ist.[87] Deshalb erlischt eine personenbezogene Erlaubnis in der Regel, wenn der bisherige Erlaubnisträger aufgelöst wird.[88] Nicht nachfolgefähig sind daher höchstpersönliche Rechte und Rechtsbeziehungen;[89] also auch Verwaltungsakte mit höchstpersönlichem Charakter. Eine Rechtsbeziehung ist höchstpersönlich, wenn sie nicht von der Person ihres Inhabers abgelöst werden kann, sondern sich gerade in diesem personalen Bezug erschöpft.[90] Ein solcher personaler Bezug ist immer dann gegeben, wenn eine Genehmigung bestimmte Eigenschaften oder Fähigkeiten des Antragstellers voraussetzt.[91]

Die Börsenerlaubnis setzt gemäß § 4 Abs. 3 Nr. 4 BörsG voraus, dass der Antragsteller fähig ist, die Pflichten eines Börsenträgers zu erfüllen. Ferner hängt die Börsenerlaubnis nach § 4 Abs. 3 Nr. 2 BörsG von der Zuverlässigkeit und fachlichen Eignung der Geschäftsleiter bzw. nach § 4 Abs. 3 Nr. 2 BörsG 2018 auch von der Zuverlässigkeit und erforderlichen Sachkunde der Mitglieder des Verwaltungs- oder Aufsichtsorgans des Antragstellers ab. Dies bezieht sich schlussendlich auch

85 Zu dieser Umstrukturierung der FWB *Laule*, in: Kübler/Mertens/Werner, FS Heinsius, S. 437, 437 ff.

86 Die h.M. lehnt eine Nachfolgefähigkeit der Börsenerlaubnis ab: *Posegga*, WM 2002, 2402, 2406; *Beck*, in: Schwark/Zimmer, Kapitalmarktrecht, 4. Aufl., § 4 BörsG Rn. 35; *Ledermann*, in: Schäfer/Hamann, Kapitalmarktgesetze, Bd. II, 2. Aufl. 7. EL., § 1 BörsG Rn. 6; *Christoph*, Börsenkooperationen und Börsenfusionen, S. 197; *Groß*, Kapitalmarktrecht, 6. Aufl., § 5 BörsG Rn. 3a.

87 BVerwGE 64, 105, 110 (= DVBl. 1982, 78).

88 *Dehmer*, UmwG/UmwStG, § 20 UmwG Rn. 68; *Gaiser*, DB 2000, 361, 364; *Kübler*, in: Semler/Stengel, Umwandlungsgesetz, 3. Aufl., § 20 UmwG Rn. 71; *Leonard/Simon*, in: Semler/Stengel, Umwandlungsgesetz, 4. Aufl., § 20 UmwG Rn. 71; *Stratz*, in: Schmitt/Hörtnagl/Stratz, UmwG/UmwStG, § 20 UmwG Rn. 89; differenzierend *Marsch-Barner*, in: Kallmeyer, Umwandlungsgesetz, § 20 UmwG Rn. 26; *Grunewald*, in: Lutter/Beyer/Vetter, UmwG, Bd. I, § 20 UmwG Rn. 13 hält einen Übergang für möglich, wenn die Person, auf deren Voraussetzungen die öffentlich-rechtliche Rechtsposition beruht, in dem übernehmenden Rechtsträger eine entsprechende Rechtsstellung erhält; anders BGHZ 161, 376, 381 (= NJW 2005, 1568); a.A. *Bermel*, in: Goutier/Knopf/Tulloch, Umwandlungsrecht, § 20 UmwG Rn. 36, der allerdings eine Anzeigepflicht des neuen Rechtsträgers fordert.

89 *Stadie*, DVBl. 1990, 501, 503; *Gaiser*, DB 2000, 361, 363.

90 *Knöpfle*, in: Spanner u. a., FG Maunz, S. 225, 229; *Stadie*, DVBl. 1990, 501, 504; *Gaiser*, DB 2000, 361, 363.

91 *Posegga*, WM 2002, 2402, 2405; so schon – allerdings nur für natürliche Personen – *Stadie*, DVBl. 1990, 501, 504; dass aber kein Unterschied zwischen personenbezogenen und unternehmensbezogenen Voraussetzungen besteht, zeigt *Kübler*, in: Semler/Stengel, Umwandlungsgesetz, 3. Aufl., § 20 UmwG Rn. 71; in der Folge dann auch *Leonard/Simon*, in: Semler/Stengel, Umwandlungsgesetz, 4. Aufl., § 20 UmwG Rn. 71.

auf den Antragsteller. Damit hat die Börsenerlaubnis einen personalen Bezug zum Antragsteller.[92] Da das BörsG eine Rechtsnachfolge auch nicht explizit vorsieht, ist die Börsenerlaubnis als höchstpersönliche Rechtsbeziehung nicht nachfolgefähig. Sie ist an die Person des Antragstellers gebunden, also personenbezogen.[93]

Beim reinen Wechsel der Person des Börsenträgers muss sichergestellt werden, dass der neue Börsenträger fähig ist, die personenbezogenen Voraussetzungen der Börsenerlaubnis zu erfüllen. Tritt zu einem Börsenträger oder mehreren Börsenträgern ein weiterer hinzu, so ist sicherzustellen, dass diese Börsenträger zusammen fähig sind, die personenbezogenen Voraussetzungen der Börsenerlaubnis zu erfüllen. Dies erfolgt durch einen neuen Verwaltungsakt, die neue Börsenerlaubnis. Der Wechsel der Person des Börsenträgers ist folglich erlaubnisbedürftig.

3. Umwandlungsfälle

117 Untechnisch gesprochen wechselt der Börsenträger auch, wenn die Rechtsform des Börsenträgers oder der Börse umgewandelt wird.[94]

a) Umwandlung des Börsenträgers

118 Die Umwandlung des Börsenträgers kann in zwei Formen erfolgen: identitätswahrend oder nichtidentitätswahrend, also mit Rechtsnachfolge.[95] Während die Rechtsfolgen beim reinen Wechsel des Börsenträgers auf dem allgemeinen Verwaltungsrecht beruhen, ergeben sich die Wirkungen einer Umwandlung des Börsenträgers aus dem Gesellschaftsrecht.

119 Da die Börsenerlaubnis nicht nachfolgefähig ist, benötigt der übernehmende Rechtsträger bei einer nichtidentitätswahrenden Umwandlung eine neue Börsenerlaubnis, wenn er die Börse weiter betreiben will. Dies gilt grundsätzlich für Verschmelzung, Spaltung und Vermögensübertragung. Eine Ausnahme besteht allerdings für die Fälle der Abspaltung und der Teilvermögensübertragung durch Abspaltung nach § 174 Abs. 2 Nr. 2 UmwG. Verbleibt der Börsenbetrieb dabei ganz beim übertragenden Rechtsträger, so bleibt die Börsenerlaubnis grundsätzlich bestehen.

---

92 *Posegga*, WM 2002, 2402, 2405; *Beck*, in: Schwark/Zimmer, Kapitalmarktrecht, 4. Aufl., § 4 BörsG Rn. 32; *Christoph*, ZBB 2005, 82, 86.

93 *Posegga*, WM 2002, 2402, 2405 f.; *Beck*, in: Schwark/Zimmer, Kapitalmarktrecht, 4. Aufl., § 4 BörsG Rn. 35; *Ledermann*, in: Schäfer/Hamann, Kapitalmarktgesetze, Bd. II, 2. Aufl. 7. EL., § 1 BörsG Rn. 6; *Christoph*, Börsenkooperationen und Börsenfusionen, S. 197.

94 Eine Übersicht umwandlungsfähiger Rechtsträger findet sich bei *Stengel*, in: Semler/Stengel, Umwandlungsgesetz, 4. Aufl., § 1 UmwG Rn. 26.

95 *Zöllner*, in: Martens/Westermann/Zöllner, FS Claussen, S. 423, 428 kritisiert den Identitätsbegriff bei Umwandlungen: *„[D]ie Behauptung, eine Aktiengesellschaft und eine GmbH seien dasselbe, [sei] schlichter Mumpitz, es handel[e] sich um die Identität eines Doktor Jekyll und Mister Hyde"*.

Erfolgt die Umwandlung identitätswahrend, ist mangels neuer Rechtspersönlichkeit grundsätzlich keine neue Börsenerlaubnis erforderlich. Im Rahmen eines Formwechsels wird kein Vermögen übertragen und die Rechtsidentität des umgewandelten Rechtsträgers bleibt unberührt.[96] § 190 Abs. 1 UmwG betont den identitätswahrenden Charakter.[97] Daher bleibt eine öffentlich-rechtliche Erlaubnis beim Formwechsel grundsätzlich erhalten.[98] Eine Eingliederung nach §§ 319 ff. AktG ist keine Umwandlung. Die eingegliederte Gesellschaft behält ihre Rechtspersönlichkeit.[99] Beide Vorgänge wirken sich also nicht unmittelbar auf die Börsenerlaubnis aus. **120**

Sowohl die nichtidentitätswahrende Abspaltung mit Verbleib des Börsenbetriebs beim übertragenden Rechtsträger als auch der identitätswahrende Formwechsel oder eine Eingliederung können allerdings dazu führen, dass die personenbezogenen Voraussetzungen der Börsenerlaubnis nicht mehr gegeben sind. Dann muss die Börsenerlaubnis aufgrund der veränderten Eigentümerstruktur gemäß § 4 Abs. 5 Satz 1 Nr. 2 BörsG aufgehoben[100] oder die Börsenerlaubnis gemäß § 4 Abs. 5a Satz 2 BörsG nachträglich mit Auflagen versehen werden. **121**

b) Umwandlung der Anstalt Börse

Im März 2003 fusionierten die Wertpapierbörsen Berlin und Bremen zu einer gemeinsamen Wertpapierbörse Berlin-Bremen. Hierzu schlossen die Länder Berlin und Bremen einen Staatsvertrag.[101] Gemeinschaftlicher Träger dieser vereinigten Wertpapierbörse wurden die Berliner Börse AG und die NASDAQ Deutschland AG.[102] Auch ein solches Vorgehen kann erlaubnisbedürftig sein.[103] Denn die vereinigte Wertpapierbörse mag von Fall zu Fall eine neue Börse im Sinne des § 2 Abs. 1 BörsG sein.[104] **122**

---

96 *Semler*, in: Semler/Stengel, Umwandlungsgesetz, 3. Aufl., § 1 UmwG Rn. 55; *Stengel*, in: Semler/Stengel, Umwandlungsgesetz, 4. Aufl., § 1 UmwG Rn. 55.

97 *Gaiser*, DB 2000, 361, 362.

98 *Laumann*, in: Goutier/Knopf/Tulloch, Umwandlungsrecht, § 202 UmwG Rn. 16; *Gaiser*, DB 2000, 361, 362 f.

99 *Timm*, Die Aktiengesellschaft als Konzernspitze, S. 48; *Habersack*, in: Emmerich/Habersack/Schürnbrand, Aktien- und GmbH-Konzernrecht, § 319 AktG Rn. 3; *Grunewald*, in: Goette/Habersack, Münchener Kommentar zum AktG, Bd. V, Vorb. §§ 319 ff. Rn. 3; *Ziemons*, in: K. Schmidt/Lutter, Aktiengesetz, Bd. II, § 319 AktG Rn. 1.

100 Ähnlich *Christoph*, Börsenkooperationen und Börsenfusionen, S. 200 f.

101 Staatsvertrag über den Zusammenschluß der Berliner Wertpapierbörse und der Bremer Wertpapierbörse zu einer gemeinsamen Wertpapierbörse Berlin-Bremen und die Zusammenarbeit der Börsenaufsichtsbehörden des Landes Berlin und der Freien Hansestadt Bremen, GVBl. Berlin 2003, S. 126–126.

102 *Senatsverwaltung für Wirtschaft, Arbeit und Frauen Berlin*, Pressemitteilung vom 21. März 2003, url: http://www.berlin.de/rbmskzl/aktuelles/pressemitteilungen/2003/pressemitteilung.47101.php (abgerufen am 15. September 2017).

103 *Bopp*, Fusionen und Kooperationen deutscher Börsen und ihrer Träger, S. 165.

104 Ebd.

Zwar erfordert eine einfache Kooperation zweier zusammenarbeitender, aber unabhängiger Börsen noch keine Erlaubnis.[105] Trotzdem können Inhalt und Ausmaß einer Kooperation bewirken, dass eine neue Börse im Sinne des § 2 Abs. 1 BörsG entsteht.[106] Denn die Grenze zwischen diesen beiden Kooperationsformen ist fließend.[107] Zudem muss die Einordnung solcher *„Börsenallianzen"* danach erfolgen, ob die geplante Maßnahme die Identität der beteiligten Börsen berührt.[108] Fassen die Börsen ihre Handelsplattformen zusammen, könnten die jeweiligen Börsen als Regelungsobjekte entfallen.[109] Dann würde für eine solche Zusammenfassung der Handelsplattformen grundsätzlich eine neue Börsenerlaubnis benötigt.[110] Ebenfalls erlaubnisbedürftig sind Vereinbarungen, welche die öffentlich-rechtliche Anstalt Börse verändern sollen und die Grenzen der autonomen Selbstverwaltung der Börsen überschreiten.[111] Insofern ist z.B. an die Fusion mehrerer Börsen zu einer Börse oder auch an die Sitzverlegung einer Börse in ein anderes Bundesland zu denken.[112] Dann entstünde nämlich eine neue Börse und die bereits vorhandenen Börsenerlaubnisse hätten keinerlei Bedeutung mehr.[113]

Nichtsdestotrotz begründet die Umwandlung einer Anstalt Börse noch keine Erlaubnisbedürftigkeit. Vielmehr handelt es sich bei einer umgewandelten Börse, die nicht rechtsidentisch mit den ursprünglichen Börsen ist, um eine neue öffentlich-rechtliche Anstalt.[114] Eine solche Umwandlung stellt eine Neueröffnung einer Börse dar, für welche die Erlaubnisbedürftigkeit aus § 4 Abs. 1 BörsG folgt.[115] Im Ergebnis ist die umgewandelte Anstalt Börse daher erst das Resultat einer neuen Börsenerlaubnis.

4. Remote memberships

123 Zu fragen ist weiterhin, ob *remote memberships*[116] einer Erlaubnis bedürfen. Beteiligen sich ausländische Wertpapierfirmen am Handel einer deutschen Börse, folgt daraus keine zusätzliche Erlaubnisbedürftigkeit. Die deutsche Börse bedarf ohnehin einer Erlaubnis. Allerdings könnte ein ausländischer Marktbetreiber

---

105 *Vaupel*, RIW 1993, 733, 737.
106 Ebd.
107 In diesem Sinne *Breitkreuz*, Die Ordnung der Börse, S. 179.
108 A. a. O., S. 178 f.
109 *Vaupel*, RIW 1993, 733, 737; ausdrücklich *Breitkreuz*, Die Ordnung der Börse, S. 180; a.A. *Bopp*, Fusionen und Kooperationen deutscher Börsen und ihrer Träger, S. 105 f.
110 *Vaupel*, RIW 1993, 733, 737; ausdrücklich *Breitkreuz*, Die Ordnung der Börse, S. 180.
111 *Christoph*, Börsenkooperationen und Börsenfusionen, S. 205, 207.
112 In diesem Sinne *Bopp*, Fusionen und Kooperationen deutscher Börsen und ihrer Träger, S. 165, 174.
113 In diesem Sinne a. a. O., S. 165 f.
114 A. a. O., S. 178.
115 Ebd.
116 Zum Begriff *remote membership* siehe Rn. 90 m.w.N.

eine Börsenerlaubnis benötigen, wenn er in Deutschland *remote memberships* anbietet. Dadurch ermöglicht ein solcher Betreiber nämlich, Aufträge deutscher Investoren auszuführen.[117] Die inländischen Handelsbestimmungen und Systemanforderungen sowie die inländische Aufsicht könnten hierdurch unterlaufen werden.[118]

Eine Erlaubnisbedürftigkeit solcher *remote memberships* würde aber zu der Folgefrage führen, welche Börsenaufsichtsbehörde zuständig wäre? Da der Sitz des Börsenträgers im Ausland läge, könnte der Sitz die Zuständigkeit nicht begründen. Die Aufstellungsorte der *access points* in Deutschland helfen nicht weiter, weil sie zur Zuständigkeit mehrerer Behörden für einen geregelten Markt führen könnten. Durch Art. 42 Abs. 6 UAbs. 1 MiFID/Art. 53 Abs. 6 UAbs. 1 MiFID II hat der europäische Gesetzgeber das Aufstellen von *access points* erleichtert. Fernzugänge oder -mitgliedschaften unterliegen danach keinen rechtlichen oder verwaltungstechnischen Auflagen des Aufnahmemitgliedstaates. Dem entspricht auch der Anwendungsbereich des BörsG. Einerseits ist das BörsG aufgrund des Territorialitätsprinzips nur auf Marktveranstaltungen im räumlichen Geltungsbereich der deutschen Rechtsordnung anwendbar.[119] Andererseits regelt das BörsG nur die Errichtung einer Börse, nicht dagegen das Erbringen von Börsendienstleistungen in Deutschland durch Unternehmen anderer Mitgliedstaaten im Wege des grenzüberschreitenden Dienstleistungsverkehrs.[120] Daher benötigt ein ausländischer Marktbetreiber keine Erlaubnis nach § 4 Abs. 1 BörsG, wenn er in Deutschland *remote memberships* anbietet. Die Grenze zwischen einem bestehenden Markt, der grenzüberschreitende Dienstleistungen erbringt, und der „*Schaffung neuer Märkte*“ liegt dort, wo eine Börse ihre Tätigkeit ganz oder vorwiegend auf diesen Staat ausrichtet.[121]

5. Zuzugsfälle

Schließlich ist nach der Erlaubnisbedürftigkeit sowohl des Zuzugs eines Marktbetreibers als auch eines geregelten Marktes zu fragen. **124**

a) Zuzug eines Marktbetreibers

Verlegt ein Marktbetreiber im Sinne des Art. 4 Abs. 1 Nr. 13 MiFID/Art. 4 Abs. 1 Nr. 18 MiFID II seinen Sitz aus einem anderen Mitgliedstaat nach Deutschland, bedarf dies keiner Börsenerlaubnis. Solange der geregelte Markt selbst in jenem **125**

117 *Schlüter*, Börsenhandelsrecht, S. 372 Rn. 115.
118 So auch ebd.
119 *Kümpel*, Bank- und Kapitalmarktrecht, 3. Aufl., Rn. 17.40.
120 *Emmerich/Hoffmann*, in: Osterloh/Schmidt/Weber, FS Selmer, S. 305, 318.
121 *S. Weber*, in: Dauses, Handbuch des EU-Wirtschaftsrechts, Bd. I, F. III. Rn. 141 zur Abgrenzung der Dienstleistungsfreiheit, mit Verweis auf EuGH v. 3. Dezember 1974, Rs. 33/74, ECLI:EU:C:1974:131, Rn. 13 (= NJW 1975, 1095) – Van Binsbergen / Bedrijfsvereniging voor de Metaalnijverheid.

Mitgliedstaat verbleibt, ist das BörsG aufgrund des Territorialitätsprinzips auf diesen Markt nicht anzuwenden.[122]

b) Zuzug eines geregelten Marktes

126 Eine Börsenerlaubnis könnte aber erforderlich sein, wenn neben dem Sitz des Marktbetreibers auch der des geregelten Marktes oder auch allein der Sitz des geregelten Marktes nach Deutschland verlegt wird. Nach deutschem Recht unterscheidet sich ein solcher Vorgang nicht von einer Neueröffnung. Da die MiFID/MiFID II einem geregelten Markt keinen Europäischen Pass verleiht,[123] wäre eine Erlaubnis erforderlich, um die formelle Qualität einer Börse zu erlangen. Ob dieses Erlaubniserfordernis eine Doppelbelastung im Sinne des primärrechtlichen Herkunftslandprinzips darstellt und damit gegen die Grundfreiheiten verstößt, steht – was noch zu erörtern sein wird – auf einem anderen Blatt.[124]

II. Versagungsgründe des § 4 Abs. 3 BörsG

127 § 4 Abs. 3 BörsG enthält einen mit § 33 Abs. 1 Satz 1 KWG vergleichbaren Katalog an Versagungsgründen.[125] Aufgrund des Wortes *„insbesondere"* ist der Katalog nicht abschließend; die aufgelisteten Versagungsgründe sind Regelbeispiele.[126] Sie sind als negative Erlaubnisvoraussetzungen formuliert. Die Regelung setzt Art. 36 MiFID um.[127] Hiernach und nach Art. 44 MiFID II darf eine Börse nur zugelassen werden, wenn sowohl sie selbst als auch ihre Betreiber Titel III der MiFID/MiFID II über geregelte Märkte genügen. Zunächst muss also der Antragsteller den Anforderungen in Titel III der MiFID/MiFID II genügen, damit die Börsenaufsichtsbehörde die Börsenerlaubnis erteilen kann. Anschließend muss die Behörde noch die Börsenordnung genehmigen.[128] § 4 BörsG setzt neben dem Zulassungserfordernis auch die Zulassungsvoraussetzungen des Art. 36 Abs. 1 MiFID um.[129] Die Versagungsgründe des § 4 Abs. 3 BörsG sollen sicherstellen, dass ein Antragsteller, der eine Börse betreiben will, die Anforderungen der MiFID/MiFID II an den Betreiber eines geregelten Marktes erfüllt.[130]

128 Der Wortlaut von § 4 Abs. 3 BörsG vermittelt nicht, auf welchen Zeitpunkt oder Zeitraum bei der Beurteilung der Versagungsgründe abzustellen ist. Die Börsenaufsichtsbehörde könnte berufen sein, nur den Ist-Zustand zu analysieren oder aber

---

122 Siehe dazu schon Rn. 123.
123 Siehe Rn. 113.
124 Siehe dazu Rn. 276.
125 *Beck*, in: Schwark/Zimmer, Kapitalmarktrecht, 4. Aufl., § 4 BörsG Rn. 20.
126 BT-Drs. 16/4899, S. 13.
127 BT-Drs. 16/4028, S. 81.
128 Siehe Rn. 55.
129 BT-Drs. 16/4028, S. 81. Der Gesetzgeber stellt zwar auf § 3 BörsG ab, hierbei kann es sich aber nur um ein Redaktionsversehen handeln und § 4 BörsG gemeint sein.
130 Ebd.

auch zukünftige Veränderungen zu prognostizieren. Dem Gesetzgeber zufolge stellt die Norm sicher, dass der Antragsteller *„die anfänglichen Anforderungen"* der MiFID erfüllt.[131] Der Antragsteller hat aber gemäß § 4 Abs. 2 Satz 3 BörsG auch *„die Einhaltung"* des BörsG zu gewährleisten. Sowohl dem Wort *Einhalten* als auch bereits dem Wort *Börsenbetrieb* liegt eine gewisse Dauerhaftigkeit bei. Zudem verpflichtet das Anforderungsrecht der Börse aus § 5 Abs. 1 Satz 2 BörsG den Börsenträger auf Dauer. Denn danach hat der Börsenträger die zur *„Durchführung und angemessenen Fortentwicklung"* erforderlichen Mittel bereitzustellen. Daneben müssen die Mitgliedstaaten nach Art. 39 lit. f MiFID/Art. 47 Abs. 1 lit. f MiFID II dafür sorgen, dass ein geregelter Markt auch *„fortlaufend über ausreichende Finanzmittel verfügt"*. Auch die Art. 36 Abs. 2 Sätze 2 und 3, Abs. 3 und Art. 39 lit. f MiFID/Art. 44 Abs. 2 Sätze 2 und 3, Abs. 3 und Art. 47 Abs. 1 lit. f MiFID II deuten in diese Richtung. Zwar kann nicht ohne Weiteres der Wortlaut dieser Richtlinienvorschriften zur Auslegung herangezogen werden, weil diese Vorschriften entweder auf den geregelten Markt bezogen sind,[132] im deutschen Börsenorganisationsrecht nicht umgesetzt wurden[133] oder sich nur auf Teilregelungen des § 4 Abs. 3 BörsG beziehen.[134] Allerdings bringt der Bedeutungszusammenhang dieser Vorschriften zum Ausdruck, dass nicht nur der Ist-Zustand sondern auch die zu erwartende zukünftige Lage maßgeblich ist. Dieses Ergebnis stützt auch § 4 Abs. 5 Satz 1 Nr. 2 BörsG: Wäre einem Antrag aus den Gründen des § 4 Abs. 3 BörsG zu irgendeinem Zeitpunkt nicht mehr zu entsprechen, so könnte die Börsenaufsichtsbehörde die Börsenerlaubnis durch eine Ermessensentscheidung aufheben. Der Behörde unter diesem Gesichtspunkt nur eine Analyse des Ist-Zustandes zuzugestehen, wäre ineffizient. Sie müsste nach Erteilung der Börsenerlaubnis umgehend eine Überprüfung des folgenden Ist-Zustandes einleiten. Sie wäre ununterbrochen damit befasst, die Voraussetzungen der Börsenerlaubnis zu überprüfen. Dies zeigt auch der Wortlaut des Art. 36 Abs. 5 lit. c MiFID/Art. 44 Abs. 5 lit. c MiFID II. Danach kann die Börsenaufsichtsbehörde die Zulassung eines geregelten Marktes – also die Börsenerlaubnis – entziehen, wenn der geregelte Markt *„die Voraussetzungen, auf denen die Zulassung beruhte, nicht mehr erfüllt"*. Der Antragsteller und zukünftige Börsenträger muss die Erlaubnisvoraussetzungen also

131 BT-Drs. 16/4028, S. 81.

132 Art. 36 Abs. 2 Sätze 2 und 3 MiFID/Art. 44 Abs. 2 Sätze 2 und 3 MiFID II regeln die Erstzulassung eines geregelten Marktes. § 4 Abs. 3 BörsG befasst sich dagegen mit der Erstzulassung eines Börsenträgers, also mit der eines Marktbetreibers.

133 Nach Art. 36 Abs. 3 UAbs. 1 MiFID/Art. 44 Abs. 3 UAbs. 1 MiFID II ist der Marktbetreiber dafür verantwortlich, *„dass der geregelte Markt, den er verwaltet,"* den Anforderungen des Titels III der Richtlinie genügt. Nach dem System des deutschen Börsenorganisationsrechts *verwaltet* der Börsenträger (also der Marktbetreiber) die Börse (also den geregelten Markt) jedoch nicht; er *betreibt* ihn. Mithin ist Art. 36 Abs. 3 MiFID/Art. 44 Abs. 3 MiFID II im BörsG nicht umgesetzt.

134 Art. 39 lit. f MiFID/Art. 47 Abs. 1 lit. f MiFID II verlangt nur, dass ein geregelter Markt *„bei der Zulassung und fortlaufend"* eine ausreichende Finanzausstattung hat.

auch während des Betriebs der Börse erfüllen.[135] Folglich muss er bindend zusichern, dass er das BörsG auch in Zukunft einhält. Eine solche auf die Zukunft gerichtete Zusicherung kann nur mittels einer Prognose überprüft werden.[136] Mithin muss eine positive Prognose der Börsenaufsichtsbehörde dahin gehend vorliegen, dass der Antragsteller die materiellen Voraussetzungen der Börsenerlaubnis zukünftig erfüllen kann.[137]

129 Aus dieser erforderlichen Prognose könnte sich ein Beurteilungsspielraum der Börsenaufsichtsbehörde ergeben, welcher der gerichtlichen Überprüfung entzogen ist.[138] Die Rechtsprechung hat derartige Beurteilungsspielräume bei Prognoseentscheidungen in bestimmten Fällen bejaht.[139] Dies billigt das BVerfG allerdings nur, wenn unbestimmte Rechtsbegriffe wegen der hohen Komplexität und der besonderen Dynamik der geregelten Materie so vage sind und ihre Konkretisierung im Nachvollzug der Verwaltungsentscheidung so schwierig ist, dass die gerichtliche Kontrolle an die Funktionsgrenzen der Rechtsprechung stößt.[140] Ein Beurteilungsspielraum im Rahmen einer Prognoseentscheidung erfordert, dass eine unklare Situation vorausschauend einzuschätzen ist.[141] Im Börsenerlaubnisverfahren sind indes alle Nachweise vorzulegen, die die Basis für die anzustellende Prognose bilden. Die einzuschätzende Situation ist also nicht unklar. Nur die künftige Entwicklung und Veränderung aller äußeren Umstände, denen Börse und Börsenträger ausgeliefert sind, lässt sich nicht voraussehen.[142] Zudem kann die Börsenaufsichtsbehörde nach § 4 Abs. 5a BörsG nachträglich auf Entwicklungen und Veränderungen angemessen und flexibel reagieren.[143] Daher ist die Prognoseentscheidung anhand der Nachweise jederzeit voll überprüfbar. In solchen Fällen ist ein Beurteilungsspielraum nicht notwendig. Allein die Tatsache, dass es sich bei der Überprüfung der Voraussetzungen der Börsenerlaubnis um eine Prognoseentscheidung handelt, rechtfertigt demnach noch nicht, der Börsenaufsichtsbehörde einen Beurteilungs-

---

135 *Beck*, in: Schwark/Zimmer, Kapitalmarktrecht, 4. Aufl., § 4 BörsG Rn. 43 und § 3 BörsG Rn. 18; *Christoph*, Börsenkooperationen und Börsenfusionen, S. 170.

136 So auch *Beck*, in: Schwark/Zimmer, Kapitalmarktrecht, 4. Aufl., § 4 BörsG Rn. 21; vgl. zur Zuverlässigkeit der Geschäftsleiter des Börsenträgers *Christoph*, Börsenkooperationen und Börsenfusionen, S. 211; vgl. zur fachlichen Eignung der Geschäftsleiter des Börsenträgers *Lepczyk*, Internationale Börsenfusionen, S. 60 f.; ebenso *Christoph*, Börsenkooperationen und Börsenfusionen, S. 370.

137 Ähnlich *Kümpel/Hammen*, WM 2000 Sonderbeilage Nr. 3, 3, 10; *Beck*, in: Schwark/Zimmer, Kapitalmarktrecht, 4. Aufl., § 4 BörsG Rn. 10, 28.

138 Einen Überblick zur Lehre vom Beurteilungsspielraum gibt *Maurer*, Allgemeines Verwaltungsrecht, § 7 Rn. 31 ff.

139 BVerwGE 79, 208, 213 ff. (= NJW 1988, 3221).

140 BVerfGE 84, 34, 50 (= NJW 1991, 2005) – Neubewertung von Prüfungsleistungen, juristische Prüfung.

141 *Stober*, in: Stober/Kluth/Wolff/Bachof, Verwaltungsrecht I, § 31 Rn. 23.

142 BR-Drs. 607/1/12, S. 2.

143 Ebd.

spielraum zu eröffnen.[144] Es fehlt an einer besonders hohen Komplexität bzw. an einer besonderen Dynamik. Zudem liegen keine konkreten Indizien dafür vor, dass der Gesetzgeber die Entscheidung der Börsenaufsichtsbehörde von einer gerichtlichen Kontrolle befreien wollte.[145] Im Ergebnis ergibt sich aus § 4 Abs. 3 BörsG kein Beurteilungsspielraum der Börsenaufsichtsbehörde im Erlaubnisverfahren.

1. Nachweis der zum Börsenbetrieb erforderlichen Finanzmittel (§ 4 Abs. 3 Nr. 1 BörsG)

Die Börsenerlaubnis wird nach § 4 Abs. 3 Nr. 1 BörsG versagt, wenn *„der Nachweis der zum Börsenbetrieb erforderlichen Mittel nicht erbracht wird"*. § 4 Abs. 3 Nr. 1 BörsG korrespondiert mit § 4 Abs. 2 Satz 2 Nr. 1 BörsG, welcher wiederum auf § 5 Abs. 5 BörsG verweist.[146] Aufgabe des Börsenträgers ist es also in erster Linie, die Börse finanziell auszustatten.[147] Dies überzeugt auch systematisch, da § 4 Abs. 3 Nr. 4 BörsG die in § 5 Abs. 1 Satz 2 BörsG genannten personellen und sachlichen Mittel abdeckt. **130**

Der Börsenträger ist gemäß § 5 Abs. 5 Hs. 1 BörsG wirtschaftlich leistungsfähig genug, wenn die finanziellen Mittel ausreichen, um den Börsenbetrieb ordnungsgemäß durchzuführen. Nach § 5 Abs. 5 Hs. 2 BörsG sind Art, Umfang und Risikostruktur der an der Börse getätigten Geschäfte zu berücksichtigen. Die Prognoseentscheidung hat sich also an den Geschäfts- und Wachstumsplänen des Börsenträgers und auch denen der Börse zu orientieren; diese Pläne geben Aufschluss über die Art der Geschäfte, die Risiken für den Börsenträger, die geplanten bzw. angestrebten Handelsvolumina, die erwartete Anzahl der Handelsteilnehmer und die technische Infrastruktur der Abwicklung.[148] Daraus kann wiederum die Ertrags- und Kostenseite des Börsenbetriebs abgeleitet werden.[149] Entscheidend für die wirtschaftliche Leistungsfähigkeit ist dann die Eigen- und Fremdkapitalstärke des Börsenträgers.[150] Diese muss in einem ausgewogenen Verhältnis zur Risikostruktur der Geschäfts- und Wachstumspläne des Börsenträgers und der Börse stehen.[151] Das Kapital muss verfügbar sein (vgl. Art. 39 lit. f MiFID/Art. 47 Abs. 1 lit. f MiFID II) und darf nicht mit Rechten Dritter belastet sein.[152] Aufgrund des Wortlauts des § 4

---

144 *Ramsauer*, in: Kopp/Ramsauer, Verwaltungsverfahrensgesetz, § 40 VwVfG Rn. 32; so schlussfolgern aber *U. H. Schneider/Burgard*, WM 2000 Sonderbeilage Nr. 3, 24, 29; ebenso *Posegga*, WM 2002, 2402, 2405.

145 Zu dieser Anforderung an einen Beurteilungsspielraum siehe *Jestaedt*, in: Erichsen/Ehlers, Allgemeines Verwaltungsrecht, 14. Aufl., § 11 Rn. 50.

146 *Beck*, in: Schwark/Zimmer, Kapitalmarktrecht, 4. Aufl., § 4 BörsG Rn. 21.

147 BR-Drs. 833/1/06, S. 18.

148 *Beck*, in: Schwark/Zimmer, Kapitalmarktrecht, 4. Aufl., § 4 BörsG Rn. 21, wobei dieser primär auf die Pläne des Börsenträgers abstellt.

149 Ebd.

150 Ebd.

151 In diesem Sinne BT-Drs. 16/4028, S. 82.

152 *Lepczyk*, Internationale Börsenfusionen, S. 60.

Abs. 3 Nr. 1 BörsG muss die finanzielle Ausstattung des Antragstellers lediglich ausreichen, die von ihm geplante Börse zu betreiben.[153] Der Antragsteller hat also lediglich Mindestanforderungen zu entsprechen.

131 Neben der Erfüllung dieser Mindestanforderungen ist sicherzustellen, dass die bei Antrag vorhandenen finanziellen Mittel nicht nach der Entscheidung über den Antrag anderweitig abfließen. Daher ist bei Konzernen zu verhindern, dass die finanziellen Mittel innerhalb des Konzerns zu Lasten des Börsenträgers abfließen oder umverteilt werden. Sind keine entsprechenden Vorkehrungen getroffen, fehlt es am Nachweis der zum Börsenbetrieb erforderlichen finanziellen Mittel nach § 4 Abs. 3 Nr. 1 BörsG. Ein Gewinnabführungsvertrag *per se* führt aber nicht zwingend dazu, dass der Nachweis der zum Börsenbetrieb erforderlichen Mittel nicht erbracht wäre.[154] Vielmehr sind dann die finanziellen Mittel des Konzerngeflechts insgesamt zu überprüfen.[155] Der Nachweis der zum Börsenbetrieb erforderlichen finanziellen Mittel fehlt aber bei wirtschaftlicher Intransparenz des Börsenträgers, wenn dieser also in wirtschaftlich nicht tragfähige Strukturen eingebunden ist oder seine wirtschaftlichen Verhältnisse nicht nachvollziehbar sind.[156] Dann kann die Börsenaufsichtsbehörde die tatsächliche finanzielle Lage des Antragstellers nicht zuverlässig bewerten.[157] Nichts anderes gilt für eine strukturelle Intransparenz, wenn also ein Konzern für einen Außenstehenden in undurchsichtiger Weise strukturiert ist[158] oder Beteiligungsverhältnisse, Weisungs- oder sonstige Einflussrechte von Unternehmen innerhalb des Verbundes nicht nachvollziehbar sind.[159] Solche Strukturen sind gefährlich, weil weder die Börsenaufsichtsbehörde noch die Börsenorgane abschätzen können, wo und von wem beim zukünftigen Börsenträger Entscheidungen getroffen werden.[160] Um den Börsenträger wirksam überwachen zu können, muss die Börsenaufsichtsbehörde aber den gesamten

---

153 Im Ergebnis auch *Beck*, in: Schwark/Zimmer, Kapitalmarktrecht, 4. Aufl., § 4 BörsG Rn. 21.

154 *Gurlit/Mülbert*, Der Börsenträger im Spannungsfeld, S. 124 f.; in diesem Sinne *Bopp*, Fusionen und Kooperationen deutscher Börsen und ihrer Träger, S. 48; kritisch *Schwark*, WM 2000, 2517, 2526; *U. H. Schneider/Burgard*, WM 2000 Sonderbeilage Nr. 3, 24, 35 f.

155 Ähnlich *Bopp*, Fusionen und Kooperationen deutscher Börsen und ihrer Träger, S. 47 ff.

156 Ähnlich zu § 33 Abs. 2 Nr. 1 KWG *Fischer/C. Müller*, in: Boos/Fischer/Schulte-Mattler, KWG, CRR-VO, Bd. I, 5. Aufl., § 33 KWG Rn. 73.

157 *Christoph*, Börsenkooperationen und Börsenfusionen, S. 237; ähnlich *Weber-Rey/Baltzer*, WM 2006, 205, 212, die die Aufsicht durch eine mangelhafte wirtschaftliche Transparenz als beeinträchtigt ansehen.

158 So zu § 33 KWG BT-Drs. 12/3377, S. 40 f.

159 *Fischer/C. Müller*, in: Boos/Fischer/Schulte-Mattler, KWG, CRR-VO, Bd. I, 5. Aufl., § 33 KWG Rn. 73.

160 So zu entsprechenden Regelungen im KWG *Szagunn/Haug/Ergenzinger*, Gesetz über das Kreditwesen, § 2b KWG Rn. 18; *Schäfer*, in: Boos/Fischer/Schulte-Mattler, KWG, CRR-VO, Bd. I, 5. Aufl., § 2c KWG Rn. 19.

Unternehmensverbund kennen und verstehen.[161] Sonst könnten Finanzmittel an Tarnunternehmen abfließen, die von den Anteilseignern kontrolliert werden, obwohl diese Mittel erforderlich sind, um die Börse zu betreiben.[162] Kann die Behörde den Unternehmensverbund nicht nachvollziehen, ist der Nachweis im Sinne des § 4 Abs. 3 Nr. 1 BörsG nicht erbracht und die Börsenerlaubnis zu versagen. Von einer solchen strukturellen Intransparenz kann aber keine Rede sein, solange die Beteiligungsstruktur offenliegt.[163] Dem Antragsteller steht es frei, transparente Konzernstrukturen zu schaffen.

Andererseits zeigt § 4 Abs. 3 Nr. 1 BörsG aber auch, dass ein abhängiges Unternehmen selbstständig genug sein kann, um Träger einer deutschen Börse zu sein. Nach § 6 Abs. 5 Satz 1 BörsG kann sogar ein kontrolliertes Unternehmen Börsenträger sein. Dem entspricht auch, dass ein herrschendes Unternehmen den Organen des abhängigen Unternehmens kein rechtswidriges Verhalten abverlangen kann.[164] Die Betriebspflicht begrenzt die Konzernleitungsmacht des Mutterunternehmens.[165] Allein die Tatsache, dass der Antragsteller Teil eines Konzerns ist, steht für sich einer Erlaubnis noch nicht entgegen.[166] Vielmehr ist im konkreten Einzelfall zu prüfen, ob die jeweilige Gestaltung des Konzerns der Durchführung und angemessenen Fortentwicklung des Börsenbetriebs entgegensteht.[167] Dann wäre die Börsenerlaubnis nach § 4 Abs. 3 Nr. 4 BörsG zu versagen. **132**

---

161 So auch BT-Drs. 12/3377, S. 40 f. zur Überwachung von Großkredit- und Organkreditvorschriften im Rahmen des KWG; ebenso BT-Drs. 12/6959, S. 53 zur Überwachung der Einhaltung der Vorschriften über die Kapitalausstattung und Vermögensanlage im Rahmen des VAG.

162 So BT-Drs. 12/3377, S. 40 f. zur Überwachung von Großkredit- und Organkreditvorschriften im Rahmen des KWG; ebenso BT-Drs. 12/6959, S. 53 zur Überwachung der Einhaltung der Vorschriften über die Kapitalausstattung und Vermögensanlage im Rahmen des VAG.

163 *Hirschmann*, Anteilseignerkontrolle, S. 159 f.

164 *Dreher*, ZVersWiss 77 (1988), 619, 645 f.; *Emmerich*, in: Emmerich/Habersack/Schürnbrand, Aktien- und GmbH-Konzernrecht, § 308 AktG Rn. 58; in diesem Sinne auch *Preußner/Fett*, AG 2001, 337, 339; speziell für Börsen *Schwark*, WM 2000, 2517, 2525.

165 *Christoph*, Börsenkooperationen und Börsenfusionen, S. 219; in diesem Sinne auch *Lepczyk*, Internationale Börsenfusionen, S. 181 f.; *Beck*, in: Schwark/Zimmer, Kapitalmarktrecht, 4. Aufl., § 6 BörsG Rn. 14.

166 *Schwark*, WM 2000, 2517, 2526 f.; *Christoph*, Börsenkooperationen und Börsenfusionen, S. 219; in diesem Sinne auch *U. H. Schneider/Burgard*, WM 2000 Sonderbeilage Nr. 3, 24, 29 ff., 33; als a.A. versteht sich *Merkt*, in: Krieger/Lutter/Schmidt, FS Hoffmann-Becking, S. 793, 809. Allerdings geht auch er nur davon aus, dass die Einbindung des Börsenträgers in einen Konzern der Börsenerlaubnis nur entgegensteht, wenn die Börsenaufsicht nicht mehr angemessen gewährleistet werden kann.

167 So zu § 6 Abs. 2 BörsG *Merkt*, in: Krieger/Lutter/Schmidt, FS Hoffmann-Becking, S. 793, 818 f.

2. *Zuverlässigkeit und fachliche Eignung der Geschäftsleiter des Börsenträgers (§ 4 Abs. 3 Nr. 2 BörsG)*

133 § 4 Abs. 3 Nr. 2 BörsG zufolge ist die Börsenerlaubnis zu versagen, wenn *„Tatsachen vorliegen, aus denen sich ergibt,"* dass ein Geschäftsleiter des Börsenträgers *„nicht zuverlässig oder nicht fachlich geeignet ist"*. Zuverlässigkeit und fachliche Eignung sind im deutschen Gewerbe- und Wirtschaftsrecht lange eingeführte unbestimmte Rechtsbegriffe, welche anhand der allgemeinen gewerbe- und handelsrechtlichen Grundsätze sowie dem spezifischen Schutzzweck des BörsG auszulegen sind.[168] Entsprechend dem Wortlaut sind die Zuverlässigkeit und die fachliche Eignung nicht positiv nachzuweisen.[169] Vielmehr ist die Börsenerlaubnis nur zu versagen, wenn die Börsenaufsichtsbehörde nachweisen kann, dass die Geschäftsleiter des Antragstellers unzuverlässig sind oder ihnen die fachliche Eignung fehlt.

a) Zuverlässigkeit

134 Die Zuverlässigkeit ist solange gegeben, wie keine gegenteiligen Tatsachen ersichtlich sind.[170] Sie kann nicht positiv dargelegt werden.[171] Negativ formuliert ist unzuverlässig, wer nach seiner gesamten Persönlichkeit nicht die Gewähr dafür bietet, dass er seine Tätigkeit ordnungsgemäß ausüben wird.[172] Der Begriff Tätigkeit ist nach der *ratio legis* des § 4 BörsG auszulegen, also an dem Erfordernis der Erfüllung der Betriebspflicht zum Zweck eines ordnungsgemäßen Börsenbetriebs auszurichten.[173] Die Betriebspflicht gilt solange als erfüllt und damit die Zuverlässigkeit als gegeben, wie keine Tatsachen vorliegen, die die Zurverfügungstellung der *„erforderlichen finanziellen, personellen"* oder *„sachlichen Mittel"* und dadurch die *„Durchführung"* und *„angemessene Fortentwicklung des Börsenbetriebs"* gefähr-

---

168 *Beck*, in: Schwark/Zimmer, Kapitalmarktrecht, 4. Aufl., § 4 BörsG Rn. 22; für die Zuverlässigkeit schon *Christoph*, Börsenkooperationen und Börsenfusionen, S. 212.

169 So auch für die Zuverlässigkeit *Beck*, in: Schwark/Zimmer, Kapitalmarktrecht, 4. Aufl., § 4 BörsG Rn. 22; dagegen soll die Eignung positiv festzustellen sein: *Beck*, in: Schwark/Zimmer, Kapitalmarktrecht, 4. Aufl., § 4 BörsG Rn. 25.

170 *Beck*, in: Schwark/Zimmer, Kapitalmarktrecht, 4. Aufl., § 4 BörsG Rn. 22.

171 *Lepczyk*, Internationale Börsenfusionen, S. 61; *Beck*, in: Schwark/Zimmer, Kapitalmarktrecht, 4. Aufl., § 4 BörsG Rn. 22.

172 Speziell zu § 4 Abs. 3 Nr. 2 BörsG siehe *Beck*, in: Schwark/Zimmer, Kapitalmarktrecht, 4. Aufl., § 4 BörsG Rn. 22; mit ähnlicher Formulierung schon *Schwark*, Börsengesetz, 1. Aufl., § 7 BörsG Rn. 13; zu § 35 Abs. 1 GewO und im Allgemeinen siehe BVerwG GewArch 1971, 200, 201 (= DVBl. 1971, 277); *Hirschmann*, Anteilseignerkontrolle, S. 99; *Scheidler*, GewArch 2005, 445, 446; positiv formuliert *Greipel*, DVBl. 1989, 746, 751.

173 *Lepczyk*, Internationale Börsenfusionen, S. 60; in diesem Sinne auch *Beck*, in: Schwark/Zimmer, Kapitalmarktrecht, 4. Aufl., § 4 BörsG Rn. 15; *Christoph*, Börsenkooperationen und Börsenfusionen, S. 210.

den. Nicht jede Gefahr für die Erfüllung der Betriebspflicht führt dazu, dass die Geschäftsleiter des Antragstellers als unzuverlässig anzusehen wären. Zusätzlich müssen die Tatsachen, welche die Unzuverlässigkeit verursachen, in der Person des Geschäftsleiters begründet sein. Tatsachen allein aus der Sphäre des Börsenträgers reichen nicht aus. Da die Zuverlässigkeit von der jeweiligen Tätigkeit abhängt, diese von der Betriebspflicht und diese wiederum von Art und Umfang des geplanten Börsenbetriebs, sind die Anforderungen an die Zuverlässigkeit abhängig von der Geschäftsart und Größe der geplanten Börse.[174]

Ein Antragsteller ist jedenfalls solange zuverlässig im Sinne des § 4 Abs. 3 Nr. 2 BörsG, wie keine Erkenntnisse über sein bisheriges Verhalten vorliegen.[175] Nicht mehr zuverlässig ist er, wenn er beim Betrieb anderer Börsen negativ aufgefallen ist, sich in anderen Bereichen ordnungswidrig verhalten hat, einschlägig strafrechtlich verurteilt worden ist oder gegen ihn strafrechtlich ermittelt wird.[176] Daneben lassen an der Zuverlässigkeit auch persönliche Schwächen zweifeln, wie mangelnde Durchsetzungsfähigkeit gegenüber fremden Einflüssen oder krankhafte Störungen; allgemeine Eindrücke oder Vermutungen genügen hingegen nicht.[177]

b) Fachliche Eignung

§ 4 Abs. 3 Nr. 2 BörsG nennt außerdem die fehlende fachliche Eignung. Die Betriebs- **135**
pflicht ist nämlich nur angemessen zu erfüllen, wenn die verantwortlichen Personen entsprechenden Sachverstand haben.[178] Deshalb ist zu fragen, ob die fachliche Eignung auf die Geschäfte der geplanten Börse zu beziehen ist. Jedoch leiten die Geschäftsleiter des Börsenträgers gerade nicht die Geschäfte der Börse. Außerdem können sie als Vertreter des Börsenträgers die *inneren Angelegenheiten* der Börse rechtlich nicht beeinflussen.[179] Auch hier orientiert sich die Auslegung an der *ratio legis* des § 4 BörsG, der Erfüllung der Betriebspflicht zum Zweck eines ordnungs-

---

174 A.A. *Beck*, in: Schwark/Zimmer, Kapitalmarktrecht, 4. Aufl., § 4 BörsG Rn. 24, der keinen Zusammenhang zwischen Größe oder Zweck der geplanten Börse und der Zuverlässigkeit zur Erfüllung der Betriebspflicht sieht; wie hier zum KWG *Fischer/C. Müller*, in: Boos/Fischer/Schulte-Mattler, KWG, CRR-VO, Bd. I, 5. Aufl., § 33 Rn. 38.

175 *Lepczyk*, Internationale Börsenfusionen, S. 61.

176 Ähnlich *Lepczyk*, Internationale Börsenfusionen, S. 61; auch zu strafrechtlichen Verurteilungen und Ermittlungsverfahren *Christoph*, Börsenkooperationen und Börsenfusionen, S. 214; zur Zuverlässigkeit im KWG siehe auch BT-Drs. 13/9874, S. 139; *Fischer/C. Müller*, in: Boos/Fischer/Schulte-Mattler, KWG, CRR-VO, Bd. I, 5. Aufl., § 33 Rn. 39 f.

177 *Lepczyk*, Internationale Börsenfusionen, S. 61; zur Zuverlässigkeit im KWG schon *Fischer/C. Müller*, in: Boos/Fischer/Schulte-Mattler, KWG, CRR-VO, Bd. I, 5. Aufl., § 33 KWG Rn. 39.

178 *Christoph*, Börsenkooperationen und Börsenfusionen, S. 220.

179 Siehe Rn. 16.

gemäßen Börsenbetriebs.[180] Die fachliche Eignung hängt von den Geschäften der geplanten Börse also insoweit ab, als das Zurverfügungstellen finanzieller, sachlicher und personeller Mittel besondere Fachkenntnisse voraussetzt.

Der Börsenträger muss die Mittel gemäß § 5 Abs. 1 Satz 2 BörsG zur Verfügung stellen, wenn die Börse diese anfordert. Die Bereitstellung finanzieller Mittel erfordert keine besonderen Kenntnisse. Allerdings hat der Börsenträger auch sachliche und personelle Mittel zu stellen. Fordert die Börse bestimmte Sachen oder spezielles Personal an, ohne eine konkrete Vorgabe zu machen, verbleibt dem Börsenträger ein Spielraum, um ein Mittel konkret auszuwählen.[181] Um dann den Interessen der Börse bei der Auswahl gerecht zu werden, bedarf es besonderer Qualifikationen und besonderer Fachkenntnisse bezüglich der Geschäfte der geplanten Börse. Die allgemeinen gewerbe- und handelsrechtlichen Grundsätze verlangen theoretische und praktische Kenntnisse in den betreffenden Geschäften, sowie eine ausreichende Leitungserfahrung.[182] Die Geschäftsleiter eines Börsenträgers müssen die fachlichen Grundsätze von Volkswirtschaft, Betriebswirtschaft, Steuern und Recht kennen.[183] Auch bankpraktische Kenntnisse sind notwendig, insbesondere mit Blick auf die börsenrelevanten Aktivitäten der Handelsteilnehmer und deren Auswirkungen auf den Börsenhandel.[184] Spezialkenntnisse zum Betrieb einer Börse, wie Funktionsweise des Handels, der Abrechnung und der Abwicklung sind ebenso erforderlich, wie Kenntnisse und Erfahrungen bezüglich der an Börsen getätigten Geschäfte.[185] Daher ist die erforderliche fachliche Eignung abhängig von der Art der Wirtschaftsgüter, die an der Börse gehandelt werden (Geschäftsart), und dem Umfang bzw. der Komplexität (Größe) der Geschäfte der geplanten Börse.[186] Die erforderlichen Spezialkenntnisse variieren je nach Börsentyp (Kassabörse; Terminbörse; Wertpapierbörse; Warenbörse; Energiebörse).[187] So erfordert der Betrieb einer Wertpapierbörse andere Qualifikationsschwerpunkte als der Betrieb einer Warenbörse.[188]

Da die fachliche Eignung jederzeit durch Nachweise belegbar ist, hat die Börsenaufsichtsbehörde auch insoweit keinen Beurteilungsspielraum bei ihrer Entscheidung.[189]

---

180 *Lepczyk*, Internationale Börsenfusionen, S. 60; in diesem Sinne auch *Beck*, in: Schwark/Zimmer, Kapitalmarktrecht, 4. Aufl., § 4 BörsG Rn. 15; *Christoph*, Börsenkooperationen und Börsenfusionen, S. 210.

181 *Gurlit/Mülbert*, Der Börsenträger im Spannungsfeld, S. 29.

182 *Beck*, in: Schwark/Zimmer, Kapitalmarktrecht, 4. Aufl., § 4 BörsG Rn. 25.

183 Ebd.

184 Ebd.

185 Ebd.

186 BT-Drs. 16/4028, S. 81; *Beck*, in: Schwark/Zimmer, Kapitalmarktrecht, 4. Aufl., § 4 BörsG Rn. 25.

187 *Beck*, in: Schwark/Zimmer, Kapitalmarktrecht, 4. Aufl., § 4 BörsG Rn. 25.

188 Ebd.

189 Siehe insoweit Rn. 129 zu § 4 Abs. 3 BörsG insgesamt.

3. *Anforderungen an die Geschäftsleiter und die Mitglieder des Verwaltungs- oder Aufsichtsorgans des Börsenträgers (§ 4 Abs. 3 Nr. 2 BörsG 2018)*

Aufgrund des 2. FiMaNoG dürfen ab dem 3. Januar 2018 nach § 4 Abs. 3 Nr. 2 BörsG 2018 keine Tatsachen vorliegen, aus denen sich ergibt, dass die Geschäftsleiter des Börsenträgers nicht den Anforderungen des § 4a BörsG 2018 oder die Mitglieder des Verwaltungs- oder Aufsichtsorgans des Börsenträgers nicht den in § 4b BörsG 2018 an sie gestellten Anforderungen entsprechen. Mit den §§ 4a und 4b BörsG 2018 setzt der nationale Gesetzgeber die Anforderungen des Art. 45 Abs. 2 bis 6 MiFID II um.[190] Art. 45 MiFID II regelt die Anforderungen an das Leitungsorgan eines Marktbetreibers. Der Begriff Leitungsorgan im Sinne des Art. 4 Abs. 1 Nr. 36 MiFID II erfasst nach nationalem Recht sowohl die Geschäftsleitung als auch das Verwaltungs- oder das Aufsichtsorgan.[191] In der Folge hat der nationale Gesetzgeber den Versagungsgrund auch auf die Mitglieder der Verwaltungs- oder Aufsichtsorgane ausgeweitet. **136**

a) Anforderungen an die Geschäftsleiter (§ 4a BörsG 2018)

Die Geschäftsleiter müssen gemäß § 4a Abs. 1 BörsG 2018 weiterhin zuverlässig und fachlich geeignet sein. Insofern gilt das zur vorherigen Rechtslage Gesagte.[192] Daneben müssen die Geschäftsleiter ab dem 3. Januar 2018 der Wahrnehmung ihrer Aufgaben ausreichend Zeit widmen. Als Leitungsorgan im Sinne des Art. 4 Abs. 1 Nr. 36 MiFID II sollten sie entsprechend ErwGr. 53 Satz 2 MiFID II zumindest diejenige Zeit aufwenden, die nötig ist, um die Tätigkeiten und Hauptrisiken des betriebenen geregelten Marktes zu verstehen. Darüber hinaus stellt ErwGr. 54 Abs. 1 Satz 3 MiFID II klar, dass ein Leitungsorgan die strategischen Ziele, die interne Organisation und die Strategien für die Erbringung von Dienstleistungen regelmäßig überwachen und bewerten muss, um den geregelten Markt solide und umsichtig im Interesse der Integrität der Märkte und des Anlegerschutzes zu betreiben. Dieser Aufgabe haben die Mitglieder des Leitungsorgans die gebührende Zeit zu widmen (ErwGr. 54 Abs. 1 Satz 4 MiFID II). Hinsichtlich der Anzahl an Leitungs- und Aufsichtsmandaten, die ein Geschäftsleiter gleichzeitig innehaben kann, konkretisiert § 4a Abs. 2 BörsG 2018 diese Anforderung. Allerdings obliegt der Börsenaufsichtsbehörde aufgrund des § 4a Abs. 2 Sätze 1 und 5 BörsG 2018 ein erhebliches Ermessen dahin gehend, welche Anzahl an Mandaten im Einzelfall zulässig ist. **137**

190 BT-Drs. 18/10936, S. 267.
191 Ebd.
192 Siehe Rn. 133 ff.

b) *Anforderungen an die Mitglieder des Verwaltungs- oder Aufsichtsorgans (§ 4b Abs. 1, Abs. 2 Satz 2 und Abs. 4 BörsG 2018)*

138 Nach § 4 Abs. 3 Nr. 2 i.V.m. § 4 Abs. 2 Satz 2 Nr. 2 BörsG 2018 dürfen keine Tatsachen vorliegen, aus denen sich ergibt, dass die Mitglieder des Verwaltungs- oder Aufsichtsorgans den in § 4b BörsG 2018 an sie gestellten Anforderungen nicht entsprechen. § 4 Abs. 3 Nr. 2 BörsG 2018 stellt folglich nur auf die einzelnen Mitglieder und nicht auf das Verwaltungs- oder Aufsichtsorgan im Ganzen ab. Mithin sind vorliegend nur Abs. 1, Abs. 2 Satz 2 und Abs. 4 des § 4b BörsG 2018 zu betrachten. Die anderen Absätze des § 4b BörsG 2018 sind auf das Verwaltungs- oder Aufsichtsorgan in seiner Gesamtheit bezogen. Sie regeln die Anwendung von Rechtsnormen (§ 4b Abs. 2 Satz 3 BörsG 2018), beschreiben die Aufgaben des Verwaltungs- oder Aufsichtsorgans (§ 4b Abs. 3 BörsG 2018) oder betreffen dessen innere Organisation (§ 4b Abs. 5 BörsG 2018).

139 Nach § 4b Abs. 1 Satz 1 BörsG 2018 müssen die Mitglieder des Verwaltungs- oder Aufsichtsorgans des Börsenträgers ebenfalls zuverlässig sein und der Wahrnehmung ihrer Aufgaben ausreichend Zeit widmen. Hinsichtlich der Anzahl an Leitungs- und Aufsichtsmandaten, die ein Mitglied des Verwaltungs- oder Aufsichtsorgans gleichzeitig innehaben kann, konkretisiert § 4b Abs. 4 BörsG 2018 diese Anforderung. Insoweit kann auf das zu den Geschäftsleitern des Börsenträgers Gesagte zurückgegriffen werden.[193]

Statt einer fachlichen Eignung fordert § 4b Abs. 1 Satz 1 BörsG 2018 von den Mitgliedern des Verwaltungs- oder Aufsichtsorgans allerdings die erforderliche Sachkunde zur Wahrnehmung der Kontrollfunktion sowie zur Beurteilung und Überwachung der Geschäfte, die der Börsenträger betreibt. Als Leitungsorgan im Sinne des Art. 4 Abs. 1 Nr. 36 MiFID II sollen auch die Verwaltungs- oder Aufsichtsorgane nach ErwGr. 54 Abs. 1 Satz 3 MiFID II die strategischen Ziele, die interne Organisation und die Strategien für die Erbringung von Dienstleistungen regelmäßig überwachen und bewerten, um den geregelten Markt solide und umsichtig im Interesse der Integrität der Märkte und des Anlegerschutzes zu betreiben. Dies kann nur gelingen, wenn das Verwaltungs- oder Aufsichtsorgan die erforderliche fachliche Eignung besitzt. Allerdings folgt aus § 4b Abs. 2 Satz 1 BörsG 2018, dass nicht jedes Mitglied des Verwaltungs- oder Aufsichtsorgans die erforderliche fachliche Eignung besitzen muss. Nicht jedes einzelne Mitglied des Verwaltungs- oder Aufsichtsorgans muss die Kenntnisse, Fähigkeiten und Erfahrungen haben, die zur Wahrnehmung der Kontrollfunktion sowie zur Beurteilung und Überwachung der Geschäftsleitung notwendig sind, sondern lediglich das Verwaltungs- oder Aufsichtsorgan in seiner Gesamtheit. Im Ergebnis bedeutet dies, dass die erforderliche Sachkunde unter der Schwelle zur fachlichen Eignung liegt, jedes Mitglied des Verwaltungs- oder Aufsichtsorgans für sich nur sachkundig sein muss, das Organ als Ganzes allerdings die fachliche Eignung eines Geschäftsleiters erreichen muss. Bei der Beurteilung der erforderlichen Sachkunde der Mitglieder des Verwaltungs-

---

193 Siehe Rn. 137.

oder Aufsichtsorgans sind gemäß § 4b Abs. 1 Satz 2 BörsG 2018 auch die Art, der Umfang und die Komplexität des Börsenträgers zu berücksichtigen. Da die erforderliche fachliche Eignung des Verwaltungs- oder Aufsichtsorgans derjenigen eines Geschäftsleiters entspricht, ist die fachliche Eignung wiederum abhängig von der Art der Wirtschaftsgüter, die an der Börse gehandelt werden (Geschäftsart), und dem Umfang bzw. der Komplexität (Größe) der Geschäfte der geplanten Börse.[194]

4. *Zuverlässigkeit der Inhaber bedeutender Beteiligungen (§ 4 Abs. 3 Nr. 3 BörsG)*

Nach § 4 Abs. 3 Nr. 3 Hs. 1 BörsG dürfen keine *„Tatsachen die Annahme rechtfertigen, dass der Inhaber einer bedeutenden Beteiligung [...] nicht zuverlässig ist oder aus anderen Gründen nicht den im Interesse einer soliden und umsichtigen Führung des Trägers einer Börse zu stellenden Ansprüche genügt"*. Die Zuverlässigkeit muss nach dem Wortlaut der Vorschrift auch hier nicht positiv festgestellt werden; sie ist vielmehr anzunehmen, solange keine gegenteiligen Tatsachen ersichtlich sind. Demnach ist unzuverlässig, wer nach seiner gesamten Persönlichkeit nicht die Gewähr dafür bietet, dass er seine Tätigkeit ordnungsgemäß ausüben wird.[195] Die entsprechende Tätigkeit liegt in der *„Führung des Trägers einer Börse"*. Während bei Personenhandelsgesellschaften die Gesellschafter regelmäßig die Geschäfte führen, beeinflussen die Beteiligungsinhaber bei Kapitalgesellschaften die Führung der Gesellschaft regelmäßig nur über Gesellschafter- oder Aktionärsversammlungen. Im Gegensatz zu Personenhandelsgesellschaften ist ein Inhaber einer bedeutenden Beteiligung an einer Kapitalgesellschaft daher nur dann unzuverlässig, wenn er seine Rechte in einer Gesellschafter- oder Aktionärsversammlung nicht ordnungsgemäß ausüben kann. Insoweit ist z.B. an den Verlust der Stimmrechte nach § 20 Abs. 7 AktG, § 28 WpHG/§ 44 WpHG 2018 oder § 59 WpÜG zu denken. **140**

Außer einer Unzuverlässigkeit dürfen auch keine anderen Gründe vorliegen, die nicht im Interesse einer soliden und umsichtigen Führung des Börsenträgers stehen. Dies soll nach § 4 Abs. 3 Nr. 3 Hs. 2 BörsG im Zweifel auch dann gelten, *„wenn Tatsachen die Annahme rechtfertigen"*, dass der Inhaber einer bedeutenden Beteiligung *„die von ihm aufgebrachten Mittel durch eine Handlung erbracht hat, die objektiv einen Straftatbestand erfüllt"*. Gewissheit muss nicht vorliegen, vielmehr genügen konkrete Anhaltspunkte.[196] Der Antragsteller hat dann zu beweisen, dass solche Tatsachen nicht vorliegen, der objektive Straftatbestand also nicht erfüllt ist.[197] Zweck der gesetzlichen Regelung ist eine transparente Inhaberstruktur des **141**

194 Siehe Rn. 135.
195 Siehe Rn. 134.
196 *Beck*, in: Schwark/Zimmer, Kapitalmarktrecht, 4. Aufl., § 4 BörsG Rn. 26 i.V.m. § 6 BörsG Rn. 12.
197 Ebd.

Börsenträgers.[198] Die Börsenaufsichtsbehörde soll verhindern können, dass Personen aus der organisierten Kriminalität bedeutende Beteiligungen an einem Börsenträger erlangen.[199] Dies trägt dazu bei, dass der Börsenbetrieb ordnungsgemäß durchgeführt und angemessen fortentwickelt wird.[200] Die Behörde kann eine solche Beteiligung anhand dieses Versagungsgrundes bereits im Erlaubnisverfahren für die nahe Zukunft verhindern.[201]

142 Ist Inhaber der bedeutenden Beteiligung eine juristische Person, so sind die vorgenannten Kriterien auch von dessen gesetzlichen und satzungsmäßigen Vertretern einzuhalten; ist der Inhaber eine Personenhandelsgesellschaft, so müssen die Gesellschafter die Kriterien einhalten (vgl. § 4 Abs. 3 Nr. 3 BörsG). Die Regelung ist auf diejenigen Personen bezogen, denen die Vertretungsbefugnis zukommt.

5. Fähigkeit des Börsenträgers zum Börsenbetrieb (§ 4 Abs. 3 Nr. 4 BörsG)

143 Gemäß § 4 Abs. 3 Nr. 4 BörsG ist die Börsenerlaubnis zu versagen, wenn *„sich aus den vom Antragsteller vorgelegten Unterlagen ernstliche Zweifel an seiner Fähigkeit ergeben,“* die Börse entsprechend den Anforderungen des BörsG zu betreiben. Der Antragsteller muss also fähig sein, den aus § 5 BörsG resultierenden Pflichtenkreis zu erfüllen.[202] Anderweitige Anforderungen, etwa seitens der Börsenaufsichtsbehörde, sind nicht zu berücksichtigen;[203] § 4 Abs. 3 Nr. 4 BörsG ist kein genereller Auffangtatbestand.[204]

144 Wesentlich ist zunächst, wann *ernstliche Zweifel* vorliegen. In anderen Gesetzen wird der Begriff *ernstliche Zweifel* dahin gehend ausgelegt, dass die bloße Offenheit der Rechtslage in der Regel noch nicht ausreicht.[205] *Ernstliche Zweifel* könnten einer-

---

198 *Beck*, in: Schwark/Zimmer, Kapitalmarktrecht, 4. Aufl., § 4 BörsG Rn. 26 i.V.m. § 6 BörsG Rn. 1; zum Zweck der Anteilseignerkontrolle siehe BR-Drs. 936/01 (neu), S. 201.

199 *Beck*, in: Schwark/Zimmer, Kapitalmarktrecht, 4. Aufl., § 4 BörsG Rn. 26 i.V.m. § 6 BörsG Rn. 1; zur Anteilseignerkontrolle siehe BR-Drs. 936/01 (neu), S. 201.

200 Ähnlich *Kümpel*, Bank- und Kapitalmarktrecht, 3. Aufl., Rn. 17.287; zur Anteilseignerkontrolle siehe BR-Drs. 936/01 (neu), S. 201.

201 *Beck*, in: Schwark/Zimmer, Kapitalmarktrecht, 4. Aufl., § 4 BörsG Rn. 26.

202 A. a. O., § 4 BörsG Rn. 27.

203 Siehe dazu Rn. 82 ff.

204 *Beck*, in: Schwark/Zimmer, Kapitalmarktrecht, 4. Aufl., § 4 BörsG Rn. 27.

205 *Döhmel*, in: Assmann/Pötzsch/U. H. Schneider, WpÜG, § 50 WpÜG Rn. 20; *Steinhardt*, in: Steinmeyer, WpÜG, § 50 WpÜG Rn. 20; *K. Schweizer*, in: Haarmann/Schüppen, Frankfurter Kommentar zum WpÜG, § 50 WpÜG Rn. 21; *Noack/Holzborn*, in: Schwark/Zimmer, Kapitalmarktrecht, 4. Aufl., § 50 WpÜG Rn. 11; *K. Schmidt*, in: Immenga/Mestmäcker, Wettbewerbsrecht, Bd. II/1, § 65 GWB Rn. 14; *Lembach*, in: Langen/Bunte, Kartellrecht, Bd. I, § 65 GWB Rn. 16; a.A. *Ehricke*, in: Ehricke/Ekkenga/Oechsler, WpÜG, § 50 WpÜG Rn. 20, der dies vom Einzelfall abhängig machen will.

seits vorliegen, wenn erhebliche Gründe dafür sprechen, dass der Antragsteller nicht zum Börsenbetrieb fähig ist; wenn also das Fehlen der Fähigkeit wahrscheinlicher ist als das Vorliegen. Andererseits könnte ausreichen, wenn neben den für die Fähigkeit sprechenden Umständen gewichtige dagegen sprechende Gründe vorliegen, welche eine Unentschiedenheit oder Unsicherheit in der Beurteilung bewirken; wenn also das Fehlen der Fähigkeit mindestens ebenso wahrscheinlich ist wie das Vorliegen. Ein Vergleich mit Normen von ähnlichem Wortlaut hilft nicht weiter. Der Begriff *ernstliche Zweifel* wird bei § 50 Abs. 3 Nr. 2 WpÜG,[206] § 65 Abs. 3 Satz 1 Nr. 2 GWB,[207] § 80 Abs. 4 Satz 3 VwGO, § 124 Abs. 2 Nr. 1 VwGO,[208] § 361 Abs. 2 Satz 2 AO, § 69 Abs. 2 Satz 2 und Abs. 5 Satz 3 FGO[209] oder Art. 16a Abs. 4 Satz 1 GG[210] unterschiedlich ausgelegt, so dass sich hieraus keine festen Leitlinien für eine Interpretation von § 4 Abs. 3 Nr. 4 BörsG gewinnen lassen.

Fehlt die Fähigkeit zum Börsenbetrieb, so gehen hiervon erhebliche Gefahren für den Kapitalmarkt und für die Anleger aus. Solche Gefahren soll das Erlaubnisverfahren gerade vermeiden. Das BörsG schützt die Funktionsfähigkeit der Börsen und die Anleger.[211] Dieser Zweck wird besser erreicht, indem der Begriff *ernstliche Zweifel* extensiv dahin gehend ausgelegt wird, dass diese schon bei Unentschiedenheit oder Unsicherheit in der Beurteilung vorliegen.

Während § 4 Abs. 3 Nr. 1 BörsG lediglich sicherstellt, dass der Börsenträger die **145**
finanziellen Mittel bereitstellt,[212] verlangt § 4 Abs. 3 Nr. 4 BörsG aufgrund des Verweises auf *„die sich aus diesem Gesetz ergebenden Anforderungen an den Betrieb der Börse“* auch, dass der Börsenträger die sachlichen und personellen Mittel liefert.[213] Hierin kommt nochmals die Betriebspflicht des § 5 Abs. 1 BörsG zum Ausdruck. An der Erfüllbarkeit der Betriebspflicht könnten Zweifel bestehen, wenn der Börsenträger in einen Konzern eingebunden ist. Denn eine solche Einbindung könnte die Durchführung und angemessene Fortentwicklung beeinträchtigen.[214] Da aber grundsätzlich davon auszugehen ist, dass sich ein Normadressat pflichtgemäß ver-

---

206 *Ehricke*, in: Ehricke/Ekkenga/Oechsler, WpÜG, § 50 WpÜG Rn. 20; *Döhmel*, in: Assmann/Pötzsch/U. H. Schneider, WpÜG, § 50 WpÜG Rn. 20; *Steinhardt*, in: Steinmeyer, WpÜG, § 50 WpÜG Rn. 20; *K. Schweizer*, in: Haarmann/Schüppen, Frankfurter Kommentar zum WpÜG, § 50 WpÜG Rn. 21; *Noack/Holzborn*, in: Schwark/Zimmer, Kapitalmarktrecht, 4. Aufl., § 50 WpÜG Rn. 11.

207 *K. Schmidt*, in: Immenga/Mestmäcker, Wettbewerbsrecht, Bd. II/1, § 65 GWB Rn. 14; *Lembach*, in: Langen/Bunte, Kartellrecht, Bd. I, § 65 GWB Rn. 16 ff.

208 Einen Überblick zum Streitstand gibt *Seibert*, in: Sodan/Ziekow, Verwaltungsgerichtsordnung, § 124 VwGO Rn. 75.

209 BFHE 77, 447, 450 (= DB 1967, 712).

210 BVerfGE 94, 168, 194 (= NVwZ 1996, 678) – Flughafenverfahren.

211 *Beck*, in: Schwark/Zimmer, Kapitalmarktrecht, 4. Aufl., § 1 BörsG Rn. 2.

212 Siehe Rn. 130 ff.

213 Im Ergebnis auch *Beck*, in: Schwark/Zimmer, Kapitalmarktrecht, 4. Aufl., § 4 BörsG Rn. 27.

214 *Merkt*, in: Krieger/Lutter/Schmidt, FS Hoffmann-Becking, S. 793, 818 f.

hält, kann eine faktische Konzernierung des Börsenträgers für sich genommen nicht dessen Fähigkeit beeinträchtigen, die Betriebspflicht zu erfüllen.[215] Gleiches gilt im Ergebnis für die Einbindung des Börsenträgers in einen Vertragskonzern. Denn Weisungen der herrschenden Gesellschaft sind fehlerhaft, wenn sie den der beherrschten Gesellschaft auferlegten öffentlich-rechtlichen Pflichten, also auch der Betriebspflicht, zuwiderlaufen und dürfen daher vom Vorstand der beherrschten Gesellschaft nicht befolgt werden.[216] Mithin hat die Möglichkeit nachteiliger Weisungen aufgrund eines Beherrschungsvertrages keinen Einfluss auf die Fähigkeit des Börsenträgers, die Betriebspflicht zu erfüllen.[217] Des Weiteren gefährdet auch ein Gewinnabführungsvertrag die Erfüllung der Betriebspflicht nicht. Denn der Börsenträger kann immer nur denjenigen Gewinn abführen, welcher nach der Erfüllung der Betriebspflicht und der Bildung eventueller Rückstellungen für künftige Verbindlichkeiten aus der Betriebspflicht verbleibt.[218] Insgesamt schließt § 4 Abs. 3 Nr. 4 BörsG daher die Einbindung des Börsenträgers in einen Konzern nicht grundsätzlich aus.[219] Vielmehr ist im konkreten Einzelfall zu prüfen, ob die Durchführung und angemessene Fortentwicklung des Börsenbetriebs trotz Konzernierung gewährleistet ist oder in welcher Weise sie gewährleistet werden kann.[220] Im Ergebnis dürften daher an der Erfüllbarkeit der Betriebspflicht im Erlaubnisverfahren kaum jemals Zweifel bestehen. Einerseits bestimmt der Antragsteller den Anstaltszweck selbst und kann diesen damit auf seine wirtschaftliche Leistungsfähigkeit abstimmen.[221] Andererseits kann die Börse ihre Anforderungen konkretisieren, falls der Börsenträger unpassende Mittel liefert. Ebenso verhält es sich mit der Einrichtungspflicht. Diese stellt im Grunde nämlich nichts anderes als die Betriebspflicht zu Beginn des Börsenbetriebs dar.

146 Ebenso dürfen keine ernstlichen Zweifel daran vorliegen, dass der Antragsteller die anderen Pflichten des § 5 BörsG erfüllen kann. Dass der Antragsteller die

---

215 *Bopp*, Fusionen und Kooperationen deutscher Börsen und ihrer Träger, S. 46; im Ergebnis auch *Schwark*, WM 2000, 2517, 2524; *Christoph*, Börsenkooperationen und Börsenfusionen, S. 218 f.; *Gurlit/Mülbert*, Der Börsenträger im Spannungsfeld, S. 118 ff.

216 *Hammen*, Börsenerlaubnis, Anteilseignerkontrolle und Niederlassungsfreiheit, S. 75 f.; im Ergebnis auch *Gurlit/Mülbert*, Der Börsenträger im Spannungsfeld, S. 127 f.; *Bopp*, Fusionen und Kooperationen deutscher Börsen und ihrer Träger, S. 50; unklar dagegen *Burgard*, WM 2011, 2021, 2029, nach dem die Einbindung des Börsenträgers in einen Vertragskonzern grundsätzlich unzulässig sein soll, ein Zusammenschluss aber so gestaltet werden können soll, *„dass an einer ordnungsgemäßen Erfüllung der Betriebspflicht kein Zweifel besteht"*.

217 *Hammen*, Börsenerlaubnis, Anteilseignerkontrolle und Niederlassungsfreiheit, S. 74 ff.

218 A. a. O., S. 77 f.

219 Ähnlich *Merkt*, in: Krieger/Lutter/Schmidt, FS Hoffmann-Becking, S. 793, 819.

220 In diesem Sinne ebd.

221 Siehe Rn. 63.

Publizitätspflicht des § 5 Abs. 2 BörsG erfüllt, ist nur zu bezweifeln, wenn er seine Eigentümerstruktur nicht kennt oder nicht offenlegen will. Die Kenntnis der Eigentümerstruktur folgt bei einer börsennotierten AG aus den Mitteilungspflichten der §§ 21 ff. WpHG/§§ 33 ff. WpHG 2018 und bei einer GmbH aus der zum Handelsregister angemeldeten Gesellschafterliste (§ 8 Abs. 1 Nr. 3 i.V.m. § 40 GmbHG). Unkenntnis der Eigentümerstruktur ist nur in dem Fall denkbar, dass es sich beim Antragsteller um eine nicht börsennotierte AG handelt, welche überwiegend Inhaberaktien ausgegeben hat, der Anspruch auf Einzelverbriefung insoweit ausgeschlossen ist und die Sammelurkunde bei einer der in § 10 Abs. 1 Satz 2 Nr. 2 AktG genannten Stellen hinterlegt wurde. Dann könnte der Antragsteller aber seine Strukturen ändern oder eine Tochtergesellschaft mit transparenten Eigentumsverhältnissen gründen, die dann als Antragsteller fungiert.[222]

Plant der Antragsteller eine Auslagerung bereits, bevor er die Börsenerlaubnis **147** beantragt, muss er dies der Börsenaufsichtsbehörde mitteilen.[223] Widerspricht die geplante Auslagerung der Regelung in § 5 Abs. 3 Satz 1 BörsG, darf die Behörde die Börsenerlaubnis nicht schon allein deswegen versagen. Erfüllt der Antragsteller die sonstigen gesetzlichen Anforderungen, kann sich die Behörde nämlich darauf beschränken, nur die geplante Auslagerung zu verbieten. Erst wenn er die Anforderungen nicht erfüllt und eine Alternative zur Auslagerung fehlt, muss die Behörde die Börsenerlaubnis versagen. Allerdings kann eine Auslagerung auch gegen die Betriebspflicht oder die Organisationspflicht verstoßen.[224] Dann ist eine Auslagerung an § 5 Abs. 1 BörsG bzw. an § 5 Abs. 4 BörsG zu messen.

Der Antragsteller hat es selbst in der Hand, seine Organisationspflichten zu **148** erfüllen. Kann er die objektiven Anforderungen erfüllen, darf die Börsenaufsichtsbehörde ihm die Börsenerlaubnis nicht aus Gründen des § 5 Abs. 4 BörsG versagen.

Ebenso verhält es sich mit der Pflicht aus § 5 Abs. 4a BörsG 2018, Handelssysteme **149** in stabiler Art und Weise zu verwenden.

Nach deutschem Rechtsverständnis ist grundsätzlich jeder Verpflichtete selbst **150** dafür verantwortlich, die wirtschaftlichen Voraussetzungen zur Erfüllung seiner Pflichten zu schaffen.[225] Für die Kapital- und Finanzstruktur des Börsenträgers ist dieser also selbst verantwortlich.[226] Die Börsenaufsichtsbehörde stellt lediglich fest, ob ein konkreter Sachverhalt ernstliche Zweifel daran begründet, dass die Betriebspflicht erfüllt wird, und fordert den Börsenträger dann zur Abhilfe auf.[227] Hierzu muss der Antragsteller gemäß § 4 Abs. 2 Satz 2 Nr. 1 BörsG einen *„geeigneten Nachweis der nach § 5 Abs. 5 zum Börsenbetrieb erforderlichen Mittel“* vorlegen. Auch § 5 Abs. 5 BörsG dürfte für den Antragsteller nicht unüberwindbar sein. Denn jedes

---

222 Siehe schon Rn. 100.
223 *Beck*, in: Schwark/Zimmer, Kapitalmarktrecht, 4. Aufl., § 5 BörsG Rn. 19.
224 In diesem Sinne *Burgard*, WM 2011, 2021, 2024.
225 *Bressler*, Public private partnership im Bank- und Börsenrecht, S. 93.
226 *Beck*, in: Schwark/Zimmer, Kapitalmarktrecht, 4. Aufl., § 5 BörsG Rn. 28.
227 Ebd.

wirtschaftlich planende Unternehmen wird Art und Umfang des Börsenbetriebs ohnehin an seine finanziellen Möglichkeiten anpassen.

151 An der Fähigkeit des Antragstellers, die Börse von Amtshaftungsansprüchen freizustellen, bestünden Zweifel im Sinne des § 4 Abs. 3 Nr. 4 BörsG, wenn der Antragsteller eventuell mögliche Schäden nicht aus eigener finanzieller Kraft begleichen könnte und sich zudem nicht für solche Fälle versichert. Diese Zweifel an der Erfüllung der Freistellungspflicht des § 5 Abs. 6 BörsG kann der Antragsteller beseitigen, indem er entsprechendes Kapital vorhält oder sich angemessen versichert.

152 Des Weiteren ist auch davon auszugehen, dass der Börsenträger sich bei der Ausführung von Kundenaufträgen neutral im Sinne des § 5 Abs. 7 BörsG 2018 verhält. Man wird dem Antragsteller kaum die Fähigkeit absprechen können, bei der Ausführung von Kundenaufträgen an Börsen keinen Handel für eigene Rechnung zu treiben und nicht auf die Zusammenführung sich deckender Kundenaufträge zurückzugreifen.

153 Bezüglich der Pflicht zur Einrichtung eines Whistleblowing-Systems nach § 5 Abs. 7 BörsG/§ 5 Abs. 8 BörsG 2018 verhält es sich wie mit den Organisationspflichten, der Pflicht zur Verwendung von Handelssystemen in stabiler Art und Weise und der Pflicht zur neutralen Ausführung von Kundenaufträgen. Der Antragsteller hat es selbst in der Hand, ein entsprechendes System zu installieren.

6. Unbenannte Versagungsgründe des § 4 Abs. 3 BörsG

154 Der Gesetzgeber wollte der Börsenaufsichtsbehörde durch § 4 Abs. 3 BörsG größere Flexibilität bei der Prüfung von Erlaubnisanträgen einräumen.[228] Durch die Aufstellung einer nicht abschließenden Liste von Regelbeispielen in § 4 Abs. 3 BörsG stellt der Gesetzgeber klar, dass es neben den aufgelisteten benannten Versagungsgründen noch andere unbenannte gibt.[229] Hierdurch hat die Börsenaufsichtsbehörde *„die Möglichkeit, auch bei dem Vorliegen anderer, gleichermaßen gewichtiger, Gründe die Erlaubnis zum Betrieb einer Börse zu versagen."*[230] Da die Regelbeispiele keine unbestimmten Rechtsbegriffe verwenden, ergibt sich aus ihnen kein Beurteilungsspielraum der Börsenaufsichtsbehörde.[231] Auch unbenannte Versagungsgründe sind folglich gerichtlich voll überprüfbar.

Gleichermaßen gewichtig sind unbenannte Versagungsgründe, die den Antragsteller maximal genauso stark einschränken wie die in § 4 Abs. 3 BörsG aufgelisteten Versagungsgründe. Die Regelbeispiele des § 4 Abs. 3 BörsG sollen die zu errichtende Börse funktionsfähig halten.[232] Dazu muss der Börsenträger seine Pflichten erfüllen können. Diesem Zweck müssen auch die unbenannten Versagungsgründe

---

228 BT-Drs. 16/4899, S. 13.

229 Ebd.

230 Ebd.

231 Zur Lehre vom Beurteilungsspielraum siehe *Maurer*, Allgemeines Verwaltungsrecht, § 7 Rn. 31 ff.

232 In diesem Sinne bereits Rn. 128.

entsprechen. Die Versagungsgründe des § 4 Abs. 3 BörsG betreffen persönliche Eigenschaften und Fähigkeiten, das Vorhandensein von Personal-, Sach- und Finanzmitteln sowie Sachkunde, Eignung und Zuverlässigkeit. Diese Tatsachen sind subjektive Erlaubnisvoraussetzungen, welche der Antragsteller allesamt beeinflussen kann.[233] Zusätzliche subjektive Erlaubnisvoraussetzungen sind als unbenannte Versagungsgründe daher denkbar.[234] Dagegen sind objektive Erlaubnisvoraussetzungen Tatsachen, die der Antragsteller nicht beeinflussen kann.[235] Mangels einer Möglichkeit zur Einflussnahme beschränken objektive Erlaubnisvoraussetzungen den Antragsteller stärker als subjektive. Daher sind objektive Erlaubnisvoraussetzungen keine *gleichermaßen gewichtigen* unbenannten Versagungsgründe. Die unbenannten Versagungsgründe des § 4 Abs. 3 BörsG betreffen demnach keine Tatbestandsvoraussetzungen außerhalb des Pflichtenkreises des Börsenträgers.[236]

Die Gewährleistung der guten Ordnung am Kapitalmarkt und die Förderung des Finanzplatzes Deutschland sind keine unbenannten Versagungsgründe. Diesbezüglich ist der Börsenträger nicht verpflichtet.[237] Auch trifft ihn keine weitergehende öffentlich-rechtliche Treuepflicht.[238] Allerdings könnte die Bedürfnisprüfung zu einer Versagung der Börsenerlaubnis führen.[239] Ebenso könnte die Ankündigung eines rechtswidrigen Verhaltens der Börsenerlaubnis als unbenannter Versagungsgrund entgegenstehen. Schließlich könnten sich im Wege richtlinienkonformer Auslegung unbenannte Versagungsgründe aufgrund der MiFID/MiFID II ergeben.

a) Keine Bedürfnisprüfung

In der Vergangenheit erlaubte der überwiegende Teil des Schrifttums der Börsen- **155**
aufsichtsbehörde eine Bedürfnisprüfung.[240] Die Börsenaufsichtsbehörde hatte hierbei vier Kriterien zu beachten: die wirtschaftliche Bedeutung einer Börse für den Finanzplatz, das Umland und den Geschäftszweig; garantierte Bereitstellung

---

233 Siehe zum Begriff subjektiver Voraussetzungen für die Aufnahme einer Tätigkeit BVerfGE 7, 377, 406 f. (= NJW 1958, 1035) – Apothekenurteil.

234 *Seehafer*, Grenzüberschreitende Börsenkonzentrationen, S. 540, die von *„Trägertauglichkeitskriterien"* spricht.

235 Siehe zum Begriff objektiver Voraussetzungen für die Aufnahme einer Tätigkeit BVerfGE 7, 377, 407 f. (= NJW 1958, 1035) – Apothekenurteil.

236 *Beck*, in: Schwark/Zimmer, Kapitalmarktrecht, 4. Aufl., § 4 BörsG Rn. 28.

237 Siehe Rn. 83 f.

238 Siehe Rn. 85.

239 *Seehafer*, Grenzüberschreitende Börsenkonzentrationen, S. 540.

240 *Hopt/Baum*, in: Hopt/Rudolph/Baum, Börsenreform, S. 405; *Baums/Segna*, Börsenreform, S. 30; *Segna*, Die Rechtsform deutscher Wertpapierbörsen, S. 13 f.; *Peterhoff*, in: Schäfer, Kapitalmarktgesetze, 1. Aufl., § 1 BörsG Rn. 1; *Breitkreuz*, Die Ordnung der Börse, S. 183; *Schlüter*, Börsenhandelsrecht, S. 354 f. Rn. 26; früher noch *Beck*, in: Schwark, Kapitalmarktrecht, 3. Aufl., § 1 BörsG Rn. 13; ähnlich *Lenenbach*, Kapitalmarkt- und Gesellschaftsrecht, Rn. 3.25; a.A. *Groß*, Kapitalmarktrecht, 3. Aufl., § 1 BörsG Rn. 4; *Boschan*, Wertpapierhandelssysteme, S. 434 f.

der Mittel für den ordnungsgemäßen Betrieb der Börse; Verhinderung geschäftsschwacher *„Kümmerbörsen"* bzw. Wettbewerbsfähigkeit der Börse; wirtschaftliche Leistungsfähigkeit des Börsenträgers zur Erfüllung seiner Pflichten.[241] Deshalb ist zu fragen, ob eine Bedürfnisprüfung auch heute noch als unbenannter Versagungsgrund des § 4 Abs. 3 BörsG eine ungeschriebene Tatbestandsvoraussetzung sein darf.[242] Insoweit könnte sich dann auch ein Beurteilungsspielraum der Börsenaufsichtsbehörde ergeben.

Bei einer abstrakten Bedürfnisprüfung hätte die Börsenaufsichtsbehörde einen Beurteilungsspielraum.[243] Eine abstrakte Bedürfnisprüfung ist allerdings nicht gemeint.[244] Eine solche ermittelt den abstrakten Bedarf auf dem betroffenen Sachgebiet. Hiernach wäre zu prüfen, ob derartige Leistungen überhaupt nachhaltig nachgefragt werden. Erforderlich ist eine abstrakte Bedürfnisprüfung immer auf neuen Sachgebieten.[245] Solange aber Börsen vorhanden sind, ist ohnehin von einem abstrakten Bedürfnis auszugehen.[246]

Demnach ist eine konkrete Bedürfnisprüfung gemeint. Ob ein konkreter Bedarf vorliegt, orientiert sich an der Anzahl bereits vorhandener Börsen. Dies kann der Antragsteller aber nicht beeinflussen. Auch wäre eine solche Bedürfnisprüfung wiederum darauf bezogen, die Funktionsfähigkeit des gesamten inländischen Kapitalmarktes sicherzustellen. Dies wäre eine rein objektive Erlaubnisvoraussetzung. Daher umfassen die unbenannten Versagungsgründen des § 4 Abs. 3 BörsG keine Bedürfnisprüfung.

b) Ankündigung rechtswidrigen Verhaltens

156 Kündigt der Antragsteller an, zu einem späteren Zeitpunkt gegen das BörsG, die in § 4 Abs. 5 Satz 1 Nr. 3 BörsG genannten unionsrechtlichen Verordnungsregelungen oder zur Durchführung dieser Gesetze erlassenen Verordnungen oder Anordnungen zu verstoßen, so steht dies einer Erlaubnis entgegen.[247] Dies ergibt sich systematisch

---

241 Die ersten drei Kriterien nennt *Schwark*, Börsengesetz, 2. Aufl., § 1 BörsG Rn. 20; zudem sieht *Schlüter*, Börsenhandelsrecht, S. 354 f. Rn. 26 noch eine unerwünschte Zersplitterung der Liquidität und eine damit einhergehende Beeinträchtigung der Preisbildung als Kriterium der Bedürfnisprüfung an; später entwickelt das letzte Kriterium *Beck*, in: Schwark, Kapitalmarktrecht, 3. Aufl., § 1 BörsG Rn. 13.

242 Mit dieser Möglichkeit setzt sich *Christoph*, Börsenkooperationen und Börsenfusionen, S. 260 ff. auseinander.

243 Vgl. VG Karlsruhe GewArch 2008, 399, 400; von einem Einschätzungsspielraum spricht VG Ansbach GewArch 2001, 75, 75; *Rickert*, in: Pielow, Gewerbeordnung, § 36 GewO Rn. 23; ausführlich *Ennuschat*, in: Tettinger/Wank/Ennuschat, Gewerbeordnung, § 36 GewO Rn. 21 f.; a.A. *Frotscher*, NVwZ 1996, 33, 36.

244 So aber *Breitkreuz*, Die Ordnung der Börse, S. 183.

245 *Ennuschat*, in: Tettinger/Wank/Ennuschat, Gewerbeordnung, § 36 GewO Rn. 20; *Rickert*, in: Pielow, Gewerbeordnung, § 36 GewO Rn. 23.

246 So auch für Sachverständige *Rickert*, in: Pielow, Gewerbeordnung, § 36 GewO Rn. 23.

247 So bereits *U. H. Schneider/Burgard*, WM 2000 Sonderbeilage Nr. 3, 24, 36.

aus § 4 Abs. 5 Satz 1 Nr. 3 BörsG. Denn danach wäre die Erlaubnis zu dem späteren Zeitpunkt aufzuheben. Die Erlaubnis aber zu erteilen, obwohl bereits bekannt ist, dass sie zu einem späteren Zeitpunkt wieder aufzuheben wäre, würde dem Zweck der Betriebspflicht widersprechen. Zudem ist das Verhalten in der Person des Antragstellers begründet und entspricht damit als subjektive Erlaubnisvoraussetzung einem unbenannten Versagungsgrund des § 4 Abs. 3 BörsG.

c) Keine unbenannten Versagungsgründe aufgrund richtlinienkonformer Auslegung

§ 4 Abs. 3 i.V.m. Abs. 2 BörsG setzt Art. 36 ff. MiFID um.[248] Gemäß Art. 36 Abs. 1 **157**
UAbs. 1 und 2 MiFID/Art. 44 Abs. 1 UAbs. 1 und 2 MiFID II lässt die zuständige Behörde ein System nur als geregelten Markt zu, wenn sowohl der Marktbetreiber als auch das System *„zumindest den Anforderungen"* des Titels III der MiFID/MiFID II genügt. Nach dem allgemeinem Sprachgebrauch darf die Börsenaufsichtsbehörde die Börsenerlaubnis also nur erteilen, wenn der Antragsteller und die geplante Börse diese Anforderungen erfüllen. Die Anforderungen des Titels III betreffen die Leitung des geregelten Marktes (Art. 37 MiFID/Art. 45 Abs. 1, Abs. 7 UAbs. 2, Abs. 8 MiFID II), die Personen, die die Verwaltung des geregelten Marktes wesentlich beeinflussen (Art. 38 MiFID/Art. 46 MiFID II), und die Organisation des geregelten Marktes (Art. 39 MiFID/Art. 47 Abs. 1 MiFID II). Einen Großteil dieser Anforderungen setzt § 4 Abs. 3 BörsG im Wege einer Festlegung als Versagungsgründe in deutsches Recht um.[249] Daneben könnte die richtlinienkonforme Auslegung dazu zwingen, nicht umgesetzte Anforderungen als unbenannte Versagungsgründe des § 4 Abs. 3 BörsG aufzunehmen.

Nicht in § 4 Abs. 3 i.V.m. Abs. 2 oder § 5 BörsG umgesetzt sind die Art. 37 Abs. 1 UAbs. 2, Art. 38 Abs. 2 lit. b, Abs. 3, Art. 39 lit. d MiFID.[250] Art. 37 Abs. 1 UAbs. 2 MiFID regelt *zukünftige* Änderungen der Personen, die die Geschäfte und den Betrieb des geregelten Marktes tatsächlich leiten. Art. 38 Abs. 2 lit. b MiFID/Art. 46 Abs. 2 lit. b MiFID II betrifft *zukünftige* Änderungen der Eigentümer des Betreibers, die die Führung des geregelten Marktes wesentlich beeinflussen können und wird in § 6 Abs. 6 BörsG umgesetzt.[251] Art. 38 Abs. 3 MiFID/Art. 46 Abs. 3 MiFID II bezieht sich auf *zukünftige* Änderungen der Mehrheitsbeteiligungen am Betreiber und wird ebenfalls in § 6 Abs. 6 BörsG umgesetzt.[252] Für die Erstzulassung eines Systems als geregelter Markt sind *zukünftige* Änderungen unerheblich und können nur bei einer Ankündigung einen Versagungsgrund darstellen.[253] Art. 39 lit. d MiFID/Art. 47 Abs. 1 lit. d MiFID II fordert *„transparente und nichtdiskretionäre*

---

248 BT-Drs. 16/4028, S. 81.
249 Ebd.
250 Siehe dazu a. a. O., S. 81 f.
251 A. a. O., S. 82.
252 Ebd.
253 Zu diesem Versagungsgrund siehe Rn. 156.

Regeln und Verfahren für einen fairen und ordnungsgemäßen Handel sowie objektive Kriterien für eine effiziente Auftragsausführung". Der Gesetzgeber hat sich nicht explizit zu einer Umsetzung dieser Norm geäußert. Allerdings regeln die §§ 23 ff. BörsG den Börsenhandel und die Börsenpreisfeststellung transparent. Auch wird das Verfahren transparent durch die Regelungen über die Vor- und Nachhandelstransparenz (§§ 30 f. BörsG). Der Börsenhandel ist auch nichtdiskretionär, also nicht dem Ermessen der Börse anheimgestellt. Emittenten haben nämlich gemäß § 32 Abs. 3 BörsG einen Anspruch darauf, an einer Börse gelistet zu werden, wenn die erforderlichen Voraussetzungen erfüllt sind.[254] Zudem haben Unternehmen einen Anspruch, zur Teilnahme am Börsenhandel zugelassen zu werden, wenn sie die Anforderungen des § 19 Abs. 4 BörsG erfüllen.[255] Die effiziente Ausführung der Aufträge wird schon dadurch sichergestellt, dass sich die Aufsicht nach § 3 Abs. 1 Satz 3 BörsG auf die ordnungsgemäße Durchführung des Handels an der Börse sowie die ordnungsgemäße Erfüllung der Börsengeschäfte (Börsengeschäftsabwicklung) erstreckt. Damit ist die Umsetzung des Art. 39 lit. d MiFID/Art. 47 Abs. 1 lit. d MiFID II gesetzlich sichergestellt. Die Norm stellt also keine weiteren Anforderungen und kann keinen unbenannten Versagungsgrund bilden. Aus der richtlinienkonformen Auslegung folgen somit insgesamt keine unbenannten Versagungsgründe.

III. Ungeschriebene Erlaubnisvoraussetzungen und Versagungsgründe

158 Neben die vom Gesetz vorgesehenen benannten und unbenannten Voraussetzungen und Versagungsgründe für die Erteilung eines Verwaltungsaktes können immer auch ungeschriebene Voraussetzungen oder Versagungsgründe treten. Ob es sich dabei um Erlaubnisvoraussetzungen oder Versagungsgründe handelt, ist lediglich eine Frage der Formulierung. Demnach könnten anderweitige allgemeine oder besondere verwaltungsrechtliche Gründe der Erteilung einer Börsenerlaubnis entgegenstehen.

Tatsachen, die nicht im Antragsteller begründet sind, können allerdings auch nicht als ungeschriebene Voraussetzungen oder Versagungsgründe herhalten. Dies würde der Intention des Gesetzgebers widersprechen, der die Versagungsgründe bewusst auf *gleichermaßen gewichtige Gründe* beschränken wollte.[256] Dies können nur Tatsachen sein, die der Antragsteller beeinflussen kann.[257] Objektive Erlaubnisvoraussetzungen sind also auch hier ausgeschlossen. Daher ist eine konkrete

---

254 *Hammen*, in: Kümpel/Hammen, Börsenrecht, 2. Aufl., S. 194 f.; *ders.*, Börsen und multilaterale Handelssysteme im Wettbewerb, S. 85 f.

255 *Walter*, WM 1986, 1489, 1489; *Beck*, in: Schwark/Zimmer, Kapitalmarktrecht, 4. Aufl., § 19 BörsG Rn. 57; *Ledermann*, in: Schäfer/Hamann, Kapitalmarktgesetze, Bd. II, 2. Aufl. 7. EL., § 16 BörsG Rn. 5; *Augsberg*, in: Ehlers/Fehling/Pünder, Besonderes Verwaltungsrecht, Bd. I, § 35 Rn. 21.

256 BT-Drs. 16/4899, S. 13.

257 Siehe Rn. 154.

Bedürfnisprüfung auch nicht als ungeschriebene Erlaubnisvoraussetzung außerhalb des § 4 Abs. 3 BörsG auf der Tatbestandsebene zulässig.

Zu untersuchen ist ferner, ob die Börsenerlaubnis versagt werden kann, wenn die Börsenaufsichtsbehörde eine Auflage im Sinne des § 4 Abs. 5a Satz 1 BörsG an Tatsachen knüpft, die im Antragsteller begründet sind und dieser die Auflage nicht erfüllt. Außerdem könnte die Börsenerlaubnis zu versagen sein, wenn der Antragsteller Aufsichtsgesetzen nicht entspricht, in deren Geltungsbereich er wegen seiner Eigenschaft als Börsenträger fällt.[258] In diesem Sinne könnten ungeschriebene Erlaubnisvoraussetzungen oder Versagungsgründe speziell gemäß § 9 Abs. 1 Satz 1 BörsG aus dem GWB oder ganz allgemein aus dem Prinzip der Gewährleistung einer effektiven Aufsicht resultieren. Dieses Prinzip ist sowohl im BörsG als auch in anderen Aufsichtsgesetzen zu beachten.

1. *Keine Auflagen nach § 4 Abs. 5a Satz 1 BörsG als Erlaubnisvoraussetzungen*

Nach § 4 Abs. 5a Satz 1 BörsG kann die Börsenaufsichtsbehörde die Börsenerlaubnis mit Auflagen versehen, *„soweit dies erforderlich ist, um die Erlaubnisvoraussetzungen sicherzustellen."* Auflagen sind nach der Legaldefinition in § 36 Abs. 2 Nr. 4 LVwVfG[259] Bestimmungen, *„die dem Begünstigten ein Tun, Dulden oder Unterlassen"* vorschreiben; sie verpflichten den Adressaten zusätzlich.[260] Auflagen nach § 4 Abs. 5a Satz 1 BörsG sollen sicherstellen, dass die gesetzlichen Voraussetzungen der Börsenerlaubnis erfüllt werden. § 4 Abs. 5a Satz 1 BörsG ist daher eine Spezialvorschrift im Sinne des § 36 Abs. 1 Alt. 1 LVwVfG[261] und normiert eine Nebenbestimmung mit dem Regelungsgehalt des § 36 Abs. 1 Alt. 2 LVwVfG. Nebenbestimmungen sollen rechtliche oder tatsächliche Hindernisse beseitigen, die einer uneingeschränkten Erlaubnis **159**

258 In diesem Sinne *Christoph*, Börsenkooperationen und Börsenfusionen, S. 181.

259 § 36 Abs. 2 Nr. 4 VwVfGBW; Art. 36 Abs. 2 Nr. 4 BayVwVfG; § 1 Abs. 1 BlnVwVfG i.V.m. § 36 Abs. 2 Nr. 4 VwVfG; § 1 Abs. 1 Satz 1 VwVfGBbg i.V.m. § 36 Abs. 2 Nr. 4 VwVfG; § 36 Abs. 2 Nr. 4 BremVwVfG; § 36 Abs. 2 Nr. 4 HmbVwVfG; § 36 Abs. 2 Nr. 4 HVwVfG; § 36 Abs. 2 Nr. 4 VwVfG M-V; § 1 Abs. 1 NVwVfG i.V.m. § 36 Abs. 2 Nr. 4 VwVfG; § 36 Abs. 2 Nr. 4 VwVfG NRW; § 1 Abs. 1 VwVfGRPf i.V.m. § 36 Abs. 2 Nr. 4 VwVfG; § 36 Abs. 2 Nr. 4 SVwVfG; § 1 Satz 1 SächsVwVfZG i.V.m. § 36 Abs. 2 Nr. 4 VwVfG; § 1 Abs. 1 Satz 1 VwVfG LSA i.V.m. § 36 Abs. 2 Nr. 4 VwVfG; § 107 Abs. 2 Nr. 4 VwG SH; § 36 Abs. 2 Nr. 4 ThürVwVfG.

260 *Maurer*, Allgemeines Verwaltungsrecht, § 12 Rn. 9.

261 § 36 Abs. 1 VwVfGBW; Art. 36 Abs. 1 BayVwVfG; § 1 Abs. 1 BlnVwVfG i.V.m. § 36 Abs. 1 VwVfG; § 1 Abs. 1 Satz 1 VwVfGBbg i.V.m. § 36 Abs. 1 VwVfG; § 36 Abs. 1 BremVwVfG; § 36 Abs. 1 HmbVwVfG; § 36 Abs. 1 HVwVfG; § 36 Abs. 1 VwVfG M-V; § 1 Abs. 1 NVwVfG i.V.m. § 36 Abs. 1 VwVfG; § 36 Abs. 1 VwVfG NRW; § 1 Abs. 1 VwVfGRPf i.V.m. § 36 Abs. 1 VwVfG; § 36 Abs. 1 SVwVfG; § 1 Satz 1 SächsVwVfZG i.V.m. § 36 Abs. 1 VwVfG; § 1 Abs. 1 Satz 1 VwVfG LSA i.V.m. § 36 Abs. 1 VwVfG; § 107 Abs. 1 VwG SH; § 36 Abs. 1 ThürVwVfG.

entgegenstehen.[262] Allerdings sind Nebenbestimmungen rechtswidrig, die Voraussetzungen sicherstellen sollen, die keine gesetzlichen Voraussetzungen des begehrten Verwaltungsaktes sind.[263] Dieser Grundsatz gilt auch hier. Denn der Wortlaut des § 4 Abs. 5a Satz 1 BörsG erfasst keine Auflagen, die *zusätzliche* Erlaubnisvoraussetzungen sicherstellen sollen. Die Börsenaufsichtsbehörde kann zwar die formellen oder materiellen Voraussetzungen des § 4 Abs. 3 i.V.m. Abs. 2 BörsG mittels Auflagen sicherstellen. Sie darf also die Pflichten des Börsenträgers innerhalb der Börsenerlaubnis konkretisieren.[264] Sie darf aber keine Auflagen erteilen, die über den Regelungsgehalt der §§ 4 und 5 BörsG hinausgehen.[265] Auflagen im Sinne des § 4 Abs. 5a Satz 1 BörsG können also nicht zusätzliche Erlaubnisvoraussetzungen begründen.

2. *Kartellrechtliche Unbedenklichkeit*

160 Nach § 9 Abs. 1 Satz 1 BörsG hat die Börsenaufsichtsbehörde darauf hinzuwirken, dass das GWB eingehalten wird. Daher könnte die Börsenerlaubnis zu versagen sein, wenn das Vorhaben kartellrechtlich nicht unbedenklich ist. Anderenfalls würde die Erlaubnis einen Verstoß gegen das Kartellrecht erst ermöglichen.[266] § 9 Abs. 1 Satz 2 BörsG nennt beispielhaft Bereiche von Börsen und ihren Börsenträgern, die dem GWB unterfallen: den Zugang zu und die Nutzung von Handels-, Informations- und Abwicklungssystemen sowie sonstigen börsenbezogenen Dienstleistungseinrichtungen. Speziell in diesen Bereichen kann sich ein Wettbewerb – wie vom Gesetzgeber gewünscht[267] – ergeben.

Nach dem Wortlaut des § 9 Abs. 2 Satz 1 BörsG sind die Kartellbehörden weiter dafür zuständig, dass das GWB eingehalten wird.[268] Die Börsenaufsichtsbehörde achtet nur auf eventuelle Verstöße gegen das Kartellrecht und informiert dann die Kartellbehörden.[269] Sie ist nicht befugt, selbst zu ermitteln oder kartellrechtliche Maßnahmen vorzunehmen.[270] Folglich kann sie auch im Erlaubnisverfahren nicht

---

262 *Maurer*, Allgemeines Verwaltungsrecht, § 12 Rn. 2.

263 *Stelkens*, in: Stelkens/Bonk/Sachs, Verwaltungsverfahrensgesetz, § 36 VwVfG Rn. 22.

264 *Gurlit/Mülbert*, Der Börsenträger im Spannungsfeld, S. 61 f.; von einer Konkretisierung des Leistungsumfangs spricht BT-Drs. 14/8017, S. 72; ebenso *Beck*, in: Schwark/Zimmer, Kapitalmarktrecht, 4. Aufl., § 5 BörsG Rn. 9.

265 In diesem Sinne *Gurlit/Mülbert*, Der Börsenträger im Spannungsfeld, S. 62 f.; *Bredt*, WM 2013, 1839, 1840.

266 *Christoph*, Börsenkooperationen und Börsenfusionen, S. 255 f.

267 BT-Drs. 12/6679, S. 61.

268 *Beck*, in: Schwark/Zimmer, Kapitalmarktrecht, 4. Aufl., § 9 BörsG Rn. 42.

269 BT-Drs. 12/6679, S. 61; *Merkt*, in: 64. Deutscher Juristentag, Bd. I, G 3, G 118 f.; *Beck*, in: Schwark/Zimmer, Kapitalmarktrecht, 4. Aufl., § 9 BörsG Rn. 42; *Groß*, Kapitalmarktrecht, 6. Aufl., § 9 BörsG Rn. 2.

270 *Beck*, in: Schwark/Zimmer, Kapitalmarktrecht, 4. Aufl., § 9 BörsG Rn. 42; *Ledermann*, in: Schäfer/Hamann, Kapitalmarktgesetze, Bd. II, 2. Aufl. 7. EL., § 6 BörsG Rn. 4; ähnlich *Groß*, Kapitalmarktrecht, 6. Aufl., § 9 BörsG Rn. 2.

prüfen, ob das Vorhaben kartellrechtlich unbedenklich ist. Dies widerspräche der grundsätzlichen Aufgabenverteilung zwischen Kartellbehörden und Börsenaufsichtsbehörde.[271] Die Börsenaufsichtsbehörde kann gemäß § 9 Abs. 1 Satz 1 BörsG nur förmlich darauf *„hinwirken"*, dass die Kartellbehörde über die kartellrechtliche Unbedenklichkeit entscheidet.[272]

Liegen der Börsenaufsichtsbehörde Anhaltspunkte für Verstöße gegen das GWB vor, setzt sie das Erlaubnisverfahren aus[273] und unterrichtet gemäß § 9 Abs. 2 Satz 2 BörsG die zuständige Kartellbehörde. Dies verpflichtet die Kartellbehörde aber noch nicht, Ermittlungen aufzunehmen.[274] Das Entschließungsermessen der Kartellbehörde beurteilt sich allein nach dem GWB.[275] Hat die Kartellbehörde die Ermittlungen abgeschlossen, unterrichtet sie die Börsenaufsichtsbehörde über das Ergebnis (§ 9 Abs. 2 Satz 3 BörsG). Entschließt sich die Kartellbehörde, keine Ermittlungen aufzunehmen, muss sie nach Sinn und Zweck des § 9 Abs. 2 Satz 3 BörsG die Börsenaufsichtsbehörde zumindest über diese Entscheidung unterrichten. Die Börsenaufsichtsbehörde berücksichtigt dann das jeweilige Ergebnis im Erlaubnisverfahren.[276] Nur wenn die Kartellbehörde Ermittlungen aufnimmt und schließlich einen Verstoß gegen das Kartellrecht feststellt, wäre die Börsenerlaubnis zu versagen. Das Kartellrecht beeinflusst die Börsenerlaubnis daher nur mittelbar.[277] **161**

Ein Verstoß gegen das GWB ist sowohl durch den Börsenträger als auch die Börse denkbar. Voraussetzung hierfür ist freilich, dass Börse und Börsenträger jeweils ein Unternehmen im Sinne der § 1, §§ 19 f., §§ 35 ff. GWB sind. Im GWB gilt der *funktionale Unternehmensbegriff*.[278] Unternehmen ist danach jede selbstständige und nicht nur dem privaten Verbrauch dienende Tätigkeit im geschäftlichen Verkehr.[279] Börsen sind Marktorganisatoren, sie ermöglichen ihren Handelsteilnehmern, organisiert zu handeln. Die Handelsteilnehmer zahlen Gebühren für die Zulassung zur Teilnahme am Börsenhandel und für die Teilnahme am Börsenhandel selbst. Den Emittenten eröffnen die Börsen einen Absatz- und Handelsmarkt für deren Papiere. Die Emit- **162**

---

271 *Merkt*, in: 64. Deutscher Juristentag, Bd. I, G 3, G 118 f.; *Beck*, in: Schwark/Zimmer, Kapitalmarktrecht, 4. Aufl., § 9 BörsG Rn. 42.

272 BT-Drs. 12/6679, S. 61.

273 *Christoph*, Börsenkooperationen und Börsenfusionen, S. 259.

274 *Beck*, in: Schwark/Zimmer, Kapitalmarktrecht, 4. Aufl., § 9 BörsG Rn. 43.

275 Ebd.

276 *Christoph*, Börsenkooperationen und Börsenfusionen, S. 259.

277 Ebd.

278 BGH WuW/E BGH, 1474, 1477 (= WM 1977, 924) – Architektengebühren; *Krauß*, in: Langen/Bunte, Kartellrecht, Bd. I, § 1 GWB Rn. 32; *Nordemann*, in: Loewenheim u. a., Kartellrecht, § 1 GWB Rn. 29; *Zimmer*, in: Immenga/Mestmäcker, Wettbewerbsrecht, Bd. II/1, § 1 GWB Rn. 23; *Hootz*, in: Müller-Hennenberg/Schwartz/Hootz, GWB und Europäisches Kartellrecht, § 1 GWB Rn. 12; *Bechtold/Bosch*, Kartellgesetz, § 1 GWB Rn. 7; *Wiedemann*, in: Wiedemann, Handbuch des Kartellrechts, § 4 Rn. 9.

279 *Zimmer*, in: Immenga/Mestmäcker, Wettbewerbsrecht, Bd. II/1, § 1 GWB Rn. 37.

tenten zahlen daher Gebühren für die Zulassung zum Handel und die Einführung der Papiere am Handelsmarkt.[280] Die Tätigkeit der Börsen als Marktorganisatoren dient also nicht nur dem privaten Gebrauch, sondern erfolgt im geschäftlichen Verkehr.[281]

Die Rechtsform des Unternehmens ist für den Unternehmensbegriff unerheblich.[282] Auch juristische Personen des öffentlichen Rechts (Körperschaften, Anstalten und Stiftungen) können sich als Unternehmen im Sinne des GWB betätigen.[283] Dabei genügt nach dem Zweck der Wettbewerbsregeln sogar die bloße Teilrechtsfähigkeit der fraglichen Einheit.[284] Ist das Erbringen von Leistungen öffentlich-rechtlich ausgestaltet, gestattet dies noch keinen Ausschluss des Wettbewerbsrechts.[285] Denn das GWB ist wegen seines Schutzzwecks selbst dann anwendbar, wenn die jeweilige Leistung in Konkurrenz zu anderen privaten Anbietern angeboten wird oder angeboten werden könnte.[286] Auch eine Tätigkeit, die dem öffentlich-rechtlichen Bereich zuzuordnen ist und öffentliche Zwecke verfolgt, kann dem GWB unterfallen.[287] Denn das GWB bezweckt, den Wettbewerb als Institution und die Handlungs- und Entschließungsfreiheit der Wettbewerber zu schützen.[288] Weder die Organisation der Börse als öffentlich-rechtliche Anstalt noch das öffentlich-rechtliche Erbringen von Leistungen verbieten daher die Anwendung des GWB.[289] Allerdings erfasst die wettbewerbsrechtliche Kontrolle keine Tätigkeiten, die gesetzlich vorgegeben sind.[290] Denn der Wettbewerb wird nur durch autonome Entscheidungen beeinträchtigt.[291] Gesetzlich vorgesehene börsenorganisatorische Tätigkeiten der Börse oder

---

280 *Christoph*, Börsenkooperationen und Börsenfusionen, S. 252.

281 In diesem Sinne *Beck*, WM 2000, 597, 598.

282 *Beck*, WM 2000, 597, 598; in diesem Sinne auch BGHZ 110, 371, 380 (= NJW 1990, 2815) – Sportübertragungen; für das europäische Kartellrecht siehe EuGH v. 12. Juli 1984, Rs. 170/83, ECLI:EU:C:1984:271, Rn. 10 ff. – Hydrotherm.

283 BGHZ 110, 371, 380 (= NJW 1990, 2815) – Sportübertragungen.

284 *Emmerich*, Kartellrecht, § 3 Rn. 26.

285 *Beck*, in: Schwark/Zimmer, Kapitalmarktrecht, 4. Aufl., § 9 BörsG Rn. 8; in diesem Sinne bereits *Olenhusen*, Börsen und Kartellrecht, S. 107.

286 *Merkt*, in: 64. Deutscher Juristentag, Bd. I, G 3, G 116; *Beck*, in: Schwark/Zimmer, Kapitalmarktrecht, 4. Aufl., § 9 BörsG Rn. 8.

287 *Ledermann*, in: Schäfer/Hamann, Kapitalmarktgesetze, Bd. II, 2. Aufl. 7. EL., § 6 BörsG Rn. 8; *Groß*, Kapitalmarktrecht, 6. Aufl., § 9 BörsG Rn. 3.

288 *Bunte*, in: Langen/Bunte, Kartellrecht, Bd. I, Einl. zum GWB Rn. 82; *Zimmer*, in: Immenga/Mestmäcker, Wettbewerbsrecht, Bd. II/1, § 1 GWB Rn. 11; differenzierend *Nordemann*, in: Loewenheim u. a., Kartellrecht, § 1 GWB Rn. 7, der den Wettbewerb als Institution lediglich als die Summe der wettbewerblichen Handlungsfreiheiten der Marktbeteiligten versteht.

289 *Christoph*, Börsenkooperationen und Börsenfusionen, S. 253.

290 *Groß*, Kapitalmarktrecht, 6. Aufl., § 9 BörsG Rn. 3; in diesem Sinne auch *Beck*, in: Schwark/Zimmer, Kapitalmarktrecht, 4. Aufl., § 9 BörsG Rn. 9.

291 *Hootz*, in: Müller-Hennenberg/Schwartz/Hootz, GWB und Europäisches Kartellrecht, § 1 GWB Rn. 22; in diesem Sinne auch *Zimmer*, in: Immenga/Mestmäcker, Wettbewerbsrecht, Bd. II/1, § 1 GWB Rn. 37 f.

des Börsenträgers unterliegen daher nicht der wettbewerbsrechtlichen Kontrolle.[292] Dies betrifft die durch öffentlich-rechtliche Normen abschließend geregelten Aufgaben, Befugnisse und Zuständigkeiten der Börsenorgane und die Börsenaufsicht.[293] Hierunter fällt z. B. die Zulassung von Wertpapieren.[294] Ansonsten unterfällt die Börse dem GWB.

Der Börsenträger bietet im Geschäftsverkehr gegenüber Börsen den technischen Betrieb des Börsenhandels an, indem er finanzielle, sachliche und personelle Mittel bereitstellt.[295] Auch die Rechtsform des Börsenträgers ist unerheblich. Daher unterfällt auch der Börsenträger dem GWB.[296]

Der Antragsteller muss die kartellrechtliche Zulässigkeit also sowohl hinsichtlich **163** der zu gründenden Börse als auch hinsichtlich des Börsenträgers gewährleisten. Ansonsten droht die Aussetzung des Erlaubnisverfahrens mit dem Ergebnis, dass die Börsenaufsichtsbehörde die Börsenerlaubnis so lange nicht erteilt, bis die Kartellbehörde ihr Verfahren beendet hat. Bei negativem Ausgang des Verfahrens der Kartellbehörde ist die Erlaubnis sogar zu versagen.

3. Gewährleistung einer effektiven Aufsicht

Ein Vergleich mit anderen Aufsichtsgesetzen (z. B. § 33 Abs. 2 Satz 1 KWG, § 11 **164** Abs. 2 Satz 1 VAG) zeigt, dass eine Erlaubnis auch versagt werden kann, wenn Tatsachen die Annahme rechtfertigen, dass eine wirksame Aufsicht beeinträchtigt wäre.[297] Einen vollen Beweis dafür, dass die Aufsicht beeinträchtigt ist, müssen die Aufsichtsbehörden nicht erbringen.[298] Der Vortrag von Tatsachen, die die Annahme stützen, reicht aus.[299] Nach den Beweislastregeln müsste der Antragsteller diese Tatsachen dann widerlegen. Ob eine solche Annahme gerechtfertigt ist, ist gerichtlich nachprüfbar.[300]

---

292 *Groß*, Kapitalmarktrecht, 6. Aufl., § 9 BörsG Rn. 3; *Beck*, in: Schwark/Zimmer, Kapitalmarktrecht, 4. Aufl., § 9 BörsG Rn. 9.

293 *Beck*, in: Schwark/Zimmer, Kapitalmarktrecht, 4. Aufl., § 9 BörsG Rn. 9.

294 *Groß*, Kapitalmarktrecht, 6. Aufl., § 9 BörsG Rn. 3.

295 In diesem Sinne *Christoph*, Börsenkooperationen und Börsenfusionen, S. 255, der zusätzlich auch noch auf Dienstleistungen gegenüber Handelsteilnehmern, Emittenten und Investoren abstellt.

296 So auch *Merkt*, in: 64. Deutscher Juristentag, Bd. I, G 3, G 116; *Beck*, in: Schwark/Zimmer, Kapitalmarktrecht, 4. Aufl., § 9 BörsG Rn. 7; *Groß*, Kapitalmarktrecht, 6. Aufl., § 9 BörsG Rn. 3; *Christoph*, Börsenkooperationen und Börsenfusionen, S. 255.

297 *Christoph*, Börsenkooperationen und Börsenfusionen, S. 236; *Lepczyk*, Internationale Börsenfusionen, S. 62.

298 BT-Drs. 14/4453, S. 29 f.

299 Ebd.

300 *Fischer/C. Müller*, in: Boos/Fischer/Schulte-Mattler, KWG, CRR-VO, Bd. I, 5. Aufl., § 33 KWG Rn. 71.

Auch im Börsenrecht ist die Erlaubnis zu versagen, wenn eine effektive Aufsicht nicht zu gewährleisten ist. Die Aufsicht ist konkret beeinträchtigt, wenn die Börsenaufsichtsbehörde ihre Befugnisse nicht mehr vollumfänglich wahrnehmen und die Pflichten der Aufsichtsadressaten nicht mehr umfassend durchsetzen kann. Die Börsenaufsichtsbehörde überwacht gemäß § 3 Abs. 1 Satz 3 BörsG *„die Einhaltung der börsenrechtlichen Vorschriften und Anordnungen, die ordnungsmäßige Durchführung des Handels an der Börse sowie die ordnungsmäßige Erfüllung der Börsengeschäfte (Börsengeschäftsabwicklung)"*. Neben dieser Generalklausel regelt das BörsG die Befugnisse der Börsenaufsichtsbehörde an verschiedenen Stellen.[301] Die Börsenaufsichtsbehörde kann Auskünfte und Unterlagen verlangen, Prüfungen vor Ort vornehmen, Anordnungen gegenüber der Börse, dem Börsenträger und den Handelsteilnehmern verfügen sowie Bußgeldbescheide erlassen.[302] Diese Rechte korrespondieren zumeist mit Auskunfts- und Berichtspflichten der jeweiligen Adressaten.[303] Durch diese umfassenden Befugnisse kann die Behörde nicht nur überwachen, sondern auch negativen Situationen vorbeugen oder solche beseitigen (vgl. § 3 Abs. 5 Satz 2 BörsG). Der Zweck der Aufsicht ist also auch in die Zukunft gerichtet. Die Börsenaufsichtsbehörde muss daher auch unterbinden, dass sie ihre Aufsichtsbefugnisse nicht mehr effektiv ausüben kann. Sie darf die Börsenerlaubnis also nicht erteilen, wenn sie die Einhaltung der börsenrechtlichen Vorschriften später nicht mehr überwachen könnte. Damit ist die Gewährleistung einer effektiven Aufsicht eine ungeschriebene Erlaubnisvoraussetzung. Diese Voraussetzung darf aber nicht so extensiv ausgelegt werden, dass sie die gesetzlich vorgesehenen Aufsichts- und Einwirkungsbefugnisse der Börsenaufsicht ausweitet.[304]

165 Adressaten der Aufsichtbefugnisse sind nach § 3 Abs. 1 Satz 2 BörsG die Börsenorgane, der *„Börsenträger, die Einrichtungen, die sich auf den Börsenverkehr einschließlich der nach § 5 Abs. 3 ausgelagerten Bereiche beziehen, und der Freiverkehr."* Die effektive Aufsicht der Börsenaufsichtsbehörde ist gefährdet, wenn konkrete Tatsachen befürchten lassen, dass eine Zusammenarbeit von Börsenaufsicht und diesen Adressaten behindert wird. Ungeschriebene Erlaubnisvoraussetzungen können allerdings nur Tatsachen sein, die der Antragsteller beeinflussen kann.[305] Fraglich ist demnach, wann die Aufsicht über einen dieser Adressaten aufgrund von Tatsachen gefährdet ist, die im Antragsteller begründet liegen.

---

301 *Groß*, Kapitalmarktrecht, 6. Aufl., § 3 BörsG Rn. 14.
302 Ebd.
303 Ebd.
304 *Christoph*, Börsenkooperationen und Börsenfusionen, S. 238.
305 Siehe Rn. 158.

a) *Aufsicht über den Börsenträger*

Seit dem FRUG regelt § 3 Abs. 1 Satz 2 BörsG ausdrücklich, dass die Börsenaufsichtsbehörde auch den Börsenträger überwacht. Damit ist die Aufsicht über den Börsenträger Teil der Börsenaufsicht.[306] Der Börsenträger untersteht als Betriebsverpflichteter der Aufsicht des errichtenden Bundeslandes.[307] Die Börsenaufsichtsbehörde überwacht in erster Linie die Erfüllung der Betriebspflicht.[308] Entsprechend Art. 36 Abs. 2 Satz 3 MiFID/Art. 44 Abs. 2 Satz 3 MiFID II sind die Voraussetzungen der Börsenerlaubnis dauerhaft zu erfüllen. Diese Rechtsaufsicht gegenüber dem Börsenträger stellt die Börsenaufsichtsbehörde sicher, indem sie ihr Auskunftsrecht nach § 3 Abs. 4 BörsG oder ihre Anordnungsbefugnis nach § 3 Abs. 5 Satz 2 BörsG wahrnimmt. Als *ultima ratio* kann sie nach § 4 Abs. 5 BörsG auch die Börsenerlaubnis aufheben. **166**

Zu fragen ist weiter, ob der Börsenträger auch einer Fachaufsicht der Börsenaufsichtsbehörde unterworfen ist. Dann könnte die Behörde überprüfen, ob der Börsenträger zweckmäßig handelt. Dies würde seinen Gestaltungsspielraum einschränken. Das dualistische Börsensystem soll aber gerade privatwirtschaftliches Handeln nutzbar machen, um öffentliche Aufgaben zu erfüllen.[309] Kann der Private sein Handeln jedoch nicht mehr frei gestalten, könnte die öffentliche Hand auch selbst handeln.[310] Zudem wäre der Börsenträger dann stärker beaufsichtigt als die Börse, die nur einer Rechtsaufsicht unterfällt.[311] Ferner reicht eine Rechtsaufsicht aus, da sie sicherstellt, dass der Börsenträger die Betriebspflicht erfüllt.[312] Der Börsenträger kann also auch ohne Fachaufsicht nicht völlig *„frei schalten und walten"*.[313] Außerdem würden fachaufsichtliche Weisungen in die unternehmerische Freiheit **167**

---

306 BT-Drs. 16/4028, S. 80; *Beck*, in: Schwark/Zimmer, Kapitalmarktrecht, 4. Aufl., § 3 BörsG Rn. 18.

307 *Beck*, in: Schwark/Zimmer, Kapitalmarktrecht, 4. Aufl., § 3 BörsG Rn. 18.

308 Ebd.

309 A. a. O., § 3 BörsG Rn. 19.

310 In diesem Sinne ebd.

311 *Beck*, in: Schwark/Zimmer, Kapitalmarktrecht, 4. Aufl., § 3 BörsG Rn. 19; im Ergebnis auch *Christoph*, Börsenkooperationen und Börsenfusionen, S. 149; diesen Aspekt lässt *Augsberg*, in: Ehlers/Fehling/Pünder, Besonderes Verwaltungsrecht, Bd. I, § 35 Rn. 33 allerdings nicht als Argument gegen eine Fachaufsicht gelten, da sich *„die organisatorische Trennung, die abweichende Aufgabenstruktur und namentlich die divergierenden Legitimationsmuster [. . .] auch in unterschiedlichen Aufsichtserfordernissen niederschlagen"* könnten.

312 *Schwark*, WM 2000, 2517, 2521; *Kümpel*, in: Kümpel/Hammen/Ekkenga, Kapitalmarktrecht, Bd. I, Kennzahl 060 Rn. 207; in diesem Sinne auch *Helmrich/O. Schick*, BKR 2003, 882, 883; *Beck*, in: Schwark/Zimmer, Kapitalmarktrecht, 4. Aufl., § 3 BörsG Rn. 19; *Augsberg*, in: Ehlers/Fehling/Pünder, Besonderes Verwaltungsrecht, Bd. I, § 35 Rn. 33.

313 *Schwark*, WM 2000, 2517, 2521.

der Börsenträgergesellschaft eingreifen und die Anteilseignerrechte verletzen.[314] In diesem Bereich ist die Börsenaufsichtsbehörde gegenüber dem Börsenträger deswegen nicht zu Eingriffen, Anordnungen oder Weisungen befugt.[315] Insgesamt ist eine Fachaufsicht somit abzulehnen.

168 Die Aufsicht über den Börsenträger ist erheblich beeinträchtigt, wenn die Börsenaufsichtsbehörde die rechtsaufsichtlichen Befugnisse nicht mehr voll wahrnehmen und somit die Pflichten des Börsenträgers nicht mehr umfassend durchsetzen kann.[316] Praxisrelevant sind vor allem zwei Fälle: sog. Intransparenztatbestände[317] sowie Befürchtungen, dass bei Börsenträgern mit Sitz im Ausland aufgrund des Territorialitätsprinzips eine wirksame Aufsicht nicht möglich sei.[318] Theoretisch sind auch andere Konstellationen denkbar.[319] Dies zeigt auch die Systematik anderer Aufsichtsgesetze, welche die betreffenden Tatbestände als nicht abschließende Regelbeispiele gefasst haben (vgl. § 33 Abs. 2 Satz 2 KWG und § 11 Abs. 2 Satz 2 VAG).

aa) Tatbestände der Intransparenz

169 Intransparenz kann wirtschaftlich sowie strukturell vorliegen.[320] Begrenzt werden solche Intransparenzen bereits durch § 4 Abs. 3 Nr. 1 BörsG.[321] Kann die Behörde den Unternehmensverbund nicht nachvollziehen, ist der Nachweis im Sinne des § 4 Abs. 3 Nr. 1 BörsG nicht erbracht und die Börsenerlaubnis zu versagen.[322] Daneben rechtfertigen Intransparenzen auch die Annahme, dass Inhaber bedeutender Beteiligungen nicht zuverlässig sind, was § 4 Abs. 3 Nr. 3 BörsG verbietet. Wirtschaftliche oder strukturelle Intransparenzen innerhalb dieser gesetzlichen Grenzen können die gesetzlich angestrebte effektive Aufsicht nicht gefährden.

170 Im Übrigen mag bereits bei Antragstellung damit zu rechnen sein, dass die Strukturen sich zukünftig zur Intransparenz verändern und die Erlaubnisvoraussetzungen dann nicht mehr überprüfbar sind. Aber auch hierdurch wird die effektive Aufsicht im Zeitpunkt der Erteilung der Börsenerlaubnis nicht gefährdet. Vor solchen nachträglichen Aufsichtsdefiziten schützt nämlich die Anteilseignerkontrolle nach § 6 Abs. 2 BörsG.

---

314 *Lepczyk*, Internationale Börsenfusionen, S. 85 f.

315 Ähnlich *Beck*, in: Schwark/Zimmer, Kapitalmarktrecht, 4. Aufl., § 3 BörsG Rn. 20.

316 Zur Erheblichkeit der Beeinträchtigung siehe *Christoph*, Börsenkooperationen und Börsenfusionen, S. 238.

317 *Christoph*, Börsenkooperationen und Börsenfusionen, S. 237; siehe dazu näher Rn. 131.

318 *Christoph*, Börsenkooperationen und Börsenfusionen, S. 237.

319 Siehe zu § 33 KWG insoweit *Fischer/C. Müller*, in: Boos/Fischer/Schulte-Mattler, KWG, CRR-VO, Bd. I, 5. Aufl., § 33 KWG Rn. 71.

320 Siehe Rn. 131.

321 Siehe Rn. 131.

322 Siehe Rn. 131.

bb) Territorialitätsprinzip als Grenze der Aufsicht

Eine effektive Aufsicht kann bei Börsenträgern mit Sitz im Ausland gefährdet sein, da das Territorialitätsprinzip eine unmittelbare Aufsicht im Ausland verhindert. Es begrenzt die Aufsichtsbefugnisse der Börsenaufsichtsbehörde.[323] Denn aus dem Territorialitätsprinzip leitet sich die Gebietshoheit ab,[324] also die Herrschaft eines Staates in einem und über ein Territorium.[325] Als allgemeine Regel des Völkerrechts ist das Territorialitätsprinzip gemäß Art. 25 GG Bestandteil des Bundesrechts und im Range über dem BörsG als einfachem Bundesrecht anzusiedeln.[326] Negativ verbietet das Territorialitätsprinzip hoheitliches Handeln staatlicher Organe außerhalb des Staatsgebiets.[327] Eine Behörde kann die notwendigen Aufsichtsmaßnahmen also nur in ihrem Hoheitsgebiet vornehmen.[328] **171**

Liegt der Sitz des Börsenträgers einer deutschen Börse im Ausland, muss gefragt werden, ob die Aufsicht über ihn noch ausreichend gewährleistet ist. Da weder eine zentrale europäische Aufsichtsbehörde für Börsen existiert noch ein Anerkennungsakt abgeschlossen wurde, kommt nur Amtshilfe durch den ausländischen Staat in Betracht. Amtshilfe bedeutet, dass sich Behörden Hilfe leisten und dabei bestehende Kompetenz- und Zuständigkeitsgrenzen überwinden.[329] Dies spielt auch eine wichtige Rolle, wenn Behörden Entscheidungen auf fremdem Hoheitsgebiet vollstrecken wollen (Vollstreckungshilfe[330]). Selbst wenn Behörden ihre Entscheidungen zustellen, handeln sie nicht rein tatsächlich, sondern hoheitlich.[331] Dies ist wegen des Territorialitätsprinzips auf fremdem Staatsgebiet ohne Amtshilfe unzulässig.[332] **172**

Entsprechend § 33 Abs. 2 Satz 2 Nr. 3 KWG müssen sich die Behörden darauf verlassen können, dass die ausländischen Behörden bei der Aufsicht mitwirken. Das ausländische Recht und die tatsächlichen Maßnahmen der zuständigen ausländischen Behörden dürfen einer wirksamen Aufsicht nicht entgegenstehen.[333] Daher sind verbindliche Rechtsgrundlagen notwendig, damit Aufsichtsbehörden transnational kooperieren.[334] Im Anwendungsbereich der MiFID/MiFID II regeln die Art. 56 ff. MiFID/Art. 79 ff. MiFID II die Zusammenarbeit der zuständigen Behörden **173**

---

323 In diesem Sinne *Gurlit/Mülbert*, Der Börsenträger im Spannungsfeld, S. 87.
324 *Lepczyk*, Internationale Börsenfusionen, S. 149.
325 *Mössner*, Einführung in das Völkerrecht, S. 99.
326 *Beck*, in: Schwark/Zimmer, Kapitalmarktrecht, 4. Aufl., § 3 BörsG Rn. 78.
327 *Mössner*, Einführung in das Völkerrecht, S. 194.
328 In diesem Sinne *Lepczyk*, Internationale Börsenfusionen, S. 149.
329 *Erbguth*, in: Sachs, Grundgesetz, Art. 35 GG Rn. 10; *Pieroth*, in: Jarass/Pieroth, Grundgesetz, Art. 35 GG Rn. 4.
330 *Schmitz*, in: Stelkens/Bonk/Sachs, Verwaltungsverfahrensgesetz, § 4 VwVfG Rn. 28.
331 *Schlatmann*, in: Engelhardt/Schlatmann, VwVG/VwZG, § 1 VwZG Rn. 6; *Sadler*, VwVG/VwZG, Einl. VwZG Rn. 3.
332 In diesem Sinne *Sadler*, VwVG/VwZG, § 9 VwZG Rn. 1 i.V.m. Rn. 5.
333 Ähnlich BT-Drs. 13/7142, S. 90.
334 In diesem Sinne *Schmidt-Aßmann*, EuR 1996, 270, 272.

verschiedener Staaten. Art. 56 MiFID/Art. 79 MiFID II verpflichtet die Behörden der einzelnen Mitgliedstaaten, umfassend zusammenzuarbeiten.[335] Der nationale Gesetzgeber hat diese Regelung in § 7 WpHG/§ 18 WpHG 2018 umgesetzt.[336]

Nach Art. 56 Abs. 1 UAbs. 2 Satz 1 MiFID/Art. 79 Abs. 1 UAbs. 3 Satz 1 MiFID II leisten sich die zuständigen Behörden unterschiedlicher Mitgliedstaaten Amtshilfe. Sie tauschen Informationen aus und ermitteln oder überwachen gemeinsam (Art. 56 Abs. 1 UAbs. 2 Satz 2 MiFID/Art. 79 Abs. 1 UAbs. 3 Satz 2 MiFID II). Ein Ersuchen auf Zusammenarbeit oder Informationsaustausch darf nur unter engen Voraussetzungen verweigert werden (vgl. Art. 59 MiFID/Art. 83 MiFID II, § 7 Abs. 3 WpHG/§ 18 Abs. 6 WpHG 2018). Zweck dieser Aufsicht ist es, effektiv zu kontrollieren, dass die MiFID/MiFID II und deren Umsetzungsvorschriften, wie z.B. das BörsG, eingehalten werden.[337] Dies betrifft auch die Zulassungsvoraussetzungen für geregelte Märkte nach Art. 36 ff. MiFID/Art. 44 ff. MiFID II.[338] Zentral und ausschließlich zuständig für die internationale Zusammenarbeit der Börsenaufsicht ist in Deutschland gemäß § 7 Abs. 1 WpHG/§ 18 Abs. 1 WpHG 2018 die BaFin.[339] Die jeweilige Börsenaufsichtsbehörde müsste sich mit ihrem Amtshilfeersuchen an die BaFin wenden, welche das Ersuchen sodann der zuständigen Behörde im Mitgliedstaat des Börsenträgers zustellt.[340] Kann die ausländische Aufsichtsbehörde das Ersuchen nicht gemäß Art. 59 MiFID/Art. 83 MiFID II ablehnen, verpflichtet Art. 56 Abs. 1 MiFID/Art. 79 Abs. 1 MiFID II sie dazu, für die Kontrolle des Börsenträgers die notwendige Amtshilfe zu leisten.

174 Die MiFID/MiFID II gewährleistet also eine effektive Aufsicht über Börsenträger mit Sitz in der EU und im EWR.[341] Im sonstigen Ausland könnte eine effektive Aufsicht nur auf entsprechenden bilateralen Abkommen beruhen. Damit wirkt das Territorialitätsprinzips außerhalb des räumlichen Anwendungsbereichs der MiFID/MiFID II als Grenze der Aufsicht über den Börsenträger.

b) Aufsicht über die Börse

175 Die Aufsicht über die Börse selbst ist im vorgenannten Sinne beeinträchtigt, wenn die Börsenaufsichtsbehörde die Börse aufgrund von Tatsachen, die im Antragsteller begründet liegen, nicht mehr dazu veranlassen kann, ihre Pflichten zu erfüllen.

---

335 *Lepczyk*, Internationale Börsenfusionen, S. 153.

336 BT-Drs. 16/4028, S. 60 f.

337 *Lepczyk*, Internationale Börsenfusionen, S. 153.

338 Ebd.

339 *Beck*, in: Schwark/Zimmer, Kapitalmarktrecht, 4. Aufl., § 7 WpHG Rn. 1; *Lepczyk*, Internationale Börsenfusionen, S. 153; *Augsberg*, in: Ehlers/Fehling/Pünder, Besonderes Verwaltungsrecht, Bd. I, § 34 Rn. 30.

340 *Döhmel*, in: Assmann/U. H. Schneider, WpHG, § 7 WpHG Rn. 10 ff.; *Lepczyk*, Internationale Börsenfusionen, S. 154.

341 Die Anwendung im EWR folgt aus *Gemeinsamer EWR-Ausschuss*, Beschluss Nr. 65/2005 vom 29. April 2005, ABl. 2005 L 239 vom 15. September 2005, S. 50–52.

Die Rechtsaufsicht über die Börse und ihre Organe erfolgt nach den einzelnen Aufgaben- und Befugnisnormen des BörsG.[342] So steht die Rechtsetzung der Börse häufig unter einem Genehmigungsvorbehalt der Börsenaufsichtsbehörde.[343] Die Behörde hat gemäß § 3 Abs. 5 BörsG ein allgemeines Anordnungsrecht bei Verstößen gegen börsenrechtliche Vorschriften und Anordnungen.[344] § 3 Abs. 2 Satz 1 BörsG berechtigt sie, an Beratungen der Börsenorgane teilzunehmen. Subjekt der Aufsicht ist allerdings die Börse als Anstalt des öffentlichen Rechts; dass § 3 Abs. 1 Satz 2 BörsG die einzelnen Börsenorgane nennt, wirkt nur deklaratorisch.[345] Die Organe unterliegen der Rechtsaufsicht schließlich schon deshalb, weil ihr die Börse unterliegt.[346] **176**

Neben dieser Rechtsaufsicht erfolgt eine Markt- und Handelsaufsicht.[347] Dabei überwacht die Börsenaufsicht einerseits, ob die Handelsteilnehmer und Emittenten das Börsenrecht einhalten, sowie andererseits, ob die Börse den Handel ordnungsgemäß durchführt und die Börsengeschäfte ordnungsgemäß abgewickelt werden (§ 3 Abs. 1 Satz 3 BörsG).[348] Ferner sind die Börsenordnung, die Geschäftsbedingungen und Gepflogenheiten des Börsenhandels sowie die für die Börse getroffenen Anordnungen, d. h. vor allem Verwaltungsakte, einzuhalten.[349] Daneben sind die Preise ordnungsgemäß und marktgerecht zu bilden.[350] **177**

Diese Handelsaufsicht verantwortet primär aber die Börsenverwaltung selbst (vgl. § 7 Abs. 1 Satz 1 BörsG).[351] Dabei dürfen auch Zweckmäßigkeitserwägungen angestellt werden.[352] Gemäß § 7 Abs. 1 Satz 1 BörsG überwacht den Börsenhandel eine Handelsüberwachungsstelle, welche nach § 7 Abs. 1 Satz 4 BörsG/§ 7 Abs. 1 Satz 6 BörsG 2018 an die Weisungen der Börsenaufsichtsbehörde gebunden ist. Dagegen überwacht die Geschäftsführung der Börse gemäß § 12 Abs. 2 Satz 1 Nr. 3

---

342 *Beck*, in: Schwark/Zimmer, Kapitalmarktrecht, 4. Aufl., § 3 BörsG Rn. 4.

343 Ebd.

344 *Augsberg*, in: Ehlers/Fehling/Pünder, Besonderes Verwaltungsrecht, Bd. I, § 35 Rn. 30.

345 *Beck*, in: Schwark/Zimmer, Kapitalmarktrecht, 4. Aufl., § 3 BörsG Rn. 7; *Augsberg*, in: Ehlers/Fehling/Pünder, Besonderes Verwaltungsrecht, Bd. I, § 35 Rn. 29.

346 *Beck*, in: Schwark/Zimmer, Kapitalmarktrecht, 4. Aufl., § 3 BörsG Rn. 7; in diesem Sinne auch BT-Drs. 16/4028, S. 80, wonach § 3 Abs. 1 Satz 1 BörsG die Börsenorgane nur klarstellend erwähnt.

347 BT-Drs. 12/6679, S. 59; *Groß*, Kapitalmarktrecht, 6. Aufl., § 3 BörsG Rn. 9; *Beck*, in: Schwark/Zimmer, Kapitalmarktrecht, 4. Aufl., § 3 BörsG Rn. 15 f.

348 *Beck*, in: Schwark/Zimmer, Kapitalmarktrecht, 4. Aufl., § 3 BörsG Rn. 16; *Groß*, Kapitalmarktrecht, 6. Aufl., § 3 BörsG Rn. 9, 11; *Augsberg*, in: Ehlers/Fehling/Pünder, Besonderes Verwaltungsrecht, Bd. I, § 35 Rn. 38.

349 *Groß*, Kapitalmarktrecht, 6. Aufl., § 3 BörsG Rn. 12; ausführlicher *Beck*, in: Schwark/Zimmer, Kapitalmarktrecht, 4. Aufl., § 3 BörsG Rn. 16; bereits *Kümpel*, Bank- und Kapitalmarktrecht, 3. Aufl., Rn. 18.122; BT-Drs. 12/7918, S. 215.

350 *Beck*, in: Schwark/Zimmer, Kapitalmarktrecht, 4. Aufl., § 3 BörsG Rn. 16; *Groß*, Kapitalmarktrecht, 6. Aufl., § 3 BörsG Rn. 12.

351 *Groß*, Kapitalmarktrecht, 6. Aufl., § 3 BörsG Rn. 10.

352 Ebd.

BörsG der Börsenrat. Die Handelsaufsicht ist nicht an den Betreiber des Systems geknüpft, sondern an die Nutzung des Systems durch die Börsen.[353]

178 Der Börsenträger kann die Börse und ihren tatsächlichen Geschäftsbetrieb rechtlich nicht beeinflussen.[354] Davon ist auch bei einer Personenidentität der Geschäftsführer der Börse mit den Geschäftsleitern des Börsenträgers auszugehen. Eine solche Personenidentität liefert keinen Anscheinsbeweis für einen solchen sachwidrigen Einfluss. Es gibt nämlich keinen allgemeinen Erfahrungssatz, der besagt, dass Geschäftsführer bzw. Geschäftsleiter ihre unterschiedlichen Tätigkeiten nur in Abhängigkeit voneinander ausüben. Zudem ist die Börse als Anstalt des öffentlichen Rechts in die Verwaltung eingegliedert. Die Börsenaufsichtsbehörde überwacht die Börse daher immer direkt und nicht mittelbar über den Börsenträger. Die Aufsicht über die Börse ist also völlig unabhängig vom Börsenträger. Im Börsenträger begründete Tatsachen beeinträchtigen nicht den aufsichtsrechtlichen Zugriff auf die Börse. Eine effektive Aufsicht über die Börse ist nicht durch Tatsachen zu gefährden, die im Antragsteller begründet liegen.

c) Aufsicht über Einrichtungen des Börsenverkehrs und ausgelagerte Bereiche

179 Der Aufsicht unterliegen nach § 3 Abs. 1 Satz 2 BörsG auch *„Einrichtungen, die sich auf den Börsenverkehr einschließlich der nach § 5 Abs. 3 ausgelagerten Bereiche beziehen“*. Dies erfasst auch die Infrastruktur, die der Börsenträger der Börse bereitstellt.[355] Bedient sich der Börsenträger Dritter, um die Infrastruktur bereitzustellen, kann daraus ein Aufsichtsdefizit entstehen. Zu den in § 3 Abs. 1 Satz 2 BörsG abschließend genannten Aufsichtssubjekten zählen solche Dritte nämlich nicht.[356] Etwaige Auslagerungen berücksichtigt aber § 4 Abs. 3 Nr. 4 i.V.m. § 5 Abs. 3 BörsG. Der Börsenträger muss sich gemäß § 5 Abs. 3 Satz 2 BörsG umfassende Weisungs- und Kontrollrechte vorbehalten, um wirksam auslagern zu dürfen.[357] Da er der Börsenaufsicht untersteht, ist damit mittelbar eine Aufsicht über den Dritten gewährleistet. Die effektive Aufsicht über Einrichtungen des Börsenverkehrs und über ausgelagerte Bereiche ist also nicht gefährdet, soweit die effektive Aufsicht über den Börsenträger nicht gefährdet ist.[358]

---

353 *Groß*, Kapitalmarktrecht, 6. Aufl., § 3 BörsG Rn. 10.

354 Siehe Rn. 16.

355 *Beck*, in: Schwark/Zimmer, Kapitalmarktrecht, 4. Aufl., § 3 BörsG Rn. 8.

356 Im Ergebnis auch *Beck*, in: Schwark/Zimmer, Kapitalmarktrecht, 4. Aufl., § 3 BörsG Rn. 8; *Christoph*, Börsenkooperationen und Börsenfusionen, S. 328; *Gurlit/Mülbert*, Der Börsenträger im Spannungsfeld, S. 89.

357 *Beck*, in: Schwark/Zimmer, Kapitalmarktrecht, 4. Aufl., § 3 BörsG Rn. 9.

358 Zur Gewährleistung einer effektiven Aufsicht über den Börsenträger siehe Rn. 174.

d) *Aufsicht über den Freiverkehr*

Nach § 3 Abs. 1 Satz 2 BörsG unterliegt auch der Freiverkehr der Börsenaufsicht. Der Freiverkehr ist weder ein Bestandteil der öffentlich-rechtlichen Börse,[359] noch selbst ein organisierter Markt im Sinne des § 2 Abs. 5 WpHG/§ 2 Abs. 11 WpHG 2018.[360] Vielmehr ist der Freiverkehr ein eigenständiges MTF im Sinne des § 2 Abs. 3 Satz 1 Nr. 8 WpHG/§ 2 Abs. 8 Satz 1 Nr. 8 WpHG 2018 bzw. § 1 Abs. 1a Satz 2 Nr. 1b KWG[361] und wird nach § 48 Abs. 1 Satz 1 BörsG vom Börsenträger betrieben.[362] Zu diesem Betrieb ist keine gesonderte Erlaubnis nach § 32 KWG erforderlich, da der Börsenträger mit der Börse zugleich einen organisierten Markt betreibt.[363] Betreiber organisierter Märkte gelten nach § 2 Abs. 6 Satz 1 Nr. 16 KWG nicht als erlaubnisbedürftige Finanzdienstleistungsinstitute, wenn sie *„neben dem Betrieb eines multilateralen Handelssystems keine anderen Finanzdienstleistungen im Sinne des § 1 Abs. 1a Satz 2 erbringen"*. 180

Allerdings ist gemäß § 48 Abs. 1 Satz 1 und Abs. 3 Satz 1 BörsG eine Zulassung durch die Börse sowie eine schriftliche Erlaubnis der Börsenaufsichtsbehörde erforderlich. Der Verweis in § 48 Abs. 3 Satz 2 BörsG/§ 48 Abs. 3 Satz 5 BörsG 2018 auch auf § 3 BörsG befugt die Behörde, Börse und Börsenträger auch in diesem Marktsegment zu beaufsichtigen.[364] Da im Börsenträger begründete Tatsachen nicht den aufsichtsrechtlichen Zugriff auf die Börse beeinträchtigen,[365] ist die effektive Aufsicht über den Freiverkehr ebenfalls gewährleistet, soweit die effektive Aufsicht über den Börsenträger nicht gefährdet ist.[366]

4. *Keine zusätzlichen Anforderungen anderer Aufsichtsgesetze*

Das BörsG steht einer zusätzlichen Aufsicht nicht als *lex specialis* entgegen – weder nach dem KWG, dem WpHG noch nach anderen Aufsichtsgesetzen wie der GewO.[367] Wie jedes andere Unternehmen muss der Antragsteller Aufsichtsgesetzen entsprechen, die nicht an die Eigenschaft als Börsenträger anknüpfen, sondern schon allgemein einzuhalten sind.[368] 181

---

359 *Ledermann*, in: Schäfer/Hamann, Kapitalmarktgesetze, Bd. II, 2. Aufl. 7. EL., § 57 BörsG Rn. 1 f.; *Fink*, Der Freiverkehr, S. 24.

360 *Schwark*, in: Schwark/Zimmer, Kapitalmarktrecht, 4. Aufl., § 48 BörsG Rn. 3; *Fink*, Der Freiverkehr, S. 81 f.

361 In diesem Sinne *Schwark*, in: Schwark/Zimmer, Kapitalmarktrecht, 4. Aufl., § 48 BörsG Rn. 2, wonach der Freiverkehr als ein MTF im Sinne der MiFID einzuordnen ist.

362 *Schwark*, in: Schwark/Zimmer, Kapitalmarktrecht, 4. Aufl., § 48 BörsG Rn. 2; *Fink*, Der Freiverkehr, S. 140.

363 *Schäfer*, in: Boos/Fischer/Schulte-Mattler, KWG, CRR-VO, Bd. I, 5. Aufl., § 2 KWG Rn. 100.

364 *Schwark*, in: Schwark/Zimmer, Kapitalmarktrecht, 4. Aufl., § 48 BörsG Rn. 11.

365 Siehe Rn. 178.

366 Zur Gewährleistung einer effektiven Aufsicht über den Börsenträger siehe Rn. 174.

367 *Christoph*, Börsenkooperationen und Börsenfusionen, S. 185.

368 A. a. O., S. 189.

182 Betreibt der Börsenträger z. B. zugleich den Freiverkehr, so sind KWG und WpHG begrifflich grundsätzlich anwendbar.[369] Allerdings gelten Börsenträger nach § 2 Abs. 6 Satz 1 Nr. 16 KWG nicht als erlaubnisbedürftige Finanzdienstleistungsinstitute und nach § 2a Abs. 1 Nr. 13 WpHG nicht als Wertpapierdienstleistungsunternehmen, wenn sie neben der Börse lediglich ein MTF betreiben. Dem liegt die MiFID/MiFID II zugrunde: Durch die Tätigkeit als Betreiber eines geregelten Marktes unterfällt der Börsenträger bereits den Regelungen über geregelte Märkte (Art. 36 ff. MiFID/Art. 44 ff. MiFID II). Dies schließt aus, dass er für diese Tätigkeit gleichzeitig den Regelungen über Wertpapierfirmen (Art. 5 ff. MiFID/Art. 5 ff. MiFID II) unterfällt.[370] Weder die geregelten Märkte noch ihre Betreiber sind grundsätzlich als Wertpapierfirmen im Sinne des Titels II der MiFID/MiFID II einzuordnen.[371] Auf deutsche Börsenträger ist ausschließlich Titel III der MiFID/MiFID II anzuwenden und zwar völlig unabhängig davon, ob sie lediglich eine Börse betreiben oder zusätzlich einen Freiverkehr organisieren, ohne dass die Börsenanstalt als Organisator dazwischen tritt.[372]

183 Die Ausnahmen des § 2 Abs. 6 Satz 1 Nr. 16 KWG und des § 2a Abs. 1 Nr. 13 WpHG gelten ihrem Wortlaut nach aber nicht mehr, wenn der Börsenträger zusätzlich Finanzdienstleistungen im Sinne des § 1 Abs. 1a Satz 2 KWG bzw. Wertpapierdienstleistungen im Sinne des § 2 Abs. 3 Satz 1 WpHG/§ 2 Abs. 8 Satz 1 WpHG 2018 erbringt. Denn diese Nebentätigkeiten gehen über den Betrieb der Börse und des Freiverkehrs hinaus. Dann muss auch der Börsenträger die Anforderungen des KWG bzw. des WpHG erfüllen.[373] Dies widerspricht auch nicht der klaren Abgrenzung von geregelten Märkten und Wertpapierfirmen der MiFID/MiFID II. Erbringt ein Marktbetreiber zusätzlich Wertpapierdienstleistungen, so resultieren daraus weitere Risiken, die durch Titel III der MiFID/MiFID II nicht abgedeckt sind. Daher gehen diese Vorschriften anderen Aufsichtsregelungen – wie z. B. Titel II der MiFID/MiFID II – nur insoweit vor, als der Börsenträger als geregelter Markt im Sinne der Richtlinie auftritt.[374]

---

369 Zum KWG schon *Hammen*, WM 2001, 929, 938.

370 *Christoph*, Börsenkooperationen und Börsenfusionen, S. 189; *J. Thieme*, Wertpapierdienstleistungen im Binnenmarkt, S. 324.

371 Siehe schon Rn. 114.

372 *Christoph*, Börsenkooperationen und Börsenfusionen, S. 186.

373 Ebd.

374 Ebd.

§ 5. Rechtsfolge aus § 4 Abs. 3 i.V.m. Abs. 2 BörsG

Ob der Antragsteller einen Anspruch auf die Erteilung der Börsenerlaubnis hat, **184**
ergibt sich aus der Rechtsfolge des § 4 Abs. 3 i.V.m. Abs. 2 BörsG. Diese Vorschrift könnte bei Vorliegen aller Tatbestandsvoraussetzungen eine gebundene Entscheidung oder eine Ermessensentscheidung vorsehen.[1] Eine Rechtsnorm bindet die Verwaltung, wenn die Rechtsfolge ergehen muss, falls der Tatbestand der Rechtsnorm erfüllt ist. Die Rechtsnorm sieht dann auf der Rechtsfolgenseite nur eine Verhaltensweise vor, sie gibt keine Verhaltensalternativen.[2] Dies kann sich auch aus einem Umkehrschluss aus einer Norm ergeben, z.B. falls etwas *„nur zu versagen"* ist, wenn bestimmte Voraussetzungen gegeben sind.

Demgegenüber ist ein Ermessen gegeben, wenn die Verwaltung auf der Rechtsfolgenseite zwischen mehreren Verhaltensweisen wählen kann, falls der Tatbestand der Rechtsnorm erfüllt ist.[3] Der Behörde ist dann innerhalb des Ermessensspielraums freigestellt, ob oder wann sie eine Rechtsfolge ausspricht (Entschließungsermessen) oder welche von mehreren möglichen Handlungsformen sie ergreift (Auswahlermessen).[4] Solche Ermessensentscheidungen sind nur begrenzt nachprüfbar auf Ermessensausfall, Ermessensüberschreitung und Ermessensfehlgebrauch.[5] Dabei

1 Die h.M. der Literatur gesteht der Börsenaufsichtsbehörde ein Ermessen hinsichtlich ihrer Entscheidung zu, ob sie die Börsenerlaubnis erteilt: *Wiede*, Die Börse als verwaltungsrechtliches Problem und Rechtsinstitut, S. 55; *Samm*, Börsenrecht, S. 45; *Schwark*, Börsengesetz, 2. Aufl., § 1 BörsG Rn. 20; *Baums/Segna*, Börsenreform, S. 30; *Segna*, Die Rechtsform deutscher Wertpapierbörsen, S. 14; *Peterhoff*, in: Schäfer, Kapitalmarktgesetze, 1. Aufl., § 1 BörsG Rn. 1; *Kümpel/Hammen*, WM 2000 Sonderbeilage Nr. 3, 3, 10; *U. H. Schneider/Burgard*, WM 2000 Sonderbeilage Nr. 3, 24, 37; *Breitkreuz*, Die Ordnung der Börse, S. 183; *Groß*, Kapitalmarktrecht, 6. Aufl., § 4 BörsG Rn. 7; *Ledermann*, in: Schäfer/Hamann, Kapitalmarktgesetze, Bd. II, 2. Aufl. 7. EL., § 1 BörsG Rn. 2; *Schönemann*, Die Organisationsstruktur der Börse, S. 55; speziell zur Rechtslage nach Umsetzung der MiFID durch das FRUG *Beck*, in: Schwark/Zimmer, Kapitalmarktrecht, 4. Aufl., § 4 BörsG Rn. 4; dieser Ansicht wird auch *Christoph*, Börsenkooperationen und Börsenfusionen, S. 411 f. zuzuordnen sein. Denn *Christoph* ging nur von einer gebundenen Entscheidung aus, weil er sich auf § 4 Abs. 3 BörsG i.d.F. des ersten Entwurfs des FRUG der Bundesregierung vom 14. September 2006 bezog. In diesem Entwurf zählte § 4 Abs. 3 BörsG die Versagungsgründe noch abschließend auf; a.A. *Lepczyk*, Internationale Börsenfusionen, S. 64 ff.

2 *Schoch*, Jura 2004, 462, 462.

3 *Schoch*, Jura 2004, 462, 462; *Stober*, in: Stober/Kluth/Wolff/Bachof, Verwaltungsrecht I, § 31 Rn. 36.

4 *Schoch*, Jura 2004, 462, 463; *Stober*, in: Stober/Kluth/Wolff/Bachof, Verwaltungsrecht I, § 31 Rn. 45.

5 BVerwGE 11, 95, 96 f. (= NJW 1961, 793).

ist zu beachten, dass Ermessen grundsätzlich Rechtsfolgenermessen ist, auf der Tatbestandsseite wird Ermessen nicht eingeräumt.[6] Ein Ermessen der Verwaltung dient grundsätzlich dazu, die konkrete Rechtsgestaltung möglichst gerecht, zweckmäßig und flexibel an politische Entscheidungen der Regierungs- und Verwaltungsorgane anzupassen.[7]

Ein Anspruch auf Erteilung der Börsenerlaubnis besteht nur, wenn die Behörde bei Vorliegen aller Tatbestandsvoraussetzungen nach § 4 Abs. 3 i.V.m. Abs. 2 BörsG eine gebundene Entscheidung zu treffen hat oder ein ihr eröffnetes Ermessen grundsätzlich auf Null reduziert ist. Ansonsten hat der Antragsteller lediglich einen Anspruch auf ermessensfehlerfreie Entscheidung über seinen Antrag.[8] Ob eine Norm dem Antragsteller einen Anspruch auf Erlass des begehrten Verwaltungsaktes gewährt oder der zuständigen Behörde einen Ermessensspielraum eröffnet, ist durch Auslegung dieser Norm zu ermitteln.

A. Wortsinn der Bestimmung in § 4 BörsG

185 Die Auslegung orientiert sich am Wortsinn, der dem allgemeinen Sprachgebrauch zu entnehmen ist.[9] Besteht ein besonderer Sprachgebrauch des Gesetzes oder ein allgemeiner juristischer Sprachgebrauch, so ist der Wortsinn diesem zu entnehmen.[10] Der nach dem Sprachgebrauch mögliche Wortsinn bildet die Grenze der Auslegung.[11] Ermessensentscheidungen formuliert das Gesetz typischerweise mit Worten wie *„kann"*,[12] *„darf "*,[13] *„ist befugt"*[14] oder *„soll"*[15] auf der Rechtsfolgenseite.[16] Die Auslegung des Wortlauts der formellen Anforderungen an den Antrag in § 4 Abs. 2 BörsG lässt nicht erkennen, ob der Antragsteller einen Anspruch auf Erteilung der

6 *Schoch*, Jura 2004, 462, 462.
7 *Stober*, in: Stober/Kluth/Wolff/Bachof, Verwaltungsrecht I, § 31 Rn. 36.
8 BVerwGE 11, 95, 96 f. (= NJW 1961, 793).
9 *Larenz*, Methodenlehre der Rechtswissenschaft, S. 320, 324; *Fikentscher*, Methoden des Rechts, Bd. III, S. 670; auch in diesem Sinne *Zippelius*, Juristische Methodenlehre, S. 35, 38.
10 *Larenz*, Methodenlehre der Rechtswissenschaft, S. 324; in diesem Sinne auch *Fikentscher*, Methoden des Rechts, Bd. III, S. 670; ähnlich *Zippelius*, Juristische Methodenlehre, S. 35.
11 BVerfGE 71, 108, 115 (= NJW 1986, 93) – Neutralität im Wahlraum, Anti-Atomplakette; BGHSt 3, 300, 303; BGHZ 46, 74, 76 (= NJW 1967, 343) – Schallplatten I; *Larenz*, Methodenlehre der Rechtswissenschaft, S. 324; *Zippelius*, Juristische Methodenlehre, S. 50.
12 BVerwGE 84, 86, 89 (= NJW 1990, 1059).
13 OVGE MüLü 50, 456, 458.
14 VGH Mannheim NJW 1986, 395, 398 (= VBlBW 1986, 266).
15 BVerwG DVBl. 2005, 648, 650 (= NVwZ-RR 2005, 399).
16 *Sachs*, in: Stelkens/Bonk/Sachs, Verwaltungsverfahrensgesetz, § 40 VwVfG Rn. 21 ff.; *Beaucamp*, JA 2006, 74, 75.

Börsenerlaubnis hat, wenn alle tatbestandlichen Voraussetzungen vorliegen. Allerdings könnten die Versagungsgründe des § 4 Abs. 3 BörsG Rückschlüsse zulassen.

Danach ist die Erlaubnis *„insbesondere zu versagen, wenn"* einer der aufgelisteten Versagungsgründe vorliegt. Die nach dem Wort *„wenn"* aufgelisteten Versagungsgründe beschreiben den Tatbestand. Als Rechtsfolge sieht die Norm vor, die Börsenerlaubnis zu versagen. Dies bestimmt der erste Hs. des § 4 Abs. 3 BörsG. Das Wort *„insbesondere"* steht zwar auch im ersten Hs. der Norm. Es wirkt sich aber bereits auf der Tatbestandsseite aus, indem es den Katalog an Versagungsgründen öffnet. Die Öffnung des Tatbestands durch das Wort *„insbesondere"* führt also nicht zu einem Ermessen auf der Rechtsfolgenseite. Da der Behörde mit dieser Regelbeispieltechnik auch kein Beurteilungsspielraum zugewiesen wird,[17] ist gerichtlich voll nachprüfbar, ob ein nicht ausdrücklich aufgelisteter bzw. unbenannter Versagungsgrund des § 4 Abs. 3 BörsG vorliegt.[18] **186**

Ein Ermessen könnte aber daraus resultieren, dass die Erlaubnis nach dem Wortlaut zu versagen *„ist"*, wenn ein Versagungsgrund vorliegt. In benachbarten Rechtsgebieten werden entsprechende Formulierungen zwar häufig als gebundene Entscheidung aber eben öfters auch als Ermessensentscheidung ausgelegt. **187**

So legten Literatur und Rechtsprechung § 12 WHG – auch schon vor Einführung des klarstellenden Abs. 2 – als Ermessensentscheidung aus.[19] Dies solle sich aus der negativen Formulierung des Wortlauts der Norm ergeben haben.[20] Die Behörde treffe sogar bei Fehlen von Versagungsgründen im Sinne des § 12 Abs. 1 WHG eine Ermessensentscheidung.[21]

Demgegenüber wird § 33a GewO als gebundene Entscheidung verstanden. Liegt kein Versagungsgrund nach § 33a Abs. 2 GewO vor, bestehe ein Anspruch auf Erteilung der Erlaubnis.[22] Liegt ein Versagungsgrund nach § 33a Abs. 2 GewO vor, müsse die Erlaubnis versagt werden.[23]

Ebenso verhält es sich beim Zusammenspiel der §§ 37i und 37j WpHG/§§ 102 und 103 WpHG 2018. Bezüglich der Versagung bestehe kein Ermessen und umgekehrt dürfe die Erlaubnis auch *nur* versagt werden, wenn ein Versagungsgrund vorliegt.[24]

Weiteren Aufschluss gibt das Verhältnis der §§ 32 und 33 KWG. Hier ergänzen die Versagungsgründe des § 33 KWG die Anforderungen des § 32 Abs. 1 KWG an die Erteilung der Erlaubnis.[25] Der Antragsteller hat dem Grunde nach einen Anspruch

---

17 Siehe Rn. 154.
18 Siehe zu den unbenannten Versagungsgründen allgemein Rn. 154 ff.
19 BVerwGE 78, 40, 44 (= NJW 1988, 434); zuvor bereits *Sendler*, UPR 1983, 33, 34 ff.
20 *Czychowski/Reinhardt*, Wasserhaushaltsgesetz, § 12 WHG Rn. 2.
21 A. a. O., § 12 WHG Rn. 4.
22 *Ennuschat*, in: Tettinger/Wank/Ennuschat, Gewerbeordnung, § 33a GewO Rn. 16, 30.
23 Ebd.
24 *Baum*, in: Hirte/Möllers, Kölner Kommentar zum WpHG, § 37j WpHG Rn. 1.
25 *Fischer/C. Müller*, in: Boos/Fischer/Schulte-Mattler, KWG, CRR-VO, Bd. I, 5. Aufl., § 33 KWG Rn. 2.

auf Erteilung der Erlaubnis.[26] Die BaFin ist sodann bei der Erteilung an den Katalog der Versagungsgründe des § 33 KWG gebunden.[27] Dabei sind die Versagungsgründe des § 33 Abs. 1 KWG zwingend[28] und die des § 33 Abs. 2 KWG nicht.[29] Während die BaFin nach § 33 Abs. 2 Satz 1 KWG die Erlaubnis nach pflichtgemäßem Ermessen versagen *„kann"*, *„ist"* die Erlaubnis nach § 33 Abs. 1 Satz 1 KWG zwingend zu versagen. § 33 Abs. 2 Satz 1 KWG eröffnet der BaFin also einen Ermessensspielraum dahin gehend, dass sie die Erlaubnis erteilen kann, obwohl Versagungsgründe nach § 33 Abs. 2 Satz 2 KWG vorliegen.[30] Dagegen stellt § 33 Abs. 3 KWG klar, dass der BaFin kein Ermessensspielraum dahin gehend zukommt, die Erlaubnis zu versagen, obwohl keine Versagungsgründe im Sinne des § 33 Abs. 1 und 2 KWG vorliegen.

188 Auch die Literatur zum allgemeinen Verwaltungsrecht legt die genannte Wendung nicht einheitlich aus. Nach einer Ansicht besteht zumindest ein Ermessen, sofern eine Genehmigung oder Erlaubnis unter bestimmten Voraussetzungen zu versagen *„ist"*.[31] Allerdings könne die Auslegung – so wird gesagt – aufgrund anderer Auslegungsmethoden zu einem abweichenden Ergebnis führen.[32] Nach der Gegenansicht sehen Wendungen wie *„muss"*, *„ist zu"* oder *„hat"* eine zwingende Rechtsfolge vor.[33] Jedoch begrenze der Wortlaut die Auslegung nicht: solche Wendungen könnten – wohl aufgrund anderer Auslegungsmethoden – auch als Ermessensermächtigung auszulegen sein.[34] Im Ergebnis ist dem allgemeinen Verwaltungsrecht also keine eindeutige Auslegungsanweisung zu entnehmen.

189 Falls § 4 Abs. 3 BörsG der Börsenaufsichtsbehörde jedoch ein Ermessen gewähren sollte, so geht dieses jedenfalls nur in eine Richtung. Denn dann wäre das Wort *„ist"* durch das Wort *„kann"* zu ersetzen, so dass es heißen würde: *„Die Erlaubnis kann insbesondere versagt werden, wenn"* ein Versagungsgrund vorliegt. Die Börsenaufsichtsbehörde könnte also nur abwägen, ob sie die Börsenerlaubnis erteilt, obwohl ein Versagungsgrund vorliegt (*Erteilungsermessen*). Ein solcher Ermessensspielraum würde einen Anspruch auf Erteilung der Börsenerlaubnis nicht einschränken. Hingegen würde dieser Ermessensspielraum nicht gestatten, eine an sich zu erteilende Erlaubnis zu versagen, obwohl kein Versagungsgrund vorliegt (*Versagungsermessen*[35]). Folglich wäre nach dem Schema zu verfahren: *Die Erlaubnis ist zu erteilen, solange sie nicht versagt werden kann.*

---

26 *Fischer/C. Müller*, in: Boos/Fischer/Schulte-Mattler, KWG, CRR-VO, Bd. I, 5. Aufl., § 32 KWG Rn. 35.
27 Ebd.
28 A. a. O., § 33 KWG Rn. 2.
29 A. a. O., § 33 KWG Rn. 71.
30 Ebd.
31 *Gerhardt*, in: Schoch/J. Schneider/Bier, Verwaltungsgerichtsordnung, Bd. II, 32. EL., § 114 VwGO Rn. 16.
32 Ebd.
33 *Aschke*, in: Bader/Ronellenfitsch, VwVfG, § 40 VwVfG Rn. 7.
34 Ebd.
35 Zu diesem Begriff BVerfGE 49, 89, 146 f. (= NJW 1979, 359) – Kalkar I, Schneller Brüter.

Die Wortlautauslegung führt für sich genommen also dazu, dass der Antragsteller einen Anspruch auf Erteilung der Börsenerlaubnis hat, wenn alle tatbestandlichen Voraussetzungen bzw. keine Versagungsgründe vorliegen. Im Folgenden wird zu prüfen sein, ob dieses Ergebnis einer systematischen Auslegung von § 4 BörsG standhält.

B. Bedeutungszusammenhang der Vorschriften in § 4 BörsG

Der Inhalt gesetzlicher Regelungen erschließt sich im Wege der systematischen **190** Auslegung nach Logik und System aus dem Gesetzesaufbau.[36] Eine Norm oder ein Gesetz besteht zumeist aus unvollständigen, nämlich erläuternden, einschränkenden oder verweisenden Rechtssätzen, die sich erst mit anderen zu einem vollständigen Rechtssatz erschließen.[37] Dabei müssen die Bestimmungen innerhalb einer Regelung sachlich übereinstimmen und die äußere Anordnung des Gesetzes sowie die zugrunde liegende begriffliche Systematik berücksichtigt werden.[38] Um diesen Bedeutungszusammenhang herzustellen, muss der Kontext einer Regelung, wie es zum Verständnis einer jeden zusammenhängenden Rede oder Schrift notwendig ist, beachtet werden.[39] Unter mehreren dem Wortsinn nach möglichen Auslegungen ist diejenige vorzuziehen, die es ermöglicht, dass der Bedeutungszusammenhang gewahrt bleibt.[40] Die Rechtsordnung als Ganzes muss dabei widerspruchsfrei aufgebaut sein.[41] Daher darf keine Norm innerhalb der Rechtsordnung einer anderen Norm widersprechen.[42] Jedes nationale Gesetz muss also auch mit dem Unionsrecht und dem Verfassungsrecht vereinbar sein.

Dem Vertrag über die Arbeitsweise der Europäischen Union wohnt das Gebot **191** unionsrechtskonformer Auslegung inne.[43] Sowohl das Primärrecht als auch das Sekundärrecht bestimmen die Auslegung.[44] Aus einem Verstoß gegen das primäre Unionsrecht folgt gegebenenfalls, dass das nationale Recht unanwendbar ist.[45] Dies ist von allen mitgliedstaatlichen Behörden und Gerichten unmittelbar von Amts wegen zu beachten.[46] Faktisch sind also mit den Grundfreiheiten unverein-

---

36 *Fikentscher*, Methoden des Rechts, Bd. III, S. 672.
37 *Larenz*, Methodenlehre der Rechtswissenschaft, S. 325.
38 A. a. O., S. 328.
39 Ebd.
40 In diesem Sinne a. a. O., S. 325.
41 *Zippelius*, Juristische Methodenlehre, S. 36, 40.
42 A. a. O., S. 36.
43 EuGH v. 5. Oktober 2004, verb. Rs. C–397/01 bis C–403/01, ECLI:EU:C:2004:584, Rn. 114 (= NJW 2004, 3547) – Pfeiffer u. a.
44 In diesem Sinne *Roth/Jopens*, in: Riesenhuber, Europäische Methodenlehre, § 13 Rn. 9.
45 *Streinz*, in: Streinz, EUV/AEUV, Art. 4 EUV Rn. 37; *Roth/Jopens*, in: Riesenhuber, Europäische Methodenlehre, § 13 Rn. 9.
46 *Müller-Graff*, in: Streinz, EUV/AEUV, Art. 49 AEUV Rn. 104, Art. 56 AEUV Rn. 128.

bare Beeinträchtigungen verboten. Um diese harte Sanktion aber möglichst gering zu halten, gebietet der Anwendungsvorrang zunächst eine primärrechtskonforme Auslegung: Nationale Vorschriften sind *„unter voller Ausschöpfung des Beurteilungsspielraums, den [...] das nationale Recht einräumt,“* und in Übereinstimmung mit den Anforderungen des Unionsrechts auszulegen und anzuwenden.[47] Diese primärrechtskonforme Auslegung ist vorrangig gegenüber den übrigen Auslegungskriterien.[48] Die nationalen Vorschriften sind aber nur zwingend primärrechtskonform auszulegen, wenn das Unionsrecht auf den jeweiligen Sachverhalt auch anzuwenden ist.[49] Dazu muss das nationale Recht in den Anwendungsbereich des primären Unionsrechts fallen.[50] Bei den Grundfreiheiten als Bezugspunkt der primärrechtskonformen Auslegung ist also ein grenzüberschreitender Sachverhalt erforderlich. Ein reiner Inlandssachverhalt schließt eine grundfreiheitenkonforme Auslegung aus.[51] Ist kein Bezugspunkt gegeben, so ist lediglich eine quasi-primärrechtskonforme oder primärrechtsorientierte Auslegung aufgrund nationaler Vorgaben denkbar.[52]

Art. 288 Abs. 3 AEUV verpflichtet die Mitgliedstaaten, Richtlinien umzusetzen.[53] Daneben verpflichtet Art. 288 Abs. 3 i.V.m. Art. 291 Abs. 1 AEUV die Mitgliedstaaten, das Umsetzungsrecht richtlinienkonform auszulegen.[54] Auf nationaler Ebene folgt dies aus Art. 23 Abs. 1 Satz 1 GG.[55] Hat der deutsche Gesetzgeber eine Richtlinie in nationales Recht umgesetzt, zwingt zudem sein Umsetzungswille dazu, das Umsetzungsrecht richtlinienkonform auszulegen.[56] Obschon eine primärrechtskonforme Auslegung nur geboten ist, wenn ein Sachverhalt auch in den Anwendungsbereich des primären Unionsrechts fällt,[57] betrifft die richtlinienkonforme Auslegung auch reine Inlandssachverhalte. Die richtlinienkonforme Auslegung ist nämlich auf das umgesetzte nationale Recht insgesamt bezogen.

---

47 EuGH v. 4. Februar 1988, Rs. 157/86, ECLI:EU:C:1988:62, Rn. 11 – Murphy / An Bord Telecom Eireann.

48 *Leible/Domröse*, in: Riesenhuber, Europäische Methodenlehre, § 8 Rn. 52.

49 EuGH v. 16. Juli 1998, Rs. C–264/96, ECLI:EU:C:1998:370, Rn. 34 (= EuZW 1999, 21) – Imperial Chemical Industries / Colmer.

50 Ebd.

51 *Leible/Domröse*, in: Riesenhuber, Europäische Methodenlehre, § 8 Rn. 42.

52 A. a. O., § 8 Rn. 43.

53 *Roth/Jopens*, in: Riesenhuber, Europäische Methodenlehre, § 13 Rn. 4.

54 *Leible/Domröse*, in: Riesenhuber, Europäische Methodenlehre, § 8 Rn. 55; bereits aus Art. 288 Abs. 3 AEUV folgt diese Pflicht nach *Roth/Jopens*, in: Riesenhuber, Europäische Methodenlehre, § 13 Rn. 3.

55 *Jarass*, in: Jarass/Pieroth, Grundgesetz, Art. 23 GG Rn. 13, 41.

56 *Jarass*, EuR 1991, 211, 216 f.; *Roth/Jopens*, in: Riesenhuber, Europäische Methodenlehre, § 13 Rn. 40.

57 EuGH v. 16. Juli 1998, Rs. C–264/96, ECLI:EU:C:1998:370, Rn. 34 (= EuZW 1999, 21) – Imperial Chemical Industries / Colmer.

Des Weiteren gehen die Verfassungsnormen allen anderen Rechtsnormen im Range vor, so dass verfassungswidrige gesetzliche Bestimmungen ungültig sind.[58] Innerhalb der Auslegungskriterien hat sich die Auslegung daher auch am Grundgesetz zu orientieren.[59] Bevor eine gesetzliche Bestimmung aber als verfassungswidrig einzustufen ist, muss versucht werden, die Bestimmung *„verfassungskonform"* auszulegen.[60] In diesem Sinne sind die Prinzipien und Wertentscheidungen des Grundgesetzes zu beachten, wenn das einfache Gesetzesrecht ausgelegt wird oder Generalklauseln konkretisiert werden.[61] Unter mehreren möglichen Auslegungen ist diejenige vorzuziehen, die mit den Prinzipien und Wertentscheidungen des Grundgesetzes am besten übereinstimmt.[62] Diese sog. verfassungskonforme Auslegung ist aber durch den Wortsinn und den Bedeutungszusammenhang begrenzt.[63] **192**

Aus den Absätzen des § 4 BörsG jenseits der Abs. 3 und 4 lässt sich weder eine gebundene Entscheidung noch eine Ermessensentscheidung der Börsenaufsichtsbehörde ableiten. Auch andere Regelungen des BörsG stehen beiden in der Diskussion stehenden Rechtsfolgen nicht entgegen. Allerdings reguliert die MiFID/MiFID II das Börsenrecht auf sekundärrechtlicher Ebene. Demnach ist § 4 Abs. 3 i.V.m. Abs. 2 BörsG richtlinienkonform auszulegen, soweit er die MiFID/MiFID II umsetzt. Hieraus könnte ein Anspruch auf Zulassung als geregelter Markt resultieren. Allerdings könnte einem Anspruch des Antragstellers auf Erteilung der Börsenerlaubnis entgegenstehen, dass Private keinen grundrechtlichen Anspruch auf Übertragung von Staatsaufgaben oder Errichtung von Anstalten haben.[64] Andererseits könnte einem **193**

58 *Larenz*, Methodenlehre der Rechtswissenschaft, S. 339.

59 *Fikentscher*, Methoden des Rechts, Bd. III, S. 687.

60 BVerfGE 2, 266, 282 – Notaufnahmegesetz; einen differenzierenden Überblick zur Auseinandersetzung der Literatur mit diesem Beschluss gibt *Spanner*, AÖR 91 (1966), 503, 507 ff.

61 *Larenz*, Methodenlehre der Rechtswissenschaft, S. 339.

62 *Larenz*, Methodenlehre der Rechtswissenschaft, S. 339; *Fikentscher*, Methoden des Rechts, Bd. III, S. 684.

63 Eine verfassungskonforme Auslegung ist nämlich nur möglich, wenn sie *„im Einklang mit dem Grundgesetz steht, und das Gesetz bei dieser Auslegung sinnvoll bleibt"*, BVerfGE 2, 266, 267 – Notaufnahmegesetz; die verfassungskonforme Auslegung darf keinesfalls *„das gesetzgeberische Ziel in einem wesentlichen Punkte verfehlen oder verfälschen"*, BVerfGE 8, 28, 34 (= NJW 1958, 1227) – Besoldungsrecht, Gleichheitsrecht; *„Nach der Rechtsprechung des Bundesverfassungsgerichts darf im Wege der Auslegung einem nach Wortlaut und Sinn eindeutigen Gesetz nicht ein entgegengesetzter Sinn verliehen, der normative Gehalt der auszulegenden Norm nicht grundlegend neu bestimmt, das gesetzgeberische Ziel nicht in einem wesentlichen Punkt verfehlt werden"*, BVerfGE 54, 277, 299 (= ZIP 1980, 1137) – Nichtannahme einer Revision, Revisionsannahme; ausdrücklich dann *Larenz*, Methodenlehre der Rechtswissenschaft, S. 340.

64 So das Verständnis der h.M.: *Schwark*, Börsengesetz, 2. Aufl., § 1 BörsG Rn. 20; *Hopt/Baum*, WM 1997 Sonderbeilage Nr. 4, 3, 18; *Segna*, ZBB 1999, 144, 146; *Kümpel/Hammen*, WM 2000 Sonderbeilage Nr. 3, 3, 10; *Beck*, in: Schwark/Zimmer, Kapital-

Versagungsermessen die Berufsfreiheit entgegenstehen.[65] Gleiches könnte aus den unionsrechtlichen Grundfreiheiten folgen.

I. Anspruch auf Erteilung der Börsenerlaubnis aufgrund der Art. 36 ff. MiFID/Art. 44 ff. MiFID II

194 Die MiFID/MiFID II prägt erheblich die Form des Antrags auf Erteilung der Börsenerlaubnis.[66] Bis auf § 4 Abs. 3 Nr. 4 i.V.m. § 5 Abs. 3 BörsG setzen alle benannten Versagungsgründe Anforderungen der Art. 36 ff. MiFID um.[67] § 5 Abs. 3 BörsG verpflichtet den Börsenträger, ordnungsgemäß auszulagern.[68] Eine Auslagerung darf weder die Börsenaufsicht noch die ordnungsgemäße Durchführung des Börsenhandels oder der Börsengeschäftsabwicklung beeinträchtigen (§ 5 Abs. 3 Satz 1 BörsG).[69] Dass der Börsenhandel funktionsfähig bleibt, also durchgeführt wird, gewährleistet aber schon die Betriebspflicht.[70] Hierzu gehört auch die Abwicklung der Börsengeschäfte (vgl. § 5 Abs. 4 Nr. 3 BörsG). Auch die Börsenaufsicht darf bereits nach allgemeinen Regeln nicht beeinträchtigt sein.[71] Da das BörsG die Fälle des § 5 Abs. 3 Satz 1 BörsG also ohnehin erfasst, liegt kein Regelungsbedürfnis vor.[72] § 5 Abs. 3 BörsG konkretisiert folglich nur die Versagungsgründe, welche die Art. 36 ff. MiFID umsetzen. Als Konkretisierung ist auch § 5 Abs. 3 BörsG richtlinienkonform auszulegen. In der Folge ist § 4 Abs. 3 i.V.m. Abs. 2 BörsG insgesamt richtlinienkonform zu interpretieren.

195 Begrenzt wird die richtlinienkonforme Auslegung durch das nationale Recht und die Wortlautauslegung.[73] Nach dem Europarecht verbietet es sich nämlich, *contra legem* auszulegen.[74] Die Kriterien der richtlinienkonformen Auslegung entsprechen also insoweit denen der Auslegung autonomen nationalen Rechts.[75] Die

---

marktrecht, 4. Aufl., § 4 BörsG Rn. 4; *Groß*, Kapitalmarktrecht, 6. Aufl., § 4 BörsG Rn. 7; *Burgi*, WM 2009, 2337, 2342.

65 Zu dieser Möglichkeit siehe BVerfGE 49, 89, 144 ff. (= NJW 1979, 359) – Kalkar I, Schneller Brüter.

66 Siehe Rn. 92 ff.

67 BT-Drs. 16/4028, S. 82.

68 Siehe Rn. 69.

69 Näher zu § 5 Abs. 3 BörsG siehe Rn. 69.

70 *Bressler*, Public private partnership im Bank- und Börsenrecht, S. 90.

71 Siehe Rn. 164 ff.

72 In diesem Sinne *Beck*, in: Schwark/Zimmer, Kapitalmarktrecht, 4. Aufl., § 5 BörsG Rn. 21.

73 *Roth/Jopens*, in: Riesenhuber, Europäische Methodenlehre, § 13 Rn. 37, 46 f.

74 EuGH v. 16. Juni 2005, Rs. C–105/03, ECLI:EU:C:2005:386, Rn. 47 (= NJW 2005, 2839) – Pupino; näher zum funktionellen Verständnis des Begriffs *contra legem* siehe BAGE 132, 247, 256 Rn. 29 (= DB 2010, 850).

75 EuGH v. 15. April 2008, Rs. C–268/06, ECLI:EU:C:2008:223, Rn. 101 (= NZA 2008, 581) – Impact; *Roth/Jopens*, in: Riesenhuber, Europäische Methodenlehre, § 13 Rn. 31; *Kroll-Ludwigs/Ludwigs*, ZJS 2009, 123, 124.

richtlinienkonforme Auslegung ist daher in die nationalen Auslegungskriterien zu integrieren.[76] Wortlaut und Zweck der Richtlinie sind dabei *„so weit wie möglich"* zu erreichen.[77] Diejenige Auslegungsmethode, die dem Ziel der Richtlinie am besten dient, hat Vorrang.[78] Deshalb ist zu prüfen, ob ein Anspruch auf Erteilung der Börsenerlaubnis im Wege richtlinienkonformer Auslegung aus den Art. 36 ff. MiFID/ Art. 44 ff. MiFID II resultieren kann.

1. Wortsinn der Regelungen der MiFID/MiFID II

Art. 36 Abs. 1 UAbs. 1 und 2 MiFID/Art. 44 Abs. 1 UAbs. 1 und 2 MiFID II verbietet den zuständigen Behörden, ein System als geregelten Markt zuzulassen, das nicht den Anforderungen des Titels III der MiFID/MiFID II genügt. Diese Anforderungen setzt § 4 Abs. 3 BörsG als Versagungsgründe in deutsches Recht um. Liegt ein Versagungsgrund vor, so gewährt § 4 Abs. 3 BörsG der Börsenaufsichtsbehörde nach der Wortlautauslegung ein Ermessen dahin gehend, dass sie die Börsenerlaubnis trotzdem erteilen kann (*Erteilungsermessen*).[79] Liegt aber ein Versagungsgrund vor, den § 4 Abs. 3 BörsG auflistet, dann ist den Anforderungen des Titels III der MiFID/MiFID II nicht genügt. Dann darf die zuständige Behörde gemäß Art. 36 Abs. 1 UAbs. 1 und 2 MiFID/Art. 44 Abs. 1 UAbs. 1 und 2 MiFID II keine Zulassung erteilen. Dementsprechend darf die Börsenaufsichtsbehörde nicht mehr abwägen, ob sie die Börsenerlaubnis erteilt, obwohl ein benannter Versagungsgrund des § 4 Abs. 3 BörsG vorliegt. Vielmehr ist das Ermessen der Börsenaufsichtsbehörde im Wege richtlinienkonformer Auslegung auf Null reduziert. Sie muss die Börsenerlaubnis versagen, wenn ein benannter Versagungsgrund gemäß § 4 Abs. 3 BörsG vorliegt. **196**

Liegt dagegen kein benannter Versagungsgrund nach § 4 Abs. 3 BörsG vor, so ist den Anforderungen des Titels III der MiFID/MiFID II entsprechend dem Wortsinn des Art. 36 Abs. 1 UAbs. 1 und 2 MiFID/Art. 44 Abs. 1 UAbs. 1 und 2 MiFID II genügt. Dieser Wortsinn verpflichtet die Mitgliedstaaten aber noch nicht, einen Anspruch auf Zulassung als geregelter Markt für den Fall vorzusehen, dass der Antragsteller den Anforderungen des Titels III genügt. Denn die MiFID/MiFID II

---

76 *M. Schmidt*, RabelsZ 59 (1995), 569, 590; ähnlich bereits *Brechmann*, Die richtlinienkonforme Auslegung, S. 259 ff., der ein zweistufiges Auslegungsverfahren mit Ausnahmen vorsieht; ebenfalls ähnlich *Canaris*, in: Koziol/Rummel, FS Bydlinski, S. 47, 80 f., wobei dieser erst bei richtlinienwidrigem Ergebnis im Wege eines *„Hin- und Herwanderns des Blickes"* die Auslegungskriterien im Lichte der Richtlinie berücksichtigen möchte.

77 EuGH v. 13. November 1990, Rs. C–106/89, ECLI:EU:C:1990:395, Rn. 8 (= DB 1991, 157) – Marleasing / Comercial Internacional de Alimentación.

78 *Ehricke*, RabelsZ 59 (1995), 598, 616; *M. Schmidt*, RabelsZ 59 (1995), 569, 519; *Gebauer*, AnwBl. 2007, 314, 317; *Roth/Jopens*, in: Riesenhuber, Europäische Methodenlehre, § 13 Rn. 42.

79 Siehe Rn. 189.

gestattet den Mitgliedstaaten, für eine Zulassung als geregelter Markt zusätzliche Anforderungen vorzusehen.[80] Nach Art. 36 Abs. 1 UAbs. 2 MiFID/Art. 44 Abs. 1 UAbs. 2 MiFID II müssen Marktbetreiber und Systeme eines geregelten Marktes lediglich *„zumindest den Anforderungen"* des Titels III der MiFID/MiFID II genügen. Hinsichtlich zusätzlicher Anforderungen an eine Zulassung verbleibt dem nationalen Gesetzgeber ein Gestaltungsspielraum. Ob die Mitgliedstaaten verpflichtet sind, einen Anspruch auf Zulassung für den Fall vorzusehen, dass der Antragsteller sowohl den Anforderungen des Titels III der MiFID/MiFID II als auch den zusätzlichen Anforderungen des nationalen Umsetzungsgesetzes genügt, ist dem Wortsinn des Art. 36 Abs. 1 UAbs. 1 und 2 MiFID/Art. 44 Abs. 1 UAbs. 1 und 2 MiFID II nicht zu entnehmen.

2. Bedeutungszusammenhang der Richtlinienvorschriften

197 Zwar erschließt sich Art. 36 MiFID/Art. 44 MiFID II erst mit den in Art. 37 bis 39 MiFID/Art. 45 bis 47 MiFID II aufgezählten Anforderungen zu einem vollständigen Rechtssatz. Allerdings bleibt die MiFID/MiFID II widerspruchsfrei, gleichgültig ob Art. 36 Abs. 1 UAbs. 1 und 2 MiFID/Art. 44 Abs. 1 UAbs. 1 und 2 MiFID II ein Anspruch auf Zulassung eines Systems als geregelter Markt entnommen werden kann oder nicht. Auch die Regelungen über den tatsächlichen Betrieb eines geregelten Marktes (Art. 40 ff. MiFID/Art. 51 ff. MiFID II) widersprechen dem nicht. Die systematische Auslegung der Art. 36 ff. MiFID/Art. 44 ff. MiFID II führt insoweit zu keinem weiterführenden Ergebnis.

3. Regelungsabsicht, Zwecke und Normvorstellungen des historischen Richtliniengebers

198 Neben der grammatischen und systematischen Auslegung einer Vorschrift ist erheblich, wie die Regelungsabsicht des Gesetzgebers zu deuten ist.[81] Auskunft über die Normvorstellungen der Gesetzesverfasser gibt die Entstehungsgeschichte eines Gesetzes.[82] Der europäische Richtliniengeber hat mit der MiFID die WPDLRL überarbeitet. Dadurch wollte er den Organismen für gemeinsame Anlagen in Wertpapieren die Freiheiten des Binnenmarktes eröffnen.[83] Wettbewerb und Innovation

80 *Merkt*, in: Krieger/Lutter/Schmidt, FS Hoffmann-Becking, S. 793, 796; *Bredt*, WM 2013, 1839, 1851.

81 *Larenz*, Methodenlehre der Rechtswissenschaft, S. 328; *Zippelius*, Juristische Methodenlehre, S. 40.

82 BGHZ 46, 74, 76 (= NJW 1967, 343) – Schallplatten I; *Honsell*, Historische Argumente im Zivilrecht, S. 214; *Larenz*, Methodenlehre der Rechtswissenschaft, S. 330; *Zippelius*, Juristische Methodenlehre, S. 41; ähnlich *Fikentscher*, Methoden des Rechts, Bd. III, S. 674.

83 *Europäischer Wirtschafts- und Sozialausschuss*, Stellungnahme zum Vorschlag für die MiFID, ABl. 2003 C 220 vom 16. September 2003, S. 1–5, 2.

sollten so wenig wie möglich eingeschränkt sein.[84] Auch etablierte Positionen auf den geregelten Märkten sollten infrage gestellt werden können.[85] Damit der integrierte europäische Finanzmarkt seine Wirkung voll entfalten könne, müsse es das Regulierungsumfeld erlauben, dass verschiedene Marktmikrostrukturen nebeneinander bestehen, Handelssysteme miteinander konkurrieren und die Anleger und Marktteilnehmer die Auftragsausführung frei wählen können.[86] Folglich sollten der sog. Konzentrationszwang und das sog. Verbotsrecht abgeschafft werden, um den Wettbewerb zu fördern.[87]

a) Abschaffung des Konzentrationszwangs

Während der Geltung der WPDLRL war es den Mitgliedstaaten noch möglich, die Abwicklung von Geschäften mit bestimmten Finanzinstrumenten auf einem geregelten Markt zu fordern (Art. 14 Abs. 3 WPDLRL).[88] Ursprünglich sollte dieser Konzentrationszwang den Anlegerschutz erhöhen, indem außerbörsliche Geschäfte auf professionelle Anleger beschränkt werden konnten.[89] Untersuchungen konnten allerdings nicht belegen, dass die Konzentration der Auftragsausführung auf Börsen die Markteffizienz erhöht.[90] Zudem bestand die Gefahr, dass sich ein Handel mit bestimmten Finanzinstrumenten künstlich auf einem bestimmten geregelten Markt konzentriert.[91] Die Konzentrationsregelung behinderte den Anlegerschutz **199**

84 *Europäischer Wirtschafts- und Sozialausschuss*, Stellungnahme zum Vorschlag für die MiFID, ABl. 2003 C 220 vom 16. September 2003, S. 1–5, 2.

85 *Europäische Zentralbank*, Stellungnahme zum Vorschlag für die MiFID, ABl. 2003 C 144 vom 20. Juni 2003, S. 6–12, 9.

86 *Kommission der Europäischen Gemeinschaft*, Vorschlag für eine Richtlinie des Europäischen Parlaments und des Rates über Wertpapierdienstleistungen und geregelte Märkte und zur Änderung der Richtlinien 85/611/EWG und 93/6/EWG des Rates und der Richtlinie 2000/12/EG des Europäischen Parlaments und des Rates, KOM (2002) 625 endgültig, ABl. 2003 C 71 vom 25. März 2003, S. 62–125, 69.

87 In diesem Sinne *Europäische Zentralbank*, Stellungnahme zum Vorschlag für die MiFID, ABl. 2003 C 144 vom 20. Juni 2003, S. 6–12, 9.

88 *Kommission der Europäischen Gemeinschaft*, Mitteilung der Kommission an das Europäische Parlament und den Rat, KOM (2000) 729 endgültig, S. 1–30, 16.

89 Ebd.

90 *Kommission der Europäischen Gemeinschaft*, Vorschlag für eine Richtlinie des Europäischen Parlaments und des Rates über Wertpapierdienstleistungen und geregelte Märkte und zur Änderung der Richtlinien 85/611/EWG und 93/6/EWG des Rates und der Richtlinie 2000/12/EG des Europäischen Parlaments und des Rates, KOM (2002) 625 endgültig, ABl. 2003 C 71 vom 25. März 2003, S. 62–125, 68.

91 *Kommission der Europäischen Gemeinschaft*, Mitteilung der Kommission an das Europäische Parlament und den Rat, KOM (2000) 729 endgültig, S. 1–30, 16.

also eher.[92] In der Folge wurde der Konzentrationszwang abgeschafft, um den Wettbewerb zu fördern.[93]

b) Abschaffung des Verbotsrechts

200 Die nationalen Behörden waren nach der WPDLRL zuständig, einem System den Status eines geregelten Marktes zu verleihen und ihm Sonder- oder Exklusivrechte zu gewähren.[94] Daher war es den Mitgliedstaaten nach Art. 15 Abs. 5 WPDLRL erlaubt, *„die Schaffung neuer Märkte in ihrem Hoheitsgebiet [. . .] zu untersagen.“* Dieses sog. *„Verbotsrecht“*[95] sollte bei der Überarbeitung der WPDLRL überprüft werden.[96] Denn direkte regulatorische Eingriffe in die Marktstruktur schränken den Wettbewerb zwischen Handelssystemen ein und verhindern Innovationen.[97] Der Richtliniengeber ging davon aus, dass dieses *Verbotsrecht* dazu verwendet werden könnte, die Tätigkeiten geregelter Märkte zu behindern, die von den Behörden anderer Mitgliedstaaten zugelassen worden waren.[98] Zwar bezog sich der Richtliniengeber damit nicht auf Beschränkungen bei der Erstzulassung von geregelten Märkten, sondern auf Beschränkungen von grenzüberschreitenden Tätigkeiten bereits zugelassener geregelter Märkte. Allerdings war Ziel der Überarbeitung durch die MiFID, jegliche unangemessene oder unnötige Beschränkung für grenzüberschreitende Tätigkeiten geregelter Märkte zu beseitigen.[99] Der Richtliniengeber wollte den Wettbewerb fördern, indem er einen neuen Rechtsrahmen schaffte, nach dem neue Marktplätze anerkannt werden.[100]

---

92 In diesem Sinne *Kommission der Europäischen Gemeinschaft*, Vorschlag für eine Richtlinie des Europäischen Parlaments und des Rates über Wertpapierdienstleistungen und geregelte Märkte und zur Änderung der Richtlinien 85/611/EWG und 93/6/EWG des Rates und der Richtlinie 2000/12/EG des Europäischen Parlaments und des Rates, KOM (2002) 625 endgültig, ABl. 2003 C 71 vom 25. März 2003, S. 62–125, 71.

93 *Europäische Zentralbank*, Stellungnahme zum Vorschlag für die MiFID, ABl. 2003 C 144 vom 20. Juni 2003, S. 6–12, 9.

94 *Kommission der Europäischen Gemeinschaft*, Mitteilung der Kommission an das Europäische Parlament und den Rat, KOM (2000) 729 endgültig, S. 1–30, 8.

95 A. a. O., 28.

96 A. a. O., 16.

97 *Kommission der Europäischen Gemeinschaft*, Vorschlag für eine Richtlinie des Europäischen Parlaments und des Rates über Wertpapierdienstleistungen und geregelte Märkte und zur Änderung der Richtlinien 85/611/EWG und 93/6/EWG des Rates und der Richtlinie 2000/12/EG des Europäischen Parlaments und des Rates, KOM (2002) 625 endgültig, ABl. 2003 C 71 vom 25. März 2003, S. 62–125, 68.

98 *Kommission der Europäischen Gemeinschaft*, Mitteilung der Kommission an das Europäische Parlament und den Rat, KOM (2000) 729 endgültig, S. 1–30, 16.

99 A. a. O., 17.

100 *Europäische Zentralbank*, Stellungnahme zum Vorschlag für die MiFID, ABl. 2003 C 144 vom 20. Juni 2003, S. 6–12, 9.

Dementsprechend enthält die MiFID/MiFID II auch kein vergleichbares *Verbotsrecht* mehr.

c) Förderung des Wettbewerbs

Die Abschaffung des Konzentrationszwangs und des Verbotsrechts zeigt die Absicht des Richtliniengebers, dass Mitgliedstaaten die Zulassung eines Systems als geregelter Markt nicht mehr aus Gründen untersagen können sollen, die nicht in der MiFID/MiFID II niedergelegt sind. Außerdem wollte der Richtliniengeber mit der MiFID willkürliche und unverhältnismäßige Wettbewerbsbeschränkungen zwischen den geregelten Märkten vermeiden;[101] folglich jegliche unangemessene und unnötige Beschränkung für die grenzübergreifende Tätigkeit der geregelten Märkte beseitigen.[102] Dies kann nur ausreichend geschehen, wenn ein Anspruch auf Zulassung eines Systems als geregelter Markt gegeben ist. Anderenfalls stünde es den Mitgliedstaaten frei, die aktuell existenten geregelten Märkte auf nationaler Ebene willkürlich oder unverhältnismäßig vor neuem Wettbewerb zu schützen. Denn nicht erst die Regulierung der Ausübung einer Tätigkeit beschränkt den Wettbewerb, sondern bereits die Regulierung des Zutritts zu einer Tätigkeit. Der Richtliniengeber ging also davon aus, dass Art. 36 Abs. 1 UAbs. 1 und 2 MiFID die Mitgliedstaaten verpflichtet, einen Anspruch auf Zulassung eines Systems als geregelter Markt für den Fall vorzusehen, dass der Antragsteller sowohl den Anforderungen des Titels III der MiFID/MiFID II als auch den zusätzlichen Anforderungen des nationalen Umsetzungsgesetzes genügt. Gleiches gilt in der Folge für Art. 44 Abs. 1 UAbs. 1 und 2 MiFID II. **201**

4. Objektiv-teleologische Kriterien

Ist eine zweifelsfreie Auslegung anhand der vorstehend erörterten Kriterien noch nicht möglich oder ist das gefundene Ergebnis offenkundig unsinnig, so sind objektiv-teleologische Kriterien bei der Auslegung zu berücksichtigen.[103] Nach objektiv-teleologischen Kriterien sind zum einen die hinter einer Regelung stehenden rechtsethischen Prinzipien zu beachten, in denen der Sinnbezug der Bestimmung auf die Rechtsidee fassbar und aussprechbar wird.[104] Dabei ist auch das zugrunde liegende *„innere System"* der maßgeblichen Wertentscheidungen zu betrachten.[105] Zum anderen hat der Gesetzgeber bei jeder Regelung vernünf- **202**

---

101 *Kommission der Europäischen Gemeinschaft*, Mitteilung der Kommission an das Europäische Parlament und den Rat, KOM (2000) 729 endgültig, S. 1–30, 16.

102 A. a. O., 17.

103 *Bydlinski*, Juristische Methodenlehre und Rechtsbegriff, S. 453 f.; *Larenz*, Methodenlehre der Rechtswissenschaft, S. 333 und Fn. 41.

104 *Larenz*, Methodenlehre der Rechtswissenschaft, S. 333.

105 A. a. O., S. 328.

tigerweise die Strukturen des geregelten Sachbereichs zu berücksichtigen.[106] Es gibt also tatsächliche Gegebenheiten, an denen auch der Gesetzgeber nichts ändern kann.[107]

Das gefundene Auslegungsergebnis ist vorliegend nicht anhand objektiv-teleologischer Kriterien zu modifizieren. Der Wortsinn stimmt mit dem Willen des Richtliniengebers überein und der Bedeutungszusammenhang steht dem nicht entgegen. Die Auslegung ist insgesamt nicht offenkundig unsinnig. Sie entspricht auch dem durch die MiFID/MiFID II verfolgten Prinzip, einen integrierten Finanzmarkt zu schaffen (ErwGr. 71 Satz 1 MiFID/ErwGr. 164 Satz 1 MiFID II).

5. *Zwischenfazit*

203 Die Richtlinie ist insgesamt dahin gehend auszulegen, dass Art. 36 Abs. 1 UAbs. 1 und 2 MiFID/Art. 44 Abs. 1 UAbs. 1 und 2 MiFID II die Mitgliedstaaten verpflichtet, einen Anspruch auf Zulassung eines Systems als geregelter Markt für den Fall vorzusehen, dass der Antragsteller sowohl den Anforderungen des Titels III der MiFID/MiFID II als auch den zusätzlichen Anforderungen des nationalen Umsetzungsgesetzes genügt.[108] Daher ist ein *Versagungsermessen*[109] zu verneinen und § 4 Abs. 3 i.V.m. Abs. 2 BörsG richtlinienkonform als einen Anspruch auf Erteilung der Börsenerlaubnis begründend auszulegen. Zudem verengt die richtlinienkonforme Auslegung das *Erteilungsermessen*[110] der Börsenaufsichtsbehörde. Im Falle benannter Versagungsgründe des § 4 Abs. 3 BörsG ist dieses Ermessen nämlich auf Null reduziert, weil dann den Anforderungen des Titels III der MiFID/MiFID II nicht genügt ist.[111] Ein *Erteilungsermessen* obliegt der Behörde bei richtlinienkonformer Auslegung also nur noch, wenn unbenannte Versagungsgründe des § 4 Abs. 3 BörsG vorliegen.

II. Kein grundrechtlicher Anspruch auf Übertragung staatlicher Verwaltungsaufgaben

204 Nach *Schwark* ist ein Anspruch auf Übertragung von Staatsaufgaben oder Errichtung von Anstalten nicht auf Art. 12 GG stützbar.[112] Daher könne Art. 12 GG keinen Anspruch auf Erteilung der Börsenerlaubnis begründen.[113]

Falls das Grundgesetz tatsächlich einen solchen Übertragungsanspruch hergeben würde – so wird gesagt – wären die betreffenden Aufgaben in Wahrheit

106 *Larenz*, Methodenlehre der Rechtswissenschaft, S. 333.
107 Ebd.
108 In diesem Sinne *Boschan*, Wertpapierhandelssysteme, S. 435; a.A. *Hammen*, Börsen und multilaterale Handelssysteme im Wettbewerb, S. 44.
109 Siehe zu diesem Begriff Rn. 189.
110 Siehe zu diesem Begriff Rn. 189.
111 Siehe Rn. 196.
112 *Schwark*, Börsengesetz, 2. Aufl., § 1 BörsG Rn. 20.
113 Ebd.

nicht *„rein staatliche“*, sondern zumindest *„auch private“*.[114] Muss eine Aufgabe aber Privaten überlassen bleiben, kann sie nicht gleichzeitig staatlich sein.[115] Daher läge in Wahrheit kein Übertragungsanspruch, sondern ein negatorischer Überlassungsanspruch vor.[116] Ein Übertragungsanspruch von Verfassungs wegen wäre nur unter der Voraussetzung denkbar, dass ein staatliches Monopol verfassungsrechtlich nur akzeptabel sei, weil privaten Aufgabenträgern zumindest ermöglicht werde, als Verwaltungshelfer tätig zu werden.[117] Aus Art. 12 GG ist also kein Anspruch Privater auf Übertragung staatlicher Verwaltungsaufgaben herzuleiten.[118] Ein aus der Verfassung fließendes Recht Privater auf Übertragung staatlicher Aufgaben ist dem geltenden Recht fremd.[119] Demnach haben Private keinen grundrechtlichen Anspruch auf Übertragung staatlicher Aufgaben.[120] Auch bezüglich der Errichtung öffentlicher Anstalten ist ein solcher Anspruch nicht gegeben.[121]

Ein Anspruch auf Erteilung der Börsenerlaubnis resultiert also nicht direkt aus den Grundrechten des Antragstellers. Dies verbietet allerdings keineswegs, dass der Gesetzgeber ein solches Recht einfachgesetzlich schafft. Im Ergebnis steht einer Auslegung des § 4 Abs. 3 i.V.m. Abs. 2 BörsG als Anspruch nicht entgegen, dass es keinen grundrechtlichen Anspruch auf Übertragung staatlicher Verwaltungsaufgaben gibt. Vielmehr könnte gerade § 4 Abs. 3 i.V.m. Abs. 2 BörsG einen einfachgesetzlichen Anspruch auf Übertragung staatlicher Verwaltungsaufgaben normieren.

III. Erlaubnispflicht nach § 4 Abs. 1 BörsG im Lichte der Berufsfreiheit

Zwar begründet Art. 12 GG keinen grundrechtlichen Anspruch auf Erteilung der **205**
Börsenerlaubnis. Allerdings könnten die Grundrechte, insbesondere Art. 12 Abs. 1 GG, einem *Versagungsermessen* entgegenstehen.[122] Nach § 4 Abs. 1 BörsG bedarf die Errichtung einer Börse der schriftlichen Erlaubnis der Börsenaufsichtsbehörde. Diese Erlaubnisbedürftigkeit verlangt also, dass der Betreiber einer Börse eine Erlaubnis einholt, bevor er den Börsenbetrieb aufnimmt. Er darf den Betrieb einer Börse nicht privatautonom ohne Erlaubnis organisieren. Diese Erlaubnisobliegenheit könnte

114 *Ossenbühl*, VVDStRL 29 (1971), 137, 186.
115 Ebd.
116 Ebd.
117 *Burgi*, Funktionale Privatisierung und Verwaltungshilfe, S. 252 f.; die Möglichkeit eines solchen Anspruchs erwägt auch BVerwG NJW 1996, 1608, 1610 (= GewArch 1996, 231).
118 *Ossenbühl*, VVDStRL 29 (1971), 137, 187.
119 *Segna*, ZBB 1999, 144, 146; ähnlich *Beck*, in: Schwark/Zimmer, Kapitalmarktrecht, 4. Aufl., § 4 BörsG Rn. 4.
120 *Ossenbühl*, VVDStRL 29 (1971), 137, 189.
121 *M. Müller*, in: Stober/Kluth/Wolff/Bachof, Verwaltungsrecht II, § 86 Rn. 51.
122 Zu dieser Möglichkeit siehe BVerfGE 49, 89, 144 ff. (= NJW 1979, 359) – Kalkar I, Schneller Brüter.

den Schutzbereich seiner Berufsfreiheit in ungerechtfertigter Weise beeinträchtigen, soweit § 4 Abs. 3 i.V.m. Abs. 2 BörsG dahin gehend ausgelegt wird, dass er ein *Versagungsermessen* einräumt.

1. Betrieb einer Börse im Schutzbereich der Berufsfreiheit

206 Zunächst müsste der Schutzbereich der Berufsfreiheit eröffnet sein. Beruf wird gemeinhin definiert als jede auf Dauer angelegte Tätigkeit, die dazu dient, eine Lebensgrundlage zu schaffen und zu erhalten.[123] Die Berufsfreiheit schützt sowohl die freie Wahl als auch die freie Ausübung des Berufs.[124] Sie ist *„zukunftsgerichtet"*[125] und greift unabhängig davon, ob der an einer Berufstätigkeit Interessierte diese bereits ausübt.[126] Sie schützt also schon, bevor der Berufsbewerber die Tätigkeit aufnimmt. Bereits sein Wille, die Tätigkeit auszuüben, reicht aus.

Dieser Schutzbereich könnte verschlossen sein, wenn Private staatliche Aufgaben erfüllen. Dies betrifft die Rechtsfiguren der sog. *staatlichen* und *staatlich gebundenen Berufe*. Je nach Nähe zum öffentlichen Dienst können Art. 33 GG oder an diesen angelehnte Sonderregelungen Art. 12 Abs. 1 GG zurückdrängen.[127] Der Schutzbereich der Berufsfreiheit erfasst aber auch vom Staat beanspruchte Tätigkeiten, wie z. B. das ungerechtfertigte Errichten von Monopolen für bestimmte Aufgaben durch den Staat.[128] Zieht der Staat eine Tätigkeit an sich, die Private ansonsten als Beruf oder Gewerbe ausüben könnten, beeinträchtigt er bereits hierdurch die Freiheit der Berufswahl.[129] Daher wirken sich die Rechtsfiguren der sog. *staatlichen* und *staatlich gebundenen Berufe* erst auf der Rechtfertigungsebene aus.[130]

207 Die geplante Organisation einer Börse ist auf Dauer angelegt und soll der Gewinnerzielung dienen.[131] Ist die Beschäftigung eines Privaten auf Erwerb gerichtet und erschöpft sie sich nicht in einem einmaligen Erwerbsakt, entspricht

---

123 BVerfGE 7, 377, 397 (= NJW 1958, 1035) – Apothekenurteil; *Scholz*, in: Maunz/Dürig, Grundgesetz, Bd. II, Art. 12 GG Rn. 29; *Mann*, in: Sachs, Grundgesetz, Art. 12 GG Rn. 45; *Jarass*, in: Jarass/Pieroth, Grundgesetz, Art. 12 GG Rn. 5.

124 *Jarass*, in: Jarass/Pieroth, Grundgesetz, Art. 12 GG Rn. 9 f.

125 BVerfGE 30, 292, 334 (= NJW 1971, 1255) – Erdölbevorratung.

126 *Burgi*, Funktionale Privatisierung und Verwaltungshilfe, S. 419.

127 BVerfGE 7, 377, 398 (= NJW 1958, 1035) – Apothekenurteil.

128 BVerfGE 21, 245, 249 (= NJW 1967, 971) – Führungskräfte der Wirtschaft; *W. Thieme*, JZ 1961, 280, 281; *Köttgen*, Daseinsvorsorge und Unternehmerinitiative, S. 40 f.; *W. Schick*, DÖV 1962, 931, 931; *Badura*, Das Verwaltungsmonopol, S. 329, 339; *Ossenbühl*, VVDStRL 29 (1971), 137, 187; im Grunde bereits *Warncke*, NJW 1956, 1587, 1587; ähnlich auch schon *Uber*, Freiheit des Berufs, S. 151 f.; a.A. *Bachof*, in: Bettermann/Nipperdey/Scheuner, Die Grundrechte, Bd. III/1, S. 200 ff.

129 *Badura*, Das Verwaltungsmonopol, S. 339.

130 Siehe dazu Rn. 210.

131 Zur Gewinnerzielung *Picot/Bortenlänger/Röhrl*, Börsen im Wandel, S. 80.

dies der Voraussetzung, eine Lebensgrundlage zu schaffen und zu erhalten.[132] Damit ist der sachliche Schutzbereich der Berufsfreiheit eröffnet.[133] Schutzbereiche anderer Grundrechte sind nicht eröffnet und gegenüber der allgemeinen Handlungsfreiheit (Art. 2 Abs. 1 GG) ist die Berufsfreiheit vorliegend das speziellere Grundrecht.[134]

Der persönliche Schutzbereich der Berufsfreiheit steht gemäß Art. 19 Abs. 3 GG neben natürlichen Personen auch inländischen juristischen Personen sowie Personenvereinigungen des Privatrechts offen.[135] Im Anwendungsbereich des Vertrags über die Arbeitsweise der Europäischen Union gilt dies auch für juristische Personen und Personenvereinigungen aus der EU, weil das unionsrechtliche Diskriminierungsverbot (Art. 18 AEUV) vorrangig vor dem nationalen Recht anzuwenden ist.[136] Außerdem können bilaterale Abkommen eine entsprechende Anwendung vorsehen.[137]

2. *Erlaubnispflicht als Beeinträchtigung der Berufsfreiheit*

Die Erlaubnispflicht nach § 4 Abs. 1 BörsG könnte eine Beeinträchtigung der Be- **208**
rufsfreiheit darstellen.[138] Als Hauptform der Beeinträchtigung liegt ein klassischer Grundrechtseingriff vor, wenn ein rechtsförmiger Vorgang unmittelbar und gezielt die grundrechtliche Freiheit durch ein Ge- oder Verbot verkürzt, welches der Staat verfügt und erforderlichenfalls zwangsweise durchsetzt.[139] Die Erlaubnispflicht ist ein rechtsförmiger Vorgang, weil der Staat sie durch § 4 Abs. 1 BörsG gesetzlich verfügt hat. Sie beinhaltet das Verbot, *qualifizierte multilaterale Systeme* zu betreiben, sowie das Verbot, *einfache multilaterale Systeme* als Börse zu betreiben.[140] Die Verbote resultieren aus der Obliegenheit, vor Aufnahme des Betriebs einer Börse eine Erlaubnis einzuholen. Gezielt ist die Erlaubnispflicht, weil sie den Betrieb einer Börse ohne vorherige Prüfung verhindern soll und so den Schutzbereich der

---

132 BVerfGE 97, 228, ECLI:DE:BVerfG:1998:fs19980217.1bvf000191, Rn. 94 (= NJW 1998, 1627) – Kurzberichterstattung im Fernsehen.

133 Im Ergebnis auch *Mues*, Die Börse als Unternehmen, S. 127 ff.; *Schönemann*, Die Organisationsstruktur der Börse, S. 106 f.

134 *Schönemann*, Die Organisationsstruktur der Börse, S. 106 f.; allgemein zum Markteintritt *Berringer*, Regulierung, S. 163 f.

135 BVerfGE 21, 261, 266 (= NJW 1967, 974) – Arbeitsvermittlungsmonopol; ausdrücklich zu Personenvereinigungen des Privatrechts jedenfalls *Jarass*, in: Jarass/Pieroth, Grundgesetz, Art. 12 GG Rn. 13.

136 BVerfGE 129, 78, ECLI:DE:BVerfG:2011:rs20110719.1bvr191609, Rn. 71, 75 ff. (= NJW 2011, 3428) – Le Corbusier, Designermöbel Urheberrecht.

137 *Jarass*, in: Jarass/Pieroth, Grundgesetz, Art. 19 GG Rn. 23, mit Verweis auf BGHZ 76, 387, 396 (= NJW 1980, 2457).

138 Ähnlich *Schönemann*, Die Organisationsstruktur der Börse, S. 107.

139 BVerfGE 105, 279, ECLI:DE:BVerfG:2002:rs20020626.1bvr067091, Rn. 68 (= NJW 2002, 2626) – Psychosekte, Osho-Bewegung.

140 Siehe Rn. 41 f.

Berufsfreiheit berührt.[141] Damit verkürzt die Erlaubnisbedürftigkeit unmittelbar die Freiheit, eine Börse zu betreiben. Sie ist durchsetzbar, weil die Börsenaufsichtsbehörde nach der Generalklausel des § 3 Abs. 5 Satz 2 BörsG verpflichtet ist, auf Rechtsverstöße mit wirksamen Verwaltungsmaßnahmen zu reagieren.[142] Dies kann zwangsweise im Wege der Verwaltungsvollstreckung erfolgen. Damit beeinträchtigt die Erlaubnispflicht nach § 4 Abs. 1 BörsG als klassischer Eingriff die Berufsfreiheit.

3. Keine Rechtfertigung eines Versagungsermessens

209 Beeinträchtigungen der Berufsfreiheit sind gerechtfertigt, wenn sie verhältnismäßig sind, also geeignet und erforderlich, um den angestrebten Zweck zu erreichen und bei einer Gesamtabwägung zwischen ihrer Schwere und dem Gewicht der sie rechtfertigenden Gründe die Grenze der Zumutbarkeit noch wahren.[143] Das beeinträchtigende Mittel ist geeignet, wenn es den angestrebten Zweck fördert,[144] und erforderlich, wenn nicht ein anderes Mittel gleich wirksam wäre, aber das Grundrecht nicht oder doch weniger fühlbar einschränken würde.[145] Innerhalb der Gesamtabwägung könnte die Grenze der Zumutbarkeit zu modifizieren sein, weil der Betrieb einer Börse gegebenenfalls als *staatlich gebundener Beruf* einzuordnen ist. Obendrein sind nach der im *Apothekenurteil* entwickelten Dreistufenlehre jedenfalls die Anforderungen an das Gewicht des angestrebten Zwecks umso höher, je intensiver die Beeinträchtigung ist.[146]

a) Kein staatlich gebundener Beruf

210 Staatlich gebunden sind Berufsgruppen, denen der Gesetzgeber öffentliche Aufgaben überträgt, die er auch dem eigenen Verwaltungsapparat vorbehalten könnte.[147] Auf *staatlich gebundene Berufe* ist Art. 33 Abs. 5 GG entsprechend anzuwenden,[148] da sie und die *staatlichen Berufe* eine gemeinsame Basis haben.[149] Wegen der Nähe zum öffentlichen Dienst sind bei ihnen in stärkerem Maße Sonderregeln zugelassen.[150] *„Je näher ein Beruf durch öffentlich-rechtliche Bindungen und Auflagen an den ‚öffentlichen Dienst' herangeführt wird, um so stärker können*

---

141 Zum Schutzbereich siehe Rn. 207.
142 BT-Drs. 16/4028, S. 80.
143 BVerfGE 36, 47, 59 – Nachnahmeversand von Tieren.
144 BVerfGE 30, 292, 316 (= NJW 1971, 1255) – Erdölbevorratung.
145 In diesem Sinne BVerfGE 25, 1, 18 (= NJW 1969, 499) – Mühlengesetz.
146 BVerfGE 7, 377, 404 ff. (= NJW 1958, 1035) – Apothekenurteil.
147 Zur Definition siehe *Jarass*, in: Jarass/Pieroth, Grundgesetz, Art. 12 GG Rn. 86; *Mann*, in: Sachs, Grundgesetz, Art. 12 GG Rn. 62; der Begriff *„staatlich gebundene Berufe"* geht zurück auf *Triepel*, in: FS Binding, Bd. II, S. 1, 18.
148 *Jarass*, in: Jarass/Pieroth, Grundgesetz, Art. 12 GG Rn. 86.
149 *Burgi*, Funktionale Privatisierung und Verwaltungshilfe, S. 424.
150 BVerfGE 16, 6, 22 (= NJW 1963, 1443) – Verkündungszeitpunkt des Gesetzblattes; *Manssen*, in: Mangoldt/Klein/Starck, Grundgesetz, Bd. I, Art. 12 GG Rn. 48.

Sonderregelungen in Anlehnung an Art. 33 GG die Wirkung des Grundrechts aus Art. 12 Abs. 1 GG tatsächlich zurückdrängen.“[151] Art. 33 GG ist nämlich *lex specialis* gegenüber Art. 12 GG.[152]

Der Staat darf aber die Berufsfreiheit nicht dadurch unterlaufen, dass er öffentlich-rechtliche Bindungen oder Auflagen, also eventuell unüberwindliche Tätigkeitssperren, erlässt.[153] Staatliche Bindungen lassen sich keineswegs aus sich selbst heraus rechtfertigen, sondern nur aus den wahrzunehmenden Funktionen.[154] Daher sind solche Bindungen oder Auflagen selbst an Art. 12 Abs. 1 GG zu messen.[155] Dass Private eine Tätigkeit nur noch in öffentlich-rechtlicher Form vornehmen können, ist erst die Folge einer Bindung und sagt über deren Zulässigkeit nichts aus.[156] Folglich rechtfertigt die Bildung der Börsen als *„teilrechtsfähige Anstalten des öffentlichen Rechts“* in § 2 Abs. 1 BörsG für sich genommen nicht, die Berufsfreiheit durch Aufstellung einer Erlaubnisbedürftigkeit zu beeinträchtigen.

Außerdem ist die Rechtsfigur staatlicher Bindung nach hier vertretener Ansicht **211**
auch nicht anzuwenden, weil der Börsenträger als Verwaltungshelfer zu qualifizieren ist.[157] Verwaltungshelfer erfüllen Staatsaufgaben nicht unmittelbar.[158] Der Börsenträger ist kein Träger eines öffentlichen Amts und übt auch keine hoheitlichen Funktionen aus. Damit fehlt es an der gemeinsamen Basis mit den *staatlichen Berufen*, von welchen die Anwendung des Art. 33 Abs. 5 GG abgeleitet wird. Verzichtet der Staat darauf, bestimmte Leistungen durch seine eigenen Bediensteten bzw. durch Beliehene zu erbringen, verzichtet er auch darauf, Kompetenzen und Befugnisse zu schaffen, die die Betroffenen sonst nicht gehabt hätten. Fehlen hoheitliche Kompetenzen oder Befugnisse, sind besondere Bindungen nicht erforderlich, weshalb es insoweit an einer Rechtfertigung fehlt, die betroffenen Berufe stärker zu reglementieren.[159]

Da der Betrieb einer Börse nicht als *staatlich gebundener Beruf* einzuordnen ist, gibt es auch keinen Grund, seine Zulassung auf der Grundlage der für solche Berufe geltenden Prinzipien übermäßig zu reglementieren.

---

151 BVerfGE 7, 377, 398 (= NJW 1958, 1035) – Apothekenurteil.

152 *Bachof*, in: Bettermann/Nipperdey/Scheuner, Die Grundrechte, Bd. III/1, S. 184.

153 BVerfGE 21, 245, 248 (= NJW 1967, 971) – Führungskräfte der Wirtschaft; ähnlich bereits *Bachof*, in: Bettermann/Nipperdey/Scheuner, Die Grundrechte, Bd. III/1, S. 184; ausdrücklich *Ossenbühl*, VVDStRL 29 (1971), 137, 186 f. Fn. 223.

154 BVerfGE 73, 280, 293 (= NJW 1987, 887) – Notarbewerberauswahl, Auswahl von Notarbewerbern; in diesem Sinne bereits BVerfGE 7, 377, 397 f. (= NJW 1958, 1035) – Apothekenurteil.

155 In diesem Sinne *Ossenbühl*, VVDStRL 29 (1971), 137, 186 f. Fn. 223.

156 *Bachof*, in: Bettermann/Nipperdey/Scheuner, Die Grundrechte, Bd. III/1, S. 184.

157 Zu dieser Qualifikation siehe Rn. 35 ff.

158 *Burgi*, Funktionale Privatisierung und Verwaltungshilfe, S. 424.

159 *Bachof*, in: Bettermann/Nipperdey/Scheuner, Die Grundrechte, Bd. III/1, S. 186; *Burgi*, Funktionale Privatisierung und Verwaltungshilfe, S. 424.

b) Legitimer Zweck in Abhängigkeit von der Intensität der Beeinträchtigung

212 Reine Berufsausübungsregelungen beeinträchtigen die Berufsfreiheit am schwächsten, subjektive Voraussetzungen der Berufsaufnahme (sog. subjektive Berufswahlbeschränkungen) stärker und objektive Voraussetzungen der Berufsaufnahme (sog. objektive Berufswahlbeschränkungen) am stärksten.[160] Daher sind reine Berufsausübungsbeschränkungen bereits gerechtfertigt, *„soweit vernünftige Erwägungen des Gemeinwohls es zweckmäßig erscheinen lassen.“*[161] Subjektive Berufswahlbeschränkungen müssen dagegen schon *„ein überragendes Gemeinschaftsgut“* schützen.[162] Schließlich sind objektive Berufswahlbeschränkungen nur zulässig, wenn sie *„nachweisbar[ ] oder höchstwahrscheinlich[ ] schwere[ ] Gefahren für ein überragend wichtiges Gemeinschaftsgut“* abwehren.[163] Bereits der angestrebte Zweck hängt also von der Intensität der Beeinträchtigung ab.

aa) Intensität der Beeinträchtigung durch ein Versagungsermessen

213 Wie intensiv die Berufsfreiheit betroffen ist, ergibt sich nicht erst aus den wirtschaftlichen Folgen der Beeinträchtigung sondern schon aus den rechtlichen Anforderungen, die an die Tätigkeit geknüpft sind.[164] Die Erlaubnispflicht nach § 4 Abs. 1 BörsG beeinträchtigt die Berufsfreiheit also in dem Maße, wie § 4 Abs. 3 i.V.m. Abs. 2 BörsG Anforderungen an die Erteilung der Börsenerlaubnis stellt. Dabei regeln verbindliche Vorgaben für das *Ob* die Zulassung zu einem Beruf, sie beschränken die Berufswahl.[165] Hingegen *„versperren“* verbindliche Vorgaben für das *Wie* in der Regel *„nicht den Zugang“* zu einem Beruf, sondern beschränken nur die Berufsausübung.[166] Soweit die Börsenerlaubnis das Verbot aufhebt, *qualifizierte multilaterale Systeme* zu betreiben, macht § 4 Abs. 3 i.V.m. Abs. 2 BörsG verbindliche Vorgaben für das *Ob* des Betriebs eines multilateralen Systems. Durch die Börsenerlaubnis lässt die Börsenaufsichtsbehörde einen solchen Betrieb überhaupt erst zum Markt zu. Insoweit ist die Erlaubnispflicht eine Berufswahlbeschränkung.

Soweit die Börsenerlaubnis das Verbot aufhebt, *einfache multilaterale Systeme* unter der Bezeichnung *Börse* zu betreiben, macht § 4 Abs. 3 i.V.m. Abs. 2 BörsG verbindliche Vorgaben für das *Wie* des Betriebs eines multilateralen Systems. Denn grundsätzlich besteht für *einfache multilaterale Systeme* gemäß § 32 Abs. 1 i.V.m. § 1 Abs. 1a Satz 2 Nr. 1b KWG ein Anspruch auf Erteilung der Erlaubnis zum

160 BVerfGE 7, 377, 405 ff. (= NJW 1958, 1035) – Apothekenurteil.
161 A. a. O., 405.
162 A. a. O., 406.
163 A. a. O., 408.
164 BVerfGE 86, 28, 39 (= NJW 1992, 2621) – öffentlich bestellter Sachverständiger, Sachverständiger.
165 *Jarass*, in: Jarass/Pieroth, Grundgesetz, Art. 12 GG Rn. 37.
166 BVerfGE 80, 269, 278 (= NJW 1989, 2611) – Sozietätsrecht.

Betrieb als MTF.[167] Das aus der Erlaubnispflicht nach § 4 Abs. 1 BörsG resultierende Verbot hindert den Antragsteller also nicht grundsätzlich daran, den Beruf eines Betreibers eines *einfachen multilateralen Systems* aufzunehmen. Insoweit ist die Erlaubnispflicht daher lediglich eine Berufsausübungsbeschränkung.[168] Dass der Betrieb einer Börse nach der Verkehrsanschauung ein eigenständiges, historisches Berufsbild ist,[169] ändert hieran nichts. Denn Börsen unterscheiden sich von den übrigen *einfachen multilateralen Systemen* nicht durch die Zugehörigkeit zu einem eigenständigen Beruf, sondern nur dadurch, dass der Staat ihre Qualifikation als Börse feststellt.[170] Durch die Börsenerlaubnis ändert sich nicht das Bild der beruflichen Tätigkeit. Dies würde eine Berufswahlbeschränkung jedoch voraussetzen.[171]

Innerhalb der Unterteilung der Erlaubnispflicht in Berufswahlbeschränkung und **214**
Berufsausübungsbeschränkung ist jeweils noch nach subjektiven und objektiven Beschränkungen zu differenzieren.[172] Eine Beschränkung ist subjektiv, wenn bestimmte Eigenschaften oder Qualifikationen der betroffenen Person des Berufsbewerbers maßgebend sind, sie ist objektiv, wenn die Beurteilungskriterien außerhalb der persönlichen Sphäre des Betroffenen liegen,[173] also an bestimmte Bedingungen innerhalb des Berufs anknüpfen.[174] Deshalb ist zu fragen, ob aus dem Tatbestand oder aus der Rechtsfolge des § 4 Abs. 3 i.V.m. Abs. 2 BörsG subjektive oder objektive Beschränkungen der Berufsfreiheit resultieren.

Der Tatbestand in § 4 Abs. 3 i.V.m. Abs. 2 BörsG knüpft nur subjektive Voraussetzungen an die Erlaubnisfähigkeit des Betriebs einer Börse.[175] Weder als unbenannte Versagungsgründe des § 4 Abs. 3 BörsG noch als ungeschriebene Erlaubnisvoraussetzungen sind objektive Gesichtspunkte zulässig.[176] Ob und in-

---

167 *Schönemann*, Die Organisationsstruktur der Börse, S. 108; zu diesem Anspruch siehe *Fischer/C. Müller*, in: Boos/Fischer/Schulte-Mattler, KWG, CRR-VO, Bd. I, 5. Aufl., § 32 KWG Rn. 35.

168 Mit dieser Argumentation zum Sozietätsverbot von Anwaltsnotaren BVerfGE 80, 269, 278 (= NJW 1989, 2611) – Sozietätsrecht.

169 *Schönemann*, Die Organisationsstruktur der Börse, S. 108.

170 In diesem Sinne BVerfGE 86, 28, 38 (= NJW 1992, 2621) – öffentlich bestellter Sachverständiger, Sachverständiger – das keinen Unterschied zwischen öffentlich bestellten sowie vereidigten Sachverständigen und den übrigen Sachverständigen sieht.

171 BVerfGE 86, 28, 38 (= NJW 1992, 2621) – öffentlich bestellter Sachverständiger, Sachverständiger.

172 Für Berufswahlbeschränkungen BVerfGE 7, 377, 406 (= NJW 1958, 1035) – Apothekenurteil; für Berufsausübungsbeschränkungen BVerfGE 86, 28, 39 (= NJW 1992, 2621) – öffentlich bestellter Sachverständiger, Sachverständiger.

173 BVerfGE 86, 28, 39 (= NJW 1992, 2621) – öffentlich bestellter Sachverständiger, Sachverständiger.

174 *Scholz*, in: Maunz/Dürig, Grundgesetz, Bd. II, Art. 12 GG Rn. 351.

175 Siehe Rn. 154, 158.

176 Siehe Rn. 154, 158.

wieweit die subjektiven Tatbestandsvoraussetzungen allerdings die Berufsfreiheit ungerechtfertigt beeinträchtigen, ist vorliegend unerheblich. Ein solcher Verstoß wirkt sich nämlich nicht darauf aus, ob § 4 Abs. 3 i.V.m. Abs. 2 BörsG einen Ermessensspielraum gewährt, wonach die Börsenaufsichtsbehörde eine an sich zu erteilende Erlaubnis versagen kann, obwohl kein Versagungsgrund vorliegt (*Versagungsermessen*). Denn sofern die Tatbestandsvoraussetzungen gegen die Berufsfreiheit verstoßen, würde auch eine Auslegung als gebundene Entscheidung den Verstoß nicht heilen.

215 Die Rechtsfolge des § 4 Abs. 3 i.V.m. Abs. 2 BörsG beschränkt die Berufsfreiheit subjektiv, soweit sie der Börsenaufsichtsbehörde ein *Versagungsermessen* gestattet, dessen Ermessensspielraum die Behörde anhand subjektiver Gesichtspunkte ausfüllen darf, und objektiv, soweit sie dessen Ermessensspielraum anhand objektiver Gesichtspunkte ausfüllen darf.

Subjektive Gesichtspunkte wären Zweckmäßigkeitsüberlegungen hinsichtlich bestimmter Eigenschaften oder Qualifikationen des Antragstellers. Soweit die Erlaubnispflicht eine Berufsausübungsregelung darstellt, wäre ein Ermessensspielraum, der anhand subjektiver Gesichtspunkte ausgefüllt werden könnte, bereits durch jede vernünftige Erwägung des Gemeinwohls zu rechtfertigen. Soweit die Erlaubnispflicht aber eine Berufswahlbeschränkung darstellt, wäre ein Ermessensspielraum, der anhand subjektiver Gesichtspunkte ausgefüllt werden könnte, nur zu rechtfertigen, wenn dies überragende Gemeinschaftsgüter schützt.

Objektive Gesichtspunkte wären dagegen Zweckmäßigkeitsüberlegungen, die außerhalb der persönlichen Sphäre des Antragstellers liegen. Soweit die Erlaubnispflicht eine Berufsausübungsbeschränkung darstellt, wäre ein Ermessensspielraum, der anhand objektiver Gesichtspunkte ausgefüllt werden könnte, bereits durch jede vernünftige Erwägung des Gemeinwohls zu rechtfertigen. Entsprechend der Dreistufenlehre wäre der Kreis zulässiger Erwägungen jedoch enger als bei den subjektiven Berufsausübungsbeschränkungen. Soweit die Erlaubnispflicht aber eine Berufswahlbeschränkung darstellt, wäre ein Ermessensspielraum, der anhand objektiver Gesichtspunkte ausgefüllt werden könnte, nur zu rechtfertigen, wenn dies nachweisbar oder höchstwahrscheinlich schwere Gefahren für ein überragend wichtiges Gemeinschaftsgut abwehrt.

bb) Funktionsfähigkeit des Kapitalmarktes als legitimer Zweck

216 Die Erlaubnispflicht nach § 4 Abs. 1 BörsG hat den Zweck, der Börsenaufsichtsbehörde die Prüfung zu ermöglichen, ob der Betrieb der geplanten Börse den Anforderungen entspricht, die das BörsG hieran stellt. Ziel des BörsG ist es, die Position deutscher Börsen im internationalen Wettbewerb sowie den Anlegerschutz zu stärken.[177] Das BörsG soll das Anlegerpublikum in seinem Vertrauen auf die Fairness und Chancengleichheit

177 BT-Drs. 14/8017, S. 1.

im Börsenhandel schützen.[178] Um diese Ziele zu erreichen, ist die Funktionsfähigkeit der Börsen aufrechtzuerhalten.[179] Da sich der Anlegerschutz auf börsliche Geschäfte bezieht, bestimmt sich die Funktionsfähigkeit der Börsen aus der Perspektive der Börsenteilnehmer.[180] Im Kern zielt das BörsG darauf ab, hoch organisierte Handelsplattformen mit nachfragegerechten Produkten von hoher Marktqualität anzubieten und dabei für Anleger die Transaktionskosten sowie für Emittenten die Kapitalkosten zu minimieren.[181] Das BörsG bezweckt also im öffentlichen Interesse, dass der Kapitalmarkt möglichst funktionale, kostengünstige und qualitativ hochwertige Börsendienstleistungen bereitstellt.[182] Insgesamt ist das BörsG dem übergeordneten Ziel verschrieben, die internationale Wettbewerbsfähigkeit des deutschen Finanzplatzes zu stärken.[183] Zentral und stets vorrangig ist also das Ziel, die Funktionsfähigkeit des Kapitalmarktes zu fördern.[184] Zweck der Erlaubnispflicht nach § 4 Abs. 1 BörsG ist folglich, dass die Börsenaufsichtsbehörde vorweg prüfen kann, ob der Betrieb der geplanten Börse mit der Funktionsfähigkeit des Kapitalmarktes im Einklang steht. Die Funktionsfähigkeit des Kapitalmarktes ist ein überragend wichtiges Gemeinschaftsgut[185] und damit ein legitimer Zweck, um Berufsausübungsbeschränkungen und subjektive Berufswahlbeschränkungen zu rechtfertigen.

Soweit die Erlaubnispflicht nach § 4 Abs. 1 BörsG aber eine objektive Berufswahlbeschränkung darstellt, muss zusätzlich eine *nachweisbar oder höchstwahrscheinlich schwere Gefahr* für das Schutzgut bestehen.[186] Teile der Literatur sehen die Funktionsfähigkeit des Kapitalmarktes dadurch gefährdet, dass die Liquidität durch neue Börsen zersplittere bzw. der Markt fragmentiert werde, weil dies die Preisbildung negativ beeinträchtige.[187] Bei Börsen bürge aus Sicht der Marktteilnehmer eine Konzentration der Liquidität für die größtmögliche Effizienz und Qualität.[188] Ein Wettbewerb zwischen Börsen wirke sich negativ aus.[189] Daher **217**

178 BT-Drs. 14/8017, S. 73, mit Hinweis darauf, dass der Schutz einzelner Anleger dabei ein bloßer Rechtsreflex ist.

179 Ebd.

180 *Seehafer*, Grenzüberschreitende Börsenkonzentrationen, S. 401.

181 *Seehafer*, Grenzüberschreitende Börsenkonzentrationen, S. 160; *Beck*, in: Schwark/Zimmer, Kapitalmarktrecht, 4. Aufl., § 1 BörsG Rn. 2; *Bredt*, WM 2013, 1839, 1839 f.

182 *Seehafer*, Grenzüberschreitende Börsenkonzentrationen, S. 160 f.

183 BT-Drs. 14/8017, S. 1, 62.

184 *Seehafer*, Grenzüberschreitende Börsenkonzentrationen, S. 396.

185 *Schönemann*, Die Organisationsstruktur der Börse, S. 108; in diesem Sinne bereits *Augsberg*, Rechtsetzung zwischen Staat und Gesellschaft, S. 40.

186 Siehe Rn. 212.

187 In diesem Sinne *Schwark*, WM 1997, 293, 297; *Mülbert*, JZ 2002, 826, 828 f.; *Schlüter*, Börsenhandelsrecht, S. 354 f. Rn. 26; *Lenenbach*, Kapitalmarkt- und Gesellschaftsrecht, Rn. 3.35.

188 *Beck*, in: Schwark/Zimmer, Kapitalmarktrecht, 4. Aufl., § 9 BörsG Rn. 3.

189 *Ders.*, WM 1998, 417, 419; mit ähnlichen Bedenken schon *Kress*, Effizienzorientierte Kapitalmarktregulierung, S. 128 ff.; zu den Auswirkungen *Merkt*, in: 64. Deutscher Juristentag, Bd. I, G 3, G 94; *Spindler*, WM 2002, 1325, 1328.

seien geschäftsschwache Börsen (sog. *Kümmerbörsen*) im Wege einer Bedürfnisprüfung zu verhindern.[190]

Dieser Ansicht ist dahin gehend zuzustimmen, dass die Qualität einer Börse aus ihrer Liquidität folgt.[191] Je höher die Liquidität einer Börse ist, desto schneller kann sie eine Order ausführen, umso geringer ist das Risiko einer Nichtausführung und umso geringer ist die Volatilität im Markt.[192] Demnach wird der Zugang zu einem System für den einzelnen Nutzer umso wertvoller und die Börse damit wettbewerbsfähiger, je mehr Nutzer das System verwenden.[193] Dieser Auffassung ist aber einiges entgegenzuhalten:

Zunächst wäre letzte Konsequenz dieser Ansicht eine Zentralbörse.[194] Denn falls die Anzahl der Nutzer, also derjenigen, die die Liquidität bereitstellen, eine kritische Schwelle überschreitet, so entwickelt das System eine eigene gravitationsähnliche Anziehungskraft, die vergleichbare Systeme zunehmend unattraktiv macht.[195] Betreiber einer dominierenden Börse könnten sich dann die Nutzung ihres Systems teurer bezahlen lassen, als dies bei einem Wettbewerb der Börsen möglich wäre.[196]

Des Weiteren dürfte – wenn überhaupt – nur zu verhindern sein, dass bereits bestehende Börsen zu *Kümmerbörsen* verkommen. Denn sofern eine neu gegründete Börse den Handel in Gattungen ermöglicht, die auch an anderen Börsen gehandelt werden, wäre sie anfänglich stets als *Kümmerbörse* einzustufen.[197] Das BörsG bezweckt aber nicht, bereits bestehende Börsen oder den übrigen Kapitalmarkt vor einer weiteren Börse zu schützen.

Außerdem wäre auch nach dieser Ansicht nicht umfassend auszuschließen, dass andere Börsen wirtschaftlich bedeutungslos werden und schließlich den Handel einstellen müssen.[198] Börsen stehen nämlich auch im Wettbewerb mit ausländischen

---

190 *Schwark*, Börsengesetz, 2. Aufl., § 1 BörsG Rn. 20; *Beck*, in: Schwark, Kapitalmarktrecht, 3. Aufl., § 1 BörsG Rn. 13.

191 *H. Schmidt/Iversen*, ZBB 1991, 209, 210; *Köndgen*, in: Schneider u. a., FS Lutter, S. 1401, 1407.

192 *Picot/Bortenlänger/Röhrl*, Börsen im Wandel, S. 26.

193 *Christoph*, Börsenkooperationen und Börsenfusionen, S. 244.

194 Ähnlich a. a. O., S. 262, wonach bei konsequenter Anwendung der Bedürfnisprüfung bereits einige Regionalbörsen hätten geschlossen werden müssen.

195 *Spindler*, DStR 2002, 1576, 1583; *Christoph*, Börsenkooperationen und Börsenfusionen, S. 244.

196 *Christoph*, Börsenkooperationen und Börsenfusionen, S. 244 f., mit Verweis auf *Gajo*, AG Report 2004, R16, die einen Sachverhalt aus den Jahren 2002 und 2003 beschreibt. Damals nahm die LSE eine Gebührenerhöhung um 85 Prozent erst auf Druck des britischen OFT teilweise zurück.

197 *Christoph*, Börsenkooperationen und Börsenfusionen, S. 262; in diesem Sinne auch *Boschan*, Wertpapierhandelssysteme, S. 166.

198 *Schönemann*, Die Organisationsstruktur der Börse, S. 109, mit Verweis auf die Schließung der Bremer Regionalbörse im Jahre 2007.

Börsenplätzen und mit deutschen und ausländischen MTF.[199] Speziell den Wettbewerb mit ausländischen Konkurrenten kann der Staat nicht beeinflussen, indem er verhindert, dass neue Börsen entstehen.[200] Diesem Wettbewerb sind Börsen ungehindert ausgesetzt – auch wenn er ihre Existenz gefährdet.[201] Auch der Wettbewerb mit inländischen MTF ist nicht ohne Weiteres zu verhindern. Gemäß § 32 Abs. 1 i.V.m. § 1 Abs. 1a Satz 2 Nr. 1b KWG besteht ein Anspruch auf Erteilung der Erlaubnis zum Betrieb eines MTF.[202] Dementsprechend ist nicht zu verhindern, dass Liquidität an neu gegründete MTF abfließt.[203] Schlussendlich verringert sich die Liquidität des gesamten Kapitalmarktes nicht, wenn mehrere konkurrierende Börsen zugelassen werden.[204] Das belegt, dass jede von einem ausländischen Unternehmen in Deutschland beantragte Börse positiv für den deutschen Kapitalmarkt ist. Anderenfalls verbliebe nämlich die Liquidität, die dieses Unternehmen *zieht*, mit großer Wahrscheinlichkeit im Ausland.

Mit der MiFID und dem FRUG haben sich der europäische und der nationale Gesetzgeber für einen Wettbewerb der Börsen untereinander und mit den MTF entschieden[205] und somit die Gefahr einer Liquiditätszersplitterung ausdrücklich hingenommen. Damit hat sich der Gesetzgeber den Stimmen in der Literatur angeschlossen, die bezweifeln, dass sich der Interbörsenwettbewerb negativ auf die Liquidität einzelner Börsen auswirkt.[206] Die Liquiditätszersplitterung steht der Funktionsfähigkeit des Kapitalmarktes also insgesamt nicht entgegen.[207]

Für die Funktionsfähigkeit des Kapitalmarktes bestehen indes andere erhebliche **218**
Gefahren: Börsenorgane oder Marktteilnehmer könnten sich pflichtwidrig verhalten,

199 *Hopt/Baum*, in: Hopt/Rudolph/Baum, Börsenreform, S. 361 ff.; *Claussen*, ZBB 2000, 1, 5 f.; *Schönemann*, Die Organisationsstruktur der Börse, S. 109; zwar allgemeiner, aber im Ergebnis ebenso *Merkt*, in: 64. Deutscher Juristentag, Bd. I, G 3, G 83.

200 So auch *Schönemann*, Die Organisationsstruktur der Börse, S. 109.

201 Ebd.

202 *Fischer/C. Müller*, in: Boos/Fischer/Schulte-Mattler, KWG, CRR-VO, Bd. I, 5. Aufl., § 32 KWG Rn. 35.

203 *Schönemann*, Die Organisationsstruktur der Börse, S. 109.

204 *Emmerich/Hoffmann*, in: Osterloh/Schmidt/Weber, FS Selmer, S. 305, 319.

205 *Kommission der Europäischen Gemeinschaft*, Mitteilung der Kommission an das Europäische Parlament und den Rat, KOM (2000) 729 endgültig, S. 1–30, 3; BT-Drs. 16/4899, S. 5, 13.

206 *Hopt/Baum*, WM 1997 Sonderbeilage Nr. 4, 3, 14; *Merkt*, in: 64. Deutscher Juristentag, Bd. I, G 3, G 94; *Balzer*, in: Witt u. a., Jb.J.ZivRWiss. 2002, S. 93, 99 f.; *Schwark*, in: Fuchs/Schwintowski/Zimmer, FS Immenga, S. 723, 729 f.; zwar auf eine private Börsenorganisation bezogen, aber mit gleichem Ergebnis *Mues*, Die Börse als Unternehmen, S. 100 ff.; insgesamt kritisch *Christoph*, Börsenkooperationen und Börsenfusionen, S. 244 ff., der davon ausgeht, dass positive Transaktionskosteneffekte die durch die Marktfragmentierung entstandenen Intermarkttransaktionskosten aufwiegen.

207 *Mues*, Die Börse als Unternehmen, S. 131, 107 f.; ähnlich *Schönemann*, Die Organisationsstruktur der Börse, S. 109.

z.B. Insiderhandel oder andere Marktmanipulationen betreiben.[208] Die für den Börsenhandel verantwortlichen Personen oder Institutionen könnten für den Kapitalmarkt nachteilige Entscheidungen treffen, z.B. die Börse schließen, den Börsenhandel einstellen oder auf bestimmte Handelsobjekte beschränken.[209] Auch könnten sie wesentliche Teile des Handels ins Ausland verlagern wollen.[210] Weiter könnten sie eine Börse abschotten, indem sie bestimmte Teilnehmer nicht zulassen.[211] Schließlich könnten sie ineffiziente Regelwerke oder Handelsverfahren festsetzen.[212]

c) Partielle Geeignetheit eines Versagungsermessens

219 Die Erlaubnispflicht nach § 4 Abs. 1 BörsG in Kombination mit einem aus § 4 Abs. 3 i.V.m. Abs. 2 BörsG folgenden *Versagungsermessen* hinsichtlich des Antrags auf Erteilung der Börsenerlaubnis müsste geeignet sein, um den jeweils angestrebten Zweck zu erreichen. Ob die Erlaubnispflicht in Kombination mit einem *Versagungsermessen* ein geeignetes Mittel ist, ist für subjektive und objektive Gesichtspunkte unterschiedlich zu beantworten.

aa) Subjektive Gesichtspunkte als ungeeignetes Mittel

220 Die überwiegende Literatur sah früher als Rechtsfolge aus § 4 BörsG einen Ermessensspielraum der Börsenaufsichtsbehörde in Form einer konkreten Bedürfnisprüfung vor.[213] Die Börsenaufsichtsbehörde sollte dabei auch die garantierte Bereitstellung der Mittel für den ordnungsgemäßen Betrieb der Börse sowie die wirtschaftliche Leistungsfähigkeit des Börsenträgers zur Erfüllung seiner Pflichten zu beachten haben.[214] Diese Kriterien beziehen sich auf bestimmte Eigenschaften und Qualifikationen des Antragstellers. Nach dieser Ansicht konnte die Börsen-

---

208 *Schönemann*, Die Organisationsstruktur der Börse, S. 108 f.

209 *Mues*, Die Börse als Unternehmen, S. 131; *Schönemann*, Die Organisationsstruktur der Börse, S. 108 f., 144.

210 *Schönemann*, Die Organisationsstruktur der Börse, S. 108 f.

211 *Mues*, Die Börse als Unternehmen, S. 131 f.; *Schönemann*, Die Organisationsstruktur der Börse, S. 144.

212 *Mues*, Die Börse als Unternehmen, S. 148; *Schönemann*, Die Organisationsstruktur der Börse, S. 144.

213 *Schwark*, Börsengesetz, 2. Aufl., § 1 BörsG Rn. 20; *Hopt/Baum*, in: Hopt/Rudolph/Baum, Börsenreform, S. 405; *Baums/Segna*, Börsenreform, S. 30; *Segna*, Die Rechtsform deutscher Wertpapierbörsen, S. 13 f.; *Peterhoff*, in: Schäfer, Kapitalmarktgesetze, 1. Aufl., § 1 BörsG Rn. 1; *Breitkreuz*, Die Ordnung der Börse, S. 183; *Schlüter*, Börsenhandelsrecht, S. 354 f. Rn. 26; *Lenenbach*, Kapitalmarkt- und Gesellschaftsrecht, Rn. 3.25; früher noch *Beck*, in: Schwark, Kapitalmarktrecht, 3. Aufl., § 1 BörsG Rn. 13; a.A. *Groß*, Kapitalmarktrecht, 3. Aufl., § 1 BörsG Rn. 4; *Boschan*, Wertpapierhandelssysteme, S. 434 f.

214 Die garantierte Bereitstellung der Mittel für den ordnungsgemäßen Betrieb der Börse nennt *Schwark*, Börsengesetz, 2. Aufl., § 1 BörsG Rn. 20; das Kriterium der wirtschaftlichen Leistungsfähigkeit entwickelt *Beck*, in: Schwark, Kapitalmarkt-

aufsichtsbehörde ihren Ermessensspielraum also jedenfalls anhand subjektiver Gesichtspunkte ausfüllen.

Die garantierte Bereitstellung der zum ordnungsgemäßen Betrieb erforderlichen Mittel ist bereits durch § 4 Abs. 3 Nr. 1 BörsG bzw. § 4 Abs. 3 Nr. 4 i.V.m. § 5 Abs. 1 BörsG tatbestandlich vorgeschrieben. Ebenso regelt § 4 Abs. 3 Nr. 1 BörsG die wirtschaftliche Leistungsfähigkeit des Börsenträgers zur Erfüllung seiner Pflichten mittlerweile auf der Tatbestandsseite. Insgesamt erfolgt die Beurteilung der Erlaubnisfähigkeit anhand subjektiver Gesichtspunkte schon auf der Tatbestandsseite durch die unbenannten Versagungsgründe des § 4 Abs. 3 BörsG sowie die ungeschriebenen Erlaubnisvoraussetzungen.[215] Sind aber vom Tatbestand vorausgesetzte Merkmale erfüllt, dürfen sie nicht auf der Rechtsfolgenseite nochmals überprüft und dort verneint werden. Dem stünde das Bestimmtheitsgebot entgegen. Bürger müssen Rechtsfolgen, die aufgrund einer Rechtsvorschrift für sie eintreten, zuverlässig erkennen können, um ihr Verhalten dementsprechend anzupassen.[216] Einen eventuellen Ermessensspielraum des § 4 Abs. 3 i.V.m. Abs. 2 BörsG anhand subjektiver Gesichtspunkte auszufüllen, fördert daher weder die Funktionsfähigkeit des Kapitalmarktes, noch verhindert ein solcher Ermessensspielraum Gefahren für die Funktionsfähigkeit des Kapitalmarktes. Der Börsenaufsichtsbehörde ein *Versagungsermessen* zu gewähren, dessen Spielraum sie anhand subjektiver Gesichtspunkte ausfüllen darf, obwohl alle Tatbestandsvoraussetzungen vorliegen, ist daher nicht geeignet, um den angestrebten Zweck zu erreichen. Ein so verstandenes Erlaubnissystem beeinträchtigt sowohl die Berufsausübungsfreiheit als auch die Berufswahlfreiheit eines Antragstellers in ungerechtfertigter Weise.

bb) Objektive Gesichtspunkte als partiell geeignetes Mittel

Die Börsenaufsichtsbehörde könnte im Rahmen einer Ermessensentscheidung **221** beurteilen, ob einerseits die gute Ordnung am Kapitalmarkt gewährleistet und andererseits der Finanzplatz Deutschland gefördert wird.[217] Beurteilt sie diese Kriterien unabhängig von der Person des Antragstellers, handelt es sich um objektive Gesichtspunkte. Allerdings sind die Gewährleistung der guten Ordnung am Kapitalmarkt und die Förderung des Finanzplatzes Deutschland keine Ermessensgesichtspunkte, sondern selbst Teilzwecke des BörsG. Sie umschreiben nämlich den Gesamtzweck der Funktionsfähigkeit des Kapitalmarktes für Teilbereiche. Beide Kriterien sind daher nicht dazu geeignet, den Ermessensspielraum auszufüllen.

Ungeachtet dessen könnten objektive Gesichtspunkte wiederum aus der früher **222** geforderten Bedürfnisprüfung resultieren. Neben den subjektiven Kriterien sah

---

recht, 3. Aufl., § 1 BörsG Rn. 13; zu den sonstigen Kriterien der Bedürfnisprüfung siehe Rn. 155.

215 Siehe Rn. 154, 158.

216 *Sachs*, in: Sachs, Grundgesetz, Art. 20 GG Rn. 129.

217 Siehe dazu Rn. 83 f.

die Bedürfnisprüfung nämlich auch die wirtschaftliche Bedeutung einer Börse für den Finanzplatz, das Umland und den Geschäftszweig als Kriterium vor.[218] Diesen Gesichtspunkt kann eine Börsenaufsichtsbehörde unabhängig von der Person des Antragstellers beurteilen. Jedoch sind objektive Bedürfnisprüfungen zumeist nicht verfassungskonform bzw. verstoßen gegen die Berufsfreiheit.[219] So stellt sich z.B. die Frage, warum gerade die Börsenaufsichtsbehörde in der Lage sein sollte, diese Bedeutung prognostisch vorherzusehen.[220] Zudem würde die Behörde wohl kaum die Börsenerlaubnis mit dem Hinweis versagen, der Börse fehle die Bedeutung für den Finanzplatz Deutschland, das regionale Umland oder den geplanten Geschäftszweig.[221] Denn durch eine neue Börse entstehen Arbeitsplätze sowie ein neuer Handelsplatz im Bundesland der Behörde, was jedenfalls den Finanzplatz dieses Bundeslandes stärkt.[222] Außerdem haben sich der nationale und der europäische Gesetzgeber mit der MiFID und dem FRUG für einen Wettbewerb der Börsen entschieden.[223] Hierdurch kommt zum Ausdruck, dass der Wettbewerb der Börsen dem Zweck des BörsG nicht entgegensteht. Für den Gesetzgeber ist also unerheblich, welche wirtschaftliche Bedeutung eine Börse für den Finanzplatz, das Umland oder den Geschäftszweig hat. Der Gesetzgeber hat sich insgesamt gegen eine Bedürfnisprüfung entschieden,[224] also auch gegen deren Prüfungskriterien. Aus diesen Gründen ist der Gesichtspunkt der wirtschaftlichen Bedeutung einer Börse für den Finanzplatz, das Umland und den Geschäftszweig nicht dazu geeignet, einen Ermessensspielraum auszufüllen.

223 Abgesehen davon sind weitere geeignete objektive Gesichtspunkte denkbar, mit denen die Börsenaufsichtsbehörde einen Ermessensspielraum ausfüllen könnte, um die Funktionsfähigkeit des Kapitalmarktes zu fördern. Die genannten Gefahren für dieses Gemeinschaftsgut gehen nämlich nicht nur vom Antragsteller aus, sondern auch von anderen Personen: den Marktteilnehmern und den Börsenorganen.[225] Entscheidet die Börsenaufsichtsbehörde über einen Antrag auf Erteilung der Börsenerlaubnis, liegt die Beurteilung der Marktteilnehmer und Börsenorgane außerhalb der

---

218 *Schwark*, Börsengesetz, 2. Aufl., § 1 BörsG Rn. 20; zu den sonstigen Kriterien der Bedürfnisprüfung siehe Rn. 155.

219 BVerfGE 11, 168, 187 (= DVBl. 1960, 596) – Bedürfnisprüfung im Personenbeförderungsrecht, Taxi-Beschluss; BVerwGE 1, 48, 52 (= NJW 1954, 524); *Jarass*, in: Jarass/Pieroth, Grundgesetz, Art. 12 GG Rn. 49.

220 *Christoph*, Börsenkooperationen und Börsenfusionen, S. 263.

221 Ähnlich ebd.

222 Ebd.

223 BT-Drs. 16/4899, S. 13; *Kommission der Europäischen Gemeinschaft*, Mitteilung der Kommission an das Europäische Parlament und den Rat, KOM (2000) 729 endgültig, S. 1–30, 3.

224 BT-Drs. 16/4899, S. 13; *Kommission der Europäischen Gemeinschaft*, Mitteilung der Kommission an das Europäische Parlament und den Rat, KOM (2000) 729 endgültig, S. 1–30, 3.

225 Siehe Rn. 218.

persönlichen Sphäre des Antragstellers. Eine Beurteilung der Börsenorgane scheidet allerdings aus, weil im Erlaubnisverfahren noch gar nicht feststeht, wer die Börsenorgane sind. Die Börsenorgane werden erst nach der Erteilung der Börsenerlaubnis besetzt und dann auch nicht vom Börsenträger, sondern vom Börsenrat. Beurteilt die Börsenaufsichtsbehörde aber die Marktteilnehmer, stellt sich dies gegenüber dem Antragsteller als objektiver Gesichtspunkt dar. Soweit die Börsenaufsichtsbehörde die Marktteilnehmer im weiteren Verfahren der Eröffnung einer Börse nicht beurteilen kann, verringert sich durch die Beurteilung bereits im Verfahren der Börsenerlaubnis die Wahrscheinlichkeit, dass sich die Marktteilnehmer der neuen Börse in Zukunft pflichtwidrig verhalten. Die Börsenaufsichtsbehörde könnte beurteilen, wie wahrscheinlich die genannten Gefahren sind. Beurteilt die Börsenaufsichtsbehörde also die Marktteilnehmer im Rahmen eines *Versagungsermessens*, würde dies den angestrebten Zweck grundsätzlich auf allen Stufen fördern.

Beim Verbot, *einfache multilaterale Systeme* als Börse zu betreiben, ist jedoch eine Besonderheit zu beachten. Für *einfache multilaterale Systeme* folgt nämlich aus § 32 Abs. 1 i.V.m. § 1 Abs. 1a Satz 2 Nr. 1b KWG ein Anspruch auf Erteilung einer Erlaubnis, diese als MTF zu betreiben.[226] Versagt die Börsenaufsichtsbehörde die Börsenerlaubnis im Wege eines *Versagungsermessens* anhand objektiver Gesichtspunkte, dann könnte der Antragsteller dasselbe System trotzdem als MTF betreiben. Dieses wäre staatlich insgesamt weniger reguliert und beaufsichtigt. Das Verbot verhindert also tatsächlich nicht, dass der Antragsteller ein *einfaches multilaterales System* betreibt. Die Auswirkungen für die Funktionsfähigkeit des Kapitalmarktes sind folglich dieselben. Auch kann nicht damit argumentiert werden, dass die Bezeichnung *Börse* zu schützen wäre. Die tatbestandlichen Voraussetzungen für eine Börsenerlaubnis lägen ja vor. Soweit die Börsenerlaubnis das Verbot aufhebt, *einfache multilaterale Systeme* als Börse zu betreiben, fördert die Erlaubnispflicht nach § 4 Abs. 1 BörsG in Kombination mit einem aus § 4 Abs. 3 i.V.m. Abs. 2 BörsG folgenden *Versagungsermessen* nicht den Zweck eines funktionsfähigen Kapitalmarktes. Sie ist insoweit nicht geeignet und beeinträchtigt daher die Berufsfreiheit in ungerechtfertigter Art und Weise.

Soweit die Börsenerlaubnis das Verbot aufhebt, *qualifizierte multilaterale Systeme* zu betreiben, ist die Erlaubnispflicht nach § 4 Abs. 1 BörsG auch in Kombination mit einem aus § 4 Abs. 3 i.V.m. Abs. 2 BörsG folgenden *Versagungsermessen* geeignet.

d) Keine Erforderlichkeit eines Versagungsermessen

Die Erlaubnispflicht nach § 4 Abs. 1 BörsG in Kombination mit einem aus § 4 Abs. 3 **224**
i.V.m. Abs. 2 BörsG folgenden *Versagungsermessen*, welches anhand objektiver Gesichtspunkte auszufüllen ist, könnte zumindest als Verbot, *qualifizierte multilaterale Systeme* zu betreiben, erforderlich sein, um den jeweils angestrebten Zweck zu erreichen. Erforderlich ist ein Mittel nicht, wenn eine andere Maßnahme gleich wirk-

226 Siehe Rn. 213.

sam ist, aber das Grundrecht nicht oder doch weniger fühlbar einschränkt.[227] Dies ist regelmäßig der Fall, wenn der angestrebte Zweck nach der im *Apothekenurteil* entwickelten Dreistufenlehre[228] auch auf einer niedrigeren Stufe zu erreichen ist.[229]

225 Der Gefahr eines pflichtwidrigen Verhaltens der Marktteilnehmer kann schon durch Sanktionen hinreichend Einhalt geboten werden. Durch die Handelsaufsicht stellt die Börsenaufsichtsbehörde sicher, dass sich die Marktteilnehmer pflichtgemäß verhalten.[230] Das pflichtgemäße Verhalten der Marktteilnehmer ist also ohnehin durch eine nachträgliche Kontrolle sichergestellt.

226 Eine Ermessenserlaubnis ist nur dann erforderlich, wenn nur so der angestrebte Zweck zu erreichen ist.[231] Die nachträgliche Kontrolle der Marktteilnehmer ist aber ebenso wirksam, um die genannten Gefahren zu verhindern, wie die präventive Erlaubnispflicht nach § 4 Abs. 1 BörsG in Kombination mit einem *Versagungsermessen*, welches anhand objektiver Gesichtspunkte ausgefüllt werden könnte. Außerdem schränkt eine nachträgliche Kontrolle anderer Personen die Berufsfreiheit des Antragstellers weniger ein als eine präventive Kontrolle seiner Fähigkeiten und Qualifikationen im Erlaubnisverfahren. Auch bei einer nachträglichen Kontrolle verbleibt die Letztentscheidungsbefugnis in der Verwaltung. Für einen funktionsfähigen Kapitalmarkt genügt im Ergebnis eine effektive staatliche Aufsicht und Regulierung.[232] Eine gebundene Entscheidung über den Antrag auf Erteilung der Börsenerlaubnis erreicht also ebenso gut, dass die genannten Gefahren für die Funktionsfähigkeit des Kapitalmarktes verhindert werden. Die Erlaubnispflicht nach § 4 Abs. 1 BörsG in Kombination mit einem aus § 4 Abs. 3 i.V.m. Abs. 2 BörsG folgenden *Versagungsermessen* ist somit als Verbot, *qualifizierte multilaterale Systeme* zu betreiben, nicht erforderlich und wäre damit eine ungerechtfertigte Beeinträchtigung der Berufsfreiheit. Insgesamt beeinträchtigt die Erlaubnispflicht in ungerechtfertigter Weise den Schutzbereich der Berufsfreiheit eines Antragstellers aus der EU, soweit § 4 Abs. 3 i.V.m. Abs. 2 BörsG dahin gehend ausgelegt wird, dass er ein *Versagungsermessen* einräumt.

IV. Erlaubnispflicht nach § 4 Abs. 1 BörsG im Lichte der Niederlassungsfreiheit

227 Zu untersuchen ist zudem, ob die Erlaubnispflicht nach § 4 Abs. 1 BörsG die Niederlassungsfreiheit eines Antragstellers in ungerechtfertigter Weise beeinträchtigt,

---

227 BVerfGE 25, 1, 18 (= NJW 1969, 499) – Mühlengesetz.
228 BVerfGE 7, 377, 404 ff. (= NJW 1958, 1035) – Apothekenurteil.
229 *Jarass*, in: Jarass/Pieroth, Grundgesetz, Art. 12 GG Rn. 43.
230 Siehe Rn. 177.
231 *Jarass*, in: Jarass/Pieroth, Grundgesetz, Art. 20 GG Rn. 119.
232 Zwar zu anderen Sachverhalten, aber jeweils auch in diesem Sinne *Hopt/Baum*, in: Hopt/Rudolph/Baum, Börsenreform, S. 367 ff.; *Mues*, Die Börse als Unternehmen, S. 134; *Emmerich/Hoffmann*, in: Osterloh/Schmidt/Weber, FS Selmer, S. 305, 319; ähnlich *Hammen*, Börsen und multilaterale Handelssysteme im Wettbewerb, S. 49 f.

soweit § 4 Abs. 3 i.V.m. Abs. 2 BörsG dahin gehend ausgelegt wird, dass er ein *Versagungsermessen* einräumt.

1. Betrieb einer Börse im Anwendungsbereich der Niederlassungsfreiheit

Die Niederlassungsfreiheit ist ein Grundpfeiler des freien Binnenmarktes.[233] Gemäß Art. 49 i.V.m. Art. 54 AEUV schützt sie die Freiheit, sich unternehmerisch zu betätigen und den Standort eines Unternehmens zu wählen.[234] Für diesen Schutz muss der räumliche, personelle und sachliche Anwendungsbereich der Niederlassungsfreiheit eröffnet sein. Zudem dürfte keine Bereichsausnahme nach Art. 51 Abs. 1 AEUV bestehen. **228**

a) EU als räumlicher Anwendungsbereich

Das Gebiet, in dem die Freiheiten gelten, legt der räumliche Anwendungsbereich fest.[235] Dieses Gebiet umschreiben die Art. 349 und 355 AEUV.[236] Vorbehaltlich einiger Besonderheiten erfasst dieses Gebiet die Mitgliedstaaten der EU,[237] also auch Deutschland. **229**

b) EU- und EWR-Gesellschaften im personellen Anwendungsbereich

Den Kreis der Personen, die sich auf die Niederlassungsfreiheit berufen können, umschreibt der personelle Anwendungsbereich.[238] Nach Art. 54 Abs. 1 AEUV sind auch Gesellschaften geschützt, die nach dem Recht eines Mitgliedstaates gegründet worden sind und ihren satzungsmäßigen Sitz, ihre Hauptverwaltung oder ihre Hauptniederlassung in der EU oder dem EWR[239] haben. Als Hauptniederlassung gilt der Schwerpunkt der geschäftlichen Tätigkeit.[240] Als Hauptverwaltung gilt der Ort, an dem die für die Gesellschaft maßgebenden Entscheidungen getroffen werden.[241] Der Satzungssitz ergibt sich aus dem Gesellschaftsvertrag.[242] Den Gesellschaftsbegriff bestimmt Art. 54 Abs. 2 AEUV unionsautonom.[243] **230**

---

233 *Roth*, in: Dauses/Ludwigs, Handbuch des EU-Wirtschaftsrechts, Bd. I, E. I. Rn. 1.
234 *Herdegen*, Europarecht, § 16 Rn. 22.
235 *U. Forsthoff*, in: Grabitz/Hilf/Nettesheim, EUV/AEUV, Bd. I, Art. 45 AEUV Rn. 12.
236 Ebd.
237 *U. Forsthoff*, in: Grabitz/Hilf/Nettesheim, EUV/AEUV, Bd. I, Art. 45 AEUV Rn. 12 m.w.N. zu den Besonderheiten in Fn. 7; insgesamt zu den Besonderheiten *Bröhmer*, in: Callies/Ruffert, EUV/AEUV, 4. Aufl., Art. 49 AEUV Rn. 7.
238 *U. Forsthoff*, in: Grabitz/Hilf/Nettesheim, EUV/AEUV, Bd. I, Art. 49 AEUV Rn. 10.
239 Zur Geltung der Niederlassungsfreiheit im EWR und weiteren Assoziierungsabkommen der EU siehe *Bröhmer*, in: Callies/Ruffert, EUV/AEUV, 4. Aufl., Art. 49 AEUV Rn. 7.
240 *Roth*, in: Dauses/Ludwigs, Handbuch des EU-Wirtschaftsrechts, Bd. I, E. I. Rn. 74.
241 Ebd.
242 Ebd.
243 A. a. O., E. I. Rn. 70.

Grundsätzlich wird zwischen primärer und sekundärer Niederlassungsfreiheit unterschieden. Primär ist eine Niederlassung, wenn jemand seine Ansässigkeit in einem anderen Mitgliedstaat begründet (Art. 49 Abs. 1 Satz 1 AEUV),[244] sekundär, wenn jemand abhängige Zweigstellen in einem anderen Mitgliedstaat gründet und dabei die bisherige Ansässigkeit beibehält (Art. 49 Abs. 1 Satz 2 AEUV).[245] Auf die sekundäre Niederlassungsfreiheit kann sich daher nur berufen, wer in irgendeinem Mitgliedstaat ansässig ist.[246] Ansässig ist eine Person dort, wo sie ihren auf unbestimmte Dauer ausgerichteten Hauptaufenthalt nimmt.[247] Entsprechend der wirtschaftlichen Funktion des Niederlassungsrechts kommt es nicht auf den Wohnsitz oder den gewöhnlichen Aufenthalt, sondern auf den Ort der gewerblichen Tätigkeit an.[248] Das Merkmal der Ansässigkeit grenzt folglich solche Gesellschaften aus, die ausschließlich oder überwiegend in EU-fremde Volkswirtschaften integriert sind.[249] Bei Gesellschaften kann auch deren gesellschaftsrechtliche Struktur entscheidend sein.[250] So gilt der Sitz einer herrschenden Gesellschaft als primäre Niederlassung, der einer beherrschten Gesellschaft als sekundäre Niederlassung – selbst wenn von diesem fast sämtliche Aktivitäten ausgehen.[251]

231 Möchte ein Unternehmen aus einem anderen Mitgliedstaat in Deutschland Leistungen eines geregelten Marktes erbringen, so ist zu differenzieren: Betreibt das Unternehmen in einem anderen Mitgliedstaat einen geregelten Markt und begründet für diesen in Deutschland eine Zweigstelle, ist dies ein *remote membership*[252]. Diese Möglichkeit gewährleistet die MiFID/MiFID II, so dass die Grundfreiheiten nicht beeinträchtigt sind. Will das Unternehmen aber in Deutschland eine Börse betreiben, dann ist diese zumindest als abhängige Zweigstelle des Unternehmens einzuordnen, weil sie an den vom Antragsteller bestimmten Anstaltszweck gebunden ist.[253] Ob sie dabei im Sinne des Art. 49 Abs. 1 Satz 2 AEUV als Zweigniederlassung

---

244 *Roth*, in: Dauses/Ludwigs, Handbuch des EU-Wirtschaftsrechts, Bd. I, E. I. Rn. 53; auch in diesem Sinne *Bröhmer*, in: Callies/Ruffert, EUV/AEUV, 4. Aufl., Art. 49 AEUV Rn. 17; *Korte*, in: Callies/Ruffert, EUV/AEUV, 5. Aufl., Art. 49 AEUV Rn. 17; *U. Forsthoff*, in: Grabitz/Hilf/Nettesheim, EUV/AEUV, Bd. I, Art. 49 AEUV Rn. 52.

245 In diesem Sinne *U. Forsthoff*, in: Grabitz/Hilf/Nettesheim, EUV/AEUV, Bd. I, Art. 49 AEUV Rn. 52; *Roth*, in: Dauses/Ludwigs, Handbuch des EU-Wirtschaftsrechts, Bd. I, E. I. Rn. 54.

246 *Roth*, in: Dauses/Ludwigs, Handbuch des EU-Wirtschaftsrechts, Bd. I, E. I. Rn. 18, 68, 75.

247 A. a. O., E. I. Rn. 138.

248 *Tiedje*, in: Groeben/Schwarze/Hatje, Europäisches Unionsrecht, Bd. I, Art. 49 AEUV Rn. 41; *U. Forsthoff*, in: Grabitz/Hilf/Nettesheim, EUV/AEUV, Bd. I, Art. 49 AEUV Rn. 56.

249 *U. Forsthoff*, in: Grabitz/Hilf/Nettesheim, EUV/AEUV, Bd. I, Art. 49 AEUV Rn. 57.

250 Ähnlich a. a. O., Art. 49 AEUV Rn. 55.

251 Ebd.

252 Zum Begriff *remote membership* siehe Rn. 90 m.w.N.

253 Siehe Rn. 63.

oder als Agentur fungiert, ist unerheblich. Diese Sammelbegriffe erfassen sämtliche unselbstständige Betriebsteile.[254]

In der Folge ist der personelle Anwendungsbereich daher für Gesellschaften eröffnet, die nach dem Recht eines Mitgliedstaates der EU oder des EWR gegründet wurden (im Folgenden: EU/EWR-Gesellschaften), nicht in Deutschland ansässig sind und Deutschland als Standort für eine Börse wählen. Sind diese Gesellschaften in einem anderen Mitgliedstaat ansässig, greift die sekundäre Niederlassungsfreiheit. Sind diese Gesellschaften nicht in der EU ansässig, verbleibt ihnen die Möglichkeit, ihre Ansässigkeit in Deutschland zu begründen. Dann greift die primäre Niederlassungsfreiheit.

c) Betrieb einer Börse im sachlichen Anwendungsbereich

Der sachliche Anwendungsbereich erfordert einen grenzüberschreitenden Sachverhalt und eine Niederlassung in Deutschland. Die Niederlassungsfreiheit erfasst keine Sachverhalte, die sich ausschließlich in einem Mitgliedstaat abspielen.[255] Ein Sachverhalt ist grenzüberschreitend, wenn der Leistende eine Tätigkeit in einem anderen Mitgliedstaat aufnimmt oder ausübt – auch wenn er nach der Tätigkeit oder dem Erwerb von Qualifikationen wieder zurückkehrt. Im Regelfall liegt die Grenzüberschreitung bereits in der primären oder sekundären wirtschaftlichen Sitznahme.[256] Nach dem EuGH hat ein Sachverhalt auch grenzüberschreitenden Charakter, wenn bei einer öffentlichen Vergabe die Möglichkeit besteht, dass sich ein Bieter aus einem anderen Mitgliedstaat beteiligt.[257] In diesem Sinne liegt ein grenzüberschreitender Sachverhalt bereits vor, wenn ein Unternehmen aus einem anderen Mitgliedstaat einen Antrag stellt. Beantragt ein Unternehmen aus einem anderen Mitgliedstaat eine Börsenerlaubnis in Deutschland, ist dies folglich ein grenzüberschreitender Sachverhalt. **232**

Der Begriff Niederlassung ist weit zu verstehen[258] als feste Einrichtung, die bei Eingliederung in die nationale Volkswirtschaft der tatsächlichen Ausübung einer selbstständigen Erwerbstätigkeit zu dienen bestimmt ist.[259] **233**

---

254 *Lackhoff*, Niederlassungsfreiheit, S. 173; *U. Forsthoff*, in: Grabitz/Hilf/Nettesheim, EUV/AEUV, Bd. I, Art. 49 AEUV Rn. 62.

255 EuGH v. 8. Dezember 1987, Rs. 20/87, ECLI:EU:C:1987:532, Rn. 10 f. – Ministère public / Gauchard.

256 *Müller-Graff*, in: Streinz, EUV/AEUV, Art. 49 AEUV Rn. 20.

257 EuGH v. 21. Juli 2005, Rs. C–231/03, ECLI:EU:C:2005:487, Rn. 17 (= EuZW 2005, 529) – Coname.

258 EuGH v. 30. November 1995, Rs. C–55/94, ECLI:EU:C:1995:411, Rn. 25 (= NJW 1996, 579) – Gebhard / Consiglio dell'Ordine degli Avvocati e Procuratori di Milano; *U. Forsthoff*, in: Grabitz/Hilf/Nettesheim, EUV/AEUV, Bd. I, Art. 49 AEUV Rn. 16; *Bröhmer*, in: Callies/Ruffert, EUV/AEUV, 4. Aufl., Art. 49 AEUV Rn. 9.

259 EuGH v. 25. Juli 1991, Rs. C–221/89, ECLI:EU:C:1991:320, Rn. 20 (= EuZW 1991, 764) – The Queen / Secretary of State for Transport, ex parte Factortame; *U. Forsthoff*, in: Grabitz/Hilf/Nettesheim, EUV/AEUV, Bd. I, Art. 49 AEUV Rn. 16.

aa) Betrieb einer Börse als tatsächliche Ausübung einer Erwerbstätigkeit

234 Erwerbstätigkeit im Sinne des Art. 49 Abs. 2 AEUV ist weit zu verstehen[260] als jede Art wirtschaftlicher Tätigkeit.[261] Dies sind Aktivitäten, die potenziell auch dem wirtschaftlichen Fortkommen dienen könnten,[262] also entgeltlich erfolgen.[263] Die Vergütung muss aber nicht zwingend von demjenigen bezahlt werden, dem die Tätigkeit *„zugute kommt"*.[264] Auch ist die Absicht, Gewinn zu erzielen, nicht erforderlich.[265] Abzustellen ist auf die Tätigkeit des Niederlassungswilligen, nicht darauf, ob die Tätigkeit im Aufnahmestaat typischerweise entgeltlich erfolgt.[266]

235 Börsen sind einerseits institutionalisierte Märkte, andererseits eigenständig organisierte Unternehmen, die einen Markt als Dienstleistung anbieten.[267] Sie sind Produktionsstätten von Tauschbeziehungen.[268] Börsen erbringen allgemein Dienstleistungen, indem sie einen Zugang zu den organisierten Handelsprozessen bereitstellen.[269] Weiter ermöglichen sie den Börsenteilnehmern, die vom Börsenunternehmen gestellte räumliche und technische Infrastruktur zu nutzen.[270] Darüber hinaus bieten sie einen Transaktionsservice an. Den Emittenten ermöglichen die Börsen, ihre Papiere überhaupt – oder jedenfalls leichter – zu handeln und reduzieren dadurch die Kosten der Kapitalaufnahme am Primärmarkt.[271] Außerdem

---

260 *U. Forsthoff*, in: Grabitz/Hilf/Nettesheim, EUV/AEUV, Bd. I, Art. 49 AEUV Rn. 19; *Bröhmer*, in: Callies/Ruffert, EUV/AEUV, 4. Aufl., Art. 49 AEUV Rn. 10; *Korte*, in: Callies/Ruffert, EUV/AEUV, 5. Aufl., Art. 49 AEUV Rn. 12; *Schlag*, in: Schwarze, EU-Kommentar, Art. 49 AEUV Rn. 21.

261 *Tiedje*, in: Groeben/Schwarze/Hatje, Europäisches Unionsrecht, Bd. I, Art. 49 AEUV Rn. 59; *Roth*, in: Dauses/Ludwigs, Handbuch des EU-Wirtschaftsrechts, Bd. I, E. I. Rn. 59; *U. Forsthoff*, in: Grabitz/Hilf/Nettesheim, EUV/AEUV, Bd. I, Art. 49 AEUV Rn. 18 ff.; *Bröhmer*, in: Callies/Ruffert, EUV/AEUV, 4. Aufl., Art. 49 AEUV Rn. 10; *Schlag*, in: Schwarze, EU-Kommentar, Art. 49 AEUV Rn. 21; ähnlich auch EuGH v. 17. Juni 1997, Rs. C–70/95, ECLI:EU:C:1997:301, Rn. 24 (= EuZW 1998, 124) – Sodemare u. a. / Regione Lombardia.

262 *U. Forsthoff*, in: Grabitz/Hilf/Nettesheim, EUV/AEUV, Bd. I, Art. 49 AEUV Rn. 22.

263 *Bröhmer*, in: Callies/Ruffert, EUV/AEUV, 4. Aufl., Art. 49 AEUV Rn. 10; ähnlich *Korte*, in: Callies/Ruffert, EUV/AEUV, 5. Aufl., Art. 49 AEUV Rn. 12.

264 EuGH v. 26. April 1988, Rs. 352/85, ECLI:EU:C:1988:196, Rn. 16 (= NJW 1989, 2189) – Bond van Adverteerders / Niederländischer Staat.

265 *Roth*, in: Dauses/Ludwigs, Handbuch des EU-Wirtschaftsrechts, Bd. I, E. I. Rn. 59; *Schlag*, in: Schwarze, EU-Kommentar, Art. 49 AEUV Rn. 22; *Bröhmer*, in: Callies/Ruffert, EUV/AEUV, 4. Aufl., Art. 49 AEUV Rn. 10; *Korte*, in: Callies/Ruffert, EUV/AEUV, 5. Aufl., Art. 49 AEUV Rn. 12.

266 *Roth*, in: Dauses/Ludwigs, Handbuch des EU-Wirtschaftsrechts, Bd. I, E. I. Rn. 59.

267 *S. Weber*, in: Dauses, Handbuch des EU-Wirtschaftsrechts, Bd. I, F. III. Rn. 140.

268 *Bindseil*, Verfügungsrechte an organisierten Wertpapiermärkten, S. 69; bereits in diesem Sinne *H. Schmidt*, Börsenorganisation, S. 18.

269 *Mues*, Die Börse als Unternehmen, S. 29.

270 *Olenhusen*, Börsen und Kartellrecht, S. 33; *Mues*, Die Börse als Unternehmen, S. 29.

271 *Mues*, Die Börse als Unternehmen, S. 29.

informiert die Börse durch die Kursfeststellung Dritte, die nicht an Transaktionen beteiligt sind[272] – wobei insoweit die Entgeltlichkeit offensichtlich fehlt. Neben den direkt auf den Handel bezogenen Dienstleistungen erbringen die Börsen auch sog. Auxiliarleistungen und das nachgelagerte Clearing und Settlement als sog. Abwicklungssystem[273] – auch wenn sie letzteres oft auslagern.[274] Terminbörsen standardisieren zudem die gehandelten Kontrakte, sie produzieren also auch das Handelsobjekt selbst.[275] Als weitere Dienstleistung garantieren die Terminbörsen die Erfüllung der Terminkontrakte.[276]

Das deutsche Börsenorganisationsrecht kann nicht dazu herangezogen werden, den Begriff der Erwerbstätigkeit des Art. 49 Abs. 2 AEUV auszulegen. Vielmehr ist gerade das deutsche Börsenorganisationsrecht an der Niederlassungsfreiheit zu messen. Daher ist auf den hypothetischen Sachverhalt abzustellen, in dem ein Unternehmen Börsendienstleistungen anbieten möchte. Nicht auf die eventuell staatliche Leistung der Anstalt Börse ist abzustellen, sondern auf den Willen des Antragstellers, Börsendienstleistungen zu erbringen. Entsprechend diesem Willen würde ein Unternehmen mit dem Empfänger einer Börsendienstleistung eine wirtschaftliche Gegenleistung vereinbaren, soweit diese Parteien einen Vertrag schließen. Unerheblich wäre dabei, ob der Empfänger der Börsendienstleistung das Entgelt zahlt oder ein Dritter. Zudem will der Antragsteller einer Börsenerlaubnis mit dem Betrieb einer Börse über kurz oder lang Gewinn erwirtschaften.[277] Der Betrieb einer Börse dient also auch dem wirtschaftlichen Fortkommen des Antragstellers. Damit ist die Tätigkeit des Börsenträgers entgeltlich. Im Ergebnis ist der Betrieb einer Börse daher eine Erwerbstätigkeit im Sinne des Art. 49 Abs. 2 AEUV.[278] **236**

bb) Integration des Börsenträgers in die nationale Volkswirtschaft durch die Anstalt Börse

Eine Niederlassung kann dazu dienen, Waren zu produzieren, Waren zu vertreiben oder Dienstleistungen zu erbringen.[279] Werden Dienstleistungen erbracht, kann auch die Dienstleistungsfreiheit einschlägig sein. Nach Teilen der Literatur schließen sich die beiden Freiheiten aber gegenseitig aus.[280] Dies führt auch der EuGH gelegentlich **237**

---

272 *Mues*, Die Börse als Unternehmen, S. 30; ähnlich *Groß*, Kapitalmarktrecht, 6. Aufl., § 9 BörsG Rn. 4.
273 *Mues*, Die Börse als Unternehmen, S. 30; ähnlich *Groß*, Kapitalmarktrecht, 6. Aufl., § 9 BörsG Rn. 4.
274 *Mues*, Die Börse als Unternehmen, S. 30.
275 Ebd.
276 Ebd.
277 *Picot/Bortenlänger/Röhrl*, Börsen im Wandel, S. 80.
278 In diesem Sinne auch *Klenke*, Börsendienstleistungen im europäischen Binnenmarkt, S. 116 f., 119; a.A. *Schönle*, Bank- und Börsenrecht, S. 25.
279 *Tiedje*, in: Groeben/Schwarze/Hatje, Europäisches Unionsrecht, Bd. I, Art. 49 AEUV Rn. 9.
280 A. a. O., Art. 49 AEUV Rn. 21.

aus.[281] Für welche Sachverhalte dieses Ausschlussverhältnis gilt, ist aber weithin unklar.[282] Daher könnte der Betrieb einer Börse sowohl unter die eine als auch unter die andere Freiheit fallen. Denn einerseits produzieren Börsen Börsenpreise, was eher für eine Niederlassung spricht. Andererseits ist die Börse eigenständig und unabhängig von ihrem Antragsteller, was gegen eine Niederlassung spricht. Zudem könnte die grenzüberschreitende Erfüllung der Betriebspflicht eine Dienstleistung sein.

Die beiden Freiheiten sind tatbestandlich voneinander abzugrenzen, weil sie unterschiedliche Gewährleistungsinhalte haben.[283] Dem Niederlassungswilligen wird in größerem Umfang als dem Dienstleistungserbringer zugemutet, die Vorschriften des Aufnahmemitgliedstaates zu erfüllen.[284] Die Niederlassungsfreiheit gewährleistet, in stabiler und kontinuierlicher Weise am Wirtschaftsleben eines anderen Mitgliedstaates teilzunehmen und daraus Nutzen zu ziehen.[285] Sich niederlassen heißt demnach: sich in eine nationale Volkswirtschaft integrieren.[286] Die Abgrenzung erfolgt mit Hilfe einer Gesamtschau, für welche die Merkmale der festen Einrichtung und Dauerhaftigkeit als Anhaltspunkte dienen.[287] Diese Merkmale sind aber weder notwendige noch hinreichende Bedingungen einer Niederlassung.[288]

238 Grundsätzlich ist die Niederlassungsfreiheit einschlägig, wenn eine feste Einrichtung im Aufnahmemitgliedstaat gegründet wird, die es erlaubt, in dessen Hoheitsgebiet wirtschaftlich tätig zu werden.[289] Fest in diesem Sinne ist eine Einrichtung jedenfalls dann, wenn sie eine dauerhafte Präsenz erfordert.[290] Die Präsenz muss dazu

---

281 EuGH v. 30. November 1995, Rs. C–55/94, ECLI:EU:C:1995:411, Rn. 20 (= NJW 1996, 579) – Gebhard / Consiglio dell'Ordine degli Avvocati e Procuratori di Milano.

282 *U. Forsthoff*, in: Grabitz/Hilf/Nettesheim, EUV/AEUV, Bd. I, Art. 49 AEUV Rn. 26.

283 A. a. O., Art. 49 AEUV Rn. 27.

284 Ebd.

285 EuGH v. 30. November 1995, Rs. C–55/94, ECLI:EU:C:1995:411, Rn. 25 (= NJW 1996, 579) – Gebhard / Consiglio dell'Ordine degli Avvocati e Procuratori di Milano.

286 Schlussanträge des Generalanwalts *Darmon* v. 7. Juni 1988, Rs. 81/87, ECLI:EU:C:1988:286, Anm. 3 – The Queen / Treasury and Commissioners of Inland Revenue, ex parte Daily Mail and General Trust PLC.

287 *Lackhoff*, Niederlassungsfreiheit, S. 136; *U. Forsthoff*, in: Grabitz/Hilf/Nettesheim, EUV/AEUV, Bd. I, Art. 49 AEUV Rn. 30 ff.; ähnlich *Tiedje*, in: Groeben/Schwarze/Hatje, Europäisches Unionsrecht, Bd. I, Art. 49 AEUV Rn. 11.

288 *U. Forsthoff*, in: Grabitz/Hilf/Nettesheim, EUV/AEUV, Bd. I, Art. 49 AEUV Rn. 33, 36; speziell für das Merkmal der Dauerhaftigkeit – allerdings in Bezug auf den Dienstleistungsbegriff – EuGH v. 11. Dezember 2003, Rs. C–215/01, ECLI:EU:C:2003:662, Rn. 30 f. (= NJW 2004, 435) – Schnitzer; so dann auch *Roth*, in: Dauses/Ludwigs, Handbuch des EU-Wirtschaftsrechts, Bd. I, E. I. Rn. 133.

289 EuGH v. 25. Juli 1991, Rs. C–221/89, ECLI:EU:C:1991:320, Rn. 20–22 (= EuZW 1991, 764) – The Queen / Secretary of State for Transport, ex parte Factortame.

290 EuGH v. 14. September 2006, Rs. C–386/04, ECLI:EU:C:2006:568, Rn. 19 (= EuZW 2006, 625) – Centro di Musicologia Walter Stauffer.

befähigen, am Wirtschaftsleben des Aufnahmemitgliedstaates teilzunehmen.[291] Eine Geschäftsadresse, ein Bankkonto oder etwa ein Telefonanschluss mit automatischem Anrufbeantworter reicht dazu nicht aus.[292] Auch ein rein formaler Rechtsakt, wie z. B. eine Registrierung, erfüllt die Anforderungen an eine Niederlassung noch nicht.[293] Maßgebend ist vielmehr die Funktion der Einrichtung.[294] Zu der Präsenz muss also eine unternehmerische Organisation im Aufnahmemitgliedstaat hinzutreten.[295]

Der Börsenträger muss sich in Deutschland als Aufnahmemitgliedstaat nicht unternehmerisch organisieren oder einrichten. Die Börse hat ihre eigenen Organe und ist als Anstalt des öffentlichen Rechts gegenüber ihrem Börsenträger rechtlich selbstständig. Insofern ist sie also keine dauerhafte Einrichtung ihres Börsenträgers.[296] Allerdings muss die feste Einrichtung nicht unbedingt der Träger der Niederlassungsfreiheit selbst unterhalten.[297] Nach dem EuGH genügt auch ein unabhängiger Dritter, wenn er beauftragt ist, wie eine Agentur für den Träger der Niederlassungsfreiheit zu handeln.[298] Als Agentur in diesem Sinne gelten sämtliche unselbstständige Betriebsteile.[299]

Die Börse ist zwar unabhängig vom Antragsteller und Börsenträger. Jedoch ist nicht nur der Börsenträger an die Börse gebunden, sondern auch die Börse an ihren Börsenträger. Denn die Börse ist an ihren Anstaltszweck gebunden, welchen der Antragsteller im Entwurf des Geschäftsplans vorgibt.[300] Dieser Anstaltszweck gibt den Auftragsumfang vor. Die Anstalt Börse ist insoweit als Betriebsteil des Börsenträgers anzusehen. Sie erbringt die Tätigkeiten, mit welchen der Börsenträger Gewinn erwirtschaften möchte. Eine solche Zurechnung ist auch konsequent, weil in anderen Mitgliedstaaten Börse und Börsenträger rechtlich nicht getrennt sind und daher automatisch eine feste Einrichtung vorliegt. Der Sinn und Zweck der Niederlassungsfreiheit wäre verfehlt, wenn die Mitgliedstaaten durch nationales Recht die Anwendung der Niederlassungsfreiheit ausschließen könnten und die Errichtung einer Börse je nach Mitgliedstaat unter verschiedene Grundfreiheiten

291 *Tiedje*, in: Groeben/Schwarze/Hatje, Europäisches Unionsrecht, Bd. I, Art. 49 AEUV Rn. 12.

292 Ebd.

293 In diesem Sinne EuGH v. 25. Juli 1991, Rs. C–221/89, ECLI:EU:C:1991:320, Rn. 20 f. (= EuZW 1991, 764) – The Queen / Secretary of State for Transport, ex parte Factortame; ausdrücklich *Bröhmer*, in: Callies/Ruffert, EUV/AEUV, 4. Aufl., Art. 49 AEUV Rn. 12; *Korte*, in: Callies/Ruffert, EUV/AEUV, 5. Aufl., Art. 49 AEUV Rn. 25.

294 *Tiedje*, in: Groeben/Schwarze/Hatje, Europäisches Unionsrecht, Bd. I, Art. 49 AEUV Rn. 13.

295 *U. Forsthoff*, in: Grabitz/Hilf/Nettesheim, EUV/AEUV, Bd. I, Art. 49 AEUV Rn. 36.

296 *Lepczyk*, Internationale Börsenfusionen, S. 163.

297 *U. Forsthoff*, in: Grabitz/Hilf/Nettesheim, EUV/AEUV, Bd. I, Art. 49 AEUV Rn. 39.

298 EuGH v. 4. Dezember 1986, Rs. 205/84, ECLI:EU:C:1986:463, Rn. 21 (= NJW 1987, 572) – Kommission / Deutschland.

299 *U. Forsthoff*, in: Grabitz/Hilf/Nettesheim, EUV/AEUV, Bd. I, Art. 49 AEUV Rn. 62; ähnlich *Lackhoff*, Niederlassungsfreiheit, S. 172 f.

300 Siehe Rn. 63.

zu subsumieren wäre. Gerade dies zeigt auch die MiFID/MiFID II, welche eine weitgehende Harmonisierung anstrebt. Ferner könnte der Antragsteller anderenfalls eigenständig eine feste Einrichtung des Börsenträgers in Deutschland herstellen, um die Anwendung der Niederlassungsfreiheit zu erreichen. Im Ergebnis ist das Merkmal der festen Einrichtung beim Betrieb einer Börse daher zu bejahen.

239 Besser als nach dem Merkmal der festen Einrichtung lässt sich die Niederlassungsfreiheit von der Dienstleistungsfreiheit anhand des Merkmals der Dauerhaftigkeit abgrenzen.[301] Danach ist die Niederlassungsfreiheit einschlägig, wenn der Betroffene *„in stabiler und kontinuierlicher Weise“*[302] bzw. *„stetig und dauerhaft“*[303] am Wirtschaftsleben eines anderen Mitgliedstaates teilnehmen will. Die Präsenz muss also auf Dauer, nicht notwendig auf die Ewigkeit, angelegt sein.[304] Dieses zeitliche Moment ist immer dann entscheidend, wenn der Dienstleistende persönlich im Staat der Leistung präsent ist, während er die Dienstleistung erbringt.[305] Denn nach Art. 57 Abs. 3 AEUV dürfen Dienstleistungen *„vorübergehend“* im Aufnahmemitgliedstaat erbracht werden. Da die Norm weder die Dauer noch die Häufigkeit abstrakt bestimmt,[306] ist die Dienstleistungsfreiheit anhand der zeitlichen Erstreckung, der Häufigkeit, der regelmäßigen Wiederkehr und Kontinuität von der Niederlassungsfreiheit abzugrenzen.[307] Die Abgrenzung ist schwierig, wenn der Dienstleister sich in den Aufnahmestaat begibt und sich dort mit der erforderlichen Infrastruktur ausstattet, um die Dienstleistung zu erbringen. Denn die Dienstleistungsfreiheit erfasst auch die Ausstattung mit der erforderlichen Infrastruktur.[308] In einem solchen Fall kommt es auf den Zweck der Ausstattung an. Wird der Standort der Leistung verändert, um Produktionsfaktoren und sonstige Kostenelemente einer fremden Volkswirtschaft zu nutzen, greift die Niederlassungsfreiheit.[309] Soll nicht der Betrieb selbst, sondern nur dessen Leistung in die fremde Volkswirt-

---

301 *Schlag*, in: Schwarze, EU-Kommentar, Art. 49 AEUV Rn. 16; ähnlich *Bröhmer*, in: Callies/Ruffert, EUV/AEUV, 4. Aufl., Art. 49 AEUV Rn. 13; *Korte*, in: Callies/Ruffert, EUV/AEUV, 5. Aufl., Art. 49 AEUV Rn. 26.

302 EuGH v. 30. November 1995, Rs. C–55/94, ECLI:EU:C:1995:411, Rn. 25 (= NJW 1996, 579) – Gebhard / Consiglio dell'Ordine degli Avvocati e Procuratori di Milano.

303 EuGH v. 17. Juni 1997, Rs. C–70/95, ECLI:EU:C:1997:301, Rn. 24 (= EuZW 1998, 124) – Sodemare u. a. / Regione Lombardia.

304 Schlussanträge des Generalanwalts *Darmon* v. 7. Juni 1988, Rs. 81/87, ECLI:EU:C:1988:286, Anm. 3 – The Queen / Treasury and Commissioners of Inland Revenue, ex parte Daily Mail and General Trust PLC; *U. Forsthoff*, in: Grabitz/Hilf/Nettesheim, EUV/AEUV, Bd. I, Art. 49 AEUV Rn. 35.

305 *Roth*, in: Dauses/Ludwigs, Handbuch des EU-Wirtschaftsrechts, Bd. I, E. I. Rn. 133.

306 EuGH v. 11. Dezember 2003, Rs. C–215/01, ECLI:EU:C:2003:662, Rn. 31 (= NJW 2004, 435) – Schnitzer.

307 EuGH v. 30. November 1995, Rs. C–55/94, ECLI:EU:C:1995:411, Rn. 27 (= NJW 1996, 579) – Gebhard / Consiglio dell'Ordine degli Avvocati e Procuratori di Milano.

308 Ebd.

309 *Tiedje*, in: Groeben/Schwarze/Hatje, Europäisches Unionsrecht, Bd. I, Art. 49 AEUV Rn. 21.

schaft eingebracht werden, greift die Dienstleistungsfreiheit.[310] Hat eine *„Tätigkeit typischerweise gelegentlichen Charakter"*, dann spricht dies für die Dienstleistungsfreiheit.[311]

Der Börsenträger betreibt eine Börse nicht *typischerweise gelegentlich*. Auch führt die Börse den Börsenhandel nicht *typischerweise gelegentlich* durch. Dies sind vielmehr kontinuierliche Tätigkeiten, die sich regelmäßig wiederholen und zeitlich nicht beschränkt sind. Tätigkeiten *„ohne absehbare zeitliche Beschränkung"* unterfallen nicht der Dienstleistungsfreiheit.[312] Der Börsenträger betreibt die Börse also nicht nur *vorübergehend* im Sinne des Art. 57 Abs. 3 AEUV. Außerdem soll nicht nur die Leistung einer Börse in Deutschland eingebracht werden, sondern die Börse als Betrieb selbst. Zudem kann die Börse als Betrieb des Börsenträgers ihren Sitz nachträglich nicht mehr aus dem Bundesland heraus verlegen, welches die Börse errichtet hat. Dies würde gegen das Territorialitätsprinzip verstoßen. Im Ergebnis ist die Börse, verstanden als Präsenz des Börsenträgers, daher auf Dauer angelegt.

Im Wege einer Gesamtschau ist festzustellen, dass die Präsenz des Börsenträgers **240**
durch die Anstalt Börse eine auf Dauer angelegte feste Einrichtung ist, durch welche sich der Börsenträger in die deutsche Volkswirtschaft integriert.

cc) Betrieb einer Börse als selbstständige Tätigkeit

Die Niederlassungsfreiheit beinhaltet *„die Aufnahme und Ausübung selbständiger* **241**
Erwerbstätigkeiten".[313] Sie grenzt sich dadurch von der Arbeitnehmerfreizügigkeit (Art. 45 AEUV) ab.[314] Selbstständig ist eine Tätigkeit, wenn sie nicht im Rahmen eines Unterordnungsverhältnisses ausgeübt wird,[315] also weisungsfrei und eigenverantwortlich erfolgt. Gegenüber der Börsenaufsichtsbehörde unterfällt der Börsenträger nur einer Rechtsaufsicht, nicht auch einer Fachaufsicht.[316] Auch die Börse kann keine Weisungsbefugnis gegenüber dem Börsenträger aus ihrem Anforderungsrecht nach § 5 Abs. 1 Satz 2 BörsG herleiten. Der Börsenträger betätigt sich also schon nach nationalem Recht weisungsfrei und eigenverantwortlich. Der Betrieb einer Börse ist folglich eine selbstständige Tätigkeit.

---

310 *Tiedje*, in: Groeben/Schwarze/Hatje, Europäisches Unionsrecht, Bd. I, Art. 49 AEUV Rn. 21.

311 EuGH v. 4. Dezember 1986, Rs. 252/83, ECLI:EU:C:1986:462, Rn. 18 (= WuW/E EWG/MUV, 776) – Kommission / Dänemark.

312 EuGH v. 5. Oktober 1988, Rs. 196/87, ECLI:EU:C:1988:475, Rn. 16 (= NVwZ 1990, 53) – Steymann / Staatssecretaris van Justitie.

313 EuGH v. 28. Januar 1986, Rs. 270/83, ECLI:EU:C:1986:37, Rn. 13 (= NJW 1987, 569) – Kommission / Frankreich.

314 *U. Forsthoff*, in: Grabitz/Hilf/Nettesheim, EUV/AEUV, Bd. I, Art. 49 AEUV Rn. 51; *Bröhmer*, in: Callies/Ruffert, EUV/AEUV, 4. Aufl., Art. 49 AEUV Rn. 10.

315 EuGH v. 27. Juni 1996, Rs. C–107/94, ECLI:EU:C:1996:251, Rn. 26 (= NJW 1996, 2921) – Asscher / Staatssecretaris van Financiën.

316 Siehe Rn. 166 f.

242 Damit unterfällt der Betrieb einer Börse dem Begriff der Niederlassung, da dieser immer mit einer festen Einrichtung einhergeht, die bei Eingliederung in die nationale Volkswirtschaft der tatsächlichen Ausübung einer selbstständigen Erwerbstätigkeit zu dienen bestimmt ist. Folglich ist der sachliche Anwendungsbereich der Niederlassungsfreiheit eröffnet.

d) Keine Bereichsausnahme nach Art. 51 Abs. 1 AEUV

243 Der hier prinzipiell eröffnete Anwendungsbereich der Niederlassungsfreiheit könnte allerdings ausnahmsweise verschlossen sein. Da der EuGH ungeschriebene Bereichsausnahmen ablehnt[317] und für Art. 51 Abs. 2 AEUV ein Parlaments- oder Ratsbeschluss fehlt, kommt hier nur die Bereichsausnahme des Art. 51 Abs. 1 AEUV in Betracht.[318] Wegen dieser Vorschrift versagt *Schönle* den Börsenbetrieben, sich auf die Niederlassungsfreiheit zu berufen.[319] Nach Art. 51 Abs. 1 AEUV sind *„Tätigkeiten, die in einem Mitgliedstaat dauernd oder zeitweise mit der Ausübung öffentlicher Gewalt verbunden sind"*, vom Anwendungsbereich der Niederlassungsfreiheit ausgenommen. Als Ausnahmeregel ist Art. 51 Abs. 1 AEUV eng auszulegen.[320] Die Norm bezweckt, die Ausübung mitgliedstaatlicher Hoheitsgewalt den eigenen Staatsangehörigen vorzubehalten.[321] Dazu ist zweierlei sicherzustellen. Einerseits dürfen sich diejenigen, die öffentliche Gewalt ausüben, nicht gleichzeitig auf die Niederlassungsfreiheit berufen;[322] andererseits darf die Niederlassungsfreiheit einen Mitgliedstaat nicht dazu zwingen, Teile der öffentlichen Gewalt zuziehenden ausländischen Privaten zu überlassen.[323]

Die Bereichsausnahme setzt voraus, dass die Tätigkeit sowohl nach dem Unionsrecht als Ausübung öffentlicher Gewalt zu qualifizieren ist[324] als auch nach dem

---

317 *Streinz*, DVBl. 2000, 585, 589 f.; *U. Forsthoff*, in: Grabitz/Hilf/Nettesheim, EUV/AEUV, Bd. I, Art. 45 AEUV Rn. 62.

318 Art. 106 Abs. 2 AEUV wird vorliegend als Rechtfertigungsgrund eingeordnet. Siehe dazu Rn. 265 m.w.N.

319 *Schönle*, Bank- und Börsenrecht, S. 25.

320 Schlussanträge des Generalanwalts *Mayras* v. 28. Mai 1974, Rs. 2/74, ECLI:EU:C:1974:59, Anm. III.1. – Reyners / Belgischer Staat; *Bröhmer*, in: Callies/Ruffert, EUV/AEUV, 4. Aufl., Art. 51 AEUV Rn. 1; *Korte*, in: Callies/Ruffert, EUV/AEUV, 5. Aufl., Art. 51 AEUV Rn. 1; *U. Forsthoff*, in: Grabitz/Hilf/Nettesheim, EUV/AEUV, Bd. I, Art. 51 AEUV Rn. 13.

321 *U. Forsthoff*, in: Grabitz/Hilf/Nettesheim, EUV/AEUV, Bd. I, Art. 51 AEUV Rn. 3.

322 *Tiedje*, in: Groeben/Schwarze/Hatje, Europäisches Unionsrecht, Bd. I, Art. 51 AEUV Rn. 4.

323 Ebd.

324 Schlussanträge des Generalanwalts *Mayras* v. 28. Mai 1974, Rs. 2/74, ECLI:EU:C:1974: 59, Anm. III.1. – Reyners / Belgischer Staat; Schlussanträge des Generalanwalts *Slynn* v. 15. März 1988, Rs. 147/86, ECLI:EU:C:1988:2, 1649 – Kommission / Griechenland; Schlussanträge des Generalanwalts *Lenz* v. 19. September 1991, Rs. C–306/89, ECLI: EU:C:1991:342, Anm. 30 – Kommission / Griechenland;

nationalen Recht.[325] Das nationale Recht ist dabei noch zusätzlich am sekundären Unionsrecht zu messen.[326] Berücksichtigt das sekundäre Unionsrecht die berechtigten Allgemeininteressen der Mitgliedstaaten, ist Art. 51 Abs. 1 AEUV nicht anzuwenden.[327] Ansonsten können die Mitgliedstaaten bestimmte Berufstätigkeiten so ausgestalten, dass mit ihnen öffentliche Gewalt ausgeübt wird.[328] Art. 51 Abs. 1 AEUV greift aber nur, wenn eine solche Ausgestaltung unbedingt erforderlich ist, um die mitgliedstaatlichen Interessen zu schützen.[329] Folglich ist eine Tätigkeit nicht unbedingt als Ausübung öffentlicher Gewalt zu gestalten, wenn sie von den übrigen Tätigkeiten einer Aufgabe abtrennbar ist.[330] Aus diesem Grund ist eine Bereichsausnahme nur gegeben, wenn die Tätigkeit *„in sich selbst betrachtet, eine unmittelbare und spezifische Teilnahme an der Ausübung hoheitlicher Gewalt"* darstellt.[331] Die Bereichsausnahme des Art. 51 Abs. 1 AEUV gilt also nicht für Teile einer Aufgabe, die abtrennbar sind und keine Ausübung öffentlicher Gewalt beinhalten. Sie betrifft vielmehr nur spezifische Hoheitsgewalt, wenn der Staat also Zwangsbefugnisse, Sonderrechte oder sonstige Hoheitsprivilegien ausübt.[332] Dies ist der Fall, wenn der Handelnde befugt ist, die Vollstreckung seiner Handlungen selbst anzuordnen oder durchzuführen.[333] Nicht erfasst sind Tätigkeiten, in denen Erwerbstätige lediglich Behörden unterstützen oder für diese Hilfsfunktionen übernehmen.[334]

U. Forsthoff, in: Grabitz/Hilf/Nettesheim, EUV/AEUV, Bd. I, Art. 51 AEUV Rn. 10; ähnlich *Tiedje*, in: Groeben/Schwarze/Hatje, Europäisches Unionsrecht, Bd. I, Art. 51 AEUV Rn. 5.

325 *Lackhoff*, Niederlassungsfreiheit, S. 155; *U. Forsthoff*, in: Grabitz/Hilf/Nettesheim, EUV/AEUV, Bd. I, Art. 51 AEUV Rn. 10.

326 Ähnlich *U. Forsthoff*, in: Grabitz/Hilf/Nettesheim, EUV/AEUV, Bd. I, Art. 51 AEUV Rn. 12.

327 EuGH v. 18. Mai 2000, Rs. C–206/98, ECLI:EU:C:2000:256, Rn. 45 – Kommission / Belgien.

328 *U. Forsthoff*, in: Grabitz/Hilf/Nettesheim, EUV/AEUV, Bd. I, Art. 51 AEUV Rn. 12.

329 EuGH v. 15. März 1988, Rs. 147/86, ECLI:EU:C:1988:150, Rn. 7 – Kommission / Griechenland.

330 EuGH v. 21. Juni 1974, Rs. 2/74, ECLI:EU:C:1974:68, Rn. 46/47 (= DÖV 1974, 741) – Reyners / Belgischer Staat.

331 A. a. O., Rn. 44/45.

332 Schlussanträge des Generalanwalts *Mayras* v. 28. Mai 1974, Rs. 2/74, ECLI:EU:C:1974:59, Anm. III.1. – Reyners / Belgischer Staat; *U. Forsthoff*, in: Grabitz/Hilf/Nettesheim, EUV/AEUV, Bd. I, Art. 51 AEUV Rn. 14; für Zwangsbefugnisse siehe EuGH v. 29. Oktober 1998, Rs. C–114/97, ECLI:EU:C:1998:519, Rn. 35–37 (= EuZW 1999, 125) – Kommission / Spanien; *Tiedje*, in: Groeben/Schwarze/Hatje, Europäisches Unionsrecht, Bd. I, Art. 51 AEUV Rn. 7.

333 *Tiedje*, in: Groeben/Schwarze/Hatje, Europäisches Unionsrecht, Bd. I, Art. 51 AEUV Rn. 7.

334 A. a. O., Art. 51 AEUV Rn. 9.

244 Der Börsenträger kann keine Zwangsbefugnisse ausüben, er kann seine Maßnahmen nicht selbst vollstrecken. Sonderrechte des Börsenträgers sind ebenfalls nicht ersichtlich. Der Börsenträger ist lediglich befugt, eine Börse zu betreiben. Er hat den Pflichtenkatalog des § 5 BörsG zu erfüllen,[335] also z. B. die Börse finanziell, personell und sachlich auszustatten. Dies umfasst keine öffentlich-rechtlichen Befugnisse,[336] also keine sonstigen Hoheitsprivilegien.[337] Der Börsenträger unterstützt die Dienstleistungen der Börse nur, er bereitet diese vor. Dem Börsenträger obliegt also keine spezifische Hoheitsgewalt im Sinne des Art. 51 Abs. 1 AEUV.[338] Außerdem scheidet die Bereichsausnahme des Art. 51 Abs. 1 AEUV ohnehin für sämtliche Arten der Verwaltungshilfe aus, weil diese Ausnahme Tätigkeiten rein technischer, untergeordneter oder vorbereitender Natur nicht erfasst.[339]

245 Daneben ist eine Bereichsausnahme nach Art. 51 Abs. 1 AEUV auch nicht damit zu begründen, dass die Börse selbst hoheitliche Befugnisse wahrnehmen kann. Zwar beinhalten der Börsenhandel und die damit einhergehenden Tätigkeiten öffentlich-rechtliche Befugnisse der Handelsüberwachungsstelle, des Sanktionsausschusses und der Börsengeschäftsführung. Der Gesetzgeber könnte den Börsenhandel und die sonstigen börslichen Tätigkeiten aber auch privatrechtlich ausgestalten.[340] Daher kann ein Mitgliedstaat diese Tätigkeiten nicht mit dem Ergebnis zu staatlichen Aufgaben erheben, dass sie der Niederlassungsfreiheit schlechthin entzogen wären. Zudem wären diese hoheitlichen Befugnisse der Börse unproblematisch von der unternehmerischen Tätigkeit trennbar.[341]

246 Zu diesem Ergebnis müssen auch die Stimmen in der Literatur kommen, welche die Erfüllung der Betriebspflicht als schlicht-hoheitliches Verwaltungshandeln einordnen.[342] Nach herrschender Meinung ist Art. 51 Abs. 1 AEUV generell nicht auf schlicht-hoheitliche Tätigkeiten anzuwenden.[343] Nach anderer Ansicht ist Art. 51 Abs. 1

335 Siehe Rn. 59.

336 Siehe Rn. 29 ff.

337 Im Ergebnis auch *Lepczyk*, Internationale Börsenfusionen, S. 160; *Bopp*, Fusionen und Kooperationen deutscher Börsen und ihrer Träger, S. 66.

338 So auch *Schönemann*, Die Organisationsstruktur der Börse, S. 142; *Gurlit/Mülbert*, Der Börsenträger im Spannungsfeld, S. 66; *Hammen*, Börsenerlaubnis, Anteilseignerkontrolle und Niederlassungsfreiheit, S. 108 f.

339 *Stober*, in: Stober/Kluth/Wolff/Bachof, Verwaltungsrecht II, § 91 Rn. 30; zu Tätigkeiten rein technischer Natur siehe auch EuGH v. 5. Dezember 1989, Rs. C–3/88, ECLI:EU:C:1989:606, Rn. 13 (= NVwZ 1991, 356) – Kommission / Italien.

340 *Mues*, Die Börse als Unternehmen, S. 145; *Bopp*, Fusionen und Kooperationen deutscher Börsen und ihrer Träger, S. 77 f.

341 *Mues*, Die Börse als Unternehmen, S. 144 ff.; *Emmerich/Hoffmann*, in: Osterloh/Schmidt/Weber, FS Selmer, S. 305, 318 Fn. 46.

342 *Kümpel*, Bank- und Kapitalmarktrecht, 3. Aufl., Rn. 17.261; *Beck*, in: Schwark/Zimmer, Kapitalmarktrecht, 4. Aufl., § 5 BörsG Rn. 3; *Burgi*, WM 2009, 2337, 2341.

343 *Jarass*, RIW 1993, 1, 4; *Grüb*, Europäische Niederlassungs- und Dienstleistungsfreiheit für Private mit hoheitlichen Befugnissen, S. 121; *Lackhoff*, Niederlassungsfreiheit, S. 157; in diesem Sinne schon *Wilmowsky*, ZHR 155 (1991), 545, 548 f.

AEUV zwar auf schlicht-hoheitliches Verwaltungshandeln anzuwenden, allerdings nur, wenn die Tätigkeit den Vorgang bereits abschließt, nicht jedoch, wenn die Tätigkeit der eigentlichen Ausübung öffentlicher Gewalt nur hilft oder diese vorbereitet.[344] Endgültig entscheidet die Börse darüber, ob und wie sie die jeweilige Börsendienstleistung erbringt. Indem der Börsenträger die Betriebspflicht erfüllt, bereitet er lediglich vor, dass die Börse ihre Hoheitsbefugnisse ausüben kann.[345] Seine Handlungen sind von denen der Börse eindeutig abzugrenzen.[346] Art. 51 Abs. 1 AEUV ist also nach beiden Ansichten nicht auf die Erfüllung der Betriebspflicht anzuwenden.

Insgesamt ist die Bereichsausnahme des Art. 51 Abs. 1 AEUV für den Betrieb einer Börse nicht einschlägig. Im Ergebnis ist deshalb der Anwendungsbereich der Niederlassungsfreiheit eröffnet. **247**

2. Erlaubnispflicht als Beeinträchtigung der Niederlassungsfreiheit

Die Niederlassungsfreiheit des Antragstellers könnte durch eine direkte oder indirekte Diskriminierung aufgrund seiner Zugehörigkeit zur Rechtsordnung eines Mitgliedstaates oder durch eine sonstige Beschränkung beeinträchtigt sein. Mitgliedstaaten können die Niederlassungsfreiheit durch hoheitliche Maßnahmen wie formelle Gesetze, Rechtsverordnungen oder darauf beruhende Einzelakte beeinträchtigen.[347] Der Zugang zum deutschen Markt der Börsen könnte für ausländische Antragsteller durch die Erlaubnispflicht nach § 4 Abs. 1 BörsG beeinträchtigt sein. **248**

Börsendienstleistungen zu erbringen, ist allerdings nur insoweit erschwert, als hierfür eine Börsenerlaubnis erforderlich ist. Unter dem Vorbehalt einer Börsenerlaubnis stehen nur die Dienstleistungen des § 17 Abs. 1 BörsG, da diese die Anstalt Börse erbringt. Die in § 17 Abs. 3 BörsG genannten Börsendienstleistungen bedürfen keiner Börsenerlaubnis. Denn nach § 5 Abs. 3 Satz 1 BörsG kann der Börsenträger unter gewissen Voraussetzungen Bereiche auslagern, *„die für die Durchführung des Börsenbetriebs wesentlich sind"*. Der Börsenträger kann sich also Dritter bedienen, um Dienstleistungen im Sinne des § 17 Abs. 3 BörsG zu erbringen. Dienstleistungen, die Dritte erbringen dürfen, unterfallen aber nicht der Erlaubnispflicht nach § 4 Abs. 1 BörsG. Sie können auch ohne Börsenerlaubnis erbracht werden. **249**

---

344 *U. Forsthoff*, in: Grabitz/Hilf/Nettesheim, EUV/AEUV, Bd. I, Art. 51 AEUV Rn. 15; deutlicher noch *Randelzhofer/U. Forsthoff*, in: Grabitz/Hilf, EUV/EGV, Bd. II, Art. 45 EGV Rn. 8 f.

345 Ähnlich *Hammen*, Börsenerlaubnis, Anteilseignerkontrolle und Niederlassungsfreiheit, S. 109.

346 *Mues*, Die Börse als Unternehmen, S. 144 ff.; *Emmerich/Hoffmann*, in: Osterloh/Schmidt/Weber, FS Selmer, S. 305, 318 Fn. 46.

347 *Frenz*, Handbuch Europarecht, Bd. I, Rn. 2445.

a) Keine direkte Diskriminierung

250 Zunächst könnte der Antragsteller in seiner Erwerbstätigkeit selbst benachteiligt sein, also die Maßnahme ihn direkt diskriminieren.[348] Weil der EuGH die Niederlassungsfreiheit als Ausprägung des allgemeinen Diskriminierungsverbots des Art. 18 AEUV sieht,[349] wird von einer Diskriminierung gesprochen.[350] Die Maßnahme eines Mitgliedstaates diskriminiert, wenn *„vergleichbare Sachverhalte rechtlich unterschiedlich oder unterschiedliche Sachverhalte rechtlich gleich behandelt werden"*,[351] ohne dass die Gleich- bzw. Ungleichbehandlung objektiv zu rechtfertigen ist.[352] Genauer gesagt, diskriminiert die rechtliche Schlechterbehandlung eines Sachverhalts mit Unionsbezug gegenüber einem reinen Inlandssachverhalt.[353]

Die Diskriminierung kann offen oder versteckt sein.[354] Offen diskriminiert eine Maßnahme, wenn sie sich abhängig von der Staatsangehörigkeit unterschiedlich auswirkt.[355] Gleichzustellen sind Maßnahmen, die sich abhängig davon unterschiedlich auswirken, zu welchem Mitgliedstaat eine Gesellschaft gehört.[356] Versteckt diskriminiert eine Maßnahme dagegen, wenn sie an ein beliebiges anderes

---

348 In diesem Sinne *Tiedje*, in: Groeben/Schwarze/Hatje, Europäisches Unionsrecht, Bd. I, Art. 49 AEUV Rn. 75.

349 EuGH v. 9. Juni 1977, Rs. 90/76, ECLI:EU:C:1977:101, Rn. 27 – Van Ameyde / UCI; bereits in diesem Sinne EuGH v. 21. Juni 1974, Rs. 2/74, ECLI:EU:C:1974:68, Rn. 15 f. (= DÖV 1974, 741) – Reyners / Belgischer Staat.

350 *Tiedje*, in: Groeben/Schwarze/Hatje, Europäisches Unionsrecht, Bd. I, Art. 49 AEUV Rn. 73.

351 EuGH v. 13. November 1984, Rs. 283/83, ECLI:EU:C:1984:344, Rn. 7 – Racke / Hauptzollamt Mainz.

352 EuGH v. 8. Oktober 1980, Rs. 810/79, ECLI:EU:C:1980:228, Rn. 16 – Überschär.

353 *Bröhmer*, in: Callies/Ruffert, EUV/AEUV, 4. Aufl., Art. 49 AEUV Rn. 19.

354 *Müller-Graff*, in: Streinz, EUV/AEUV, Art. 49 AEUV Rn. 43; *Tiedje*, in: Groeben/Schwarze/Hatje, Europäisches Unionsrecht, Bd. I, Art. 49 AEUV Rn. 74 ff.; *Roth*, in: Dauses/Ludwigs, Handbuch des EU-Wirtschaftsrechts, Bd. I, E. I. Rn. 82; *Schlag*, in: Schwarze, EU-Kommentar, Art. 49 AEUV Rn. 34, 37; ähnlich *Bröhmer*, in: Callies/Ruffert, EUV/AEUV, 4. Aufl., Art. 49 AEUV Rn. 20; *Korte*, in: Callies/Ruffert, EUV/AEUV, 5. Aufl., Art. 49 AEUV Rn. 47.

355 *Tiedje*, in: Groeben/Schwarze/Hatje, Europäisches Unionsrecht, Bd. I, Art. 49 AEUV Rn. 74; *Müller-Graff*, in: Streinz, EUV/AEUV, Art. 49 AEUV Rn. 44; *Roth*, in: Dauses/Ludwigs, Handbuch des EU-Wirtschaftsrechts, Bd. I, E. I. Rn. 82; *Schlag*, in: Schwarze, EU-Kommentar, Art. 49 AEUV Rn. 34; dagegen nennt *U. Forsthoff*, in: Grabitz/Hilf/Nettesheim, EUV/AEUV, Bd. I, Art. 49 AEUV Rn. 79 dies eine direkte Diskriminierung.

356 *Tiedje*, in: Groeben/Schwarze/Hatje, Europäisches Unionsrecht, Bd. I, Art. 49 AEUV Rn. 74; *Roth*, in: Dauses/Ludwigs, Handbuch des EU-Wirtschaftsrechts, Bd. I, E. I. Rn. 81; in diesem Sinne auch EuGH v. 28. Januar 1986, Rs. 270/83, ECLI:EU:C:1986:37, Rn. 18 (= NJW 1987, 569) – Kommission / Frankreich – wonach sich die Zugehörigkeit zur Rechtsordnung eines Mitgliedstaates für natürliche Personen aus deren Staatsangehörigkeit und für Gesellschaften aus deren Sitz ergibt.

Tatbestandsmerkmal anknüpft und dadurch Staatsangehörige oder Gesellschaften anderer Mitgliedstaaten faktisch schlechter stellt als Inländer.[357] Während offene Diskriminierungen nur durch ausdrückliche Bestimmungen des Vertrags über die Arbeitsweise der Europäischen Union zu rechtfertigen sind,[358] sind versteckte Diskriminierungen auch aus Gründen des Allgemeininteresses zu rechtfertigen.[359]

Grundsätzlich behandelt die Erlaubnispflicht nach § 4 Abs. 1 BörsG inländische **251** und ausländische Antragsteller nicht unterschiedlich.[360] Das Verfahren der Börsenerlaubnis richtet sich gleichermaßen an deutsche wie an ausländische Antragsteller. Die gesetzlichen Vorgaben zur Erteilung der Börsenerlaubnis begünstigen deutsche Antragsteller nicht gegenüber solchen anderer Mitgliedstaaten. Vielmehr darf die Börsenaufsichtsbehörde schon nach dem nationalen Recht einem Antragsteller aus der EU oder dem EWR die Börsenerlaubnis nicht deswegen versagen, weil sie im Ausland nicht hoheitlich tätig werden könne[361] und es daher zu einem Aufsichtsdefizit komme. Mithin droht diesbezüglich keine versteckte Diskriminierung. Insgesamt diskriminiert die Erlaubnispflicht ausländische Antragsteller direkt weder offen noch versteckt.

b) Keine indirekte Diskriminierung

Beeinträchtigt eine Maßnahme den Antragsteller nicht in seiner Tätigkeit selbst, **252** kann sie immer noch indirekt (mittelbar) diskriminieren. Indirekt diskriminiert eine Maßnahme schon dann, wenn sie das persönliche oder berufliche Umfeld belastet, also auf wesentliche Begleitumstände des Niederlassungsvorgangs einwirkt.[362] Solche Maßnahmen wirken sich also in Bereichen aus, die mit der Tätigkeit der Niederlassung nur in mittelbarem Zusammenhang stehen.[363] Sie hängen nicht unmittelbar mit der Ausübung der Erwerbstätigkeit zusammen und sind auch nicht unmittelbar auf die Person des Niederlassungswilligen bezogen, wirken

---

357 EuGH v. 12. Februar 1974, Rs. 152/73, ECLI:EU:C:1974:13, Rn. 11 – Sotgiu / Deutsche Bundespost.

358 EuGH v. 26. April 1988, Rs. 352/85, ECLI:EU:C:1988:196, Rn. 32 (= NJW 1989, 2189) – Bond van Adverteerders / Niederländischer Staat.

359 *Roth*, in: Dauses/Ludwigs, Handbuch des EU-Wirtschaftsrechts, Bd. I, E. I. Rn. 82; *Müller-Graff*, in: Streinz, EUV/AEUV, Art. 49 AEUV Rn. 48; in diesem Sinne auch EuGH v. 23. Mai 1996, Rs. C-237/94, ECLI:EU:C:1996:206, Rn. 17–19 – O'Flynn / Adjudication Officer.

360 *Schönemann*, Die Organisationsstruktur der Börse, S. 140; in Bezug auf das Verbot von Privatbörsen bereits *Mues*, Die Börse als Unternehmen, S. 143.

361 Siehe dazu Rn. 171 ff.

362 *Tiedje*, in: Groeben/Schwarze/Hatje, Europäisches Unionsrecht, Bd. I, Art. 49 AEUV Rn. 75 f.; in diesem Sinne schon *Wägenbaur*, in: Schwarze, Wirtschaftsverfassungsrechtliche Garantien, S. 50.

363 *Roth*, in: Dauses/Ludwigs, Handbuch des EU-Wirtschaftsrechts, Bd. I, E. I. Rn. 83.

sich aber trotzdem auf die Ausübung der Niederlassungsfreiheit aus.[364] Indirekte Diskriminierungen sind wiederum offen und versteckt möglich.[365] Wichtig ist die Abgrenzung zu offenen direkten Diskriminierungen, da indirekte Diskriminierungen im Gegensatz zu diesen auch aus Gründen des Allgemeininteresses zu rechtfertigen sind.[366]

253 Die Erlaubnispflicht nach § 4 Abs. 1 BörsG benachteiligt Antragsteller anderer Mitgliedstaaten nicht in ihrem Umfeld. Es sind keine Bereiche ersichtlich, die mit dem Erbringen von Börsendienstleistungen in einem mittelbaren Zusammenhang stünden und bei Unternehmen anderer Mitgliedstaaten zu stärkeren Belastungen führen. Eine solche Differenzierung ist den gesetzlichen Vorgaben zur Erteilung der Börsenerlaubnis nicht zu entnehmen. Die Erlaubnispflicht diskriminiert daher auch nicht indirekt.

c) Erlaubnispflicht als Beschränkung

254 Die Niederlassungsfreiheit könnte vorliegend durch die Erlaubnispflicht nach § 4 Abs. 1 BörsG beschränkt sein. Der EuGH hat die Grundfreiheiten nämlich schrittweise zu allgemeinen Beschränkungsverboten ausgebaut,[367] welche umfassend vor sachlich nicht gerechtfertigten Beeinträchtigungen schützen.[368] Zunächst entwickelte er für die Warenverkehrsfreiheit die *Dassonville*-Formel,[369] welche er dann auf die Niederlassungsfreiheit übertrug.[370] In der Rechtssache *Daily Mail*[371] begründete der EuGH für die Niederlassungsfreiheit ein Beschränkungsverbot in sog. Auswanderungsfällen.[372] Seit der Rechtssache *Stanton* steht eine Maßnahme der Niederlassungsfreiheit entgegen, wenn sie die Ausdehnung einer Tätigkeit über das Gebiet eines Mitgliedstaates hinaus behindert.[373] Deutlicher wurde der EuGH in der Rechtssache *Vlassopoulou*, in der er Maßnahmen *„ohne Diskriminierung"* als von der Niederlassungsfreiheit erfasst ansah.[374] Seit der Rechtssache *Kraus* sieht

---

364 *Frenz*, Handbuch Europarecht, Bd. I, Rn. 2452; tiefergehend *Nachbaur*, Niederlassungsfreiheit, S. 67 ff.

365 *Tiedje*, in: Groeben/Schwarze/Hatje, Europäisches Unionsrecht, Bd. I, Art. 49 AEUV Rn. 75.

366 *U. Forsthoff*, in: Grabitz/Hilf/Nettesheim, EUV/AEUV, Bd. I, Art. 49 AEUV Rn. 79.

367 *Herdegen*, Europarecht, § 14 Rn. 3.

368 *Schönemann*, Die Organisationsstruktur der Börse, S. 141.

369 EuGH v. 11. Juli 1974, Rs. 8/74, ECLI:EU:C:1974:82, Rn. 5 (= NJW 1975, 515) – Dassonville.

370 *Kingreen*, in: Callies/Ruffert, EUV/AEUV, 5. Aufl., Art. 36 AEUV Rn. 41, 44.

371 EuGH v. 27. September 1988, Rs. 81/87, ECLI:EU:C:1988:456 (= NJW 1989, 2186) – The Queen / Treasury and Commissioners of Inland Revenue, ex parte Daily Mail and General Trust PLC.

372 *U. Forsthoff*, in: Grabitz/Hilf/Nettesheim, EUV/AEUV, Bd. I, Art. 49 AEUV Rn. 91.

373 EuGH v. 7. Juli 1988, Rs. 143/87, ECLI:EU:C:1988:378, Rn. 13 – Stanton / Inasti.

374 EuGH v. 7. Mai 1991, Rs. C–340/89, ECLI:EU:C:1991:193, Rn. 15 (= NJW 1991, 2073) – Vlassopoulou / Ministerium für Justiz, Bundes- u. Europaangelegenheiten Baden-Württemberg.

der EuGH die Niederlassungsfreiheit bereits beeinträchtigt, wenn eine Maßnahme geeignet ist, die Ausübung der Freiheit *„zu behindern oder weniger attraktiv zu machen.“*[375] Der EuGH verdeutlicht sein Verständnis von der Niederlassungsfreiheit als Beschränkungsverbot auch dadurch, dass er zur Rechtfertigung solcher Beeinträchtigungen auf die *„zwingenden Gründe des Allgemeininteresses“* verweist[376] und damit auf einen Satz der allgemeinen Grundfreiheitendogmatik.[377] Schließlich stellt der EuGH klar, dass die Niederlassungsfreiheit *„auch geringfügige oder unbedeutende Beschränkungen“* erfasst.[378]

Insgesamt rückt die Niederlassungsfreiheit damit näher an die Warenverkehrs- und die Dienstleistungsfreiheit heran.[379] Der Begriff der Beschränkung ist bei den Grundfreiheiten des Binnenmarktes somit einheitlich auszulegen.[380] Die Niederlassungsfreiheit gebietet nicht nur eine Inländergleichbehandlung, sondern verbietet auch allgemeine Beschränkungen.[381]

Im Gegensatz zum Diskriminierungsverbot ist die Reichweite des Beschrän- **255**
kungsverbots nicht geklärt.[382] Angesichts des weiten Schutzbereichs der Niederlassungsfreiheit sowie der weiten Definition des Eingriffstatbestands durch den EuGH könnte eine Auslandsgesellschaft theoretisch rügen, in ihren Rechten aus Art. 49 i.V.m. Art. 54 AEUV durch jegliche Gesetze beschränkt zu werden, die das Wirtschaftsleben koordinieren.[383] Daher könnte beinahe jede nichtdiskriminierende Maßnahme eine Beeinträchtigung darstellen. Dann wäre die Niederlassungsfreiheit der Generalmaßstab aller wirtschaftslenkenden Gesetze.[384] Aus diesem Grund ist das Beschränkungsverbot derart sinnvoll zu begrenzen, dass es dem Binnenmarkt gerecht wird.[385] Während für die Warenverkehrsfreiheit das Diskriminierungsverbot die Marktgleichheit sicherstellt, gewährleistet das Beschränkungsverbot die Marktfreiheit.[386] Dies müsste aufgrund der Konvergenz

---

375 EuGH v. 31. März 1993, Rs. C–19/92, ECLI:EU:C:1993:125, Rn. 32 (= EuZW 1993, 322) – Kraus / Land Baden-Württemberg.

376 Ebd.

377 *Bröhmer*, in: Callies/Ruffert, EUV/AEUV, 4. Aufl., Art. 49 AEUV Rn. 27.

378 EuGH v. 11. März 2004, Rs. C–9/02, ECLI:EU:C:2004:138, Rn. 43 (= NJW 2004, 2439) – de Lasteyrie du Saillant.

379 *Tiedje*, in: Groeben/Schwarze/Hatje, Europäisches Unionsrecht, Bd. I, Art. 49 AEUV Rn. 104.

380 A. a. O., Art. 49 AEUV Rn. 70.

381 *Tiedje*, in: Groeben/Schwarze/Hatje, Europäisches Unionsrecht, Bd. I, Art. 49 AEUV Rn. 98; *U. Forsthoff*, in: Grabitz/Hilf/Nettesheim, EUV/AEUV, Bd. I, Art. 49 AEUV Rn. 88; *Bröhmer*, in: Callies/Ruffert, EUV/AEUV, 4. Aufl., Art. 49 AEUV Rn. 30; *Korte*, in: Callies/Ruffert, EUV/AEUV, 5. Aufl., Art. 49 AEUV Rn. 49.

382 *U. Forsthoff*, in: Grabitz/Hilf/Nettesheim, EUV/AEUV, Bd. I, Art. 49 AEUV Rn. 68.

383 *Eidenmüller*, in: Eidenmüller, Ausländische Kapitalgesellschaften im deutschen Recht, § 3 Rn. 10.

384 Ebd.

385 *Roth*, in: Dauses/Ludwigs, Handbuch des EU-Wirtschaftsrechts, Bd. I, E. I. Rn. 86.

386 *Ders.*, in: Hübner/Ebke, FS Großfeld, S. 929, 944.

der Grundfreiheiten[387] auch für die Niederlassungsfreiheit gelten. Entscheidend ist also, wie weit diese Konvergenz reicht.

Einerseits könnte die Niederlassungsfreiheit entsprechend der *Dassonville*-Formel[388] jede hoheitliche Maßnahme erfassen, die sich unmittelbar oder mittelbar, tatsächlich oder potenziell auf die Freiheit der Niederlassung auswirkt. Andererseits könnten Maßnahmen nach der für die Warenverkehrsfreiheit geltenden *Keck*-Rechtsprechung[389] ausscheiden, wenn sie nicht den Marktzugang versperren oder stärker behindern. Die *Keck*-Rechtsprechung unterscheidet für die Warenverkehrsfreiheit zwischen produkt- und vertriebsbezogenen Maßnahmen. Während produktbezogene Maßnahmen stets Beeinträchtigungen sind,[390] ist dies bei vertriebsbezogenen Maßnahmen nicht der Fall, wenn sie unterschiedslos wirken.[391] Hierdurch reduziert sich Art. 34 AEUV für vertriebsbezogene Maßnahmen auf ein bloßes Diskriminierungsverbot. Diesen modifizierten Beschränkungsbegriff hat der EuGH in der Entscheidung *Alpine Investments* auch bei der Dienstleistungsfreiheit anklingen lassen.[392] Aufgrund der Konvergenz der Grundfreiheiten könnte der Beschränkungsbegriff auch für die Niederlassungsfreiheit einzuschränken sein.

256 Die EU dient gemäß Art. 119 Abs. 1 AEUV grundsätzlich dem Ziel einer offenen Marktwirtschaft mit freiem Wettbewerb. Daher haben die Mitgliedstaaten zu begründen, wenn sie ausnahmsweise einen Markt steuern wollen.[393] Die Grundfreiheiten sollen aber nur die Grenzen zwischen den nationalen Märkten abbauen, nicht auch Beschränkungen auf diesen Märkten reduzieren.[394] Die freiheitsrechtliche Dimension der Grundfreiheiten darf also nicht als Deregulierungsmaßnahme missverstanden werden.[395] Es geht nicht um Liberalisierung an sich.[396] Vielmehr soll die freiheitsrechtliche Dimension der Grundfreiheiten nur die Faktoren liberalisieren,

---

387 *Behrens*, EuR 1992, 145, 145 ff.

388 EuGH v. 11. Juli 1974, Rs. 8/74, ECLI:EU:C:1974:82, Rn. 5 (= NJW 1975, 515) – Dassonville.

389 EuGH v. 24. November 1993, verb. Rs C–267/91, C–268/91, ECLI:EU:C:1993:905, Rn. 16 f. (= ZIP 1993, 1813) – Keck und Mithouard.

390 A. a. O., Rn. 15.

391 A. a. O., Rn. 16 f.

392 EuGH v. 10. Mai 1995, Rs. C–384/93, ECLI:EU:C:1995:126, Rn. 33 ff. (= NJW 1995, 2541) – Alpine Investments / Minister van Financiën.

393 *Tietje*, in: Ehlers, Europäische Grundrechte und Grundfreiheiten, § 10 Rn. 55.

394 *Kingreen*, in: Callies/Ruffert, EUV/AEUV, 5. Aufl., Art. 36 AEUV Rn. 65.

395 *Roth*, in: Dauses/Ludwigs, Handbuch des EU-Wirtschaftsrechts, Bd. I, E. I. Rn. 79; *Everling*, in: Schwarze, Wirtschaftsverfassungsrechtliche Garantien, S. 19.

396 *Roth*, in: Schön, GS Knobbe-Keuk, S. 729, 737.

die den grenzüberschreitenden Marktzugang hemmen.[397] Die Grundfreiheiten haben also allein die Aufgabe, den Marktzugang sicherzustellen und zu erleichtern.[398]

Daher sind zu unterscheiden: „*marktsegmentierende*“ Maßnahmen, die den Zugang zu Märkten regeln, und „*marktregulierende*“ Maßnahmen, die Waren und Dienstleistungen auf diesen Märkten regulieren.[399] Diese Unterscheidung orientiert sich nicht daran, ob eine Maßnahme formal dem Produkt oder dem Betrieb zuzuordnen ist, sondern daran, wie sich die Maßnahme auf den Zugang zu einem Markt auswirkt.[400] *Marktsegmentierende* Maßnahmen versperren oder erschweren rechtlich oder tatsächlich den Marktzugang. *Marktregulierende* Maßnahmen bilden lediglich die rechtlichen Voraussetzungen, um eine Tätigkeit im Aufnahmemitgliedstaat in zulässiger Weise auszuüben. Solche Maßnahmen sind grundsätzlich nicht am Beschränkungsverbot der Niederlassungsfreiheit zu messen.[401] Sie sind ein integrierten Bestandteil der Standortbedingungen.[402] Die Niederlassungsfreiheit bezweckt nämlich nicht, nachträglich Standortbedingungen zu modifizieren, die für die Standortwahl ausschlaggebend sind.[403] Die Integrationslast beinhaltet auch, Vorschriften des „*allgemeinen Verkehrsrechts*“ des Aufnahmemitgliedstaates zu erfüllen.[404] Allerdings ginge es zu weit, unterschiedslos wirkende Beeinträchtigungen des Marktzugangs ebenfalls aus dem Beschränkungsbegriff herauszunehmen.[405]

Im Ergebnis sind die Einschränkungen durch die *Keck*-Rechtsprechung für *markt-* **257**
regulierende Maßnahmen auf die Niederlassungsfreiheit übertragbar.[406] Während *marktsegmentierende* Maßnahmen immer Beeinträchtigungen sind, ist dies bei *marktregulierenden* Maßnahmen nicht der Fall, wenn sie unterschiedslos wirken. Zu-

---

397 *Roth*, in: Schön, GS Knobbe-Keuk, S. 729, 737; *Everling*, in: Schwarze, Wirtschaftsverfassungsrechtliche Garantien, S. 21.

398 *Roth*, in: Dauses/Ludwigs, Handbuch des EU-Wirtschaftsrechts, Bd. I, E. I. Rn. 88; *Kingreen*, in: Callies/Ruffert, EUV/AEUV, 5. Aufl., Art. 36 AEUV Rn. 65.

399 *Ders.*, Grundfreiheiten, S. 123 ff.

400 *Everling*, ZLR 1994, 221, 225; *Kingreen*, in: Callies/Ruffert, EUV/AEUV, 5. Aufl., Art. 36 AEUV Rn. 65; kritisch *Keßler*, Warenverkehrsfreiheit, S. 97 ff.

401 *U. Forsthoff*, in: Grabitz/Hilf/Nettesheim, EUV/AEUV, Bd. I, Art. 49 AEUV Rn. 112.

402 Ebd.

403 Ebd.

404 Ebd.

405 In diesem Sinne auch *Tietje*, in: Ehlers, Europäische Grundrechte und Grundfreiheiten, § 10 Rn. 55.

406 *Frenz*, Handbuch Europarecht, Bd. I, Rn. 456 f.; *Eidenmüller*, in: Eidenmüller, Ausländische Kapitalgesellschaften im deutschen Recht, § 3 Rn. 16; in diesem Sinne *U. Forsthoff*, in: Grabitz/Hilf/Nettesheim, EUV/AEUV, Bd. I, Art. 49 AEUV Rn. 113; *Kingreen*, Grundfreiheiten, S. 62; ähnlich sieht *Müller-Graff*, in: Streinz, EUV/AEUV, Art. 49 AEUV Rn. 62 zwar keinen zwingenden Grund für eine Übertragung, geht aber davon aus, dass der Marktzugang substantiiert und spezifisch weniger attraktiv sein muss; a.A. *Tiedje*, in: Groeben/Schwarze/Hatje, Europäisches Unionsrecht, Bd. I, Art. 49 AEUV Rn. 111.

sammengefasst gilt die Niederlassungsfreiheit daher grundsätzlich als Beschränkungsverbot, wenn die zu prüfende staatliche Maßnahme spezifisch den Zugang zum Markt behindert.[407] Unterhalb dieser Schwelle und bei rein *marktregulierenden* Maßnahmen ist ein Beschränkungsverbot für die Niederlassungsfreiheit abzulehnen. Die Erlaubnispflicht nach § 4 Abs. 1 BörsG beeinträchtigt die Niederlassungsfreiheit daher nur als Beschränkung, wenn sie eine *marktsegmentierende* Maßnahme darstellt.

258 Nicht erst die Voraussetzungen einer Genehmigung, Zulassung oder Erlaubnis beschränken die Niederlassungsfreiheit, sondern schon die Genehmigung, Zulassung oder Erlaubnis als solche selbst.[408] Solch ein Vorbehalt betrifft unmittelbar den Marktzugang.[409] Aus diesem Grund beschränkt die Erlaubnispflicht nach § 4 Abs. 1 BörsG die Niederlassungsfreiheit des Antragstellers als *marktsegmentierende* Maßnahme.

Die Beschränkungsqualität entfällt für *einfache multilaterale Systeme*[410] auch nicht dadurch, dass grundsätzlich gemäß § 32 Abs. 1 i.V.m. § 1 Abs. 1a Satz 2 Nr. 1b KWG ein Anspruch auf Erteilung der Erlaubnis zum Betrieb eines MTF bestünde. Da der Rechtsverkehr dem Betreiber eines MTF nicht in dem Maße vertraut, wie er dem Betreiber einer Börse traditionell vertraut, unterscheidet sich ein Anspruch auf Betrieb einer Börse erheblich von einem Anspruch auf Betrieb eines MTF.[411] Die Erlaubnispflicht als solche beschränkt die Niederlassungsfreiheit folglich auch, wenn der Antragsteller ein *einfaches multilaterales System* betreiben und als Börse bezeichnen will.

Auch das sekundärrechtliche Zulassungserfordernis aus Art. 36 Abs. 1 MiFID/Art. 44 Abs. 1 MiFID II lässt die Beschränkung nicht entfallen.[412] Die Grundfreiheiten gehen als primäres Unionsrecht dem sekundären vor.

3. *Keine Rechtfertigung eines Versagungsermessens*

259 Die Erlaubnispflicht nach § 4 Abs. 1 BörsG verstößt nur gegen die Niederlassungsfreiheit, wenn sie nicht zu rechtfertigen ist. Allgemein sind Beeinträchtigungen der Niederlassungsfreiheit gemäß Art. 52 AEUV oder Art. 106 Abs. 2 AEUV zu rechtfertigen. Neben diesen geschriebenen Gründen können auch ungeschriebene *„zwingende[ ] Gründe des Allgemeininteresses“* nichtdiskriminierende Beeinträchtigungen rechtfertigen.[413] Gleichbedeutend mit dem Begriff *Allgemeininteresse* verwendet der EuGH die Begriffe *öffentliches Interesse, Gemeinwohl* oder auch *Allgemeinwohl.*[414] Die

---

407 *U. Forsthoff*, in: Grabitz/Hilf/Nettesheim, EUV/AEUV, Bd. I, Art. 49 AEUV Rn. 96.
408 A. a. O., Art. 49 AEUV Rn. 107.
409 Ebd.
410 Zu diesem Begriff siehe Rn. 42.
411 Siehe Rn. 42.
412 A.A. *Hammen*, Börsen und multilaterale Handelssysteme im Wettbewerb, S. 48.
413 EuGH v. 31. März 1993, Rs. C–19/92, ECLI:EU:C:1993:125, Rn. 32 (= EuZW 1993, 322) – Kraus / Land Baden-Württemberg.
414 EuGH v. 15. Mai 1997, Rs. C–250/95, ECLI:EU:C:1997:239, Rn. 26 (= EuZW 1997, 443) – Futura Participations und Singer / Administration des contributions; EuGH v. 21. Oktober 1999, Rs. C–67/98, ECLI:EU:C:1999:514, Rn. 28, 29, 31 – Zenatti.

zwingenden Gründe sind als eine Formel zu verstehen, welche den Mitgliedstaaten einen weiten Spielraum eröffnet, schützenswerte Belange zu definieren.[415]

Die Rechtfertigungsgründe sind ihrerseits im Lichte der allgemeinen Rechtsgrundsätze des Unionsrechts auszulegen.[416] Sowohl die geschriebenen Rechtfertigungsgründe als auch zwingende Gründe des Allgemeininteresses dienen dem Interesse des jeweiligen Mitgliedstaates. Ein Mitgliedstaat kann seine Maßnahmen aber nur solange durch ein mitgliedstaatliches Interesse rechtfertigen, wie ihm überhaupt noch Raum verbleibt, autonom zu entscheiden.[417] In diesem Sinne kann das sekundäre Unionsrecht den Gestaltungsspielraum der Mitgliedstaaten begrenzen, Interessen für eine Rechtfertigung zu definieren, wenn es die maßgebliche Frage abschließend regelt.[418] **260**

a) Kein begrenzter Gestaltungsspielraum der Mitgliedstaaten aufgrund der MiFID/MiFID II

Die MiFID/MiFID II würde eine Rechtfertigung aufgrund mitgliedstaatlicher Interessen einengen, wenn sie den Zugang zum Markt der Börsen abschließend regelt. Dann würde die MiFID/MiFID II vorgeben, welche Interessen für eine Rechtfertigung geeignet wären. Wie weit das Sekundärrecht den autonomen Raum einschränkt, hängt bei Richtlinien vom Grad der Harmonisierung ab.[419] Der europäische Gesetzgeber kann eine Vollharmonisierung oder eine Teilharmonisierung anstreben. Letztere kann er als Maximalharmonisierung, optionelle Harmonisierung oder Mindestharmonisierung ausgestalten. Eine Vollharmonisierung regelt flächendeckend alle Vorgänge, also auch rein innerstaatliche ohne Grenzüberschreitung und lässt keine abweichenden Regelungen zu.[420] Sind die Kriterien der Vollharmonisierung nicht erfüllt, besteht eine Teilharmonisierung, welche abweichende Regelungen für Inlandssachverhalte erlaubt.[421] Als Maximalharmonisierung regelt die Teilharmonisierung nur grenzüberschreitende Sachverhalte und schließt strengeres nationales Recht für die Allgemeininteressen aus, die das Sekundärrecht harmonisiert hat.[422] Als optionelle Harmonisierung ge- **261**

---

415 *U. Forsthoff*, in: Grabitz/Hilf/Nettesheim, EUV/AEUV, Bd. I, Art. 49 AEUV Rn. 122.

416 Für die Dienstleistungsfreiheit schon EuGH v. 18. Juni 1991, Rs. C–260/89, ECLI:EU:C:1991:254, Rn. 43 (= EuZW 1991, 507) – ERT / DEP; klarstellend für alle Grundfreiheiten EuGH v. 8. April 1992, Rs. C–62/90, ECLI:EU:C:1992:169, Rn. 23 (= NJW 1992, 1553) – Kommission / Deutschland.

417 *Roth*, in: Dauses/Ludwigs, Handbuch des EU-Wirtschaftsrechts, Bd. I, E. I. Rn. 25.

418 In diesem Sinne a. a. O., E. I. Rn. 93.

419 In diesem Sinne allgemein zum Sekundärrecht *U. Forsthoff*, in: Grabitz/Hilf/Nettesheim, EUV/AEUV, Bd. I, Art. 45 AEUV Rn. 353.

420 *Wagner*, Mindestharmonisierung, S. 46; *Mülbert*, Auswirkungen der Art. 19 ff. MiFID auf das Zivilrecht, S. 10; die Literatur bezeichnet dies auch als *vollständige*, *totale* oder *abschließende* Harmonisierung.

421 *Wagner*, Mindestharmonisierung, S. 50; die Literatur bezeichnet dies auch als *teilweise*, *unvollständige* oder *partielle* Harmonisierung.

422 *Mülbert*, Auswirkungen der Art. 19 ff. MiFID auf das Zivilrecht, S. 9.

stattet sie den Mitgliedstaaten für Inlandssachverhalte gleichwertige andere oder strengere Regelungen vorzusehen.[423] Als Mindestharmonisierung gestattet die Teilharmonisierung den Mitgliedstaaten, strengeres nationales Recht zu erlassen, solange dieses mit dem primären Unionsrecht in Einklang steht.[424]

262 Das Schrifttum streitet über den Harmonisierungsgrad der MiFID/MiFID II: *J. Thieme* nimmt eine Mindestharmonisierung an,[425] *Mülbert* eine Maximalharmonisierung,[426] *Weichert* und *Wenninger* eine Vollharmonisierung.[427] Dieser Streit erfasst aber nur die Regelungen der Art. 5 ff. MiFID/Art. 5 ff. MiFID II über Wertpapierfirmen. Er sagt nichts über den Harmonisierungsgrad der Art. 36 ff. MiFID/Art. 44 ff. MiFID II aus, welche sich mit den geregelten Märkte befassen.

263 Der Harmonisierungsgrad der Art. 36 ff. MiFID/Art. 44 ff. MiFID II ist durch Auslegung zu ermitteln. Nach dem Wortlaut des Art. 36 Abs. 1 UAbs. 2 MiFID/Art. 44 Abs. 1 UAbs. 2 MiFID II dürfen die Mitgliedstaaten ein System nur als geregelten Markt zulassen, wenn sowohl der Marktbetreiber als auch das System *„zumindest den Anforderungen"* des Titels III der MiFID/MiFID II genügen. Hinsichtlich höherer Anforderungen hat der europäische Gesetzgeber die Zulassung nicht geregelt. Eine Nichtregelung allein reicht allerdings noch nicht dazu aus, die Anwendung der Grundfreiheiten zu sperren.[428] Nach dem EuGH sollen Harmonisierungsmaßnahmen die Ausübung der Freiheiten verbessern[429] und nicht sperren.[430] Um die Anwendung der Grundfreiheiten zu sperren, müsste die harmonisierende Richtlinie daher den Anspruch erheben, den jeweiligen Bereich abschließend zu regeln.[431] Eine solche Aussage ist der MiFID/MiFID II aber nicht zu entnehmen. Folglich ist die MiFID/MiFID II bezüglich der geregelten Märkte eine Teilharmonisierung.

Die MiFID/MiFID II regelt nicht ausschließlich grenzüberschreitende Sachverhalte. Zudem duldet sie zusätzliche Anforderungen an die Zulassung von geregelten Märkten.[432] Mithin handelt es sich um eine Mindestharmonisierung nach der strengeres

---

423 *Wagner*, Mindestharmonisierung, S. 50 ff.; die Literatur bezeichnet dies auch als *fakultative* Harmonisierung oder Harmonisierung *mit Öffnungsklausel.*

424 *Nentwich*, Lebensmittelrecht, S. 225 f.; *Wagner*, Mindestharmonisierung, S. 52 f.; *Mülbert*, Auswirkungen der Art. 19 ff. MiFID auf das Zivilrecht, S. 9; in diesem Sinne schon *Eiden*, Die Rechtsangleichung gemäß Art. 100 des EWG-Vertrages, S. 69; die Literatur bezeichnet dies auch als *minimale* Harmonisierung.

425 *J. Thieme*, Wertpapierdienstleistungen im Binnenmarkt, S. 349.

426 *Mülbert*, WM 2007, 1149, 1157.

427 *Weichert/Wenninger*, WM 2007, 627, 628.

428 Im Ergebnis *U. Forsthoff*, in: Grabitz/Hilf/Nettesheim, EUV/AEUV, Bd. I, Art. 45 AEUV Rn. 367 f.

429 EuGH v. 14. September 2000, Rs. C–238/98, ECLI:EU:C:2000:440, Rn. 32 (= DVBl. 2000, 1763) – Hocsman.

430 *U. Forsthoff*, in: Grabitz/Hilf/Nettesheim, EUV/AEUV, Bd. I, Art. 45 AEUV Rn. 368.

431 Ebd.

432 *Merkt*, in: Krieger/Lutter/Schmidt, FS Hoffmann-Becking, S. 793, 796; *Bredt*, WM 2013, 1839, 1851.

nationales Recht solange zulässig ist, wie dieses mit dem primären Unionsrecht in Einklang steht.[433] Die MiFID/MiFID II regelt den Zugang zum Markt der geregelten Märkte, also zum Markt der Börsen, nicht abschließend. Sie begrenzt folglich nicht den Gestaltungsspielraum der Mitgliedstaaten, Interessen zur Rechtfertigung zu definieren.

b) Keine Anwendung des Art. 52 Abs. 1 AEUV

Die Erlaubnispflicht könnte nach Art. 52 Abs. 1 AEUV gerechtfertigt sein. Dazu **264** müsste die öffentliche Ordnung, Sicherheit oder Gesundheit derart gefährdet sein, dass ein gesellschaftliches Grundinteresse in dem Mitgliedstaat berührt ist.[434] Weder die eingeschränkte Aufsicht über die Trägergesellschaft berührt ein gesellschaftliches Grundinteresse,[435] noch rein wirtschaftliche Zwecke.[436] Außerdem ist Art. 52 Abs. 1 AEUV nach seinem Wortlaut nur auf diskriminierende Maßnahmen anzuwenden.[437] Die Norm erfasst nämlich nur Maßnahmen, *„die eine Sonderregelung für Ausländer vorsehen"*. Zwar ist Art. 52 Abs. 1 AEUV ausnahmsweise auf Maßnahmen anwendbar, die ähnlich auffällig zwischen Staatsangehörigen und Ausländern unterscheiden wie im Ausländerrecht.[438] Allerdings unterscheidet die Erlaubnispflicht nicht derart zwischen ausländischen und inländischen Antragstellern.[439] Sie ist nicht nach Art. 52 Abs. 1 AEUV gerechtfertigt.

c) Keine Anwendung des Art. 106 Abs. 2 AEUV

Der Vertrag über die Arbeitsweise der Europäischen Union gilt für *„Unternehmen, die mit Dienstleistungen von allgemeinem wirtschaftlichen Interesse betraut sind oder den Charakter eines Finanzmonopols haben,"* gemäß Art. 106 Abs. 2 Satz 1 AEUV nur, soweit dies *„nicht die Erfüllung der ihnen übertragenen besonderen Aufgaben rechtlich oder tatsächlich verhindert."* Die Mitgliedstaaten können also für die genannten Unternehmen in eingeschränktem Umfang von den Regelungen des Vertrags abweichen.[440] Dies soll die Interessen der nationalen Wirtschafts- und Fiskalpolitik gegenüber dem Interesse des Binnenmarktes an Handels- und Wettbewerbsfreiheit ausgleichen.[441] Beabsichtigen Mitgliedstaaten mit einem **265**

---

433 *Merkt*, in: Krieger/Lutter/Schmidt, FS Hoffmann-Becking, S. 793, 796.

434 *Tiedje*, in: Groeben/Schwarze/Hatje, Europäisches Unionsrecht, Bd. I, Art. 52 AEUV Rn. 18.

435 *Lepczyk*, Internationale Börsenfusionen, S. 165.

436 EuGH v. 26. April 1988, Rs. 352/85, ECLI:EU:C:1988:196, Rn. 36 (= NJW 1989, 2189) – Bond van Adverteerders / Niederländischer Staat.

437 In diesem Sinne bereits *Jarass*, RIW 1993, 1, 6; *Müller-Graff*, in: Streinz, EUV/AEUV, Art. 52 AEUV Rn. 4.

438 *U. Forsthoff*, in: Grabitz/Hilf/Nettesheim, EUV/AEUV, Bd. I, Art. 52 AEUV Rn. 16.

439 Siehe Rn. 253.

440 *Wernicke*, in: Grabitz/Hilf/Nettesheim, EUV/AEUV, Bd. II, Art. 106 AEUV Rn. 36.

441 EuGH v. 19. März 1991, Rs. C-202/88, ECLI:EU:C:1991:120, Rn. 12 (= EuZW 1991, 345) – Frankreich / Kommission.

bedeutenden öffentlichen Wirtschaftssektor wirtschaftspolitisch eine allgemeine Daseinsvorsorge, so sollen sie diese mittels bestimmter Unternehmen verfolgen können.[442] Die Norm ist als Ausnahmeregel restriktiv auszulegen.[443] Sie stellt einen Rechtfertigungsgrund dar.[444] Eine Beeinträchtigung des freien Handels ist aber nur unter ganz besonderen Umständen zu rechtfertigen, da Art. 106 Abs. 2 Satz 2 AEUV eine Interessen- und Verhältnismäßigkeitsabwägung vorsieht.[445]

266 Auch im europäischen Kartellrecht gilt der *funktionale Unternehmensbegriff.*[446] Unternehmen im Sinne der Art. 101 ff. AEUV ist *„jede eine wirtschaftliche Tätigkeit ausübende Einheit, unabhängig von ihrer Rechtsform und der Art ihrer Finanzierung.“*[447] Art. 2 lit. b Transparenzrichtlinie[448] präzisiert dies:[449] Die öffentliche Hand muss das Unternehmen bei der Entscheidungsfindung beherrschend beeinflussen

---

442 *Jung*, in: Callies/Ruffert, EUV/AEUV, 5. Aufl., Art. 106 AEUV Rn. 34; im Ergebnis bereits *Hailbronner*, NJW 1991, 593, 601.

443 Jedenfalls zum Unternehmensbegriff EuGH v. 27. März 1974, Rs. 127/73, ECLI:EU:C:1974:25, Rn. 19/22 – BRT / SABAM; allgemein *Jung*, in: Callies/Ruffert, EUV/AEUV, 5. Aufl., Art. 106 AEUV Rn. 35.

444 EuGH v. 19. Mai 1993, Rs. C–320/91, ECLI:EU:C:1993:198, Rn. 12–17 (= EuZW 1993, 422) – Corbeau; deutlicher EuGH v. 10. Februar 2000, verb. Rs. C–147/97, C–148/97, ECLI:EU:C:2000:74, Rn. 54 (= NJW 2000, 2261) – Deutsche Post; *Burgi*, EuR 1997, 261, 277; *Kingreen*, in: Callies/Ruffert, EUV/AEUV, 5. Aufl., Art. 36 AEUV Rn. 78; *Wernicke*, in: Grabitz/Hilf/Nettesheim, EUV/AEUV, Bd. II, Art. 106 AEUV Rn. 108; *Gundel*, in: Bornkamm/Montag/Säcker, Münchener Kommentar zum Wettbewerbsrecht, Bd. I, Art. 106 AEUV Rn. 93; wohl auch in diesem Sinne *Ehricke*, EuZW 1993, 211, 214; eine a.A. versteht Art. 106 Abs. 2 AEUV als Bereichsausnahme: *Klotz*, in: Groeben/Schwarze/Hatje, Europäisches Unionsrecht, Bd. III, Art. 106 AEUV Rn. 56, 67; *Jung*, in: Callies/Ruffert, EUV/AEUV, 5. Aufl., Art. 106 AEUV Rn. 34; so auch früher EuGH v. 10. Juli 1984, Rs. 72/83, ECLI:EU:C:1984:256, Rn. 19 (= DVBl. 1985, 333) – Campus Oil; ähnlich *Bach*, Wettbewerbsrechtliche Schranken, S. 49; unschlüssig versteht *U. Forsthoff*, in: Grabitz/Hilf/Nettesheim, EUV/AEUV, Bd. I, Art. 45 AEUV Rn. 62 die Regelung erst als Bereichsausnahme und in Rn. 329 dann als Rechtfertigungsgrund; ebenso unklar drückt sich *Stadler*, in: Langen/Bunte, Kartellrecht, Bd. II, Art. 106 AEUV Rn. 42 aus, hält die Einordnung aber nicht für bedeutsam; für funktionslos hält die Regelung *Wilmowsky*, ZHR 155 (1991), 545, 571 f.

445 *Wernicke*, in: Grabitz/Hilf/Nettesheim, EUV/AEUV, Bd. II, Art. 106 AEUV Rn. 107; ähnlich *Jung*, in: Callies/Ruffert, EUV/AEUV, 5. Aufl., Art. 106 AEUV Rn. 34.

446 *Hengst*, in: Langen/Bunte, Kartellrecht, Bd. II, Art. 101 AEUV Rn. 5; *Emmerich*, in: Immenga/Mestmäcker, Wettbewerbsrecht, Bd. I/1, Art. 101 Abs. 1 AEUV Rn. 7 f.

447 EuGH v. 23. April 1991, Rs. C–41/90, ECLI:EU:C:1991:161, Rn. 21 (= NJW 1991, 2891) – Höfner und Elsner / Macrotron.

448 Richtlinie 2006/111/EG der Kommission vom 16. November 2006 über die Transparenz der finanziellen Beziehungen zwischen den Mitgliedstaaten und den öffentlichen Unternehmen sowie über die finanzielle Transparenz innerhalb bestimmter Unternehmen, ABl. 2006 L 318 vom 17. November 2006, S. 17–25.

449 *Wernicke*, in: Grabitz/Hilf/Nettesheim, EUV/AEUV, Bd. II, Art. 106 AEUV Rn. 15.

können. Als öffentliche Hand gelten nach Art. 2 lit. a Transparenzrichtlinie der Staat sowie andere Gebietskörperschaften, also auch das jeweilige Bundesland. Der Börsenträger ist aufgrund der Börsenerlaubnis zum Betrieb der Börse verpflichtet. Bei diesem Betrieb könnte das Bundesland den Börsenträger beeinflussen. Die Pflicht des Börsenträgers, die Mittel zum Betrieb der Börse bereitzustellen, korrespondiert mit dem Anforderungsrecht der Börse.[450] Soweit die Börse das *Wie* der Mittel bestimmt, die sie vom Börsenträger anfordert, erfolgt beim Börsenträger keine Entscheidungsfindung mehr, welche beeinflusst werden könnte. Soweit die Börse keine konkreten Vorgaben macht, verbleibt ihm ein Spielraum.[451] Diesen kann er allerdings frei ausfüllen. Der Börsenträger untersteht nämlich keiner Fachaufsicht der Börsenaufsichtsbehörde.[452] Das Bundesland kann den Börsenträger beim Betrieb der Börse also insgesamt nicht beeinflussen. Der Börsenträger ist kein Unternehmen im Sinne des Art. 106 Abs. 2 AEUV.

Zu diesem Ergebnis muss auch die herrschende Meinung kommen, die eine Beleihung des Börsenträgers annimmt.[453] Denn Art. 106 AEUV ist nur auf Beliehene anzuwenden, die zusätzlich zu ihrer öffentlich-rechtlichen Tätigkeit auch privat am Markt tätig sind.[454] Auf dem Markt der Börsen kann der Börsenträger aber nur die Betriebspflicht erfüllen. Eine zusätzliche private Tätigkeit scheidet aus, weil der Markt der Börsen allein den Börsen als öffentlich-rechtlichen Anstalten vorbehalten ist.

Allerdings ist die Börse selbst ein Unternehmen im Sinne des Art. 106 Abs. 2 **267**
AEUV.[455] Sie erbringt die eigentlichen Börsendienstleistungen. Zudem ist die Norm sowohl auf öffentliche als auch auf private Unternehmen anwendbar.[456] Die Börse genügt dem funktionalen Unternehmensbegriff, weil sie eine Einheit bildet, die eine wirtschaftliche Tätigkeit ausübt.[457] Auch hat das jeweilige Bundesland – trotz der Selbstverwaltung der Börse – durch die Börsenaufsichtsbehörde gewisse Einflussnahmemöglichkeiten.[458]

---

450 *Schlüter*, Börsenhandelsrecht, S. 384 Rn. 170.
451 Siehe Rn. 30.
452 Siehe Rn. 167.
453 *E. R. Huber*, Wirtschaftsverwaltungsrecht, Bd. I, S. 618; *Wiede*, Die Börse als verwaltungsrechtliches Problem und Rechtsinstitut, S. 152; *Schwark*, Börsengesetz, 2. Aufl., § 1 BörsG Rn. 21; *Beck*, WM 1996, 2313, 2315; *Peterhoff*, in: Schäfer, Kapitalmarktgesetze, 1. Aufl., § 1 BörsG Rn. 4; *Kümpel*, Bank- und Kapitalmarktrecht, 3. Aufl., Rn. 17.259; *Groß*, Kapitalmarktrecht, 6. Aufl., § 5 BörsG Rn. 3; *Augsberg*, Rechtsetzung zwischen Staat und Gesellschaft, S. 157 f.; *Schönemann*, Die Organisationsstruktur der Börse, S. 56 ff.; *Seiffert*, in: Kümpel/Wittig, Bank- und Kapitalmarktrecht, 4. Aufl., Rn. 4.145.
454 *Kadelbach*, Allgemeines Verwaltungsrecht unter europäischem Einfluss, S. 365.
455 *Mues*, Die Börse als Unternehmen, S. 179.
456 EuGH v. 27. März 1974, Rs. 127/73, ECLI:EU:C:1974:25, Rn. 19/22 – BRT / SABAM.
457 *Mues*, Die Börse als Unternehmen, S. 179.
458 Zur faktischen Einflussnahmemöglichkeit der Börsenaufsichtsbehörde siehe Rn. 54.

268 Die Börse müsste zusätzlich den Charakter eines Finanzmonopols haben oder mit Dienstleistungen von allgemeinem wirtschaftlichen Interesse betraut sein (Art. 106 Abs. 2 Satz 1 AEUV). Als Finanzmonopol gelten nur Unternehmen, denen der Staat eine Monopolstellung mit dem Ziel eingeräumt hat, dem Staatshaushalt dadurch eine besondere Einnahmequelle zu sichern.[459] Das System der Börsenorganisation bezweckt lediglich einen funktionsfähigen Kapitalmarkt.[460] Das Ziel einer besonderen Einnahmequelle wird nicht verfolgt. Zudem kommen die Einnahmen – auch die Gebühren – bestimmungsgemäß dem Börsenträger und nicht dem Bundesland zu.[461] Denn die Börse muss die bei ihr entstandenen Gebührenforderungen aufgrund des durch die Börsenerlaubnis zwischen dem Bundesland und dem Börsenträger entstandenen und kraft Gesetzes auf sie weitergeleiteten öffentlich-rechtlichen Auftragsverhältnisses entsprechend § 667 Alt. 2 BGB auf den Börsenträger überleiten.[462] Eine Börse ist folglich kein Finanzmonopol im Sinne des Art. 106 Abs. 2 Satz 1 Alt. 2 AEUV,[463] auch nicht im Bereich der *qualifizierten multilateralen Systeme.*

Der Ausdruck *allgemeine wirtschaftliche Interessen* in Art. 106 Abs. 2 Satz 1 Alt. 1 AEUV ist nach dem Unionsrecht auszulegen,[464] kann inhaltlich aber trotzdem von Mitgliedstaat zu Mitgliedstaat variieren.[465] Zumindest die Tätigkeiten öffentlich-rechtlicher Kreditinstitute in Deutschland sind als Dienstleistungen von allgemeinem Interesse anerkannt.[466] Gleiches könnte für Börsen gelten, da sie ebenfalls öffentlich-rechtlich organisiert sind. Finanz- und Kapitalmärkte sind Kapitalvermittlungsstellen.[467] Sie dienen dazu, den Kapitalbedarf von Unternehmen, Staaten und auch Bundesländern zu decken.[468] Dies erreichen diese Märkte, indem sie einen Zugang zu den anlagesuchenden Geldern sowohl privater Anleger als auch kapitalkräftiger institutioneller Investoren eröffnen.[469] Schon aus diesem Grund bedarf die

459 *Gleiss/Hirsch*, EWG-Kartellrecht, Art. 90 EWGV Rn. 14; *Mestmäcker/D. Schweizer*, in: Immenga/Mestmäcker, Wettbewerbsrecht, Bd. I/1, Art. 106 Abs. 2 AEUV Rn. 72.

460 In diesem Sinne bereits Rn. 216.

461 *Hammen*, in: Grundmann u. a., FS Schwark, S. 389, 395 f.

462 A. a. O., 395.

463 *Mues*, Die Börse als Unternehmen, S. 180 Fn. 120.

464 EuGH v. 20. März 1985, Rs. 41/83, ECLI:EU:C:1985:120, Rn. 30 – Italien / Kommission; EuG v. 19. Juni 1997, Rs. T–260/94, ECLI:EU:T:1997:89, Rn. 135 (= WUW/E EU-R, 12) – Air Inter / Kommission.

465 EuG v. 15. Juni 2005, Rs. T–17/02, ECLI:EU:T:2005:218, Rn. 216 – Olsen / Kommission; *Jung*, in: Callies/Ruffert, EUV/AEUV, 5. Aufl., Art. 106 AEUV Rn. 37; ebenso wohl bereits *Ehricke*, EuZW 1993, 211, 214.

466 37. Erklärung zur Schlussakte im Vertrag von Amsterdam, ABl. 1997 C 340 vom 10. November 1997, S. 1–144, 138.

467 So für Börsen *Beck*, in: Schwark/Zimmer, Kapitalmarktrecht, 4. Aufl., § 2 BörsG Rn. 45.

468 In diesem Sinne *Kümpel*, Bank- und Kapitalmarktrecht, 3. Aufl., Rn. 17.241 f.; *Seiffert*, in: Kümpel/Wittig, Bank- und Kapitalmarktrecht, 4. Aufl., Rn. 4.130 f.

469 So allgemein zu anlagesuchenden Geldern BT-Drs. 12/6679, S. 33.

deutsche Volkswirtschaft funktionsfähiger Finanz- und Kapitalmärkte.[470] Daneben sind funktionierende Kapitalmärkte für die Wettbewerbsfähigkeit einer Volkswirtschaft von wesentlicher Bedeutung.[471] Folglich besteht ein Gemeinwohlinteresse an der Existenz funktionierender Kapitalmärkte. Der Markt ist also in seiner Funktion und mit seinen Anlegern zu schützen. Die öffentlich-rechtlichen Börsenanstalten veranstalten die genannten Märkte und dienen damit diesen Schutzzwecken. Mithin besteht auch am Erbringen börslicher Dienstleistungen ein allgemeines wirtschaftliches Interesse.[472]

Nach Art. 106 Abs. 2 Satz 1 AEUV ist die Geltung des Vertrags aber nur ein- **269**
zuschränken und damit eine Beeinträchtigung nur dann zu rechtfertigen, wenn ansonsten die Erfüllung der dem Unternehmen übertragenen besonderen Aufgaben *„verhindert"* wäre. An das Verhindern sind strenge Anforderungen zu stellen, da es sich bei Art. 106 Abs. 2 AEUV um eine Ausnahmevorschrift handelt.[473] Es ist nicht ersichtlich, warum die Anwendung der Vorschriften des AEUV verhindern sollte, dass Börsendienstleistungen in zumutbarer Art und Weise erbracht werden.[474] Die Beachtung der Niederlassungsfreiheit vergrößert zwar den Wettbewerb der Börsen, was dem Einzelnen möglicherweise erschwert, Börsendienstleistungen zu erbringen.[475] Allerdings kann noch nicht davon gesprochen werden, dass die Beachtung der Niederlassungsfreiheit die Aufgabenerfüllung einer Börse verhindert.[476] Ein Erschweren oder Behindern reicht hierfür noch nicht aus.[477] Die Beschränkung der Niederlassungsfreiheit durch die Erlaubnispflicht nach § 4 Abs. 1 BörsG ist somit nicht nach Art. 106 Abs. 2 AEUV zu rechtfertigen.

---

470 In diesem Sinne *Kümpel*, Bank- und Kapitalmarktrecht, 3. Aufl., Rn. 17.241 f.; *Seiffert*, in: Kümpel/Wittig, Bank- und Kapitalmarktrecht, 4. Aufl., Rn. 4.130 f.

471 BT-Drs. 12/6679, S. 33.

472 *Emmerich/Hoffmann*, in: Osterloh/Schmidt/Weber, FS Selmer, S. 305, 320; *Schönemann*, Die Organisationsstruktur der Börse, S. 142.

473 *Klotz*, in: Groeben/Schwarze/Hatje, Europäisches Unionsrecht, Bd. III, Art. 106 AEUV Rn. 79; *Jung*, in: Callies/Ruffert, EUV/AEUV, 5. Aufl., Art. 106 AEUV Rn. 47; *Koenig/Kühling*, ZHR 166 (2002), 656, 675 ff.

474 *Emmerich/Hoffmann*, in: Osterloh/Schmidt/Weber, FS Selmer, S. 305, 320; *Schönemann*, Die Organisationsstruktur der Börse, S. 143.

475 *Schönemann*, Die Organisationsstruktur der Börse, S. 143.

476 *Emmerich/Hoffmann*, in: Osterloh/Schmidt/Weber, FS Selmer, S. 305, 320; *Schönemann*, Die Organisationsstruktur der Börse, S. 143.

477 EuG v. 19. Juni 1997, Rs. T–260/94, ECLI:EU:T:1997:89, Rn. 138 (= WUW/E EU-R, 12) – Air Inter / Kommission; *Mestmäcker/D. Schweizer*, in: Immenga/Mestmäcker, Wettbewerbsrecht, Bd. I/1, Art. 106 Abs. 2 AEUV Rn. 103; *Klotz*, in: Groeben/Schwarze/Hatje, Europäisches Unionsrecht, Bd. III, Art. 106 AEUV Rn. 78; *Jung*, in: Callies/Ruffert, EUV/AEUV, 5. Aufl., Art. 106 AEUV Rn. 48.

d) *Keine zwingenden Gründe des Allgemeininteresses*

270 Beschränkende Maßnahmen sind aus *„zwingenden Gründen des Allgemeininteresses"* zu rechtfertigen.[478] Die Rechtfertigung aus diesen Gründen erfolgt für die Arbeitnehmerfreizügigkeit, die Niederlassungs- und die Dienstleistungsfreiheit nach den gleichen Grundsätzen, was Unterschiede jedoch nicht gänzlich ausschließt.[479] Der Rechtfertigungsgrund entspricht dem der *„zwingenden Erfordernisse"* für die Warenverkehrsfreiheit.[480] Diesen prägte der EuGH in der Rechtssache *Cassis de Dijon*.[481] Bei der Niederlassungsfreiheit behandelte der EuGH die Rechtfertigung nicht direkt diskriminierender Maßnahmen erstmals in der Rechtssache *Thieffry*.[482] Später stellte er fest, dass die Niederlassungsfreiheit durch Maßnahmen einschränkbar sei, die *„wirklich in Anbetracht allgemeiner Verpflichtungen gerechtfertigt sind"*.[483] Abschließend entwickelte der EuGH in der Rechtssache *Gebhard* einen einheitlichen Prüfungsmaßstab für die Grundfreiheiten: *„[N]ationale Maßnahmen, die die Ausübung der durch den Vertrag garantierten grundlegenden Freiheiten behindern oder weniger attraktiv machen können, müssen vier Voraussetzungen erfüllen: Sie müssen in nichtdiskriminierender Weise angewandt werden, sie müssen aus zwingenden Gründen des Allgemeininteresses gerechtfertigt sein, sie müssen geeignet sein, die Verwirklichung des mit ihnen verfolgten Zieles zu gewährleisten, und sie dürfen nicht über das hinausgehen, was zur Erreichung dieses Zieles erforderlich ist"*.[484] Das Schrifttum bevorzugt meist eine Prüfung in vier Schritten: legitimes Ziel, Geeignetheit, Erforderlichkeit, Angemessenheit.[485] Auch der EuGH spricht von einem *„angemessenen Verhältnis"* zwischen Maßnahme und Ziel.[486]

---

478 EuGH v. 31. März 1993, Rs. C–19/92, ECLI:EU:C:1993:125, Rn. 32 (= EuZW 1993, 322) – Kraus / Land Baden-Württemberg.

479 *U. Forsthoff*, in: Grabitz/Hilf/Nettesheim, EUV/AEUV, Bd. I, Art. 49 AEUV Rn. 124.

480 *U. Forsthoff*, in: Grabitz/Hilf/Nettesheim, EUV/AEUV, Bd. I, Art. 45 AEUV Rn. 371; im Ergebnis auch *Kingreen*, in: Callies/Ruffert, EUV/AEUV, 5. Aufl., Art. 36 AEUV Rn. 80.

481 EuGH v. 20. Februar 1979, Rs. 120/78, ECLI:EU:C:1979:42, Rn. 8 (= NJW 1979, 1766) – Rewe / Bundesmonopolverwaltung für Branntwein – „Cassis de Dijon".

482 EuGH v. 28. April 1977, Rs. 71/76, ECLI:EU:C:1977:65, Rn. 15–26 (= EuR 1977, 285) – Thieffry / Conseil de l'ordre des avocats de la Cour de Paris.

483 EuGH v. 30. April 1986, Rs. 96/85, ECLI:EU:C:1986:189, Rn. 11 (= DVBl. 1987, 227) – Kommission / Frankreich.

484 EuGH v. 30. November 1995, Rs. C–55/94, ECLI:EU:C:1995:411, Rn. 37 (= NJW 1996, 579) – Gebhard / Consiglio dell'Ordine degli Avvocati e Procuratori di Milano.

485 *Kingreen*, in: Callies/Ruffert, EUV/AEUV, 5. Aufl., Art. 36 AEUV Rn. 89; *Jarass*, EuR 2000, 705, 721 ff.; *Schroeder*, in: Streinz, EUV/AEUV, Art. 36 AEUV Rn. 51, 56; *Frenz*, Handbuch Europarecht, Bd. I, Rn. 587 ff.; *Mühl*, Diskriminierung und Beschränkung, S. 372 ff.; in diesem Sinne auch *Becker*, in: Schwarze, EU-Kommentar, Art. 36 AEUV Rn. 63 ff., der die Zielbestimmung in die Prüfung der Geeignetheit mit einbezieht.

486 EuGH v. 9. Juli 1997, verb. Rs. C–34/95 bis C–36/95, ECLI:EU:C:1997:344, Rn. 45 (= EuZW 1997, 654) – Konsumentombudsmannen / De Agostini und TV-Shop; in

aa) Funktionsfähigkeit des Kapitalmarktes als legitimes Ziel

Das Ziel der jeweiligen Maßnahme ist zunächst abstrakt dem Interesse gegenüberzustellen, die Freiheiten durchzusetzen; hierbei fallen bereits manche Ziele weg.[487] Legitim ist insbesondere das Ziel, die Rechtsgüter zu schützen, die die geschriebenen Rechtfertigungsgründe und die Grundrechte nennen.[488] Rein wirtschaftliche Gründe reichen allerdings nicht aus.[489] Der Kanon an *„zwingenden Gründen"* ist nicht abschließend, sondern steht den Mitgliedstaaten in gewissem Maße offen, um Schutzanliegen zu definieren.[490] Innerhalb der durch den Vertrag über die Arbeitsweise der Europäischen Union gesetzten Grenzen haben die Mitgliedstaaten einen Gestaltungsspielraum, weil die jeweiligen Güter *„von Land zu Land und im zeitlichen Wechsel verschieden"* sind.[491] Dies gilt in besonderem Maße für die Niederlassungsfreiheit. Hält sich der Leistungserbringer dauerhaft in einem anderen Mitgliedstaat auf, ist es ihm eher zumutbar, sich den Regelungen dieses Staates anzupassen, als wenn er grenzüberschreitend Dienstleistungen erbringt.[492] **271**

Zweck der Erlaubnispflicht nach § 4 Abs. 1 BörsG ist, dass die Börsenaufsichtsbehörde vorweg prüfen kann, ob der Betrieb der geplanten Börse den Anforderungen entspricht, die das BörsG hieran stellt. Zweck des BörsG ist die Funktionsfähigkeit des Kapitalmarktes.[493] Die Erlaubnispflicht dient also dem Funktions- und Anlegerschutz des Kapitalmarktes.[494] Diese Schutzgüter hat der EuGH in der Rechtssache *Alpine Investments* als ein legitimes Ziel anerkannt.[495] Der Funktionsschutz von Börse und Kapitalmarkt schützt neben den Anlegern indirekt auch sonstige Börsenteilnehmer als Verbraucher. Dieser Schutz der Verbraucher ist ebenfalls ein legitimes Ziel.[496] **272**

---

diesem Sinne schon EuGH v. 25. Juli 1991, Rs. C–76/90, ECLI:EU:C:1991:331, Rn. 20 (= NJW 1991, 2693) – Säger / Dennemeyer.

487 *U. Forsthoff*, in: Grabitz/Hilf/Nettesheim, EUV/AEUV, Bd. I, Art. 45 AEUV Rn. 374.

488 *Kingreen*, in: Callies/Ruffert, EUV/AEUV, 5. Aufl., Art. 36 AEUV Rn. 90; *Schroeder*, in: Streinz, EUV/AEUV, Art. 36 AEUV Rn. 52.

489 EuGH v. 5. Juni 1997, Rs. C–398/95, ECLI:EU:C:1997:282, Rn. 23 (= EWS 1997, 277) – Syndesmos ton en Elladi Touristikon kai Taxidiotikon Grafeion / Ypourgos Ergasias.

490 *U. Forsthoff*, in: Grabitz/Hilf/Nettesheim, EUV/AEUV, Bd. I, Art. 45 AEUV Rn. 379.

491 EuGH v. 4. Dezember 1974, Rs. 41/74, ECLI:EU:C:1974:133, Rn. 18/19 – Van Duyn / Home Office.

492 *U. Forsthoff*, in: Grabitz/Hilf/Nettesheim, EUV/AEUV, Bd. I, Art. 49 AEUV Rn. 27.

493 Siehe Rn. 216.

494 Siehe Rn. 216.

495 EuGH v. 10. Mai 1995, Rs. C–384/93, ECLI:EU:C:1995:126, Rn. 41 ff. (= NJW 1995, 2541) – Alpine Investments / Minister van Financiën.

496 EuGH v. 5. Oktober 2004, Rs. C–442/02, ECLI:EU:C:2004:586, Rn. 21 (= EuZW 2004, 701) – CaixaBank France.

bb) Partielle Geeignetheit eines Versagungsermessens

273 Die Maßnahme des Mitgliedstaates muss geeignet sein, das mit ihr verfolgte legitime Ziel zu gewährleisten.[497] Sie muss hierzu ein brauchbares Mittel sein.[498] Ungeeignet ist eine Maßnahme erst, wenn sie den angestrebten Schutz oder Vorteil gar nicht gewährt.[499] Ausreichend ist also, wenn die Maßnahme das Ziel nur fördert.[500] Daher sind selbst protektionistische Maßnahmen – die etwa nur ausländische Produkte oder Personen treffen – geeignet, wenn sie wenigstens insoweit etwas dazu beitragen, das Ziel zu erreichen.[501] Im Rahmen der Geeignetheit können die Mitgliedstaaten also noch entscheiden, ob sie eine Tätigkeit vollständig oder teilweise verbieten oder nur einschränken und dazu mehr oder weniger strenge Kontrollen vorsehen.[502] Insoweit haben die Mitgliedstaaten einen Gestaltungsspielraum angesichts der Art und Weise einer Maßnahme.[503] Dieser Spielraum ist umso größer, je mehr Fragen berührt sind, die über den Kreis der Wirtschaftspolitik hinausgehen.[504]

274 Ob und inwieweit die Tatbestandsvoraussetzungen der Börsenerlaubnis die Niederlassungsfreiheit beeinträchtigen, ist vorliegend unerheblich, weil hiervon die Frage zu trennen ist, ob § 4 Abs. 3 i.V.m. Abs. 2 BörsG einen Ermessensspielraum gewährt, wonach die Börsenaufsichtsbehörde eine an sich zu erteilende Erlaubnis versagen kann, obwohl kein Versagungsgrund vorliegt (*Versagungsermessen*).[505]

Der Börsenaufsichtsbehörde ein *Versagungsermessen* zu gewähren, dessen Spielraum die Behörde anhand subjektiver Gesichtspunkte ausfüllen darf, obwohl alle Tatbestandsvoraussetzungen vorliegen, ist nicht geeignet, das Ziel der Funktionsfähigkeit des Kapitalmarktes zu gewährleisten.[506] Denn die Beurteilung der Erlaubnisfähigkeit anhand subjektiver Gesichtspunkte ist bereits auf der Tatbestandsseite durch die unbenannten Versagungsgründe des § 4 Abs. 3 BörsG sowie die ungeschriebenen Erlaubnisvoraussetzungen umfassend sichergestellt.[507]

Beurteilt die Börsenaufsichtsbehörde jedoch die Marktteilnehmer, so stellt sich dies gegenüber dem Antragsteller als objektiver Gesichtspunkt dar.[508] Eine solche

---

497 EuGH v. 30. November 1995, Rs. C–55/94, ECLI:EU:C:1995:411, Rn. 37 (= NJW 1996, 579) – Gebhard / Consiglio dell'Ordine degli Avvocati e Procuratori di Milano.

498 *Kingreen*, in: Callies/Ruffert, EUV/AEUV, 5. Aufl., Art. 36 AEUV Rn. 92.

499 *Tiedje*, in: Groeben/Schwarze/Hatje, Europäisches Unionsrecht, Bd. I, Art. 49 AEUV Rn. 118.

500 *Kingreen*, in: Callies/Ruffert, EUV/AEUV, 5. Aufl., Art. 36 AEUV Rn. 92.

501 Ebd.

502 In diesem Sinne EuGH v. 21. September 1999, Rs. C–124/97, ECLI:EU:C:1999:435, Rn. 35 (= EuZW 2000, 148) – Läärä u. a.

503 EuGH v. 15. September 1994, Rs. C–293/93, ECLI:EU:C:1994:330, Rn. 22 – Houtwipper.

504 *U. Forsthoff*, in: Grabitz/Hilf/Nettesheim, EUV/AEUV, Bd. I, Art. 45 AEUV Rn. 393.

505 So bereits zur Berufsfreiheit in Rn. 214.

506 Siehe Rn. 220.

507 Siehe Rn. 154, 158, 220.

508 Siehe Rn. 223.

Beurteilung fördert grundsätzlich das angestrebte Ziel der Funktionsfähigkeit des Kapitalmarktes.[509] Allerdings gilt dies nur für das Verbot, *qualifizierte multilaterale Systeme* zu betreiben.[510] Dagegen fördert das Verbot, *einfache multilaterale Systeme* als Börse zu betreiben, dieses Ziel nicht.[511] Es verhindert nämlich nicht, dass ein Antragsteller ein *einfaches multilaterales System* betreibt.[512] Denn der Antragsteller hat aus § 32 Abs. 1 i.V.m. § 1 Abs. 1a Satz 2 Nr. 1b KWG einen Anspruch auf Erteilung einer Erlaubnis, dieses als MTF zu betreiben.[513]

Im Ergebnis ist die Erlaubnispflicht nach § 4 Abs. 1 BörsG in Kombination mit einem aus § 4 Abs. 3 i.V.m. Abs. 2 BörsG folgenden *Versagungsermessen*, welches anhand objektiver Gesichtspunkte auszufüllen ist, zumindest als Verbot, *qualifizierte multilaterale Systeme* zu betreiben, geeignet, die Funktionsfähigkeit des Kapitalmarktes zu gewährleisten.

cc) Keine Erforderlichkeit eines Versagungsermessens

Die geeignete Maßnahme darf nicht über das hinausgehen, was erforderlich **275** ist, um das legitime Ziel zu erreichen.[514] Hieran fehlt es bereits, wenn das Ziel auch auf andere Weise erreicht werden kann.[515] Ebenso ist eine Maßnahme nicht erforderlich, wenn weniger einschneidende Maßnahmen das gleiche Ergebnis erreichen.[516] Die Maßnahme muss also das mildeste Mittel sein, um das legitime Ziel zu erreichen.[517]

Die Erforderlichkeit könnte fehlen, wenn der Herkunftsmitgliedstaat dem Nie- **276** derlassungswilligen die Tätigkeit bereits erlaubt hat. Grundsätzlich ist ein Erlaubniserfordernis nicht schon deshalb unzulässig, weil der Antragsteller bereits über eine Erlaubnis seines Herkunftsstaates für die Tätigkeit verfügt.[518] Erst wenn die Regelung des Herkunftsstaates bereits ausreichend und entsprechend schützt, verstößt ein Erlaubniserfordernis des Aufnahmestaates gegen die Niederlassungsfreiheit,

---

509 Siehe Rn. 223.

510 Siehe Rn. 223.

511 Siehe Rn. 223.

512 Siehe Rn. 223.

513 Siehe Rn. 223, 213.

514 EuGH v. 25. Juli 1991, Rs. C–288/89, ECLI:EU:C:1991:323, Rn. 15 (= EuZW 1991, 699) – Stichting Collectieve Antennevoorziening Gouda / Commissariaat voor de Media.

515 *U. Forsthoff*, in: Grabitz/Hilf/Nettesheim, EUV/AEUV, Bd. I, Art. 45 AEUV Rn. 377.

516 In diesem Sinne EuGH v. 17. Dezember 1981, Rs. 279/80, ECLI:EU:C:1981:314, Rn. 17 (= NJW 1982, 1203) – Webb; ausdrücklich EuGH v. 20. Mai 1992, Rs. C–106/91, ECLI:EU:C:1992:230, Rn. 31 (= NJW 1992, 2407) – Ramrath / Ministre de la Justice.

517 *Roth*, in: Dauses/Ludwigs, Handbuch des EU-Wirtschaftsrechts, Bd. I, E. I. Rn. 105.

518 EuGH v. 8. September 2010, verb. Rs. C–316/07, C–358/07 bis C–360/07, C–409/07, C–410/07, ECLI:EU:C:2010:504, Rn. 108–116 (= NVwZ 2010, 1409) – Stoß.

weil es den Niederlassungswilligen mehrfach belastet.[519] Als Doppelregelung ist ein Erlaubniserfordernis nicht mehr erforderlich. Die Anmeldung und Anerkennung einer bereits vorhandenen Erlaubnis stellt dann nämlich ein milderes Mittel dar.[520] Verursacht eine Vorschrift allerdings lediglich einen gewissen Verwaltungsaufwand, so kann dies dem Niederlassungswilligen als die von ihm zu erbringende Integrationslast zugemutet werden.[521] Insofern unterscheidet sich der Niederlassungswillige von einem reinen Dienstleistungserbringer, welchen ein Erlaubniserfordernis ungleich schwerer trifft.[522]

Bestimmte Anforderungen des § 4 Abs. 3 BörsG knüpfen an Tatsachen im Zeitpunkt der Antragstellung an: die Vorhaltung erforderlicher Mittel und die Fähigkeit des Börsenträgers zum Börsenbetrieb sowie die Zuverlässigkeit der Inhaber bedeutender Beteiligungen. Tatsachen die erst im Zeitpunkt der Antragstellung vorliegen müssen, können aber nicht bereits vor der Antragstellung überprüft worden sein. Daher ist die Entscheidung über den Antrag hinsichtlich solcher Tatsachen unabhängig davon, ob ein anderer Mitgliedstaat den Antragsteller bereits zuvor als geregelten Markt zugelassen hat oder nicht. Soweit sich das Erlaubniserfordernis also auf Tatsachen bezieht, die erst im Zeitpunkt der Antragstellung vorliegen müssen, belastet es den Antragsteller nicht doppelt. Soweit § 4 Abs. 3 BörsG aber die Zuverlässigkeit und fachlichen Eignung der Geschäftsleiter des Börsenträgers verlangt, könnte das Erlaubniserfordernis den Antragsteller doppelt belasten. Denn die Geschäftsleiter dürften zumeist zuverlässig und fachlich geeignet sein, wenn ein anderer Mitgliedstaat den Antragsteller bereits als geregelten Markt zugelassen hat. Für diesen Fall erleichtert § 4 Abs. 2 Satz 4 BörsG den Antrag derart, dass der Antragsteller keinen Nachweis für die Beurteilung der Zuverlässigkeit und fachlichen Eignung erbringen muss.[523] Folglich belastet das Erlaubniserfordernis den Antragsteller auch nicht doppelt, soweit es die Zuverlässigkeit und fachliche Eignung der Geschäftsleiter des Börsenträgers fordert. Es ist insgesamt nicht doppelt belastend.

277 Die Erlaubnispflicht nach § 4 Abs. 1 BörsG in Kombination mit einem aus § 4 Abs. 3 i.V.m. Abs. 2 BörsG folgenden *Versagungsermessen*, welches anhand objektiver Gesichtspunkte auszufüllen ist, könnte zumindest als Verbot, *qualifizierte multilaterale Systeme* zu betreiben, erforderlich sein, um die Funktionsfähigkeit des Kapitalmarktes zu erreichen. Ein vorheriges Verfahren ist aber nur dann erforderlich, wenn eine nachträgliche Kontrolle nicht hinreichend wirksam wäre.[524] Zwar ist die Er-

---

519 Im Ergebnis auch *U. Forsthoff*, in: Grabitz/Hilf/Nettesheim, EUV/AEUV, Bd. I, Art. 45 AEUV Rn. 406.

520 EuGH v. 13. Mai 2003, Rs. C–463/00, ECLI:EU:C:2003:272, Rn. 69 (= NJW 2003, 2663) – Kommission / Spanien.

521 *U. Forsthoff*, in: Grabitz/Hilf/Nettesheim, EUV/AEUV, Bd. I, Art. 49 AEUV Rn. 107.

522 Ebd.

523 Siehe dazu Rn. 103.

524 EuGH v. 22. Januar 2002, Rs. C–390/99, ECLI:EU:C:2002:34, Rn. 39 (= DVBl. 2002, 459) – Canal Satélite Digital.

forderlichkeit mit Blick auf die Niederlassungsfreiheit des Vertrags über die Arbeitsweise der Europäischen Union und nicht auf die Berufsfreiheit des Grundgesetzes zu prüfen.[525] Allerdings können die dort angestellten Überlegungen herangezogen werden, obwohl der Bezugspunkt der Rechtfertigung ein anderer ist.[526] In beiden Fällen orientiert sich die Erforderlichkeit nämlich an dem Ziel der Funktionsfähigkeit des Kapitalmarktes. Die nachträgliche Kontrolle der Marktteilnehmer ist ebenso wirksam, um dieses Ziel zu erreichen, wie die präventive Erlaubnispflicht nach § 4 Abs. 1 BörsG in Kombination mit einem *Versagungsermessen*, welches anhand objektiver Gesichtspunkte ausgefüllt werden könnte.[527] Das pflichtgemäße Verhalten der Marktteilnehmer ist durch eine nachträgliche Kontrolle sichergestellt.[528] Außerdem schränkt eine nachträgliche Kontrolle anderer Personen die Niederlassungsfreiheit des Antragstellers weniger ein als eine präventive Kontrolle seiner Fähigkeiten und Qualifikationen im Erlaubnisverfahren.[529] Eine staatliche Aufsicht und Regulierung beeinträchtigt die Niederlassungsfreiheit des Antragstellers weniger und erreicht gleichwohl das legitime Ziel der Funktionsfähigkeit des Kapitalmarktes.[530] Die Erlaubnispflicht nach § 4 Abs. 1 BörsG in Kombination mit einem aus § 4 Abs. 3 i.V.m. Abs. 2 BörsG folgenden *Versagungsermessen* ist somit als Verbot, *qualifizierte multilaterale Systeme* zu betreiben, keine unerlässliche Voraussetzung für das verfolgte Ziel der Funktionsfähigkeit des Kapitalmarktes.[531]

Insgesamt beeinträchtigt die Erlaubnispflicht nach § 4 Abs. 1 BörsG damit in ungerechtfertigter Weise die Niederlassungsfreiheit einer EU/EWR-Gesellschaft, die nicht in Deutschland ansässig ist, wenn § 4 Abs. 3 i.V.m. Abs. 2 BörsG dahin gehend ausgelegt wird, dass er ein *Versagungsermessen* einräumt.

V. Erlaubnispflicht nach § 4 Abs. 1 BörsG im Lichte der Dienstleistungsfreiheit

Die Erlaubnispflicht nach § 4 Abs. 1 BörsG könnte den Anwendungsbereich der **278** Dienstleistungsfreiheit eines Antragstellers in ungerechtfertigter Weise beeinträchtigen, soweit § 4 Abs. 3 i.V.m. Abs. 2 BörsG dahin gehend ausgelegt wird, dass er ein *Versagungsermessen* einräumt.[532] Dies wäre an zwei unterschiedlichen Stellen denkbar: Zum einen könnte die Dienstleistungsfreiheit von Unternehmen anderer Mitgliedstaaten bereits beim Zugang zum deutschen Markt der Börsen neben der Niederlassungsfreiheit beeinträchtigt sein. Zum anderen könnte die Aus-

525 *Mues*, Die Börse als Unternehmen, S. 148.
526 Ebd.
527 Siehe Rn. 226.
528 Siehe Rn. 225.
529 Siehe zur Berufsfreiheit Rn. 226.
530 In diesem Sinne *Schönemann*, Die Organisationsstruktur der Börse, S. 144.
531 Siehe Rn. 226.
532 Ähnlich im Ergebnis *Hammen*, Börsen und multilaterale Handelssysteme im Wettbewerb, S. 50.

übung der eigentlichen Tätigkeit beeinträchtigt sein, wenn Börsendienstleistungen aus Deutschland gegenüber Empfängern aus anderen Mitgliedstaaten der EU erbracht werden sollen. Dies könnte neben Unternehmen anderer Mitgliedstaaten auch deutsche Unternehmen betreffen.

1. Börsendienstleistungen im Anwendungsbereich der Dienstleistungsfreiheit

279 Zunächst muss der räumliche, personelle und sachliche Anwendungsbereich eröffnet sein. Zudem darf keine Bereichsausnahme nach Art. 62 i.V.m. Art. 51 Abs. 1 AEUV bestehen.

a) EU als räumlicher Anwendungsbereich

280 Vorbehaltlich weniger Besonderheiten erfasst der räumliche Anwendungsbereich der Dienstleistungsfreiheit die Mitgliedstaaten der EU,[533] also auch Deutschland.

b) EU- und EWR-Gesellschaften im personellen Anwendungsbereich

281 Der personelle Anwendungsbereich beschreibt den Kreis der Personen, die sich grundsätzlich auf die Dienstleistungsfreiheit berufen können.[534] Zum einen können Träger der Dienstleistungsfreiheit nur Angehörige der Mitgliedstaaten sein, also Unionsbürger im Sinne des Art. 20 AEUV.[535] Diesen Schutz erweitert Art. 62 i.V.m. Art. 54 Abs. 1 AEUV auf EU/EWR-Gesellschaften, die ihren satzungsmäßigen Sitz, ihre Hauptverwaltung oder ihre Hauptniederlassung in der EU haben.[536] Zum anderen muss der Dienstleistungserbringer in einem Mitgliedstaat ansässig sein. Anhand der Ansässigkeit grenzt der Vertrag die Dienstleistungsfreiheit von der Niederlassungsfreiheit ab.[537] Ansässigkeit im Sinne des Art. 56 Abs. 1 AEUV umfasst nämlich alle Formen der Niederlassung im Sinne des Art. 49 Abs. 1 AEUV.[538] Daher ist es unerheblich, ob der Dienstleistungserbringer die Dienstleistung von seinem Heimatstaat aus erbringt oder etwa unter Ausnutzung der Niederlassungsfreiheit

---

533 *Randelzhofer/U. Forsthoff*, in: Grabitz/Hilf/Nettesheim, EUV/AEUV, Bd. I, Art. 56/57 AEUV Rn. 16; zu den Besonderheiten *U. Forsthoff*, in: Grabitz/Hilf/Nettesheim, EUV/AEUV, Bd. I, Art. 45 AEUV Rn. 12 m.w.N. in Fn. 7.

534 *Randelzhofer/U. Forsthoff*, in: Grabitz/Hilf/Nettesheim, EUV/AEUV, Bd. I, Art. 56/57 AEUV Rn. 21.

535 *Völker*, Passive Dienstleistungsfreiheit, S. 197 f.; *Kluth*, in: Callies/Ruffert, EUV/AEUV, 5. Aufl., Art. 57 AEUV Rn. 36; *Randelzhofer/U. Forsthoff*, in: Grabitz/Hilf/Nettesheim, EUV/AEUV, Bd. I, Art. 56/57 AEUV Rn. 22.

536 *Randelzhofer/U. Forsthoff*, in: Grabitz/Hilf/Nettesheim, EUV/AEUV, Bd. I, Art. 56/57 AEUV Rn. 29.

537 *Roth*, in: Dauses/Ludwigs, Handbuch des EU-Wirtschaftsrechts, Bd. I, E. I. Rn. 138.

538 A. a. O., E. I. Rn. 157.

von einem anderen Mitgliedstaat aus.[539] Ebenso ist es unerheblich, gegenüber wem die Dienstleistung erbracht wird. Somit kann die Dienstleistungsfreiheit auch eröffnet sein, wenn Empfänger und Erbringer die gleiche Staatsangehörigkeit haben[540] oder eine der an dem Dienstleistungsaustausch beteiligten Personen Angehöriger eines Drittstaates ist.[541]

Nach hier vertretener Ansicht ist der Betrieb einer Börse in die nationale Volks- **282**
wirtschaft integriert.[542] Daher greift bereits die Niederlassungsfreiheit, wenn eine EU/EWR-Gesellschaft, die nicht in Deutschland ansässig ist, eine Börse betreiben möchte.[543] In der Folge ist der personelle Anwendungsbereich der Dienstleistungsfreiheit vorliegend nur für EU/EWR-Gesellschaften eröffnet, die bereits in Deutschland ansässig sind.

Daneben erfasst der personelle Anwendungsbereich auf Empfängerseite sämt- **283**
liche Unionsbürger und EU/EWR-Gesellschaften. Deren aktuelle Ansässigkeit in einem Mitgliedstaat ist nicht erforderlich.

c) Börsendienstleistungen im sachlichen Anwendungsbereich

Von der Frage, ob die an dem Dienstleistungsvorgang beteiligten Personen Träger **284**
der Dienstleistungsfreiheit sind, ist die Frage zu unterscheiden, ob die Dienstleistungsfreiheit ein Verhalten dieser Personen erfasst.[544] Die erfassten Verhaltensweisen beschreibt der sachliche Anwendungsbereich.[545] Diesen prägen maßgeblich der Begriff der Dienstleistung und das Merkmal der Grenzüberschreitung.

---

539 *Rolshoven*, Beschränkungen, S. 102 f.; *Holoubek*, in: Schwarze, EU-Kommentar, Art. 57 AEUV Rn. 50; *Müller-Graff*, in: Streinz, EUV/AEUV, Art. 56 AEUV Rn. 49; in diesem Sinne auch *Roth*, in: Dauses/Ludwigs, Handbuch des EU-Wirtschaftsrechts, Bd. I, E. I. Rn. 157.

540 *Randelzhofer/U. Forsthoff*, in: Grabitz/Hilf/Nettesheim, EUV/AEUV, Bd. I, Art. 56/57 AEUV Rn. 23.

541 *Völker*, Passive Dienstleistungsfreiheit, S. 197 f.; *Randelzhofer/U. Forsthoff*, in: Grabitz/Hilf/Nettesheim, EUV/AEUV, Bd. I, Art. 56/57 AEUV Rn. 23; *Kluth*, in: Callies/Ruffert, EUV/AEUV, 5. Aufl., Art. 57 AEUV Rn. 36; ähnlich *Tiedje*, in: Groeben/Schwarze/Hatje, Europäisches Unionsrecht, Bd. I, Art. 56 AEUV Rn. 17; nach a.A. muss der Leistende die Staatsangehörigkeit eines Mitgliedstaates besitzen und in einem Land der Union ansässig sein: EuGH v. 3. Oktober 2006, Rs. C–290/04, ECLI:EU:C:2006:630, Rn. 67 f. (= DB 2007, 1168) – FKP Scorpio Konzertproduktionen; *Rolshoven*, Beschränkungen, S. 102 f.; *Müller-Graff*, in: Streinz, EUV/AEUV, Rn. 49 ff.; differenzierend *Kranz*, Ausübung öffentlicher Gewalt durch Private, S. 86 f., nach dem derjenige, der die Grenze überschreitet, Staatsangehöriger eines Mitgliedstaates sein muss.

542 Siehe Rn. 237 ff.

543 Siehe Rn. 231 i.V.m. Rn. 241 f.

544 *Randelzhofer/U. Forsthoff*, in: Grabitz/Hilf/Nettesheim, EUV/AEUV, Bd. I, Art. 56/57 AEUV Rn. 22.

545 *Kluth*, in: Callies/Ruffert, EUV/AEUV, 5. Aufl., Art. 57 AEUV Rn. 24.

285 Art. 57 Abs. 2 AEUV bezeichnet beispielhaft gewerbliche, kaufmännische, handwerkliche und freiberufliche Tätigkeiten als Dienstleistungen. Prägnant definiert der Vertrag den Begriff der Dienstleistung damit nicht.[546] Allerdings grenzt der Vertrag den Begriff der Dienstleistung von den anderen Grundfreiheiten ab.[547] Keine Dienstleistungen sind nach Art. 57 Abs. 1 AEUV Leistungen, die den Vorschriften über den freien Waren- und Kapitalverkehr oder die Freizügigkeit der Person unterfallen. In Abgrenzung zur Arbeitnehmerfreizügigkeit betrifft die Dienstleistungsfreiheit daher Tätigkeiten, die in der Regel Selbstständige erbringen.[548] Der Betrieb einer Börse ist eine selbstständige Tätigkeit, weil sich der Börsenträger weisungsfrei und eigenverantwortlich betätigt.[549] Ferner unterfallen Dienstleistungen einer Börse nicht der Warenverkehrsfreiheit. Diese Freiheit erfasst nämlich nur den Verkehr beweglicher körperlicher Gegenstände.[550]

Während der Vertrag den Begriff der Dienstleistung also negativ begrenzt, fehlt eine allgemeine positive Definition. Da alle Grundfreiheiten der Teilnahme am Wirtschaftsleben dienen,[551] sind Dienstleistungen jedenfalls nur solche Tätigkeiten, die am Wirtschaftsleben teilnehmen.[552] Zudem erfolgen Dienstleistungen nach Art. 57 Abs. 1 AEUV *„in der Regel gegen Entgelt"*. Wesensmerkmal des Entgelts ist die *„wirtschaftliche Gegenleistung für die betreffende Leistung"*.[553] Das Entgelt muss also einen wirtschaftlichen Wert haben, der zu dem Wert der Dienstleistung nicht völlig außer Verhältnis steht.[554] In der Regel vereinbaren Leistungserbringer und Leistungsempfänger die Gegenleistung.[555] Der Leistungsempfänger muss das Entgelt

---

546 *Randelzhofer/U. Forsthoff*, in: Grabitz/Hilf/Nettesheim, EUV/AEUV, Bd. I, Art. 56/57 AEUV Rn. 33.

547 *Schöne*, Dienstleistungsfreiheit und deutsche Wirtschaftsaufsicht, S. 34; *Kluth*, in: Callies/Ruffert, EUV/AEUV, 5. Aufl., Art. 57 AEUV Rn. 7; *Randelzhofer/U. Forsthoff*, in: Grabitz/Hilf/Nettesheim, EUV/AEUV, Bd. I, Art. 56/57 AEUV Rn. 34; von einer negativen Definition spricht *Holoubek*, in: Schwarze, EU-Kommentar, Art. 57 AEUV Rn. 16.

548 *Schöne*, Dienstleistungsfreiheit und deutsche Wirtschaftsaufsicht, S. 35; *Müller-Graff*, in: Streinz, EUV/AEUV, Art. 56 AEUV Rn. 18; *Roth*, in: Dauses/Ludwigs, Handbuch des EU-Wirtschaftsrechts, Bd. I, E. I. Rn. 131; differenzierender *Kluth*, in: Callies/Ruffert, EUV/AEUV, 5. Aufl., Art. 57 AEUV Rn. 8.

549 Siehe Rn. 241 f.

550 *Bleckmann*, EuR 1987, 28, 29.

551 *Tiedje*, in: Groeben/Schwarze/Hatje, Europäisches Unionsrecht, Bd. I, Art. 57 AEUV Rn. 6.

552 *Randelzhofer/U. Forsthoff*, in: Grabitz/Hilf/Nettesheim, EUV/AEUV, Bd. I, Art. 56/57 AEUV Rn. 44.

553 EuGH v. 27. September 1988, Rs. 263/86, ECLI:EU:C:1988:451, Rn. 17 – Belgischer Staat / Humbel und Edel.

554 *Kluth*, in: Callies/Ruffert, EUV/AEUV, 5. Aufl., Art. 57 AEUV Rn. 12.

555 EuGH v. 27. September 1988, Rs. 263/86, ECLI:EU:C:1988:451, Rn. 17 – Belgischer Staat / Humbel und Edel.

aber nicht selbst erbringen, dies können auch Dritte.[556] Allerdings darf das Entgelt dadurch seinen Charakter als Gegenleistung nicht verlieren.[557] Dritte dürfen also das Entgelt und die Leistung nicht festlegen, ohne dass die Höhe des Entgelts mit dem Anspruch auf die Leistung zusammenhängt.[558] Hilfsweise stellt der EuGH auf die Absicht ab, Gewinn zu erzielen.[559]

Nach diesem Schema subsumiert der EuGH unter den Begriff der Dienstleis- **286**
tung des Art. 57 AEUV z. B. Finanzdienstleistungen,[560] Wertpapiertermingeschäfte[561] und Wertpapierdienstleistungen.[562] In der Folge unterfallen die in der Prüfung der Niederlassungsfreiheit genannten Börsendienstleistungen diesem Dienstleistungsbegriff, weil sie entgeltlich im Sinne des Art. 57 AEUV erbracht werden.[563]

Die Börsendienstleistungen müssen in einer grenzüberschreitenden Form erbracht **287**
werden. Die Dienstleistungsfreiheit knüpft dieses grenzüberschreitende Moment weder an den Träger der Freiheit noch an dessen Verhalten, sondern an die Leistungsbeziehung, also den Leistungsaustausch als solchen.[564] Dienstleistungsfreiheit bedeutet nämlich nicht nur Personen-, sondern auch Produktfreiheit.[565] Um ein Verhalten als grenzüberschreitend zu qualifizieren, ist folglich lediglich ausschlaggebend, wo die am Leistungsverhältnis beteiligten Personen oder Gesellschaften ansässig sind.[566] Nach ihrem Zweck erfasst die Dienstleistungsfreiheit über den Wortlaut des Art. 57 Abs. 3 AEUV hinaus drei Konstellationen, nämlich die aktive Dienstleistungsfreiheit, die passive Dienstleistungsfreiheit und die Korrespondenzdienstleistungsfreiheit.[567]

---

556 EuGH v. 26. April 1988, Rs. 352/85, ECLI:EU:C:1988:196, Rn. 16 (= NJW 1989, 2189) – Bond van Adverteerders / Niederländischer Staat.

557 *Roth*, in: Dauses/Ludwigs, Handbuch des EU-Wirtschaftsrechts, Bd. I, E. I. Rn. 131.

558 In diesem Sinne EuGH v. 22. Mai 2003, Rs. C–355/00, ECLI:EU:C:2003:298, Rn. 54–60 – Freskot.

559 EuGH v. 27. September 1988, Rs. 263/86, ECLI:EU:C:1988:451, Rn. 17 f. – Belgischer Staat / Humbel und Edel.

560 EuGH v. 11. Juni 2009, verb. Rs. C–155/08, C–157/08, ECLI:EU:C:2009:368, Rn. 39 f. (= EuZW 2009, 532) – X und Passenheim-van Schoot.

561 EuGH v. 24. Oktober 1978, Rs. 15/78, ECLI:EU:C:1978:184, Rn. 2 f. – Société générale de banque alsacienne / Koestler.

562 EuGH v. 10. Mai 1995, Rs. C–384/93, ECLI:EU:C:1995:126, Rn. 5 f., 14 f. (= NJW 1995, 2541) – Alpine Investments / Minister van Financiën.

563 Siehe Rn. 234 f.

564 *Randelzhofer/U. Forsthoff*, in: Grabitz/Hilf/Nettesheim, EUV/AEUV, Bd. I, Art. 56/57 AEUV Rn. 23; *Kluth*, in: Callies/Ruffert, EUV/AEUV, 5. Aufl., Art. 57 AEUV Rn. 7.

565 *Randelzhofer/U. Forsthoff*, in: Grabitz/Hilf/Nettesheim, EUV/AEUV, Bd. I, Art. 56/57 AEUV Rn. 50.

566 *Kluth*, in: Callies/Ruffert, EUV/AEUV, 5. Aufl., Art. 57 AEUV Rn. 25; *Roth*, in: Dauses/Ludwigs, Handbuch des EU-Wirtschaftsrechts, Bd. I, E. I. Rn. 137.

567 *Randelzhofer/U. Forsthoff*, in: Grabitz/Hilf/Nettesheim, EUV/AEUV, Bd. I, Art. 56/57 AEUV Rn. 51 erfasst dazu noch eine vierte Konstellation. Gemäß Rn. 14 bestehe bei dieser die Grenzüberschreitung im Erbringen der Dienstleistung auf dem Gebiet eines anderen Mitgliedstaates, in welchem weder Dienstleistungserbringer

In allen Konstellationen müssen wesentliche Elemente der Dienstleistung über die Grenzen eines Mitgliedstaates hinausreichen.[568] Während bei der aktiven Dienstleistungsfreiheit der Erbringer die Grenze zu einem anderen Mitgliedstaat überschreitet (Art. 57 Abs. 3 AEUV), macht dies bei der passiven Dienstleistungsfreiheit der Empfänger.[569] Bei der Korrespondenzdienstleistung überschreitet dagegen die Dienstleistung selbst die Grenze.[570] Vorliegend müssen also entweder die Emittenten, die Handelsteilnehmer, die Anbieter der Börsendienstleistungen oder die Börsendienstleistungen selbst die Grenzen der Mitgliedstaaten überschreiten.

aa) Kein reiner Inlandssachverhalt

288 Der sachliche Anwendungsbereich der Grundfreiheiten und hier speziell der Dienstleistungsfreiheit ist für reine Inlandssachverhalte verschlossen. Dies kann zu einer Inländerdiskriminierung[571] bzw. umgekehrten Diskriminierung[572] führen.[573] Ein reiner Inlandssachverhalt liegt vor, wenn eine deutsche Gesellschaft eine Börse in Deutschland betreibt, die nur Emittenten und Handelsteilnehmer aus Deutschland zulässt. Ein reiner Inlandssachverhalt ist aber nicht mehr gegeben, wenn ein Mitgliedstaat seine Staatsangehörigen oder seine Gesellschaften daran hindert, grenzüberschreitend Dienstleistungen zu erbringen oder zu empfangen. Hieraus folgt für den Betrieb einer Börse in Deutschland, dass bereits ein an dieser Börse zugelassener Emittent oder Handelsteilnehmer aus einem anderen Mitgliedstaat ausreicht, um einen grenzüberschreitenden Sachverhalt zu begründen. Denn dann ist bereits der Betrieb einer Börse selbst ein grenzüberschreitender Sachverhalt. Ein grenzüberschreitender Sachverhalt liegt sogar schon dann vor, wenn sich eine nationale Maßnahme *potenziell* grenzüberschreitend auswirkt.[574]

---

noch Dienstleistungsempfänger ansässig sind. Allerdings wird dieser Fall bereits dadurch erfasst, dass der personelle Anwendungsbereich auf Empfängerseite sämtliche Unionsbürger und nach dem Recht eines Mitgliedstaates gegründete Gesellschaften unabhängig von ihrer aktuellen Ansässigkeit erfasst.

568 EuGH v. 18. März 1980, Rs. 52/79, ECLI:EU:C:1980:83, Rn. 9 – Procureur du Roi / Debauve.

569 *Roth*, in: Dauses/Ludwigs, Handbuch des EU-Wirtschaftsrechts, Bd. I, E. I. Rn. 139, 141; *Randelzhofer/U. Forsthoff*, in: Grabitz/Hilf/Nettesheim, EUV/AEUV, Bd. I, Art. 56/57 AEUV Rn. 14.

570 *Randelzhofer/U. Forsthoff*, in: Grabitz/Hilf/Nettesheim, EUV/AEUV, Bd. I, Art. 56/57 AEUV Rn. 14.

571 *Holoubek*, in: Schwarze, EU-Kommentar, Art. 57 AEUV Rn. 60; *Bröhmer*, in: Callies/Ruffert, EUV/AEUV, 4. Aufl., Art. 49 AEUV Rn. 6.

572 *Randelzhofer/U. Forsthoff*, in: Grabitz/Hilf/Nettesheim, EUV/AEUV, Bd. I, Art. 56/57 AEUV Rn. 63.

573 Genauer zwischen den beiden Begriffen differenziert *Epiney*, Umgekehrte Diskriminierungen, S. 33 f.

574 *Kingreen*, in: Callies/Ruffert, EUV/AEUV, 5. Aufl., Art. 51 EU-GRCharta Rn. 19.

Erfüllt ein Unternehmen die Anforderungen des § 19 Abs. 4 BörsG, hat es einen Anspruch darauf, zur Teilnahme am Börsenhandel zugelassen zu werden.[575] Gemäß Art. 33 MiFID/Art. 36 MiFID II erstreckt sich der Zulassungsanspruch auch auf ausländische Unternehmen.[576] Des Weiteren haben Emittenten gemäß § 32 Abs. 3 BörsG einen Anspruch darauf, an einer Börse gelistet zu werden, wenn die gesetzlichen Voraussetzungen erfüllt sind.[577] Die in § 32 Abs. 3 und 4 BörsG geregelten Anforderungen sind unabhängig von der Herkunft der Emittenten. Börsen können die Teilnahme am Börsenhandel also nicht willkürlich verweigern. Folglich können Börsen nicht verhindern, dass Emittenten oder Handelsteilnehmer aus anderen Mitgliedstaaten am Handel der Börse teilnehmen und so Börsendienstleistungen empfangen. Außerdem besteht die Funktion von Börsenplätzen auch darin, Handelsteilnehmer in anderen Ländern zu erreichen, um die Liquidität zu steigern. Betreibt eine deutsche Gesellschaft eine Börse in Deutschland, wirkt sich dies also immer *potenziell* grenzüberschreitend aus. Damit scheidet auch eine Inländerdiskriminierung aus. **289**

Außerdem stünde einer Inländerdiskriminierung vorliegend die MiFID entgegen. **290** Denn nach der Entscheidung *Försäkringsaktiebolaget Skandia* des EuGH belässt das Unionsrecht dem nationalen Gesetzgeber zwar Spielräume für Regelungen zu Lasten seiner Gebietsangehörigen, dies aber nur, soweit diese Regelungen dem europarechtlich gesetzten Zweck entsprechen.[578] Der EuGH hält es nämlich für bedenklich, wenn die Mitgliedstaaten ihre nach dem primären oder sekundären Unionsrecht gegebenen Freiheiten zur Inländerdiskriminierung in der Weise nutzen, dass Wettbewerbsverzerrungen im Binnenmarkt entstehen.[579] Die Mitgliedstaaten dürfen den Gestaltungsspielraum einer Richtlinie nicht derart ausfüllen, dass sie eine Regelung auf unter ihrer Aufsicht stehende Unternehmen anwenden, andere Mitgliedstaaten keine solche Regelung auf unter ihrer Aufsicht stehende Unternehmen anwenden und es dadurch im Verhältnis dieser Unternehmen zu Wettbewerbsverzerrungen kommt, welche mit dem Binnenmarkt unvereinbar sind, der durch die Richtlinie gerade geschaffen werden soll.[580] Die MiFID sollte willkürliche und unverhältnismäßige Wettbewerbsbeschränkungen zwischen den geregelten

---

575 *Walter*, WM 1986, 1489, 1489; *Beck*, in: Schwark/Zimmer, Kapitalmarktrecht, 4. Aufl., § 19 BörsG Rn. 57; *Ledermann*, in: Schäfer/Hamann, Kapitalmarktgesetze, Bd. II, 2. Aufl. 7. EL., § 16 BörsG Rn. 5; *Augsberg*, in: Ehlers/Fehling/Pünder, Besonderes Verwaltungsrecht, Bd. I, § 35 Rn. 21.

576 *J. Thieme*, Wertpapierdienstleistungen im Binnenmarkt, S. 509.

577 *Hammen*, in: Kümpel/Hammen, Börsenrecht, 2. Aufl., S. 194 f.; *ders.*, Börsen und multilaterale Handelssysteme im Wettbewerb, S. 85 f.

578 *Hammen*, WM 2000, 941, 944, mit Verweis auf EuGH v. 20. April 1999, Rs. C–241/97, ECLI:EU:C:1999:179, Rn. 52 (= WM 2000, 738) – Försäkringsaktiebolaget Skandia.

579 *Hammen*, WM 2000, 941, 944, mit Verweis auf EuGH v. 20. April 1999, Rs. C–241/97, ECLI:EU:C:1999:179, Rn. 44 (= WM 2000, 738) – Försäkringsaktiebolaget Skandia.

580 EuGH v. 20. April 1999, Rs. C–241/97, ECLI:EU:C:1999:179, Rn. 44 (= WM 2000, 738) – Försäkringsaktiebolaget Skandia.

Märkten vermeiden;[581] folglich jegliche unangemessene oder unnötige Beschränkung für grenzüberschreitende Tätigkeiten geregelter Märkte beseitigen.[582] Würde man § 4 Abs. 3 i.V.m. Abs. 2 BörsG nun dahin gehend auslegen, dass er ein *Versagungsermessen* einräumt, wäre dies nur mit der MiFID/MiFID II vereinbar, sofern eine entsprechende Regelung in allen anderen Mitgliedstaaten vorgesehen wäre. Anderenfalls käme es zu einer unnötigen Beschränkung für grenzüberschreitende Börsendienstleistungen aus Deutschland und damit im Verhältnis potenzieller Börsenunternehmen zu einer Wettbewerbsverzerrung, welche mit dem Binnenmarkt unvereinbar ist, der durch die MiFID/MiFID II gerade geschaffen werden soll. Dass aber nicht alle Mitgliedstaaten bei der Zulassung geregelter Märkte ein *Versagungsermessen* vorsehen, zeigt schon ein Blick nach Österreich. Dort bedarf die Leitung und Verwaltung einer Börse gemäß § 2 Abs. 2 BörseG AUT einer Konzession der Finanzmarktaufsicht. Diese *„Konzession ist zu erteilen, wenn"* die in § 3 Abs. 1 BörseG AUT aufgelisteten Voraussetzungen vorliegen. Da hierdurch ein Rechtsanspruch auf Erteilung der Konzession normiert ist,[583] obliegt der Finanzmarktaufsicht in Österreich kein *Versagungsermessen.*

bb) Keine aktive Dienstleistungsfreiheit

291 Die aktive Dienstleistungsfreiheit erfordert, dass ein Dienstleister die Grenze zu einem anderen Mitgliedstaat überschreitet, sich in diesem vorübergehend aufhält und dort eine Dienstleistung erbringt.[584] Sie wird auch als positive Dienstleistungsfreiheit oder Dienstleistungserbringungsfreiheit bezeichnet.[585] Erbringt ein Unternehmen Börsendienstleistungen aus Deutschland gegenüber Empfängern aus anderen Mitgliedstaaten, so ist zunächst fraglich, an welchem Ort die eigentliche Dienstleistung erfolgt. Früher galt der Ort der Parkettbörse als Erbringungsort. Dieser Rückschluss ist bei elektronischen Börsen nicht möglich. Börsendienstleistungen knüpfen aber an den Ort des Marktes oder zumindest dessen Verwaltung an, also den Sitz der Börse. Wie bei Gesellschaften steuern und beeinflussen die Organe die Organisation und den Betrieb des Marktes vom Verwaltungssitz aus.[586] Zudem ist kein anderer Anknüpfungspunkt vorhanden, der eindeutig nur auf einen Ort abstellen würde. Im Sinne der Grundfreiheiten erbringt das Börsenunternehmen die Börsendienstleistungen also am Sitz der Börse.[587] Einem nur vorübergehenden Aufenthalt des Börsenunternehmens in

---

581 *Kommission der Europäischen Gemeinschaft,* Mitteilung der Kommission an das Europäische Parlament und den Rat, KOM (2000) 729 endgültig, S. 1–30, 16.

582 A. a. O., 17.

583 *Knauder,* in: Temmel, Börsegesetz, § 3 BörseG AUT Rn. 2 Fn. 2.

584 *Kluth,* in: Callies/Ruffert, EUV/AEUV, 5. Aufl., Art. 57 AEUV Rn. 27.

585 Ebd.

586 *Beck,* in: Schwark/Zimmer, Kapitalmarktrecht, 4. Aufl., § 4 BörsG Rn. 2.

587 In diesem Sinne *Klenke,* Börsendienstleistungen im europäischen Binnenmarkt, S. 115; *Mues,* Die Börse als Unternehmen, S. 151.

einem Empfängerstaat stehen sowohl die infrastrukturellen Anforderungen an eine Börse als auch die aus ihrer Natur folgende dauerhafte Einrichtung entgegen.[588] Damit fehlt es grundsätzlich an einer Grenzüberschreitung des Dienstleistungserbringers.

Die Rechtspraxis zeigt jedoch, dass Börsen ihr Angebot an Börsendienstleistungen auch an ausländische Handelsteilnehmer und Emittenten richten.[589] Sie ermöglichen die Teilnahme am Börsenhandel auf unterschiedlichen Wegen. Einerseits besteht für Börsenteilnehmer die Möglichkeit, durch Telekommunikationsmittel am Börsenhandel einer in Deutschland sitzenden Börse teilzunehmen.[590] Der Dienstleistungsempfänger kann z. B. einen Online-Zugang nutzen. Dann überschreitet aber lediglich die Dienstleistung die Grenzen. Andererseits bieten Börsen regelmäßig *remote memberships*[591] in anderen Mitgliedstaaten an. Wegen dieser *remote memberships* sind Ortsveränderungen auf beiden Seiten der Leistungsbeziehung zwar in der Folge entbehrlich.[592] Handelt es sich allerdings um fest eingerichtete Terminals, sog. *access points*, dann überschreitet tatsächlich doch der Erbringer und nicht die Dienstleistung die Grenze. Denn der Erbringer muss das Terminal im anderen Mitgliedstaat zunächst aufstellen. Als feste Einrichtung fällt ein *remote access* allerdings nicht in den Anwendungsbereich der Dienstleistungsfreiheit. Für feste Einrichtungen gilt allein die Niederlassungsfreiheit.[593] Diese ist aber in dem Fall nicht beeinträchtigt, da die MiFID/MiFID II *remote memberships* ermöglicht. **292**

Im Ergebnis ist die aktive Dienstleistungsfreiheit nicht betroffen, wenn eine in Deutschland ansässige EU/EWR-Gesellschaft Börsendienstleistungen gegenüber Empfängern aus anderen Mitgliedstaaten erbringen will.

cc) Passive Dienstleistungsfreiheit

Über den Wortlaut hinaus erfasst der Zweck des Art. 57 Abs. 3 AEUV auch die passive Dienstleistungsfreiheit.[594] Sie wird auch als Dienstleistungsempfängerfreiheit[595] oder als negative Dienstleistungsfreiheit[596] bezeichnet. Es geht um **293**

---

588 *Klenke*, Börsendienstleistungen im europäischen Binnenmarkt, S. 115.

589 *Hammen*, Börsen und multilaterale Handelssysteme im Wettbewerb, S. 52.

590 *Beck*, in: Schwark/Zimmer, Kapitalmarktrecht, 4. Aufl., § 19 BörsG Rn. 3.

591 Zum Begriff *remote membership* siehe Rn. 90 m.w.N.

592 *Mues*, Die Börse als Unternehmen, S. 151.

593 Siehe Rn. 237.

594 EuGH v. 31. Januar 1984, verb. Rs. 286/82, 26/83, ECLI:EU:C:1984:35, Rn. 10 (= NJW 1984, 1288) – Luisi und Carbone / Ministero dello Tesoro.

595 *Roth*, in: Dauses/Ludwigs, Handbuch des EU-Wirtschaftsrechts, Bd. I, E. I. Rn. 141; *Kluth*, in: Callies/Ruffert, EUV/AEUV, 5. Aufl., Art. 57 AEUV Rn. 30, der statt Dienstleistungsempfängerfreiheit von der Dienstleistungsempfangsfreiheit spricht.

596 *Schweitzer/Hummer*, Europarecht, Rn. 1189; *Ress*, in: Kommission der Europäischen Gemeinschaft, 30 Jahre Gemeinschaftsrecht, S. 311, 342; *Reindl*, Negative Dienstleistungsfreiheit, S. 2.

die Freiheit eines Unionsbürgers, Dienstleistungen eines Erbringers entgegenzunehmen, der in einem anderen Mitgliedstaat ansässig ist.[597] Dabei kann die Dienstleistung zum einen im Mitgliedstaat des Empfängers erfolgen.[598] Hierzu begibt sich der Erbringer in den Mitgliedstaat des Empfängers. Dieser Fall korrespondiert mit der aktiven Dienstleistungsfreiheit[599] und ist daher vorliegend nicht gegeben. Zum anderen kann die Dienstleistung auch im Mitgliedstaat des Erbringers erfolgen. Dann begibt sich der Empfänger in den Mitgliedstaat des Erbringers.[600] Auch hierbei darf der Aufenthalt des Dienstleistungsempfängers nur vorübergehender Natur sein.[601] Ansonsten wäre der Empfänger gebietsansässig, was für die Dienstleistungsfreiheit zu einem reinen Inlandssachverhalt führen würde.[602] Der Status des Erbringers der Dienstleistung spielt bei der passiven Dienstleistungsfreiheit keine Rolle.[603]

294 Tatsächlich hat jede Börse Emittenten und Handelsteilnehmer aus anderen Mitgliedstaaten, die ihre Börsendienstleistungen in Anspruch nehmen.[604] Hierzu überschreiten die Börsennutzer die Grenze ihres Mitgliedstaates, um in Deutschland Börsendienstleistungen zu beziehen. Dabei sind diese Börsenteilnehmer durch die passive Dienstleistungsfreiheit geschützt.[605]

Die Dienstleistungsfreiheit schützt in allen Konstellationen gleichermaßen den Erbringer und den Empfänger der Dienstleistung.[606] Empfänger und Erbringer einer Dienstleistung können die Behinderung des jeweils anderen als ihre eigene geltend machen.[607] Der Erbringer einer Dienstleistung kann sich also auch auf Art. 56, 57 AEUV berufen, wenn der Mitgliedstaat, in dem der Erbringer seinen Sitz hat, Empfängern aus anderen Mitgliedstaaten erschwert, die Dienstleistungen entgegenzunehmen.[608] Die Dienstleistungsfreiheit kann folglich den Einzelnen auch gegenüber

---

597 *Kluth*, in: Callies/Ruffert, EUV/AEUV, 5. Aufl., Art. 57 AEUV Rn. 30.

598 EuGH v. 25. Juli 1991, Rs. C-76/90, ECLI:EU:C:1991:331, Rn. 14 (= NJW 1991, 2693) – Säger / Dennemeyer.

599 *Kluth*, in: Callies/Ruffert, EUV/AEUV, 5. Aufl., Art. 57 AEUV Rn. 30.

600 EuGH v. 31. Januar 1984, verb. Rs. 286/82, 26/83, ECLI:EU:C:1984:35, Rn. 10 (= NJW 1984, 1288) – Luisi und Carbone / Ministero dello Tesoro.

601 EuGH v. 5. Oktober 1988, Rs. 196/87, ECLI:EU:C:1988:475, Rn. 17 (= NVwZ 1990, 53) – Steymann / Staatssecretaris van Justitie.

602 *Randelzhofer/U. Forsthoff*, in: Grabitz/Hilf/Nettesheim, EUV/AEUV, Bd. I, Art. 56/57 AEUV Rn. 42.

603 *Kluth*, in: Callies/Ruffert, EUV/AEUV, 5. Aufl., Art. 57 AEUV Rn. 8.

604 Siehe Rn. 289.

605 *Schönemann*, Die Organisationsstruktur der Börse, S. 153.

606 *Randelzhofer/U. Forsthoff*, in: Grabitz/Hilf/Nettesheim, EUV/AEUV, Bd. I, Art. 56/57 AEUV Rn. 71.

607 Ebd.

608 EuGH v. 17. Mai 1994, Rs. C-18/93, ECLI:EU:C:1994:195, Rn. 30 (= EuZW 1994, 475) – Corsica Ferries / Corpo dei piloti del porto di Genova.

seinem eigenen Mitgliedstaat schützen.[609] Die passive Dienstleistungsfreiheit der Empfänger von Börsendienstleistungen schützt hier also auch den Antragsteller als Erbringer.

dd) Korrespondenzdienstleistungsfreiheit

Der EuGH wendet seit der Rechtssache *Koestler* die Art. 56, 57 AEUV auch auf **295** Korrespondenzdienstleistungen an.[610] Dabei überschreitet nur die Dienstleistung selbst die Grenze, während die in unterschiedlichen Mitgliedstaaten ansässigen Empfänger und Erbringer keine Ortsveränderung vornehmen.[611] Nach dem EuGH reicht es bereits aus, wenn die Dienstleistung grenzüberschreitend angeboten wird.[612] Im Ergebnis kann der Dienstleistungsempfänger nahezu vollständig anonymisiert werden, ohne die grenzüberschreitende Dienstleistung aus der Sicht des Erbringers dem Anwendungsbereich der Dienstleistungsfreiheit zu entziehen.[613] Beruft sich der Erbringer einer Dienstleistung auf die Dienstleistungsfreiheit, dann kommt es also nicht auf den Niederlassungsort oder die Staatsangehörigkeit des Empfängers an.[614] Entscheidend ist lediglich, dass der Erbringer die Dienstleistung in einem anderen Mitgliedstaat als demjenigen anbietet, in dem er ansässig ist.[615] Auch insoweit schützt die Dienstleistungsfreiheit den Einzelnen gegenüber seinem eigenen Mitgliedstaat, wenn dieser die grenzüberschreitende Dienstleistung erschwert.[616] Man spricht hier von der *„Ausgangsfreiheit"*.[617]

Die Rechtspraxis zeigt, dass Börsen ihr Angebot an Börsendienstleistungen auch **296** an ausländische Handelsteilnehmer und Emittenten richten.[618] Dieses Angebot können Börsen ihren Börsenteilnehmern durch Telekommunikationsmittel auch in anderen Mitgliedstaaten anbieten.[619] Dann überschreitet lediglich die Dienstleistung die Grenzen. In solchen Konstellationen liegt eine Korrespondenzdienstleistung

---

609 *Randelzhofer/U. Forsthoff*, in: Grabitz/Hilf/Nettesheim, EUV/AEUV, Bd. I, Art. 56/57 AEUV Rn. 63.

610 EuGH v. 24. Oktober 1978, Rs. 15/78, ECLI:EU:C:1978:184, Rn. 3 – Société générale de banque alsacienne / Koestler.

611 *Randelzhofer/U. Forsthoff*, in: Grabitz/Hilf/Nettesheim, EUV/AEUV, Bd. I, Art. 56/57 AEUV Rn. 54; *Kluth*, in: Callies/Ruffert, EUV/AEUV, 5. Aufl., Art. 57 AEUV Rn. 32.

612 EuGH v. 10. Mai 1995, Rs. C–384/93, ECLI:EU:C:1995:126, Rn. 18 f. (= NJW 1995, 2541) – Alpine Investments / Minister van Financiën.

613 *Holoubek*, in: Schwarze, EU-Kommentar, Art. 57 AEUV Rn. 42.

614 EuGH v. 26. Februar 1991, Rs. C–198/89, ECLI:EU:C:1991:79, Rn. 10 (= EuZW 1991, 352) – Kommission / Griechenland.

615 In diesem Sinne ebd.

616 So auch EuGH v. 17. Mai 1994, Rs. C–18/93, ECLI:EU:C:1994:195, Rn. 30 (= EuZW 1994, 475) – Corsica Ferries / Corpo dei piloti del porto di Genova.

617 *Holoubek*, in: Schwarze, EU-Kommentar, Art. 57 AEUV Rn. 60.

618 *Hammen*, Börsen und multilaterale Handelssysteme im Wettbewerb, S. 52.

619 *Beck*, in: Schwark/Zimmer, Kapitalmarktrecht, 4. Aufl., § 19 BörsG Rn. 3.

vor.[620] Im Ergebnis sind Börsendienstleistungen daher von der Korrespondenzdienstleistungsfreiheit erfasst, soweit sie grenzüberschreitend angeboten werden. Der Anwendungsbereich der Korrespondenzdienstleistungsfreiheit erfasst EU/EWR-Gesellschaften, die in Deutschland ansässig sind und von Deutschland aus Börsendienstleistungen gegenüber Empfängern anbieten, die sich in anderen Mitgliedstaaten aufhalten.

d) Keine Bereichsausnahme nach Art. 62 i.V.m. Art. 51 Abs. 1 AEUV

297 Eine Bereichsausnahme nach Art. 62 i.V.m. Art. 51 Abs. 1 AEUV besteht nicht. Art. 51 Abs. 1 AEUV ist für die Dienstleistungsfreiheit nach den gleichen Maßstäben wie für die Niederlassungsfreiheit auszulegen.[621] Für Art. 51 Abs. 1 AEUV gilt nicht der Grundsatz, dass dem Dienstleistenden nicht die gleichen Vorschriften entgegengehalten werden dürfen wie dem Niederlassungswilligen.[622]

2. Erlaubnispflicht als Beeinträchtigung der Dienstleistungsfreiheit

298 Die Dienstleistungsfreiheit könnte wiederum durch die Erlaubnispflicht nach § 4 Abs. 1 BörsG beeinträchtigt sein. Börsendienstleistungen zu erbringen, ist allerdings nur insoweit erschwert, als hierfür eine Börsenerlaubnis erforderlich ist. Unter dem Vorbehalt einer Börsenerlaubnis stehen nur die Dienstleistungen des § 17 Abs. 1 BörsG, da diese die Anstalt Börse erbringt.[623]

Die Dienstleistungsfreiheit erstreckt sich auf Anforderungen an die Person des Dienstleistenden, die Ausgestaltung der Produkte sowie das Erbringen der Leistung durch den Dienstleistenden und die Empfangnahme.[624] Art. 56 ff. AEUV regeln zwar nicht direkt die Pflichten des Herkunftsstaates.[625] In der Rechtssache *Luisi und Carbone* stellte der EuGH aber fest, dass der offene Wortlaut des Art. 56 Abs. 1 AEUV auch Beeinträchtigungen des grenzüberschreitenden Dienstleistungsverkehrs durch den Herkunftsstaat erfasst.[626] Diese sind grundsätzlich am gleichen Maßstab zu messen wie beeinträchtigende Maßnahmen des Bestim-

---

620 So auch *Klenke*, Börsendienstleistungen im europäischen Binnenmarkt, S. 116; *Mues*, Die Börse als Unternehmen, S. 151; *Schönemann*, Die Organisationsstruktur der Börse, S. 152 f.

621 *Randelzhofer/U. Forsthoff*, in: Grabitz/Hilf/Nettesheim, EUV/AEUV, Bd. I, Art. 62 AEUV Rn. 2.

622 Ebd.

623 Ausführlicher dazu siehe Rn. 249.

624 *Roth*, in: Dauses/Ludwigs, Handbuch des EU-Wirtschaftsrechts, Bd. I, E. I. Rn. 143.

625 *Randelzhofer/U. Forsthoff*, in: Grabitz/Hilf/Nettesheim, EUV/AEUV, Bd. I, Art. 56/57 AEUV Rn. 158.

626 EuGH v. 31. Januar 1984, verb. Rs. 286/82, 26/83, ECLI:EU:C:1984:35, Rn. 10 (= NJW 1984, 1288) – Luisi und Carbone / Ministero dello Tesoro.

mungsstaates.[627] Den grenzüberschreitenden Austausch von Börsendienstleistungen kann neben dem Bestimmungsstaat also auch der Herkunftsstaat behindern.

a) Keine Diskriminierung

Wie die Niederlassungsfreiheit konkretisiert die Dienstleistungsfreiheit nach dem EuGH das allgemeine Diskriminierungsverbot des Art. 18 AEUV.[628] Auch insoweit spiegeln sich die zu Art. 49 Abs. 1 AEUV getroffenen Aussagen in der Rechtsprechung des EuGH zur Dienstleistungsfreiheit wider; auf sie kann grundsätzlich Bezug genommen werden.[629] Die Dienstleistungsfreiheit erfasst also ebenfalls offene und versteckte direkte Diskriminierungen.[630] Zudem kann eine Maßnahme auch indirekt (mittelbar) diskriminieren, wenn sie die Tätigkeit nicht selbst beeinträchtigt. Eine Maßnahme diskriminiert nicht schon indirekt personenbezogen, wenn sie formal zwischen Inländern und sonstigen Adressaten unterscheidet.[631] Vielmehr muss sie sich für sonstige Adressaten nachteilig auswirken oder diese behindern,[632] diese also in tatsächlicher Hinsicht stärker belasten oder benachteiligen.[633] **299**

Des Weiteren sind personenbezogene Diskriminierungen von produktbezogenen zu unterscheiden.[634] Der Bezugspunkt für Diskriminierungen von Produkten bzw. Dienstleistungen und für Diskriminierungen von Personen ist ein anderer.[635] Eine Maßnahme diskriminiert eine Dienstleistung, wenn sie nach deren Herkunft unterscheidet.[636]

Die Erlaubnispflicht diskriminiert die Erbringer von Börsendienstleistungen nicht, weil der Anwendungsbereich der Dienstleistungsfreiheit nur für in Deutschland ansässige Antragsteller eröffnet ist. Der Fall, dass in anderen Mitgliedstaaten ansässige EU/EWR-Gesellschaften Börsendienstleistungen erbringen, indem sie **300**

627 EuGH v. 10. Mai 1995, Rs. C–384/93, ECLI:EU:C:1995:126, Rn. 39, 45 (= NJW 1995, 2541) – Alpine Investments / Minister van Financiën.

628 EuGH v. 2. Februar 1989, Rs. 186/87, ECLI:EU:C:1989:47, Rn. 14 (= NJW 1989, 2183) – Cowan / Trésor public.

629 *Roth*, in: Dauses/Ludwigs, Handbuch des EU-Wirtschaftsrechts, Bd. I, E. I. Rn. 158.

630 Siehe zur Niederlassungsfreiheit Rn. 250.

631 Ähnlich *Kluth*, in: Callies/Ruffert, EUV/AEUV, 5. Aufl., Art. 57 AEUV Rn. 56.

632 Ähnlich ebd.

633 *Roth*, in: Dauses/Ludwigs, Handbuch des EU-Wirtschaftsrechts, Bd. I, E. I. Rn. 161.

634 *Roth*, in: Dauses/Ludwigs, Handbuch des EU-Wirtschaftsrechts, Bd. I, E. I. Rn. 160; speziell für indirekte Diskriminierungen *Kluth*, in: Callies/Ruffert, EUV/AEUV, 5. Aufl., Art. 57 AEUV Rn. 56.

635 *Randelzhofer/U. Forsthoff*, in: Grabitz/Hilf/Nettesheim, EUV/AEUV, Bd. I, Art. 56/57 AEUV Rn. 84.

636 EuGH v. 26. April 1988, Rs. 352/85, ECLI:EU:C:1988:196, Rn. 32 (= NJW 1989, 2189) – Bond van Adverteerders / Niederländischer Staat.

eine Börse in Deutschland betreiben, fällt bereits voll in den Anwendungsbereich der Niederlassungsfreiheit.[637]

Die Erlaubnispflicht diskriminiert auch Emittenten und Handelsteilnehmer anderer Mitgliedstaaten nicht gegenüber deutschen. Das ihnen zur Verfügung stehende Dienstleistungsangebot ist gegenüber demjenigen deutscher Empfänger nicht geschmälert. Auch deutsche Börsenteilnehmer können in Deutschland nur Börsendienstleistungen in Anspruch nehmen, die geregelte Märkte anderer Mitgliedstaaten oder erlaubte deutsche Börsen anbieten. Dies gilt auch in tatsächlicher Hinsicht.

Die Erlaubnispflicht diskriminiert auch nicht die Dienstleistung selbst. Sie gilt nur für Börsendienstleistungen, die aus Deutschland erbracht werden. Sie erfasst keine Börsendienstleistungen, die von einem anderen Mitgliedstaat aus erbracht werden. Zwar unterscheidet die Erlaubnispflicht damit nach der Herkunft der Börsendienstleistungen. Allerdings sind dadurch nur die inländischen Dienstleistungen benachteiligt. Insofern besteht allenfalls eine umgekehrte Diskriminierung. Diese wird von der Dienstleistungsfreiheit allerdings nicht erfasst.

Insgesamt diskriminiert die Erlaubnispflicht daher weder die Erbringer von Börsendienstleistungen, noch die Empfänger, noch die Dienstleistung selbst.

b) Erlaubnispflicht als Beschränkung

301 Das Beschränkungsverbot könnte greifen, wenn ein Mitgliedstaat es erschwert, Börsendienstleistungen gegenüber Empfängern aus anderen Mitgliedstaaten zu erbringen. Im Gegensatz zu anderen personenbezogenen Grundfreiheiten verlangt Art. 56 Abs. 1 AEUV deutlicher, sonstige Beschränkungen des grenzüberschreitenden Dienstleistungsverkehrs zu beseitigen.[638] Bereits in der Entscheidung *van Binsbergen* hat der EuGH ein Verständnis des Art. 57 Abs. 3 AEUV als Beschränkungsverbot anklingen lassen.[639] Daraufhin erstreckte der EuGH in der Entscheidung *van Wesemael* das Diskriminierungsverbot von Differenzierungen aufgrund der Staatsangehörigkeit auf solche aufgrund der Ansässigkeit.[640] Endgültig für ein Beschränkungsverbot hat sich der EuGH dann in der Rechtssache *Säger* ausgesprochen.[641] Der EuGH umschreibt das Beschränkungsverbot mit zwei verschiedenen Formeln. Einmal formuliert er restriktiv, dass all die Maßnahmen die Dienstleistungsfreiheit beschränken, welche *„geeignet sind, die Tätigkeiten eines Dienstleistenden, der in einem anderen Mitgliedstaat ansässig ist und dort rechtmäßig ähnliche Dienstleistungen erbringt, zu unterbinden oder zu behindern"*, und solche, *„die die Erbringung von Dienstleistungen zwischen Mitgliedstaaten gegenüber*

---

637 Siehe Rn. 231 i.V.m. Rn. 241 f.

638 *Kluth*, in: Callies/Ruffert, EUV/AEUV, 5. Aufl., Art. 57 AEUV Rn. 57.

639 EuGH v. 3. Dezember 1974, Rs. 33/74, ECLI:EU:C:1974:131, Rn. 10/12 (= NJW 1975, 1095) – Van Binsbergen / Bedrijfsvereniging voor de Metaalnijverheid.

640 EuGH v. 18. Januar 1979, verb. Rs. 110/78, 111/78, ECLI:EU:C:1979:8, Rn. 27/28 (= NJW 1979, 1764) – Ministère public u. a. / Van Wesemael.

641 EuGH v. 25. Juli 1991, Rs. C–76/90, ECLI:EU:C:1991:331, Rn. 12 (= NJW 1991, 2693) – Säger / Dennemeyer.

der Erbringung von Dienstleistungen allein innerhalb eines Mitgliedstaats" erschweren.[642] Nach einer anderen Formel wirken Maßnahmen beschränkend, wenn sie geeignet sind, die Ausübung der Freiheit *„zu unterbinden, zu behindern oder weniger attraktiv zu machen"*.[643] Trotz dieser unterschiedlichen Formeln ist nicht davon auszugehen, dass der EuGH hierdurch unterschiedliche Gewährleistungsinhalte ausdrücken wollte.[644]

Wie bei der Niederlassungsfreiheit ist auch hier die Reichweite des Beschrän- **302** kungsverbots entscheidend. Zunächst besteht eine gewisse Parallelität zu Art. 35 AEUV.[645] Danach ist nicht die Gesamtheit der innerstaatlichen Produktionsbedingungen am Maßstab des Beschränkungsverbots zu messen.[646] Anderenfalls stünden nahezu alle nationalen Vorschriften unter einem unionsrechtlichen Rechtfertigungszwang.[647] Zudem wären Inlandssachverhalte nicht mehr sauber von grenzüberschreitenden Sachverhalten zu trennen.[648] Das Beschränkungsverbot soll vor allem Behinderungen beseitigen, die aus dem Nebeneinander von Vorschriften mehrerer Staaten erwachsen.[649] Die Verwirklichung des Binnenmarktes zielt nicht auch darauf ab, nationale Teilmärkte zu erhalten, sondern darauf, diese zu überwinden.[650] Dies ist bereits erreicht, wenn der Dienstleistende zu den an seinem Sitz geltenden Standards im gesamten Binnenmarkt leisten kann.[651]

Diesen Argumenten zufolge verbietet die Dienstleistungsfreiheit nicht jegliche Beschränkung.[652] Dementsprechend übertrug der EuGH in der Entscheidung *Alpine Investments* die Grundsätze der *Keck*-Rechtsprechung[653] auf die Dienstleistungsfreiheit.[654] Diese Grundsätze gewähren den Mitgliedstaaten eine größere Gestal-

642 EuGH v. 29. November 2001, Rs. C-17/00, ECLI:EU:C:2001:651, Rn. 29 f. (= EWS 2002, 83) – De Coster.

643 EuGH v. 28. März 1996, Rs. C-272/94, ECLI:EU:C:1996:147, Rn. 10 – Guiot.

644 *Randelzhofer/U. Forsthoff*, in: Grabitz/Hilf/Nettesheim, EUV/AEUV, Bd. I, Art. 56/57 AEUV Rn. 102.

645 A. a. O., Art. 56/57 AEUV Rn. 160.

646 *Roth*, in: Dauses/Ludwigs, Handbuch des EU-Wirtschaftsrechts, Bd. I, E. I. Rn. 183 f.

647 *Randelzhofer/U. Forsthoff*, in: Grabitz/Hilf/Nettesheim, EUV/AEUV, Bd. I, Art. 56/57 AEUV Rn. 163.

648 Ebd.

649 Ebd.

650 *Roth*, in: Dauses/Ludwigs, Handbuch des EU-Wirtschaftsrechts, Bd. I, E. I. Rn. 165.

651 EuGH v. 25. Juli 1991, Rs. C-76/90, ECLI:EU:C:1991:331, Rn. 12 (= NJW 1991, 2693) – Säger / Dennemeyer.

652 *C. Weber*, EWS 1995, 292, 295 f.; *Randelzhofer/U. Forsthoff*, in: Grabitz/Hilf/Nettesheim, EUV/AEUV, Bd. I, Art. 56/57 AEUV Rn. 107; einen Überblick gibt *Roth*, in: Dauses/Ludwigs, Handbuch des EU-Wirtschaftsrechts, Bd. I, E. I. Rn. 173–191; a.A. *Wilmowsky*, EuR 1996, 362, 367 ff.

653 EuGH v. 24. November 1993, verb. Rs C-267/91, C-268/91, ECLI:EU:C:1993:905, Rn. 16 f. (= ZIP 1993, 1813) – Keck und Mithouard.

654 *Kluth*, in: Callies/Ruffert, EUV/AEUV, 5. Aufl., Art. 57 AEUV Rn. 61, mit Verweis auf EuGH v. 10. Mai 1995, Rs. C-384/93, ECLI:EU:C:1995:126, Rn. 33 ff. (= NJW 1995, 2541) – Alpine Investments / Minister van Financiën.

tungsfreiheit.[655] Entsprechend Art. 35 AEUV sind ausschließlich Diskriminierungen verboten, sofern Maßnahmen nur den Inhalt oder die Art und Weise des Erbringens einer Dienstleistung betreffen.[656] Demgegenüber sind auch Beschränkungen verboten, sofern Maßnahmen des Herkunftsstaates den Absatz der Dienstleistung im Bestimmungsstaat und so den Zugang zu diesem Markt behindern.[657] Hiermit sind Maßnahmen gemeint, die *„die Erbringung von Dienstleistungen zwischen Mitgliedstaaten gegenüber der Erbringung von Dienstleistungen allein innerhalb eines Mitgliedstaats"* erschweren,[658] die also dem nationalen Markt einen besonderen Vorteil verschaffen.[659] Solche Maßnahmen sind geeignet, den innergemeinschaftlichen Dienstleistungsverkehr zu behindern.[660] Eine mitgliedstaatliche Maßnahme beschränkt die Grundfreiheiten allerdings nicht schon deswegen, weil andere Mitgliedstaaten in ihrem Gebiet ansässige Erbringer gleichartiger Dienstleistungen weniger strengen oder wirtschaftlich interessanteren Vorschriften unterwerfen.[661]

aa) Keine Beschränkung der Empfänger der Börsendienstleistungen

303 Behindern oder erschweren Maßnahmen des Sitzstaates eines Dienstleistenden die Nachfrage ausländischer Empfänger, so gilt folgender Kontrollmaßstab:[662] Schmälern Maßnahmen die Einreisefreiheit oder das Aufenthaltsrecht der Dienstleistungsempfänger, ist deren Marktzugang erschwert.[663] Insoweit greift ein Beschränkungsverbot.[664] Erschweren dieselben Maßnahmen den Empfang der Leistung im Gastland, schmälert dies zusätzlich die Auswahlfreiheit der Empfänger.[665] Dies trifft aber alle Empfänger gleichermaßen. Denn das Interesse von Empfängern aus anderen Mitgliedstaaten ist nur auf den Empfang von Dienstleistungen zu den lokalen Bedingungen gerichtet. Weder erfordert das Ziel der Verwirklichung des Binnenmarktes eine weiter reichende

---

655 *Kluth*, in: Callies/Ruffert, EUV/AEUV, 5. Aufl., Art. 57 AEUV Rn. 61.

656 *Randelzhofer/U. Forsthoff*, in: Grabitz/Hilf/Nettesheim, EUV/AEUV, Bd. I, Art. 56/57 AEUV Rn. 167; im Ergebnis auch *Müller-Graff*, in: Streinz, EUV/AEUV, Art. 56 AEUV Rn. 96.

657 *Müller-Graff*, in: Streinz, EUV/AEUV, Art. 56 AEUV Rn. 96; *Randelzhofer/U. Forsthoff*, in: Grabitz/Hilf/Nettesheim, EUV/AEUV, Bd. I, Art. 56/57 AEUV Rn. 167, unklar dagegen in Rn. 165; im Ergebnis bereits *Schöne*, RIW 1989, 450, 452.

658 EuGH v. 5. Oktober 1994, Rs. C–381/93, ECLI:EU:C:1994:370, Rn. 17 – Kommission / Frankreich.

659 EuGH v. 14. Juli 1994, Rs. C–379/92, ECLI:EU:C:1994:296, Rn. 51 – Peralta.

660 EuGH v. 10. Mai 1995, Rs. C–384/93, ECLI:EU:C:1995:126, Rn. 38 (= NJW 1995, 2541) – Alpine Investments / Minister van Financiën.

661 EuGH v. 28. April 2009, Rs. C–518/06, ECLI:EU:C:2009:270, Rn. 63 – Kommission / Italien.

662 *Roth*, in: Dauses/Ludwigs, Handbuch des EU-Wirtschaftsrechts, Bd. I, E. I. Rn. 191.

663 Ebd.

664 EuGH v. 31. Januar 1984, verb. Rs. 286/82, 26/83, ECLI:EU:C:1984:35, Rn. 16 (= NJW 1984, 1288) – Luisi und Carbone / Ministero dello Tesoro.

665 *Roth*, in: Dauses/Ludwigs, Handbuch des EU-Wirtschaftsrechts, Bd. I, E. I. Rn. 191.

Kontrolle der Maßnahmen des Sitzstaates des Dienstleistenden noch legitimiert es solche Maßnahmen.[666] Daher reicht insoweit ein Diskriminierungsverbot aus.[667]

Die Erlaubnispflicht nach § 4 Abs. 1 BörsG ist aus Sicht der Dienstleistungsempfänger also nur insoweit am Beschränkungsverbot zu messen, als sie deren Einreisefreiheit oder Aufenthaltsrecht schmälert. Die Erlaubnispflicht hindert Emittenten und Handelsteilnehmer anderer Mitgliedstaaten aber nicht daran, in Deutschland Börsendienstleistungen in Anspruch zu nehmen, die geregelte Märkte anderer Mitgliedstaaten oder andere erlaubte Börsen anbieten. Daher sind die Einreisefreiheit und das Aufenthaltsrecht nicht geschmälert. Vielmehr wirken sich die Anforderungen der Börsenerlaubnis überhaupt nicht auf die Dienstleistungsempfänger aus.

Mithin kann sich eine in Deutschland ansässige EU/EWR-Gesellschaft als Erbringer von Börsendienstleistungen nicht auf die passive Dienstleistungsfreiheit ihrer potenziellen Empfänger berufen, weil diese insgesamt nicht beeinträchtigt ist.

bb) Beschränkung der Erbringer der Börsendienstleistungen

Wie die Niederlassungsfreiheit beschränken die Dienstleistungsfreiheit der Er- **304** bringer nicht erst Voraussetzungen einer Genehmigung, Zulassung oder Erlaubnis, sondern schon die Genehmigung, Zulassung oder Erlaubnis als solche selbst.[668] So misst auch der EuGH in der Rechtssache *Parodi* ein Zulassungserfordernis für das Erbringen von Bankdienstleistungen am Beschränkungsverbot.[669] Genauso ist die Erlaubnispflicht nach § 4 Abs. 1 BörsG für das Erbringen von Börsendienstleistungen am Beschränkungsverbot zu messen. Denn durch diese Regelung behindert Deutschland als Herkunftsstaat der Börsendienstleistungen den Absatz dieser Dienstleistungen in anderen Mitgliedstaaten und so den Zugang zu diesen Märkten.[670] Die Erlaubnispflicht nach § 4 Abs. 1 BörsG beschränkt die Korrespondenzdienstleistungsfreiheit einer in Deutschland ansässigen EU/EWR-Gesellschaft.

3. Keine Rechtfertigung eines Versagungsermessens

Die Erlaubnispflicht nach § 4 Abs. 1 BörsG verstößt aber nur gegen die Dienstleis- **305** tungsfreiheit, wenn sie nicht zu rechtfertigen ist. Für Beschränkungen durch den Herkunftsstaat gelten dieselben Grundsätze wie für Beschränkungen durch den Bestimmungsstaat.[671] Entsprechend den Ausführungen zu den Rechtfertigungsgründen der Niederlassungsfreiheit[672] könnte die Beschränkung der grenzüberschreitend

---

666 *Roth*, in: Dauses/Ludwigs, Handbuch des EU-Wirtschaftsrechts, Bd. I, E. I. Rn. 191.
667 Ebd.
668 *Randelzhofer/U. Forsthoff*, in: Grabitz/Hilf/Nettesheim, EUV/AEUV, Bd. I, Art. 56/57 AEUV Rn. 124.
669 EuGH v. 9. Juli 1997, Rs. C–222/95, ECLI:EU:C:1997:345, Rn. 17–20 (= WM 1997, 1697) – SCI Parodi / Banque de Bary.
670 Ähnlich *Hammen*, Börsen und multilaterale Handelssysteme im Wettbewerb, S. 52.
671 *Kluth*, in: Callies/Ruffert, EUV/AEUV, 5. Aufl., Art. 57 AEUV Rn. 90.
672 Siehe Rn. 261 ff.

angebotenen Börsendienstleistungen lediglich aus zwingenden Gründen des Allgemeininteresses gerechtfertigt sein.[673] Dazu müsste die Erlaubnispflicht geeignet sein, das mit ihr verfolgte Ziel zu erreichen und dürfte nicht über das hinaus gehen, was hierzu erforderlich ist.[674]

306 Die Rechtfertigung folgt insoweit grundsätzlich denselben Grundsätzen wie bei der Niederlassungsfreiheit.[675] Nach manchen Stimmen im Schrifttum gibt es zwischen den Freiheiten auf der Rechtfertigungsebene gleichwohl Unterschiede.[676] So seien in den sog. sensiblen Dienstleistungssektoren geringere Anforderungen an die Geeignetheit und die Erforderlichkeit von beschränkenden Maßnahmen zu stellen.[677] Dies seien Sektoren, in denen der Verbraucherschutz eine besonders wichtige Rolle spiele,[678] wie z.B. der Bankensektor,[679] der Versicherungssektor[680] und der Zeitarbeitssektor.[681] Den Mitgliedstaaten komme in diesen Sektoren größere Gestaltungsfreiheit zu, um den Verbraucherschutz zu verwirklichen.[682] Demgegenüber spricht der EuGH in den zitierten Entscheidungen[683] zwar von sensiblen Dienstleistungssektoren. Allerdings legt er hier keinen besonderen Rechtfertigungsmaßstab an. Vielmehr berücksichtigt er die Sensibilität des jeweiligen Sektors schlicht innerhalb der Prüfung der Geeignetheit und der Erforderlichkeit.[684] Ein Unterschied zur Rechtfertigung einer Beschränkung anderer Freiheiten besteht daher im Ergebnis nicht.

---

673 EuGH v. 3. Dezember 1974, Rs. 33/74, ECLI:EU:C:1974:131, Rn. 10/12 (= NJW 1975, 1095) – Van Binsbergen / Bedrijfsvereniging voor de Metaalnijverheid; *S. Weber*, in: Dauses, Handbuch des EU-Wirtschaftsrechts, Bd. I, F. III. Rn. 140.

674 EuGH v. 30. November 1995, Rs. C–55/94, ECLI:EU:C:1995:411, Rn. 37 (= NJW 1996, 579) – Gebhard / Consiglio dell'Ordine degli Avvocati e Procuratori di Milano.

675 *Randelzhofer/U. Forsthoff*, in: Grabitz/Hilf/Nettesheim, EUV/AEUV, Bd. I, Art. 56/57 AEUV Rn. 173.

676 *Kluth*, in: Callies/Ruffert, EUV/AEUV, 5. Aufl., Art. 57 AEUV Rn. 73; *U. Forsthoff*, in: Grabitz/Hilf/Nettesheim, EUV/AEUV, Bd. I, Art. 49 AEUV Rn. 124.

677 *Kluth*, in: Callies/Ruffert, EUV/AEUV, 5. Aufl., Art. 57 AEUV Rn. 73.

678 Ebd.

679 EuGH v. 9. Juli 1997, Rs. C–222/95, ECLI:EU:C:1997:345, Rn. 22 (= WM 1997, 1697) – SCI Parodi / Banque de Bary.

680 EuGH v. 4. Dezember 1986, Rs. 205/84, ECLI:EU:C:1986:463, Rn. 30 (= NJW 1987, 572) – Kommission / Deutschland.

681 EuGH v. 17. Dezember 1981, Rs. 279/80, ECLI:EU:C:1981:314, Rn. 18 (= NJW 1982, 1203) – Webb.

682 *Kluth*, in: Callies/Ruffert, EUV/AEUV, 5. Aufl., Art. 57 AEUV Rn. 73.

683 EuGH v. 17. Dezember 1981, Rs. 279/80, ECLI:EU:C:1981:314, Rn. 18 (= NJW 1982, 1203) – Webb; EuGH v. 4. Dezember 1986, Rs. 205/84, ECLI:EU:C:1986:463, Rn. 30 (= NJW 1987, 572) – Kommission / Deutschland; EuGH v. 9. Juli 1997, Rs. C–222/95, ECLI:EU:C:1997:345, Rn. 22 (= WM 1997, 1697) – SCI Parodi / Banque de Bary.

684 EuGH v. 17. Dezember 1981, Rs. 279/80, ECLI:EU:C:1981:314, Rn. 18 ff. (= NJW 1982, 1203) – Webb; EuGH v. 4. Dezember 1986, Rs. 205/84, ECLI:EU:C:1986:463, Rn. 30 ff. (= NJW 1987, 572) – Kommission / Deutschland; EuGH v. 9. Juli 1997, Rs.

Trotzdem ist die Verhältnismäßigkeit freiheitsspezifisch zu prüfen.[685] Denn eine Niederlassung kann das Regelungsinteresse eines Aufnahmemitgliedstaates viel stärker tangieren als das Erbringen einer einzelnen Dienstleistung.[686] Der EuGH betont daher, dass das Erbringen einer Dienstleistung nicht von allen Voraussetzungen abhängig gemacht werden darf, die für das Errichten und den Betrieb einer Niederlassung zulässig sind.[687] Beschränkt eine Maßnahme also sowohl die Niederlassungsfreiheit als auch die Dienstleistungsfreiheit, ist die Beschränkung der Niederlassungsfreiheit eher aus zwingenden Gründen des Allgemeininteresses zu rechtfertigen als die der Dienstleistungsfreiheit. Umgekehrt bedeutet dies: Eine die Dienstleistungsfreiheit beschränkende Maßnahme ist aus bestimmten zwingenden Gründen des Allgemeininteresses nur zu rechtfertigen, wenn eine mit der Maßnahme einhergehende Beschränkung der Niederlassungsfreiheit aus diesen Gründen gerechtfertigt ist. Folglich beeinträchtigt die Erlaubnispflicht nach § 4 Abs. 1 BörsG in ungerechtfertigter Weise den Anwendungsbereich der Dienstleistungsfreiheit einer EU/EWR-Gesellschaft, die in Deutschland ansässig ist, wenn § 4 Abs. 3 i.V.m. Abs. 2 BörsG dahin gehend ausgelegt wird, dass er ein *Versagungsermessen* einräumt. **307**

VI. Keine Anwendung der Kapitalverkehrsfreiheit

Neben der Niederlassungsfreiheit und der Dienstleistungsfreiheit könnte die Erlaubnispflicht nach § 4 Abs. 1 BörsG auch die Kapitalverkehrsfreiheit in nicht zu rechtfertigender Weise beeinträchtigen. Denn die weit gefasste Definition des Begriffs Kapitalverkehr im Sinne des Art. 63 Abs. 1 AEUV erfasst jede Transaktion, bei der Geld- oder Sachmittel zum Zweck der Anlage oder Investition transferiert werden und dies zu Geldforderungen und -verpflichtungen führt.[688] So können auch Börsendienstleistungen unmittelbar mit dem Kapitalverkehr verknüpft sein.[689] Ist der beschränkende Gehalt einer Maßnahme nur umfassend durch die Anwendung mehrerer Grundfreiheiten zu erfassen, so sind diese parallel anzuwenden.[690] Prägt **308**

C-222/95, ECLI:EU:C:1997:345, Rn. 22 ff. (= WM 1997, 1697) – SCI Parodi / Banque de Bary.

685 *Roth*, in: Dauses/Ludwigs, Handbuch des EU-Wirtschaftsrechts, Bd. I, E. I. Rn. 108.

686 *Ders.*, in: Schön, GS Knobbe-Keuk, S. 729, 741 f.

687 EuGH v. 17. Dezember 1981, Rs. 279/80, ECLI:EU:C:1981:314, Rn. 16 (= NJW 1982, 1203) – Webb.

688 *Glaesner*, in: Schwarze, EU-Kommentar, Art. 63 AEUV Rn. 7, mit Verweis auf EuGH v. 31. Januar 1984, verb. Rs. 286/82, 26/83, ECLI:EU:C:1984:35, Rn. 21 (= NJW 1984, 1288) – Luisi und Carbone / Ministero dello Tesoro.

689 *Roth*, in: Dauses/Ludwigs, Handbuch des EU-Wirtschaftsrechts, Bd. I, E. I. Rn. 148.

690 *Randelzhofer/U. Forsthoff*, in: Grabitz/Hilf/Nettesheim, EUV/AEUV, Bd. I, Art. 56/57 AEUV Rn. 179; *Haslehner*, IStR 2008, 565, 574.

allerdings bereits ein Element den beschränkenden Gehalt umfassend, sind die Grundfreiheiten nach dem EuGH auf Konkurrenzebene voneinander abzugrenzen.[691]

1. *Verhältnis zur Niederlassungsfreiheit*

309 § 5 Abs. 1 Satz 2 BörsG verpflichtet den Antragsteller, der Börse die erforderlichen finanziellen Mittel zur Verfügung zu stellen. Hierzu muss der Antragsteller Zahlungen vornehmen und Kapital bewegen. Diese Direktinvestitionen eröffnen neben dem sachlichen Anwendungsbereich der Niederlassungsfreiheit auch den der Kapitalverkehrsfreiheit.[692] Überschneiden sich die Anwendungsbereiche der Kapitalverkehrsfreiheit und der Niederlassungsfreiheit, dann besteht nach dem EuGH ein Exklusivitätsverhältnis zwischen diesen Grundfreiheiten.[693] Vorrangig ist die jeweils sachgerechtere Grundfreiheit, der die andere, völlig zweitrangige zugeordnet werden kann.[694]

Will eine EU/EWR-Gesellschaft eine Börse betreiben, entscheidet sie sich, unternehmerisch und kontrolliert eine gewisse Tätigkeit an einem bestimmten Ort auszuüben. Um die Pflichten aus § 5 Abs. 1 Satz 2 BörsG zu erfüllen, muss das Unternehmen gegebenenfalls finanzielle Mittel von einem anderen Mitgliedstaat nach Deutschland transferieren. Auf diese passive Finanzinvestition kommt es dem Unternehmen aber nicht an. Sie ist vielmehr eine logische Konsequenz daraus, dass das Unternehmen seine Niederlassungsfreiheit ausübt. Die Kapitalverkehrsfreiheit ist mithin völlig zweitrangig und deshalb der Niederlassungsfreiheit zuzuordnen. Soweit der beschränkende Gehalt der Börsenerlaubnis den Zugang zum Markt der Börsen in Deutschland betrifft, ist die Kapitalverkehrsfreiheit nicht neben der Niederlassungsfreiheit anzuwenden.

2. *Verhältnis zur Dienstleistungsfreiheit*

310 Der Anwendungsbereich der Kapitalverkehrsfreiheit ist nicht schon eröffnet, wenn eine Dienstleistung nur mit Vorgängen des Kapitalverkehrs in Zusammenhang steht.[695] Bewegt sich aber Kapital aufgrund von Dienstleistungen im Finanzraum, kommt sowohl die Dienstleistungsfreiheit als auch die Kapitalverkehrsfreiheit in Betracht.[696] Diese Grundfreiheiten sind grundsätzlich nebeneinander anwendbar.[697]

---

691 EuGH v. 3. Oktober 2006, Rs. C–452/04, ECLI:EU:C:2006:631, Rn. 34 (= EuZW 2006, 689) – Fidium Finanz.

692 *Sedlaczek/Züger*, in: Streinz, EUV/AEUV, Art. 63 AEUV Rn. 31.

693 EuGH v. 3. Oktober 2006, Rs. C–452/04, ECLI:EU:C:2006:631, Rn. 34 (= EuZW 2006, 689) – Fidium Finanz.

694 Ebd.

695 In diesem Sinne *Ohler*, WM 1996, 1801, 1805; ebenso *Ress/Ukrow*, in: Grabitz/Hilf/Nettesheim, EUV/AEUV, Bd. I, Art. 63 AEUV Rn. 302.

696 EuGH v. 4. März 2004, Rs. C–334/02, ECLI:EU:C:2004:129, Rn. 21–25 (= EWS 2004, 190) – Kommission / Frankreich.

697 EuGH v. 3. Oktober 2006, Rs. C–452/04, ECLI:EU:C:2006:631, Rn. 43 (= EuZW 2006, 689) – Fidium Finanz; *Holoubek*, in: Schwarze, EU-Kommentar, Art. 57 AEUV Rn. 32; a.A. *Schwenke*, IStR 2006, 748, 753.

Besteht ein grenzüberschreitender Wirtschaftsvorgang aber aus mehreren Etappen, die entweder die eine oder die andere Grundfreiheit betreffen, dann ist er in diese Etappen aufzuteilen, sofern dies nicht künstlich einen einheitlichen Lebenssachverhalt auseinanderreißt.[698] Jede Etappe ist an der entsprechenden Grundfreiheit zu messen.[699] Im Übrigen sind die Freiheiten nach dem Schwerpunkt abzugrenzen, der den Wirtschaftsvorgang prägt.[700] So verdrängt die Dienstleistungsfreiheit die Kapitalverkehrsfreiheit, wenn die Beschränkung der Kapitalverkehrsfreiheit zwangsläufig aus der Beschränkung des freien Dienstleistungsverkehrs resultiert.[701] Aufgrund dieser zwangsläufigen Folge würdigt der EuGH stets zunächst die Dienstleistungsfreiheit. Dabei ist nicht auf Rechtfertigungsgründe der Kapitalverkehrsfreiheit zurückzugreifen.[702]

Für die meisten Börsendienstleistungen ist der Anwendungsbereich der Kapital- **311**
verkehrsfreiheit nicht eröffnet, weil dabei keine Geld- oder Sachmittel transferiert werden. Dies gilt für folgende Börsendienstleistungen: Möglichkeit, an den durch die Börse organisierten Handelsprozessen teilzuhaben; Nutzungsgewährung an der vom Börsenunternehmen vorgehaltenen räumlichen und technischen Infrastruktur; Ermöglichung und Erleichterung der Handelbarkeit der Wertpapiere; Kursfeststellung; Standardisierung gehandelter Kontrakte; durch die Börse garantierte Erfüllung bei Terminkontrakten.

Lediglich beim Transaktionsservice könnte der Anwendungsbereich eröffnet sein, allerdings wiederum nur soweit, wie der Leistende den Service für Empfänger aus anderen Mitgliedstaaten erbringt oder anbietet. Denn nur dann liegt ein grenzüberschreitender Sachverhalt vor. Grundlage des Transaktionsservice ist der schuldrechtliche Abschluss eines Finanzmarkttransaktionsgeschäfts. Dinglich erfüllt wird die schuldrechtlich vereinbarte Finanzmarkttransaktion durch die Abwicklung (Settlement).[703] Abgewickelt wird, indem Wertpapiere und Geld getauscht werden.[704] Beim Transaktionsservice bewegt sich also tatsächlich Kapital, so dass der Anwendungsbereich der Kapitalverkehrsfreiheit eröffnet ist.

Da der Transaktionsservice die Anwendungsbereiche der Dienstleistungsfreiheit **312**
und der Kapitalverkehrsfreiheit eröffnet, sind die Freiheiten voneinander abzugrenzen. Der Transaktionsservice kann nicht in Etappen unterteilt werden, ohne dass ein einheitlicher Lebenssachverhalt künstlich auseinandergerissen wird. Denn auf der Ebene des Unionsrechts ist nicht zwischen Verpflichtungs- und Verfügungsgeschäft zu unterscheiden. Dies würde zu widersprüchlichen Ergebnissen führen, weil einige

---

698 *Randelzhofer/U. Forsthoff*, in: Grabitz/Hilf/Nettesheim, EUV/AEUV, Bd. I, Art. 56/57 AEUV Rn. 183.

699 Ebd.

700 Ebd.

701 EuGH v. 3. Oktober 2006, Rs. C–452/04, ECLI:EU:C:2006:631, Rn. 48 f. (= EuZW 2006, 689) – Fidium Finanz.

702 *Roth*, in: Dauses/Ludwigs, Handbuch des EU-Wirtschaftsrechts, Bd. I, E. I. Rn. 148.

703 *Beck*, in: Schwark/Zimmer, Kapitalmarktrecht, 4. Aufl., § 21 BörsG Rn. 5.

704 Ebd.

Rechtssysteme anderer Mitgliedstaaten diese Differenzierung nicht kennen. Zudem sind beide Etappen unmittelbar mit dem Kapitalverkehr verknüpft.

Der Schwerpunkt des Transaktionsservice liegt in dem tatsächlichen dinglichen Abwickeln der schuldrechtlich vereinbarten Finanztransaktion, also in der Erfüllung des Verpflichtungsgeschäfts. Das Verschieben von Sach- oder Geldwerten, also das eigentliche Resultat der Finanztransaktion, bildet den Schwerpunkt aber nur im Verhältnis der beiden an der Finanztransaktion beteiligten Handelsteilnehmer. Der Transaktionsservice als Dienstleistung der Börse betrifft dagegen im Schwerpunkt den Anwendungsbereich der Dienstleistungsfreiheit. Beeinträchtigungen des Transaktionsservice wären daher grundsätzlich am Maßstab der Dienstleistungsfreiheit zu messen.

313 Der Transaktionsservice ist aber ohnehin nicht von der Erlaubnispflicht nach § 4 Abs. 1 BörsG betroffen. § 17 Abs. 1 BörsG erfasst den Transaktionsservice nicht. Ebenso wie hinsichtlich des Transaktionsservice eine Beeinträchtigung der Dienstleistungsfreiheit daher fehlt,[705] fehlt auch eine Beeinträchtigung der Kapitalverkehrsfreiheit.

VII. Zwischenfazit

314 Das nach der grammatischen Auslegung von § 4 BörsG gefundene Ergebnis verdichtet sich bei systematischer Auslegung dieser Bestimmung. Das *Erteilungsermessen* der Börsenaufsichtsbehörde verengt sich im Wege richtlinienkonformer Auslegung.[706] Liegt ein Versagungsgrund vor, den § 4 Abs. 3 BörsG auflistet, darf die Börsenaufsichtsbehörde die Börsenerlaubnis nicht trotzdem erteilen.[707] Ein solches *Erteilungsermessen* obliegt ihr nur für den Fall, dass ein Versagungsgrund vorliegt, den § 4 Abs. 3 BörsG nicht auflistet.[708] Des Weiteren steht die systematische Auslegung auch einem *Versagungsermessen* entgegen. § 4 Abs. 3 i.V.m. Abs. 2 BörsG dahin gehend auszulegen, dass die Börsenaufsichtsbehörde die Börsenerlaubnis versagen kann, obwohl kein Versagungsgrund vorliegt, würde zu Widersprüchen innerhalb der Rechtsordnung führen:

Erstens ist § 4 Abs. 3 i.V.m. Abs. 2 BörsG richtlinienkonform als einen Anspruch auf Erteilung der Börsenerlaubnis gewährend auszulegen.[709] Denn Art. 36 Abs. 1 UAbs. 1 und 2 MiFID/Art. 44 Abs. 1 UAbs. 1 und 2 MiFID II verpflichtet die Mitgliedstaaten, einen Anspruch auf Zulassung eines Systems als geregelter Markt für den Fall vorzusehen, dass der Antragsteller sowohl den Anforderungen des Titels III der MiFID/MiFID II als auch den zusätzlichen Anforderungen des nationalen Umsetzungsgesetzes genügt.[710]

Zweitens ist § 4 Abs. 3 i.V.m. Abs. 2 BörsG verfassungskonform als gebundene Entscheidung auszulegen, weil einem *Versagungsermessen* Art. 12 Abs. 1 GG ent-

705 Siehe Rn. 286 i.V.m. Rn. 249.
706 Siehe Rn. 203.
707 Siehe Rn. 203.
708 Siehe Rn. 203.
709 Siehe Rn. 203.
710 Siehe Rn. 203.

gegensteht.[711] Die Börsenaufsichtsbehörde könnte einen Ermessensspielraum weder anhand subjektiver noch anhand objektiver Gesichtspunkte ausfüllen, ohne dass dies in ungerechtfertigter Weise die Berufsfreiheit eines Antragstellers aus der EU beeinträchtigen würde.

Drittens resultiert aus der grundfreiheitenkonformen Auslegung ein Anspruch auf Erteilung der Börsenerlaubnis, wenn der Tatbestand des § 4 Abs. 3 i.V.m. Abs. 2 BörsG erfüllt ist. Betreibt eine EU/EWR-Gesellschaft eine Börse, ist dies immer ein grenzüberschreitender Sachverhalt im Sinne der Grundfreiheiten und fällt entweder in den Anwendungsbereich der Niederlassungs- oder den der Dienstleistungsfreiheit.

Die Rechtsordnung als Ganzes bleibt nur widerspruchsfrei und der Bedeutungszusammenhang gewahrt, wenn die Kriterien der richtlinienkonformen, der verfassungskonformen und der grundfreiheitenkonformen Auslegung beachtet werden. Die systematische Auslegung stützt und konkretisiert also das durch die Wortlautauslegung gefundene Ergebnis.

C. Regelungsabsicht, Zwecke und Normvorstellungen des historischen Gesetzgebers

Neben der grammatischen und systematischen Auslegung einer Vorschrift ist erheblich, **315**
wie die Regelungsabsicht des Gesetzgebers zu deuten ist.[712] Auskunft über die Normvorstellungen der Gesetzesverfasser gibt die Entstehungsgeschichte des Gesetzes.[713]

Nach dem ersten Entwurf des FRUG der Bundesregierung vom 14. September 2006 sollte § 4 Abs. 3 BörsG folgendermaßen lauten: *„Die Erlaubnis ist zu versagen, wenn"* ein Versagungsgrund vorliegt.[714] Der federführende Finanzausschuss und der Wirtschaftsausschuss des Bundesrates empfahlen daraufhin, das Wort *„insbesondere"* vor den Wörtern *„zu versagen"* einzufügen.[715] Die Erteilung der Börsenerlaubnis stelle keinen gebundenen Verwaltungsakt dar.[716] Sie stehe stattdessen im Ermessen der Börsenaufsichtsbehörde, sofern nicht ein Versagungsgrund nach § 4 Abs. 3 BörsG vorliege.[717] Dies stelle das Wort *„insbesondere"* klar.[718] Der Bundesrat übernahm diese Empfehlung anschließend in seine Stellungnahme.[719]

---

711 Siehe Rn. 209 ff.

712 *Larenz*, Methodenlehre der Rechtswissenschaft, S. 328; *Zippelius*, Juristische Methodenlehre, S. 40.

713 BGHZ 46, 74, 76 (= NJW 1967, 343) – Schallplatten I; *Honsell*, Historische Argumente im Zivilrecht, S. 214; *Larenz*, Methodenlehre der Rechtswissenschaft, S. 330; *Zippelius*, Juristische Methodenlehre, S. 41; ähnlich *Fikentscher*, Methoden des Rechts, Bd. III, S. 674.

714 So auch noch in BT-Drs. 16/4028, S. 27.

715 BR-Drs. 833/1/06, S. 18.

716 Ebd.

717 Ebd.

718 Ebd.

719 BR-Drs. 833/06, S. 17.

Die Stellungnahme des Bundesrates zu § 4 Abs. 3 BörsG prüfte die Bundesregierung im weiteren Gesetzgebungsverfahren.[720] Anschließend erklärte der Finanzausschuss des Bundestages in seinem Bericht, der Bundesrat habe dahin gehend zu dem Gesetzentwurf Stellung genommen, dass die Versagungsgründe *„als eine nicht abschließende Liste von Regelbeispielen zu kennzeichnen"* seien, *„[u]m das Ermessen der Börsenaufsichtsbehörden beim Versagen der Erlaubnis zur Errichtung einer Börse klarzustellen"*.[721] In seiner Beschlussempfehlung erklärte der Finanzausschuss des Bundestages, dass *„die Liste der Versagungsgründe [. . .] als eine nicht abschließende Liste gekennzeichnet werden"* solle, *„um den Börsenaufsichtsbehörden eine größere Flexibilität bei der Prüfung von Erlaubnisanträgen einzuräumen."*[722] Daher schlug der Finanzausschuss des Bundestages folgenden Wortlaut für § 4 Abs. 3 BörsG vor: *„Die Erlaubnis ist insbesondere zu versagen, wenn"* ein Versagungsgrund vorliegt.[723] Durch das Einfügen des Wortes *„insbesondere"* werde die dem Einleitungssatz folgende Aufzählung von Versagungsgründen *„zu einer nicht abschließenden Liste von Regelbeispielen."*[724] Mit der Änderung des Wortlauts des § 4 Abs. 3 BörsG werde also dem Anliegen des Bundesrates Rechnung getragen.[725] Daher könne die Börsenaufsichtsbehörde die Erlaubnis auch versagen, wenn *„andere[ ], gleichermaßen gewichtige[ ], Gründe"* vorliegen.[726]

316 Der Bundesrat wollte durch das Wort *„insbesondere"* klarstellen, dass die Börsenerlaubnis im Ermessen der Börsenaufsichtsbehörde stehe, sofern ein Versagungsgrund vorliegt, den § 4 Abs. 3 BörsG in seiner ursprünglich vorgesehenen Fassung nicht enthielt. Mehr ist dem Anliegen des Bundesrates nicht zu entnehmen; auf ein generelles Ermessen war dieses Anliegen nicht gerichtet. Jedenfalls griff der Finanzausschuss die vorgeschlagene Änderung des Wortlauts nur in diesem Sinne auf. Denn er erläuterte, das Wort *„insbesondere"* mache die nachfolgend aufgelisteten Versagungsgründen zu Regelbeispielen. Dies gebe der Börsenaufsichtsbehörde größere Flexibilität bei der Prüfung von Erlaubnisanträgen. Die Prüfung wird aber nur dann flexibler, wenn auf grundsätzlich erforderliche Erlaubnisanforderungen verzichtet werden kann. Könnte die Börsenaufsichtsbehörde dagegen zusätzliche Erlaubnisanforderungen vorsehen, würde dies die Prüfung ausweiten und die Anzahl der Entscheidungsmöglichkeiten verringern. Der Finanzausschuss des Bundestages wollte der Behörde also Flexibilität dahin gehend einräumen, dass sie die Börsenerlaubnis versagen oder erteilen kann, wenn unbenannte Versagungsgründe des § 4 Abs. 3 BörsG vorliegen. Ein Ermessen für den Fall, dass weder benannte noch unbenannte Versagungsgründe des § 4 Abs. 3 BörsG vorliegen, wollte weder die Bundesregierung, noch der Bundesrat, noch der Bundestag in die Norm aufnehmen. Entsprechende Hinweise sind den Gesetzesmaterialien nicht zu entnehmen. Der

---

720 BT-Drs. 16/4037, S. 3.
721 BT-Drs. 16/4899, S. 3 f.
722 BT-Drs. 16/4883, S. 2 f.; BT-Drs. 16/4899, S. 13.
723 BT-Drs. 16/4883, S. 56.
724 BT-Drs. 16/4899, S. 13.
725 Ebd.
726 Ebd.

geänderte Wortlaut sieht also nach den Gesetzesmaterialien ein Ermessen nur für den Fall vor, dass unbenannte Versagungsgründe des § 4 Abs. 3 BörsG vorliegen.

Dieses Ergebnis überzeugt: Regelbeispiele betreffen die Tatbestandsebene einer Norm und umreißen grundsätzlich eine zwingende Entscheidung. Die Regelungsabsicht, Zwecke und Normvorstellungen des historischen Gesetzgebers entsprechen der Wortlautauslegung, jedenfalls erfordern sie keine Auslegung der Norm entgegen ihrem Wortsinn.

D. Objektiv-teleologische Kriterien

Ist eine zweifelsfreie Auslegung anhand der vorstehend erörterten Kriterien **317**
noch nicht möglich oder ist das gefundene Ergebnis offenkundig unsinnig, so sind objektiv-teleologische Kriterien bei der Auslegung zu berücksichtigen.[727] Nach objektiv-teleologischen Kriterien sind zum einen die hinter einer Regelung stehenden rechtsethischen Prinzipien zu beachten, in denen der Sinnbezug der Bestimmung auf die Rechtsidee fassbar und aussprechbar wird.[728] Dabei ist auch das zugrunde liegende *„innere System"* der maßgeblichen Wertentscheidungen zu betrachten.[729] Zum anderen hat der Gesetzgeber bei jeder Regelung vernünftigerweise die Strukturen des geregelten Sachbereichs zu berücksichtigen.[730] Es gibt also tatsächliche Gegebenheiten, an denen auch der Gesetzgeber nichts ändern kann.[731]

Einer gebundenen Entscheidung als Rechtsfolge des § 4 Abs. 3 i.V.m. Abs. 2 **318**
BörsG könnte das innere System der Börsenorganisation entgegenstehen. Da der Börsenträger nicht Anstaltsträger ist,[732] verbleibt insoweit nur die Rechtsnatur der Börse als mögliches Hindernis. Private haben nämlich keinen aus der Verfassung fließenden Anspruch auf Eröffnung einer öffentlich-rechtlichen Anstalt.[733] Die Verfassung gewährt Privaten kein Recht auf Übertragung staatlicher Aufgaben.[734] Allerdings verbietet es die Verfassung auch nicht ausdrücklich, Privaten ein solches Recht einfachgesetzlich einzuräumen. Daher stellt sich die Frage, ob der Gesetzgeber nicht einen einfachgesetzlichen Anspruch auf Übertragung staatlicher Aufgaben schaffen könnte. Der Staat selbst hat die öffentliche Aufgabe, Börsendienstleistungen zu erbringen, mit dem BörsG zu einer staatlichen Aufgabe erhoben. Dem Staat wäre es auch möglich gewesen, die Erledigung dieser öffent-

727 *Bydlinski*, Juristische Methodenlehre und Rechtsbegriff, S. 453 f.; *Larenz*, Methodenlehre der Rechtswissenschaft, S. 333 und Fn. 41.
728 *Larenz*, Methodenlehre der Rechtswissenschaft, S. 333.
729 A. a. O., S. 328.
730 A. a. O., S. 333.
731 Ebd.
732 Siehe Rn. 18.
733 *M. Müller*, in: Stober/Kluth/Wolff/Bachof, Verwaltungsrecht II, § 86 Rn. 51.
734 *Ossenbühl*, VVDStRL 29 (1971), 137, 189.

lichen Aufgabe von vorneherein Privaten zu überlassen.[735] Warum er Teile dieser staatlichen Aufgabe nun nicht wieder Privaten überlassen können sollte, ist nicht ersichtlich. Es gibt keinen Grund, der es dem Gesetzgeber verbietet, sich durch eine gesetzliche Regelung selbst zu beschränken.[736] Da der Gesetzgeber nur an die Verfassung gebunden ist, spricht nichts gegen die Schaffung eines subjektiven Rechts.[737] Mithin kann der Gesetzgeber einen gesetzlichen Rechtstitel schaffen, der einem Privaten einen klagbaren Anspruch auf Übertragung staatlicher Aufgaben – sogar auf Errichtung und Fortbestand einer Anstalt[738] – gibt. Alternativ hierzu kann der Gesetzgeber die Organisationsgewalt auf die Verwaltung übertragen. Dann kann die Verwaltung sich wiederum entscheiden, einen Anspruch des Privaten durch Satzung, Rechtsverordnung, Verwaltungsakt oder öffentlich-rechtlichen Vertrag zu schaffen. In beiden Fällen hat ein Privater einen klagbaren Anspruch auf Errichtung oder Fortbestand einer öffentlich-rechtlichen Anstalt.[739] Die Begründung eines solchen Anspruchs ist also durchaus möglich.[740] Zudem kann der Grundsatz, dass Private keinen Anspruch auf Eröffnung einer öffentlich-rechtlichen Anstalt haben, hier nicht zur Auslegung herangezogen werden. Dies wäre zirkulär, weil es vorliegend gerade um die Frage geht, ob § 4 Abs. 3 i.V.m. Abs. 2 BörsG einen solchen Anspruch begründet. Das System der Börsenorganisation steht einer gebundenen Entscheidung demnach nicht entgegen.

319 Zudem stellt sich die Frage, ob der nationale Gesetzgeber sich schon deswegen nicht auf den vorgenannten Grundsatz zurückziehen kann, weil das Unionsrecht in diesem Punkt das deutsche Staatsorganisationsrecht verdrängt. Denn innerstaatliche Organe sind im Sinne eines Anwendungsvorrangs verpflichtet, nationales Recht, das dem Unionsrecht widerspricht, unangewendet zu lassen[741] und Kollisionen zwischen dem Unionsrecht und dem nationalen Recht aufzulösen.[742] Im innerstaatlichen Raum entfaltet das Unionsrecht nämlich eine unmittelbare Wirkung, es überlagert und verdrängt entgegenstehendes

735 Ähnlich *Bopp*, Fusionen und Kooperationen deutscher Börsen und ihrer Träger, S. 77 f.

736 *Segna*, ZBB 1999, 144, 147; *Bopp*, Fusionen und Kooperationen deutscher Börsen und ihrer Träger, S. 77; ähnlich schon *Ossenbühl*, VVDStRL 29 (1971), 137, 186 Fn. 219.

737 *Segna*, ZBB 1999, 144, 147; *Bopp*, Fusionen und Kooperationen deutscher Börsen und ihrer Träger, S. 77; ähnlich schon *Ossenbühl*, VVDStRL 29 (1971), 137, 186 Fn. 219.

738 *M. Müller*, in: Stober/Kluth/Wolff/Bachof, Verwaltungsrecht II, § 86 Rn. 51; hiervon geht *Boschan*, Wertpapierhandelssysteme, S. 435 explizit für die Börsenerlaubnis aus; deutlicher *Bopp*, Fusionen und Kooperationen deutscher Börsen und ihrer Träger, S. 77.

739 *M. Müller*, in: Stober/Kluth/Wolff/Bachof, Verwaltungsrecht II, § 86 Rn. 51.

740 So bereits *Segna*, ZBB 1999, 144, 147.

741 *Leible/Domröse*, in: Riesenhuber, Europäische Methodenlehre, § 8 Rn. 48.

742 EuGH v. 9. März 1978, Rs. 106/77, ECLI:EU:C:1978:49, Rn. 14/16 ff. (= NJW 1978, 1741) – Amministrazione delle finanze dello Stato / Simmenthal.

nationales Recht.[743] Dieser Anwendungsvorrang wirkt gegenüber allen mitgliedstaatlichen Regelungen ohne Rücksicht auf ihren innerstaatlichen Rang und den Zeitpunkt ihres Erlasses oder Inkrafttretens.[744] Aus diesem Grund sind die Mitgliedstaaten auch verpflichtet, primärrechtswidriges nationales Recht aufzuheben oder zu ändern.[745] In der Folge ist der nationale Gesetzgeber bei seiner staatlichen Organisation vorliegend entweder durch die Niederlassungsfreiheit oder die Dienstleistungsfreiheit eingeschränkt, weil die Bereichsausnahme des Art. 51 Abs. 1 AEUV nicht greift.[746] Art. 51 Abs. 1 AEUV setzt nämlich voraus, dass die Tätigkeit sowohl nach dem Unionsrecht als auch nach dem nationalen Recht als Ausübung öffentlicher Gewalt zu qualifizieren ist.[747] Die Bereichsausnahme greift also nur, wenn eine solche Ausgestaltung unbedingt erforderlich ist, um die mitgliedstaatlichen Interessen zu schützen.[748] Weil der Gesetzgeber den Börsenhandel und die sonstigen börslichen Tätigkeiten aber auch privatrechtlich ausgestalten könnte, kann er diese Tätigkeiten nicht mit dem Ergebnis zu staatlichen Aufgaben erheben, dass sie den Grundfreiheiten schlechthin entzogen wären.[749] Darüber hinaus ist der nationale Gesetzgeber bei der Börsenorganisation nach Art. 288 Abs. 3 AEUV auch verpflichtet, die MiFID/MiFID II umzusetzen.[750] Diese verpflichtet die Mitgliedstaaten durch Art. 36 Abs. 1 UAbs. 1 und 2 MiFID/Art. 44 Abs. 1 UAbs. 1 und 2 MiFID II, einen Anspruch auf Zulassung eines Systems als geregelter Markt für den Fall vorzusehen, dass der Antragsteller sowohl den Anforderungen des Titels III der MiFID/MiFID II als auch den zusätzlichen Anforderungen des nationalen Umsetzungsgesetzes genügt.[751] Aus alledem folgt, dass der nationale Gesetzgeber das Börsenwesen nicht derart öffentlich-rechtlich ausgestalten kann, dass Private keinen Anspruch auf Zulassung eines Systems als geregelter Markt mehr haben. Der nationale Gesetzgeber kann das Börsenwesen nur insoweit öffentlich-rechtlich ausgestalten, als er Privaten einen Anspruch zugesteht, eine Börsenerlaubnis erteilt zu bekommen, also einen börsenmäßigen Handel veranstalten zu dürfen. In diesem Punkt schränkt das Unionsrecht das deutsche Staatsorganisationsrecht ein.

---

743 BVerfGE 31, 145, 174 (= NJW 1971, 2122) – Milchpulver.

744 *Ipsen*, Europäisches Gemeinschaftsrecht, S. 289.

745 EuGH v. 25. Juli 1991, Rs. C–58/90, ECLI:EU:C:1991:329, Rn. 12 – Kommission / Italien; noch deutlicher EuGH v. 18. Januar 2001, Rs. C–162/99, ECLI:EU:C:2001: 35, Rn. 22 f., 33 (= EuZW 2001, 187) – Kommission / Italien.

746 Siehe Rn. 243 ff., 297.

747 Siehe Rn. 243.

748 EuGH v. 15. März 1988, Rs. 147/86, ECLI:EU:C:1988:150, Rn. 7 – Kommission / Griechenland.

749 Siehe Rn. 245, 297.

750 Allgemein zur Pflicht zur Umsetzung von Richtlinien *Roth/Jopens*, in: Riesenhuber, Europäische Methodenlehre, § 13 Rn. 4.

751 Siehe Rn. 203.

320 Objektiv-teleologische Kriterien haben vorliegend eher geringe Bedeutung. Ein Anspruch auf Erteilung einer Erlaubnis ist nicht als offenkundig unsinnig anzusehen. Des Weiteren ist kein Verstoß gegen hinter der Regelung stehende rechtsethische Prinzipien zu erkennen. Schließlich geben es die Strukturen des Börsenorganisationsrechts her, § 4 Abs. 3 i.V.m. Abs. 2 BörsG als auf eine gebundene Entscheidung ausgerichtet auszulegen.

E. Fazit

321 Nach dem Wortlaut des § 4 Abs. 3 i.V.m. Abs. 2 BörsG hat die Börsenaufsichtsbehörde ein *Erteilungsermessen*, jedoch kein *Versagungsermessen*.[752] Ihr ist also nicht gestatten, eine an sich zu erteilende Erlaubnis zu versagen, obwohl kein Versagungsgrund vorliegt (*Versagungsermessen*).[753] Sie darf lediglich abwägen, ob sie die Börsenerlaubnis erteilt, obwohl ein Versagungsgrund vorliegt (*Erteilungsermessen*).[754]

Die systematische Auslegung stützt und konkretisiert dieses Ergebnis.[755] Liegt ein Versagungsgrund vor, den § 4 Abs. 3 BörsG auflistet, darf die Börsenaufsichtsbehörde die Börsenerlaubnis nach richtlinienkonformer Auslegung nicht trotzdem erteilen.[756] Ein *Erteilungsermessen* steht ihr nur zu, wenn ein Versagungsgrund vorliegt, den § 4 Abs. 3 BörsG nicht auflistet.[757] Des Weiteren stehen die richtlinienkonforme, die verfassungskonforme und die grundfreiheitenkonforme Auslegung einem *Versagungsermessen* entgegen.[758]

Regelungsabsicht, Zwecke und Normvorstellungen des historischen Gesetzgebers entsprechen der Wortlautauslegung von § 4 BörsG.[759] Ein Ermessen für den Fall, dass weder benannte noch unbenannte Versagungsgründe des § 4 Abs. 3 BörsG vorliegen, wollte weder die Bundesregierung, noch der Bundesrat, noch der Bundestag in die Norm aufnehmen.[760]

Objektiv-teleologische Kriterien haben vorliegend eher geringe Bedeutung.[761] Ein Anspruch auf Erteilung einer Erlaubnis ist nicht als offenkundig unsinnig anzusehen.[762] Auch ein Verstoß der Gewährung eines solchen Anspruchs gegen hinter der Regelung in § 4 BörsG stehende rechtsethische Prinzipien ist nicht zu erkennen.[763]

---

752 Siehe Rn. 189.
753 Siehe Rn. 189.
754 Siehe Rn. 189.
755 Siehe Rn. 314.
756 Siehe Rn. 203.
757 Siehe Rn. 203.
758 Siehe Rn. 314.
759 Siehe Rn. 316.
760 Siehe Rn. 316.
761 Siehe Rn. 320.
762 Siehe Rn. 320.
763 Siehe Rn. 320.

Die Strukturen des Börsenorganisationsrechts geben es her, § 4 Abs. 3 i.V.m. Abs. 2 BörsG als gebundene Entscheidung auszulegen.[764]

Die Auslegung der Rechtsfolge des § 4 Abs. 3 i.V.m. Abs. 2 BörsG führt also zu folgendem Ergebnis: Liegt ein in § 4 Abs. 3 BörsG aufgelisteter Versagungsgrund vor, muss die Börsenaufsichtsbehörde die Börsenerlaubnis versagen. Liegt ein Versagungsgrund vor, den § 4 Abs. 3 BörsG nicht aufführt, kann die Börsenaufsichtsbehörde die Börsenerlaubnis gleichwohl erteilen. Liegt kein Versagungsgrund vor, sind also die tatbestandlichen Voraussetzungen des § 4 Abs. 3 i.V.m. Abs. 2 BörsG erfüllt, hat der Antragsteller einen Anspruch auf Erteilung der Börsenerlaubnis. Die Erlaubnispflicht nach § 4 Abs. 1 BörsG ist also weiterhin ein präventives Verbot mit Erlaubnisvorbehalt. Aus der Sicht des Antragstellers ist die Erteilung der Börsenerlaubnis damit insgesamt eine gebundene Entscheidung der Börsenaufsichtsbehörde. **322**

764 Siehe Rn. 320.

4. Teil

Anspruch auf Widerruf der Börsenerlaubnis

Für den Antragsteller ist die Börsenerlaubnis ein begünstigender Verwaltungsakt.[1] **323** Der Verwaltungsakt belastet ihn allerdings zugleich durch die Entstehung der gesetzlichen Betriebspflicht.[2] Nachdem die Börsenaufsichtsbehörde die Börsenerlaubnis erteilt hat, können sich Umstände ändern, die in der Person des Antragstellers oder der Tätigkeit als Börsenträger begründet sind. Daraus kann das Begehren des Börsenträgers resultieren, sich von der Betriebspflicht zu befreien. Diesem Begehren kann dadurch entsprochen werden, dass die Börsenerlaubnis unwirksam wird oder auf eine andere Gesellschaft außerhalb des Konzerns des Börsenträgers übergeht. Letzteres kann der Börsenträger nicht forcieren, weil eine Inanspruchnahme als Börsenträger mit Blick auf die Grundrechte nur auf freiwilliger Basis möglich ist.[3] Hingegen erscheint es möglich, dass der Börsenträger die Unwirksamkeit der Börsenerlaubnis für die Zukunft herbeiführt.[4] Die zuständigen obersten Landesbehörden vollziehen als Börsenaufsichtsbehörden Bundesrecht als eigene Angelegenheit.[5] Die Unwirksamkeit der Börsenerlaubnis bestimmt sich daher nach § 43 Abs. 2 LVwVfG[6]. Folglich sind Verwaltungsakte der Börsenaufsichtsbehörde *ex nunc* unwirksam, wenn sie zurückgenommen, widerrufen, anderweitig aufgehoben, durch Zeitablauf oder auf andere Weise erledigt sind. Auf eine dieser Möglichkeiten könnte, was im Folgenden zu untersuchen ist, der Börsenträger einen Anspruch haben.

Gemäß § 4 Abs. 5 Satz 1 Hs. 1 BörsG kann die Börsenaufsichtsbehörde die Börsen- **324** erlaubnis nach den LVwVfG aufheben, also nach § 48 LVwVfG[7] zurücknehmen oder

1 *Beck*, in: Schwark/Zimmer, Kapitalmarktrecht, 4. Aufl., § 4 BörsG Rn. 3.
2 *Hammen*, Börsen und multilaterale Handelssysteme im Wettbewerb, S. 52 f.
3 Schon nach *Göppert*, Das Recht der Börsen, S. 90 konnte der Betroffene nur mit seiner Zustimmung in Anspruch genommen werden; so auch *E. R. Huber*, Wirtschaftsverwaltungsrecht, Bd. I, S. 618.
4 Ähnlich bereits *Hopt/Baum*, in: Hopt/Rudolph/Baum, Börsenreform, S. 402 Fn. 483: Der Börsenträger könne einen Antrag stellen, den Betrieb mit Zustimmung der Börsenaufsichtsbehörde einzustellen.
5 *Beck*, in: Schwark/Zimmer, Kapitalmarktrecht, 4. Aufl., § 3 BörsG Rn. 2; *Gurlit/Mülbert*, Der Börsenträger im Spannungsfeld, S. 86.
6 § 43 Abs. 2 VwVfGBW; Art. 43 Abs. 2 BayVwVfG; § 1 Abs. 1 BlnVwVfG i.V.m. § 43 Abs. 2 VwVfG; § 1 Abs. 1 Satz 1 VwVfGBbg i.V.m. § 43 Abs. 2 VwVfG; § 43 Abs. 2 BremVwVfG; § 43 Abs. 2 HmbVwVfG; § 43 Abs. 2 HVwVfG; § 43 Abs. 2 VwVfG M-V; § 1 Abs. 1 NVwVfG i.V.m. § 43 Abs. 2 VwVfG; § 43 Abs. 2 VwVfG NRW; § 1 Abs. 1 VwVfGRPf i.V.m. § 43 Abs. 2 VwVfG; § 43 Abs. 2 SVwVfG; § 1 Satz 1 SächsVwVfZG i.V.m. § 43 Abs. 2 VwVfG; § 1 Abs. 1 Satz 1 VwVfG LSA i.V.m. § 43 Abs. 2 VwVfG; § 112 Abs. 2 VwG SH; § 43 Abs. 2 ThürVwVfG.
7 § 48 VwVfGBW; Art. 48 BayVwVfG; § 1 Abs. 1 BlnVwVfG i.V.m. § 48 VwVfG; § 1 Abs. 1 Satz 1 VwVfGBbg i.V.m. § 48 VwVfG; § 48 BremVwVfG; § 48 HmbVwVfG; § 48 HVwVfG; § 48 VwVfG M-V; § 1 Abs. 1 NVwVfG i.V.m. § 48 VwVfG; § 48 VwVfG NRW; § 1 Abs. 1 VwVfGRPf i.V.m. § 48 VwVfG; § 48 SVwVfG; § 1 Satz 1 SächsVwVfZG i.V.m. § 48 VwVfG; § 1 Abs. 1 Satz 1 VwVfG LSA i.V.m. § 48 VwVfG; § 116 VwG SH; § 48 ThürVwVfG.

nach § 49 LVwVfG[8] widerrufen. Durch eine Rücknahme werden Fehler korrigiert, indem ein rechtswidriger Verwaltungsakt aufgehoben wird.[9] Demgegenüber kommt ein Widerruf grundsätzlich in Betracht, wenn ein ursprünglich rechtmäßiger Verwaltungsakt aufgehoben werden soll, weil sich die ihm zugrunde liegenden tatsächlichen oder rechtlichen Verhältnisse geändert haben oder schlicht kein Interesse an seinem Fortbestand besteht.[10] Zwar sind rechtswidrige Verwaltungsakte grundsätzlich nach § 48 LVwVfG zurückzunehmen. Trotzdem können sie über den Wortlaut des § 49 Abs. 1 und 2 LVwVfG hinaus auch widerrufen werden.[11] Wo die Behörde einen rechtmäßigen Verwaltungsakt widerrufen kann, verdient der rechtswidrige Verwaltungsakt keinen Schutz vor der Aufhebung.[12] Der Anwendungsbereich des Widerrufs ist gegenüber demjenigen der Rücknahme also weiter.[13] Außerdem ist davon auszugehen, dass die Börsenerlaubnis als Dauerverwaltungsakt in den meisten Fällen rechtmäßig sein wird. Aus diesen Gründen reicht es vorliegend aus, nur den Widerruf zu betrachten.

325 Eine anderweitige Aufhebung im Sinne des § 43 Abs. 2 Var. 3 LVwVfG scheidet hier dagegen aus. Denn dazu müsste die Börsenerlaubnis im Rechtsbehelfsverfahren[14] oder durch Gesetz[15] aufgehoben werden. Zwar zählen zu der anderweitigen Aufhebung auch Entscheidungen aufgrund von Spezialgesetzen, die nicht Rücknahme oder Widerruf sind.[16] Allerdings wird vorliegend nicht begehrt, die Börsenerlaubnis nach § 4 Abs. 5 Satz 1 Hs. 2 BörsG aufzuheben. Zwar kann die Börsenaufsichtsbehörde die Börsenerlaubnis aufheben, wenn der Börsenbetrieb mehr als sechs Monate ruht, wenn nachträglich Versagungsgründe auftreten oder wenn die Börse oder der Börsenträger nachhaltig gegen das BörsG, die in § 4 Abs. 5 Satz 1 Nr. 3 BörsG genannten unionsrechtlichen Verordnungsregelungen oder zur Durchführung dieser Gesetze erlassenen Verordnungen oder Anordnungen verstößt. Um ein solches Fehlverhalten geht es hier aber gar nicht. Vielmehr geht es um die Frage, ob sich der Börsenträger bei unveränderter Sach- und

8 § 49 VwVfGBW; Art. 49 BayVwVfG; § 1 Abs. 1 BlnVwVfG i.V.m. § 49 VwVfG; § 1 Abs. 1 Satz 1 VwVfGBbg i.V.m. § 49 VwVfG; § 49 BremVwVfG; § 49 HmbVwVfG; § 49 HVwVfG; § 49 VwVfG M–V; § 1 Abs. 1 NVwVfG i.V.m. § 49 VwVfG; § 49 VwVfG NRW; § 1 Abs. 1 VwVfGRPf i.V.m. § 49 VwVfG; § 49 SVwVfG; § 1 Satz 1 SächsVwVfZG i.V.m. § 49 VwVfG; § 1 Abs. 1 Satz 1 VwVfG LSA i.V.m. § 49 VwVfG; § 117 VwG SH; § 49 ThürVwVfG.

9 *Maurer*, Allgemeines Verwaltungsrecht, § 11 Rn. 11.

10 Ebd.

11 *Sachs*, in: Stelkens/Bonk/Sachs, Verwaltungsverfahrensgesetz, § 49 VwVfG Rn. 6.

12 BVerwG NVwZ 1987, 498, 498 f.

13 *Sachs*, in: Stelkens/Bonk/Sachs, Verwaltungsverfahrensgesetz, § 49 VwVfG Rn. 6; *Peuker*, in: Knack/Henneke, Verwaltungsverfahrensgesetz, § 49 VwVfG Rn. 26.

14 BVerwG NVwZ 1990, 774, 774.

15 *Lascho*, Erledigung des Verwaltungsaktes, S. 98 ff.; *Sachs*, in: Stelkens/Bonk/Sachs, Verwaltungsverfahrensgesetz, § 43 VwVfG Rn. 203.

16 *Sachs*, in: Stelkens/Bonk/Sachs, Verwaltungsverfahrensgesetz, § 43 VwVfG Rn. 201.

Rechtslage und gleichzeitigem rechtmäßigen Verhalten von der Börsenerlaubnis befreien kann.

Allerdings könnte sich die Börsenerlaubnis im Sinne des § 43 Abs. 2 Var. 5 LVwVfG auf andere Weise erledigen. Denn ein höchstpersönlicher Verwaltungsakt wird gegenstandslos, wenn der Berechtigte oder der Verpflichtete wegfällt.[17] Die Börsenerlaubnis verliert also ihren Regelungsgehalt, wenn der Börsenträger oder die Anstalt Börse untergehen. Der Untergang des Börsenträgers entspricht jedoch nicht dessen Begehren, sich von der ihn belastenden Betriebspflicht zu befreien. Der Untergang des Begehrenden raubt dem Begehren nämlich die existenzielle Grundlage. Eine Rückgabe der Börsenerlaubnis auf *kaltem Wege*, z. B. durch selbst herbeigeführte Insolvenz, entspricht also nicht dem genannten Begehren. Dem Begehren kann auch nicht durch den Untergang der Anstalt Börse entsprochen werden. Diesen kann der Börsenträger – jedenfalls ohne seinen eigenen Untergang – nicht selbstständig herbeiführen. Die Existenz der Börse ist seinem Zugriff entzogen.[18] Denn für das Erlöschen als *actus contrarius* der Errichtung einer Börse ist mangels einer ausdrücklichen gesetzlichen Regelung das Bundesland zuständig, welches auch für die Errichtung der Börse zuständig war.[19] Zudem bedarf es aufgrund des dualen Börsensystems zwingend einer öffentlich-rechtlichen Handlungsform, um in den Bestand der öffentlich-rechtlich ausgestalteten Anstalt Börse einzugreifen.[20] **326**

Die Börsenerlaubnis könnte sich aber auf andere Weise im Sinne des § 43 Abs. 2 Var. 5 LVwVfG erledigen, indem der Börsenträger auf sie verzichtet. Schließlich kann ein Begünstigter grundsätzlich darauf verzichten, seine Rechte wahrzunehmen.[21] Der wirksam erklärte Verzicht auf eine Rechtsposition erledigt nach herrschender Meinung dann den Verwaltungsakt, der die Rechtsposition begründet hat.[22] Nach anderer Ansicht kann ein Verzicht auf die Rechtsposition die Erledigung eines Verwaltungsaktes *„auf andere Weise"* im Sinne des § 43 Abs. 2 Var. 5 LVwVfG nicht begründen.[23] Der Verzicht auf eine durch Verwaltungsakt

---

17 *Ramsauer*, in: Kopp/Ramsauer, Verwaltungsverfahrensgesetz, § 43 VwVfG Rn. 41a.

18 *Christoph*, Börsenkooperationen und Börsenfusionen, S. 271; *Bopp*, Fusionen und Kooperationen deutscher Börsen und ihrer Träger, S. 87.

19 *Hammen*, Der Konzern 2008, 269, 271; *Bopp*, Fusionen und Kooperationen deutscher Börsen und ihrer Träger, S. 87.

20 *Bopp*, Fusionen und Kooperationen deutscher Börsen und ihrer Träger, S. 87.

21 BVerwGE 84, 209, 211 f. (= NVwZ 1990, 464); *Sachs*, in: Stelkens/Bonk/Sachs, Verwaltungsverfahrensgesetz, § 43 VwVfG Rn. 209.

22 *Sachs*, in: Stelkens/Bonk/Sachs, Verwaltungsverfahrensgesetz, § 43 VwVfG Rn. 209; *Fluck*, WM 1995, 553, 554; *Baumann*, GewArch 2004, 448, 448 f.; *Bumke*, in: Hoffmann-Riem/Schmidt-Aßmann/Voßkuhle, Grundlagen des Verwaltungsrechts, Bd. II, § 35 Rn. 231 Fn. 721; ähnlich *Ramsauer*, in: Kopp/Ramsauer, Verwaltungsverfahrensgesetz, § 43 VwVfG Rn. 45.

23 *Steinweg*, Zeitlicher Regelungsgehalt des Verwaltungsaktes, S. 157; bereits in diesem Sinne, aber differenzierend *Ruffert*, BayVBl. 2003, 33, 38 f.

eingeräumte Rechtsposition sei nicht in dieser Rechtsposition selbst angelegt.[24] Vielmehr greife der Verzicht von außen in den Verwaltungsakt ein und hebe den Dauerverwaltungsakt nach § 43 Abs. 2 Var. 3 LVwVfG *ex nunc* für die Zukunft auf.[25] Dieser Meinungsstreit ist jedoch unerheblich, da Aufhebung und Erledigung nach § 43 Abs. 2 LVwVfG oder § 113 Abs. 1 Satz 4 VwGO die gleiche Rechtsfolge, die Unwirksamkeit des Verwaltungsaktes, hervorrufen.[26]

327 Abschließend ist festzuhalten: Sowohl ein Widerruf als auch ein Verzicht können zur Unwirksamkeit der Börsenerlaubnis für die Zukunft führen. Ein Anspruch auf Widerruf der Börsenerlaubnis setzt voraus, dass eine Anspruchsgrundlage den Widerruf der Börsenerlaubnis als Rechtsfolge vorsieht und alle Voraussetzungen dieser Anspruchsgrundlage vorliegen.

24 *Ruffert*, BayVBl. 2003, 33, 38; *Steinweg*, Zeitlicher Regelungsgehalt des Verwaltungsaktes, S. 157.
25 *Steinweg*, Zeitlicher Regelungsgehalt des Verwaltungsaktes, S. 157.
26 So selbst a. a. O., S. 157 Fn. 120.

§ 6. Widerruf der Börsenerlaubnis gemäß § 49 Abs. 2 LVwVfG

§ 49 Abs. 2 LVwVfG knüpft an den Widerruf begünstigender Verwaltungsakte 328
engere Voraussetzungen als § 49 Abs. 1 LVwVfG an den Widerruf nicht begünstigender Verwaltungsakte. Gemäß § 48 Abs. 1 Satz 2 LVwVfG ist ein Verwaltungsakt begünstigend, der ein Recht oder einen rechtlich erheblichen Vorteil begründet oder bestätigt. Sind begünstigende Teile eines Verwaltungsaktes rechtlich nicht von belastenden zu trennen, gilt der Verwaltungsakt insgesamt als begünstigend.[1] Der Widerruf solcher Verwaltungsakte ist daher an den engeren Voraussetzungen des § 49 Abs. 2 LVwVfG zu messen.

Gemäß § 5 Abs. 1 Satz 1 BörsG berechtigt und verpflichtet die Börsenerlaubnis den Börsenträger zum Betrieb der Börse. Sie belastet und begünstigt den Börsenträger zugleich. Ohne das Recht zum Betrieb der Börse wäre die Pflicht zum Betrieb dieser Börse nicht zu erfüllen. Entfiele hingegen die Pflicht zum Börsenbetrieb, wäre die Funktionsfähigkeit der Börse nicht mehr gewährleistet. Folglich liefe der Zweck des BörsG leer.[2] Es widerspricht also generell dem Zweck der öffentlich-rechtlichen Anstalt Börse, die Erlaubnis von der Betriebspflicht zu trennen. Vielmehr folgt das Recht zum Betrieb aus der Pflicht zum Betrieb.[3] Daher ist der begünstigende Teil der Börsenerlaubnis nicht von dem belastenden zu trennen. Die Börsenerlaubnis gilt damit insgesamt als begünstigender Verwaltungsakt.[4] Ein vom Börsenträger begehrter Widerruf ist folglich an den formellen und materiellen Voraussetzungen des § 49 Abs. 2 LVwVfG zu messen.

A. Formelle Voraussetzungen

I. Zuständigkeit

1. Sachliche Zuständigkeit

Sachlich zuständig für den Widerruf eines Verwaltungsaktes ist die Behörde, 329
die zum Zeitpunkt der Aufhebungsentscheidung für den Erlass des aufzuhe-

---

1 BVerwGE 143, 87, ECLI:DE:BVerwG:2012:090512U6C3.11.0, Rn. 47 (= NVwZ 2012, 1547); *Ramsauer*, in: Kopp/Ramsauer, Verwaltungsverfahrensgesetz, § 48 VwVfG Rn. 72; *Sachs*, in: Stelkens/Bonk/Sachs, Verwaltungsverfahrensgesetz, § 48 VwVfG Rn. 120; *Abel*, in: Bader/Ronellenfitsch, VwVfG, § 49 VwVfG Rn. 16.

2 Zu diesem Zweck BT-Drs. 12/6679, S. 33; *Merkt*, in: 64. Deutscher Juristentag, Bd. I, G 3, G 57; *Beck*, in: Schwark/Zimmer, Kapitalmarktrecht, 4. Aufl., § 1 BörsG Rn. 2.

3 BT-Drs. 14/8017, S. 72.

4 So auch *Beck*, in: Schwark/Zimmer, Kapitalmarktrecht, 4. Aufl., § 4 BörsG Rn. 3, allerdings ohne Begründung.

benden Verwaltungsaktes zuständig wäre.[5] Dies ist gemäß § 4 Abs. 1 i.V.m. § 3 Abs. 1 Satz 1 BörsG die jeweilige oberste Landesbehörde als Börsenaufsichtsbehörde.[6]

2. Örtliche Zuständigkeit

330 Örtlich zuständig ist nach § 49 Abs. 5 i.V.m. § 3 Abs. 1 Nr. 2 LVwVfG[7] die Behörde, in deren Bezirk die Börse betrieben wird. Der Widerruf ist nämlich eine Angelegenheit, die sich im Sinne des § 3 Abs. 1 Nr. 2 LVwVfG sowohl auf eine Betriebsstätte des Börsenträgers als Unternehmen als auch auf die Ausübung eines Berufs bezieht. Als Betriebsstätte gilt die Stätte der Geschäftsleitung,[8] hier also der Verwaltungssitz der Börse. Der Begriff des Berufs in § 3 Abs. 1 Nr. 2 LVwVfG ist identisch mit dem Begriff des Berufs in Art. 12 Abs. 1 GG[9] und die Organisation einer börslichen Handelsplattform ist ein Beruf in diesem Sinne.[10]

Die örtliche Zuständigkeit für den Widerruf der Börsenerlaubnis entspricht im Ergebnis also der örtlichen Zuständigkeit für die Erteilung der Börsenerlaubnis.

II. Frist- und formfreier Antrag

331 Hat sich die Sach- und Rechtslage seit Erteilung der Börsenerlaubnis nicht verändert, liegt kein Widerrufsgrund des § 49 Abs. 2 LVwVfG vor. Dementsprechend ist die zuständige Behörde auch nicht veranlasst, einen Widerruf von Amts wegen zu prüfen. Um gleichwohl einen Widerruf zu erreichen, muss der Börsenträger diesen daher bei der zuständigen Behörde beantragen. Der Antrag ist an keine Frist gebunden und bedarf auch keiner besonderen Form.

---

5 BVerwGE 88, 130, 133 (= NVwZ 1992, 63).

6 Siehe Rn. 88.

7 § 3 Abs. 1 Nr. 2 VwVfGBW; Art. 3 Abs. 1 Nr. 2 BayVwVfG; § 1 Abs. 1 BlnVwVfG i.V.m. § 3 Abs. 1 Nr. 2 VwVfG; § 1 Abs. 1 Satz 1 VwVfGBbg i.V.m. § 3 Abs. 1 Nr. 2 VwVfG; § 3 Abs. 1 Nr. 2 BremVwVfG; § 3 Abs. 1 i.V.m. Abs. 2 Nr. 2 HmbVwVfG; § 3 Abs. 1 Nr. 2 HVwVfG; § 3 Abs. 1 Nr. 2 VwVfG M–V; § 1 Abs. 1 NVwVfG i.V.m. § 3 Abs. 1 Nr. 2 VwVfG; § 3 Abs. 1 Nr. 2 VwVfG NRW; § 1 Abs. 1 VwVfGRPf i.V.m. § 3 Abs. 1 Nr. 2 VwVfG; § 3 Abs. 1 Nr. 2 SVwVfG; § 1 Satz 1 SächsVwVfZG i.V.m. § 3 Abs. 1 Nr. 2 VwVfG; § 1 Abs. 1 Satz 1 VwVfG LSA i.V.m. § 3 Abs. 1 Nr. 2 VwVfG; § 31 Abs. 1 Nr. 2 VwG SH; § 3 Abs. 1 Nr. 2 ThürVwVfG.

8 *Schmitz*, in: Stelkens/Bonk/Sachs, Verwaltungsverfahrensgesetz, § 3 VwVfG Rn. 20.

9 *Bonk/Schmitz*, in: Stelkens/Bonk/Sachs, Verwaltungsverfahrensgesetz, § 3 VwVfG Rn. 21.

10 Siehe Rn. 206 f.

B. Materielle Voraussetzung

Entscheidend ist vorliegend, ob die Börsenerlaubnis auch widerruflich ist, wenn sich die objektiven Umstände, also die Sach- und Rechtslage, seit ihrer Erteilung nicht geändert haben. 332

I. Verlangen des Börsenträgers

Ein Widerruf soll eigentlich die durch einen Verwaltungsakt geregelte Lage an veränderte Umstände anpassen.[11] Hierzu listet § 49 Abs. 2 LVwVfG die Gründe für den Widerruf begünstigender Verwaltungsakte abschließend auf.[12] Insoweit stünde der Wortlaut des § 49 Abs. 2 LVwVfG dem Widerruf vorliegend entgegen. Allerdings bezweckt § 49 Abs. 2 LVwVfG, das Vertrauen eines Begünstigten in den Bestand eines Verwaltungsaktes zu schützen.[13] 333

Begünstigter der Börsenerlaubnis ist allein der Börsenträger als Adressat, nicht die erlassende Behörde oder deren Träger – auch wenn diese durch die zusätzliche Belastung des Börsenträgers aufgrund des gemischten Verwaltungsaktes profitieren. Die begünstigende oder belastende Wirkung eines Verwaltungsaktes beurteilt sich allein nach der Wirkung beim Adressaten.[14] Begehrt der Begünstigte die Aufhebung des Verwaltungsaktes, vertraut er nicht mehr auf dessen Bestand. Dann läuft der Zweck des § 49 Abs. 2 LVwVfG leer. Daher kann ein Verwaltungsakt auch neben den gesetzlichen Widerrufstatbeständen widerrufen werden, wenn der Begünstigte zustimmt[15] oder dies sogar verlangt.[16] Dann steht einem Widerruf die Gesetzmäßigkeit der Verwaltung nicht entgegen.

Materiell setzt der Widerruf hier also voraus, dass der Börsenträger ihn verlangt.

II. Keine Jahresfrist nach § 49 Abs. 2 Satz 2 i.V.m. § 48 Abs. 4 LVwVfG

Grundsätzlich ist ein Widerruf gemäß § 49 Abs. 2 Satz 2 i.V.m. § 48 Abs. 4 LVwVfG nur innerhalb eines Jahres seit dem Zeitpunkt zulässig, in dem die Behörde von den Tatsachen Kenntnis erlangt, die den Widerruf rechtfertigen. Allerdings ist die Jahresfrist des § 49 Abs. 2 Satz 2 i.V.m. § 48 Abs. 4 LVwVfG gemäß § 4 Abs. 5 Satz 2 BörsG nicht anzuwenden. Dies gilt auch für den hier zu prüfenden Fall, 334

---

11 *Sachs*, in: Stelkens/Bonk/Sachs, Verwaltungsverfahrensgesetz, § 49 VwVfG Rn. 2.

12 *Häberle*, in: Schmitt Glaeser, FS Boorberg, S. 47, 88.

13 In diesem Sinne *Sachs*, in: Stelkens/Bonk/Sachs, Verwaltungsverfahrensgesetz, § 49 VwVfG Rn. 33, 35.

14 BVerwGE 143, 87, ECLI:DE:BVerwG:2012:090512U6C3.11.0, Rn. 46 (= NVwZ 2012, 1547); *Sachs*, in: Stelkens/Bonk/Sachs, Verwaltungsverfahrensgesetz, § 48 VwVfG Rn. 122.

15 *Ramsauer*, in: Kopp/Ramsauer, Verwaltungsverfahrensgesetz, § 49 VwVfG Rn. 26.

16 *Baumann*, GewArch 2004, 448, 452.

in dem sich die Sach- und Rechtslage nicht geändert haben soll. Denn § 4 Abs. 5 Satz 2 BörsG bezieht sich aufgrund seiner Stellung innerhalb der Norm auf alle Arten von Aufhebungen einer Börsenerlaubnis, zu denen § 4 Abs. 5 Satz 1 BörsG die Börsenaufsichtsbehörde ermächtigt. § 4 Abs. 5 Satz 2 BörsG gilt also nicht nur für die in § 4 Abs. 5 Satz 1 Hs. 2 Nr. 1 bis 3 BörsG aufgezählten Fälle, sondern auch für Aufhebungen einer Börsenerlaubnis gemäß § 4 Abs. 5 Satz 1 Hs. 1 BörsG nach den Vorschriften der LVwVfG. Daher kann die Börsenaufsichtsbehörde den Widerruf auch noch nach Ablauf der Jahresfrist vornehmen.[17]

---

17 *Beck*, in: Schwark/Zimmer, Kapitalmarktrecht, 4. Aufl., § 4 BörsG Rn. 44 Fn. 11. *Beck* stellt zwar auf § 4 Abs. 5 Satz 1 Nr. 3 Satz 2 BörsG ab. Da die Nr. 3 aber keinen Satz 2 hat, dürfte es sich um ein Redaktionsversehen handeln und § 4 Abs. 5 Satz 2 BörsG gemeint sein.

§ 7. Rechtsfolge: Ermessensentscheidung

Ob und gegebenenfalls wie ein Verwaltungsakt widerrufen wird, steht gemäß § 49 Abs. 2 LVwVfG grundsätzlich im Ermessen der Behörde.[1] Zwingend ist der Widerruf nur, wenn ein Spezialgesetz dies verlangt, der Behörde ein intendiertes Ermessen zukommt oder das Ermessen auf Null reduziert ist.[2] Zudem kann das Unionsrecht einen Widerruf gebieten. **335**

Das BörsG als Spezialgesetz zwingt nicht zum Widerruf einer Börsenerlaubnis. Mangels einer gesetzlich vorgesehenen Reaktion der Behörde für den Regelfall ist auch kein intendiertes Ermessen ersichtlich. Allerdings begehrt der Begünstigte im vorliegenden atypischen Fall selbst, dass die Behörde einen begünstigenden Verwaltungsakt im Sinne des § 48 Abs. 1 Satz 2 LVwVfG aufhebt. Da also der Begünstigte nicht vor einer Aufhebung zu schützen ist, könnte das Ermessen der Behörde auf Null reduziert sein.

Nach Art. 36 Abs. 5 lit. a Var. 2 MiFID/Art. 44 Abs. 5 lit. a Var. 2 MiFID II *„kann“* die zuständige Behörde die Zulassung entziehen, wenn der geregelte Markt ausdrücklich auf diese verzichtet. Weiter erlaubt Art. 36 Abs. 5 lit. e MiFID/Art. 44 Abs. 5 lit. e MiFID II den Mitgliedstaaten, selbst Fälle zu definieren, in denen die zuständige Behörde die Zulassung entziehen darf. Die Ausgestaltung als *kann*-Vorschrift zeigt, dass Art. 36 Abs. 5 MiFID/Art. 44 Abs. 5 MiFID II den Mitgliedstaaten nicht vorschreibt, in entsprechenden Fällen einen Widerruf vorzusehen oder einen Verzicht zuzulassen. Damit steht die MiFID/MiFID II einer Ermessensentscheidung über den Widerruf der Börsenerlaubnis nicht entgegen. **336**

§ 5 Abs. 1 Satz 1 BörsG verpflichtet den Börsenträger zum Betrieb der Börse. Dies soll gewährleisten, dass der Börsenhandel funktionsfähig bleibt, also durchgeführt wird.[3] Auf der einen Seite muss die Behörde diesen Zweck bei ihrer Ermessensentscheidung berücksichtigen. Auf der anderen Seite muss die Behörde auch die Rechte und Interessen des Börsenträgers beachten. Das Interesse der Allgemeinheit, den Börsenbetrieb aufrechtzuerhalten, ist also gegen das Interesse des Börsenträgers abzuwägen, die Tätigkeit aufzugeben. Das Freiheitsinteresse eines Erlaubnisinhabers liegt darin, die erlaubte Tätigkeit seinem freien Willen entsprechend, jederzeit beenden zu können.[4] Da die meisten Betriebspflichten (noch) wichtige Gemeinwohlbelange verfolgen, ergibt sich beim Abwägen der Interessen ein Vorrang der öffentlichen Versorgungsfunktion.[5] Weil sich die Wichtigkeit des jeweiligen öffentlichen Interesses für die Gemeinschaft aber stetig ändert, sind die **337**

1 *Sachs*, in: Stelkens/Bonk/Sachs, Verwaltungsverfahrensgesetz, § 49 VwVfG Rn. 8.
2 *Stober*, in: Stober/Kluth/Wolff/Bachof, Verwaltungsrecht I, § 57 Rn. 47.
3 *Bressler*, Public private partnership im Bank- und Börsenrecht, S. 90.
4 *Baumann*, GewArch 2004, 448, 451.
5 Ebd.

Interessenabwägungen fortlaufend zu hinterfragen und weiterzuentwickeln.[6] Die Betriebspflicht könnte unter heutigen Gesichtspunkten in nicht zu rechtfertigender Weise die Grundrechte – speziell die Berufsfreiheit – des Börsenträgers beeinträchtigen, wenn dieser sich nicht mehr selbst von dieser Pflicht befreien kann,[7] wenn die Betriebspflicht also endlos besteht. Gleiches könnte für die unionsrechtlichen Grundfreiheiten gelten. Dann dürfte die Börsenaufsichtsbehörde einen Widerruf nicht mit der Begründung versagen, dass ihm die Betriebspflicht entgegenstehe.

A. Betriebspflicht nach § 5 Abs. 1 BörsG im Lichte der Berufsfreiheit

338 Die Betriebspflicht könnte den Schutzbereich der Berufsfreiheit des Börsenträgers in ungerechtfertigter Weise beeinträchtigen, soweit sie die freie Beendigung seiner Tätigkeit einschränkt. Auch wenn eine gesetzlich auferlegte Betriebspflicht abstrakt-generell rechtmäßig ist, darf ein privater Unternehmer *im Einzelfall* nicht um jeden Preis an der ihm erteilten Erlaubnis festgehalten, also mit der Betriebspflicht belastet werden.[8]

I. Betrieb einer Börse im Schutzbereich der Berufsfreiheit

339 Die von einer juristischen Person oder Personenvereinigung aus der EU geplante Organisation einer börslichen Handelsplattform fällt in den Schutzbereich des Art. 12 Abs. 1 GG, weil sie auf Dauer angelegt ist und der Gewinnerzielung dienen soll.[9]

II. Betriebspflicht als Beeinträchtigung der Berufsfreiheit

340 Die Betriebspflicht nach § 5 Abs. 1 BörsG könnte den Schutzbereich der Berufsfreiheit beeinträchtigen.[10] Als Hauptform einer Beeinträchtigung liegt ein klassischer Grundrechtseingriff vor, wenn ein rechtsförmiger Vorgang unmittelbar und gezielt die grundrechtliche Freiheit durch ein Ge- oder Verbot verkürzt, welches der Staat verfügt und erforderlichenfalls zwangsweise durchsetzt.[11] Die Betriebspflicht ist ein rechtsförmiger Vorgang, weil der Staat sie durch § 5 Abs. 1 BörsG gesetzlich verfügt hat. Sie beinhaltet das Gebot, die zur Durchführung und Fortführung des Börsenbetriebs erforderlichen sachlichen, personellen und finanziellen Mittel zur

---

6 *Baumann*, GewArch 2004, 448, 451.

7 So *Seehafer*, Grenzüberschreitende Börsenkonzentrationen, S. 188, die ohne Begründung davon ausgeht, dass diese Beeinträchtigung gerechtfertigt sei.

8 *Baumann*, GewArch 2004, 448, 452.

9 Siehe Rn. 206 f.

10 So *Seehafer*, Grenzüberschreitende Börsenkonzentrationen, S. 188.

11 BVerfGE 105, 279, ECLI:DE:BVerfG:2002:rs20020626.1bvr067091, Rn. 68 (= NJW 2002, 2626) – Psychosekte, Osho-Bewegung.

Verfügung zu stellen. Damit korrespondiert das Verbot, den Börsenbetrieb zu beenden. Gezielt ist die Betriebspflicht, weil sie die Art und Weise der Durchführung und Fortführung des Börsenbetriebs vorschreiben soll und so den Schutzbereich der Berufsfreiheit berührt. Damit verkürzt die Betriebspflicht unmittelbar die Freiheit, eine Börse zu betreiben. Sie ist durchsetzbar, da die Börsenaufsichtsbehörde nach der Generalklausel des § 3 Abs. 5 Satz 2 BörsG verpflichtet ist, auf Rechtsverstöße mit wirksamen Verwaltungsmaßnahmen zu reagieren.[12] Dies kann zwangsweise im Wege der Verwaltungsvollstreckung erfolgen. Damit beeinträchtigt die Betriebspflicht nach § 5 Abs. 1 BörsG als klassischer Eingriff die Berufsfreiheit.

Allerdings verursacht der Börsenträger seine Bindung an die Betriebspflicht **341** selbst durch sein eigenes Verhalten. Er veranlasst die Belastung mit der Betriebspflicht durch seinen Antrag auf Erteilung der Börsenerlaubnis. Er strebt die Belastung also selbst an oder akzeptiert diese zumindest. Hierdurch verliert die Betriebspflicht aber nicht schon ihre Eingriffsqualität.[13] Zwar ist der Antrag auf Erteilung der Börsenerlaubnis der Grund für die Auferlegung der Betriebspflicht. Der Antragsteller verzichtet mit dem Antrag aber nicht zugleich auf einen späteren Widerrufsantrag oder die Befugnis, sich der Erlaubnis wieder zu entledigen.[14] Vor allem verzichtet er nicht für den gesamten Erlaubniszeitraum – also möglicherweise ohne zeitliche Begrenzung.[15] Bei gegenteiliger Auffassung würde jedenfalls dieser hoheitlich veranlasste *„Verzicht auf den Verzicht"* bzw. *Verzicht auf den Widerruf* die Berufsfreiheit einschränken.[16] Denn der Antragsteller könnte lediglich wählen, ob er die Belastung mit der Betriebspflicht duldet oder ob er auf die Erlaubnis und damit auch die Tätigkeit insgesamt verzichtet.[17] Im Ergebnis beeinträchtigt die Auferlegung der Betriebspflicht mit Erteilung der Börsenerlaubnis unter allen denkbaren Gesichtspunkten den Schutzbereich der Berufsfreiheit.

III. Keine Rechtfertigung einer endlosen Betriebspflicht

Beeinträchtigungen der Berufsfreiheit sind gerechtfertigt, wenn sie verhältnismäßig **342** sind, also geeignet und erforderlich, um den angestrebten Zweck zu erreichen und bei einer Gesamtabwägung zwischen ihrer Schwere und dem Gewicht der sie rechtfertigenden Gründe die Grenze der Zumutbarkeit noch wahren.[18] Das beeinträchtigende Mittel ist geeignet, wenn es den angestrebten Zweck fördert,[19] und erforderlich, wenn nicht ein anderes Mittel gleich wirksam wäre, aber das Grund-

12 BT-Drs. 16/4028, S. 80.
13 So allgemein zu solchen Konstellationen *Baumann*, GewArch 2004, 448, 450.
14 Ebd.
15 Ebd.
16 Ebd.
17 Ebd.
18 BVerfGE 36, 47, 59 – Nachnahmeversand von Tieren.
19 BVerfGE 30, 292, 316 (= NJW 1971, 1255) – Erdölbevorratung.

recht nicht oder doch weniger fühlbar einschränken würde.[20] Nach der im *Apothekenurteil* entwickelten Dreistufenlehre sind die Anforderungen an das Gewicht des angestrebten Zwecks umso höher, je intensiver die Beeinträchtigung ist.[21]

1. Legitimer Zweck in Abhängigkeit von der Intensität der Beeinträchtigung

343 Reine Berufsausübungsregelungen beeinträchtigen die Berufsfreiheit am schwächsten, subjektive Voraussetzungen der Berufsaufnahme (sog. subjektive Berufswahlbeschränkungen) stärker und objektive Voraussetzungen der Berufsaufnahme (sog. objektive Berufswahlbeschränkungen) am stärksten.[22] Daher sind reine Berufsausübungsbeschränkungen bereits gerechtfertigt, *„soweit vernünftige Erwägungen des Gemeinwohls es zweckmäßig erscheinen lassen."*[23] Subjektive Berufswahlbeschränkungen müssen dagegen schon *„ein überragendes Gemeinschaftsgut"* schützen.[24] Schließlich sind objektive Berufswahlbeschränkungen nur zulässig, wenn sie *„nachweisbar[ ] oder höchstwahrscheinlich[ ] schwere[ ] Gefahren für ein überragend wichtiges Gemeinschaftsgut"* abwehren.[25] Bereits der angestrebte Zweck hängt also von der Intensität der Beeinträchtigung ab.

a) Intensität der Beeinträchtigung durch eine endlose Betriebspflicht

344 Wie intensiv die Berufsfreiheit betroffen ist, ergibt sich nicht erst aus den wirtschaftlichen Folgen der Beeinträchtigung sondern schon aus den rechtlichen Anforderungen, die an die Tätigkeit geknüpft sind.[26] Dabei regeln verbindliche Vorgaben für das *Ob* die Zulassung zu einem Beruf, sie beschränken die Berufswahl.[27] Dagegen *„versperren"* verbindliche Vorgaben für das *Wie* in der Regel *„nicht den Zugang"* zu einem Beruf, sondern beschränken nur die Berufsausübung.[28]

Solange ein Erlaubnisinhaber eine genehmigte Tätigkeit freiwillig ausübt, scheinen Betriebspflichten eher das *Wie* zu regeln.[29] Zudem ist eine Regelung nicht schon deshalb als Berufswahlbeschränkung anzusehen, weil sie auch der geordneten Abwicklung eines beruflichen Rechtsverhältnisses dient.[30] Solche Regelungen sollen

---

20 In diesem Sinne BVerfGE 25, 1, 18 (= NJW 1969, 499) – Mühlengesetz.
21 BVerfGE 7, 377, 404 ff. (= NJW 1958, 1035) – Apothekenurteil.
22 A. a. O., 405 ff.
23 A. a. O., 405.
24 A. a. O., 406.
25 A. a. O., 408.
26 BVerfGE 86, 28, 39 (= NJW 1992, 2621) – öffentlich bestellter Sachverständiger, Sachverständiger.
27 *Jarass*, in: Jarass/Pieroth, Grundgesetz, Art. 12 GG Rn. 37.
28 BVerfGE 80, 269, 278 (= NJW 1989, 2611) – Sozietätsrecht.
29 *Baumann*, GewArch 2004, 448, 451.
30 BVerfGE 39, 128, 141 – Ausbildungskostenerstattung, Erstattung der Ausbildungskosten, Soldatengesetz.

lediglich ausschließen, dass der Erlaubnisinhaber die Tätigkeit *„zur Unzeit"* beendet.[31] Nichtsdestotrotz beinhaltet nur die Berufswahlfreiheit auch die Entscheidung darüber, *„ob und wie lange jemand, der einen bestimmten Beruf hat, [. . .] weiter in ihm tätig sein will"*.[32] Der Zwang, an dem bisherigen Beruf festzuhalten, behindert schließlich die Wahl eines neuen Berufs.[33] Die Berufswahlfreiheit umfasst darüber hinaus auch die freie Entscheidung, die berufliche Tätigkeit völlig zu beenden.[34]

Regelt eine Betriebspflicht also nur die tatsächliche Vornahme einer Tätigkeit, so stellt sie sich als eine Berufsausübungsregelung dar. Verbietet eine Betriebspflicht aber darüber hinaus, die Tätigkeit zu beenden, so ist sie als Berufswahlbeschränkung einzuordnen. Soweit die Betriebspflicht nach § 5 Abs. 1 BörsG dahin gehend auszulegen wäre, dass sie einem Widerruf auf Antrag des Börsenträgers entgegensteht, diesen also endlos verpflichtet, würde die Betriebspflicht mithin die Berufswahlfreiheit beschränken.

Eine Beschränkung ist subjektiv, wenn bestimmte Eigenschaften oder Qualifika- **345**
tionen der betroffenen Person des Berufsbewerbers maßgebend sind, und objektiv, wenn die Beurteilungskriterien außerhalb der persönlichen Sphäre des Betroffenen liegen,[35] also an bestimmte Bedingungen innerhalb des Berufs anknüpfen.[36] Das Verbot, den Börsenbetrieb zu beenden, gilt nur für diejenigen, denen die Börsenaufsichtsbehörde eine Börsenerlaubnis erteilt hat. Daraus könnte folgen, dass die Betriebspflicht an Eigenschaften des Erlaubnis- bzw. Genehmigungsinhabers anknüpft – *„nämlich die ihm aufgrund seines Antrages und Erfüllung der Genehmigungsvoraussetzungen erteilte Genehmigung"*.[37] Nach diesem Verständnis wäre die Betriebspflicht als subjektive Berufswahlbeschränkung einzuordnen.[38] Allerdings kann bereits bei der Aufnahme eines Berufs die Frage entscheidend sein, wann und wie die berufliche Tätigkeit wieder beendet werden kann. Aus diesem Grund ist auf den Zeitpunkt der Berufsaufnahme abzustellen, um Berufswahlbeschränkungen als subjektiv oder objektiv einzuordnen. Zu diesem Zeitpunkt ist die Betriebspflicht unabhängig von den Eigenschaften des Antragstellers. Zwar kann der Antragsteller Tatsachen beeinflussen, z. B. den Entwurf des Geschäftsplans an seine

---

31 *Bachof*, in: Bettermann/Nipperdey/Scheuner, Die Grundrechte, Bd. III/1, S. 249.

32 BVerfGE 9, 338, 344 (= NJW 1959, 1579) – Hebammenaltersgrenze, Altersgrenze für Hebammen; in diesem Sinne bereits BVerfGE 7, 377, 401 (= NJW 1958, 1035) – Apothekenurteil.

33 *Bachof*, in: Bettermann/Nipperdey/Scheuner, Die Grundrechte, Bd. III/1, S. 249.

34 BVerfGE 7, 377, 401 (= NJW 1958, 1035) – Apothekenurteil; diese Freiheit der Berufswahl ist nicht mit der sog. negativen Berufsfreiheit zu verwechseln, welche die Freiheit bezeichnet, einen Beruf nicht zu wählen, siehe dazu BVerfGE 58, 358, 364 (= NJW 1982, 323) – Bewährungsauflage in der Strafaussetzung, Bewährungsauflage.

35 BVerfGE 86, 28, 39 (= NJW 1992, 2621) – öffentlich bestellter Sachverständiger, Sachverständiger.

36 *Scholz*, in: Maunz/Dürig, Grundgesetz, Bd. II, Art. 12 GG Rn. 351.

37 So *Baumann*, GewArch 2004, 448, 451.

38 Ebd.

wirtschaftliche Leistungsfähigkeit anpassen.[39] Jedoch kann er die Kriterien der auf diese Tatsachen anzuwendenden Betriebspflicht nicht beeinflussen. Demnach ist das mit der Betriebspflicht einhergehende Verbot, die Tätigkeit zu beenden, eine objektive Berufswahlbeschränkung. Eine endlose Betriebspflicht ist daher nur zu rechtfertigen, wenn dies nachweisbar oder höchstwahrscheinlich schwere Gefahren für ein überragend wichtiges Gemeinschaftsgut abwehrt.

b) Funktionsfähigkeit des Kapitalmarktes als legitimer Zweck

346 Die Betriebspflicht nach § 5 Abs. 1 BörsG zielt darauf ab, den Börsenhandel und die betroffene Börse funktionsfähig zu erhalten.[40] Dass dies auch die Attraktivität und die internationale Wettbewerbsfähigkeit des Finanzplatzes Deutschland gewährleistet und steigert, ist lediglich ein Reflex. Allerdings hat das Durchführen des Börsenhandels oberste Priorität[41] und eine erhebliche Bedeutung für den Kapitalmarkt insgesamt.[42] Aus diesem Grund verpflichtet die Betriebspflicht den Börsenträger dazu, dem öffentlichen Auftrag der Börse zur Erfüllung zu verhelfen.[43] Die Betriebspflicht dient also auch dem übergeordneten Zweck der Funktionsfähigkeit des Kapitalmarktes. Dieser Zweck ist ein überragend wichtiges Gemeinschaftsgut.[44]

Die Betriebspflicht soll schwere Gefahren für die Funktionsfähigkeit des Kapitalmarktes verhindern, nämlich dass der Börsenträger die Börse schließt, den Börsenhandel einstellt oder auf bestimmte Handelsobjekte beschränkt.[45] Der Börsenträger soll nicht selbstständig nachteilig entscheiden können.[46]

2. Geeignetheit einer endlosen Betriebspflicht

347 Die Betriebspflicht nach § 5 Abs. 1 BörsG müsste geeignet sein, um den angestrebten Zweck zu erreichen. Die Betriebspflicht verpflichtet den Börsenträger, den Börsenbetrieb aufrechtzuerhalten.[47] Sie verbietet ihm also, den Börsenbetrieb einzustellen oder zu beenden. Der Börsenträger kann insoweit nicht selbstständig entscheiden. Die Entscheidung ist vielmehr dem Staat vorbehalten. Durch die Betriebspflicht beeinflusst der Staat zumindest den wirtschaftlichen Fortbestand und die Wettbewerbsfähigkeit der Börse, stellt ein pflichtgemäßes Verhalten der Börsenorgane sicher und trägt so dem Marktfunktionsschutz Rechnung.[48] Insgesamt fördert dies

---

39 Siehe Rn. 63.
40 *Bressler*, Public private partnership im Bank- und Börsenrecht, S. 89 f.
41 A. a. O., S. 90.
42 In diesem Sinne *Posegga*, WM 2002, 2402, 2404.
43 BR-Drs. 936/1/01, S. 2.
44 *Schönemann*, Die Organisationsstruktur der Börse, S. 108; in diesem Sinne bereits *Augsberg*, Rechtsetzung zwischen Staat und Gesellschaft, S. 40.
45 Zu diesen Gefahren siehe Rn. 218.
46 Zu dieser Gefahr siehe Rn. 218.
47 Siehe Rn. 62.
48 *Schönemann*, Die Organisationsstruktur der Börse, S. 109.

die Erhaltung der Funktionsfähigkeit des Kapitalmarktes, was die Geeignetheit der Betriebspflicht begründet.

Die Geeignetheit entfällt jedoch im Einzelfall, wenn die Betriebspflicht die wirtschaftliche Existenz des Verpflichteten bedroht.[49] Denn der durch die Betriebspflicht ausgelöste Zwang, die Gemeinwohlfunktion zu erfüllen, ist wertlos und damit nicht mehr geeignet, den Zweck zu erreichen, wenn dem Privaten die Mittel zur Erfüllung fehlen.[50] Aus diesem Grund besteht in einem solchen Fall ein Anspruch auf Widerruf der Erlaubnis.[51] Dieser Anspruch ist gegebenenfalls auf einen zukünftigen Zeitpunkt nach Ablauf einer notwendigen Übergangszeit gerichtet.[52] Denn der Börsenträger kann einen Widerruf nicht zur Unzeit verlangen, weil er mit der Börsenerlaubnis auch öffentliche Pflichten übernommen hat.[53] Daher hätte der Börsenträger gegebenenfalls zunächst für Ersatz zu sorgen.[54] Dabei ist davon auszugehen, dass er sich im Bedarfsfall mit der Börsenaufsichtsbehörde darüber einigt, einen geeigneten Nachfolger als neuen Träger zu stellen,[55] zumal wegen der besonderen Bedeutung des Börsenbetriebs das jeweilige Bundesland im Rahmen des Verhältnismäßigkeitsgrundsatzes die Börsenträgerschaft nach Kräften zu übernehmen haben könnte, wenn der Börsenträger untergeht.[56] 348

Die Betriebspflicht bedroht die wirtschaftliche Existenz des Verpflichteten aber nicht schon dann, wenn der Börsenträger die aus ihr resultierenden Defizite nur durch gewinnbringende Tätigkeiten auf anderen Geschäftsfeldern refinanzieren kann.[57] Ebenso ist nicht ausreichend, dass der Börsenträger nicht den erwarteten Gewinn erwirtschaftet. Die Erwartung, mit einer Tätigkeit Gewinn zu erwirtschaften, unterliegt vielmehr seinem unternehmerischen Risiko.[58] Schlussendlich darf der Börsenträger auch bei bedrohter wirtschaftlicher Existenz den Betrieb erst einstellen und damit die Tätigkeit tatsächlich aufgeben, wenn seine Börsenerlaubnis gemäß § 43 Abs. 2 LVwVfG unwirksam geworden ist und ihn mithin keine Betriebspflicht mehr trifft.[59]

3. *Keine Erforderlichkeit einer endlosen Betriebspflicht*

Die Betriebspflicht nach § 5 Abs. 1 BörsG müsste erforderlich sein, um den angestrebten Zweck zu erreichen. Erforderlich ist ein Mittel nicht, wenn eine andere Maßnahme 349

49 *Baumann*, GewArch 2004, 448, 452.
50 Ebd.
51 Ebd.
52 Ebd.
53 *Bachof*, in: Bettermann/Nipperdey/Scheuner, Die Grundrechte, Bd. III/1, S. 249.
54 In diesem Sinne ebd.
55 *Kümpel*, in: Kümpel/Hammen, Börsenrecht, 2. Aufl., S. 116.
56 *Posegga*, WM 2002, 2402, 2407 Fn. 78.
57 *Baumann*, GewArch 2004, 448, 452.
58 A. a. O., 452 f.
59 Ähnlich *Bachof*, in: Bettermann/Nipperdey/Scheuner, Die Grundrechte, Bd. III/1, S. 249.

gleich wirksam ist, aber das Grundrecht nicht oder doch weniger fühlbar einschränkt.[60] Dies ist regelmäßig der Fall, wenn der angestrebte Zweck nach der im *Apothekenurteil* entwickelten Dreistufenlehre[61] auch auf einer niedrigeren Stufe zu erreichen ist.[62]

Dass der Börsenträger die Börse schließt, den Börsenhandel einstellt oder auf bestimmte Handelsobjekte beschränkt, also selbstständig nachteilig entscheidet, wäre auch mit einem Genehmigungsvorbehalt für solche Entscheidungen zu verhindern.[63] Der Vorbehalt könnte z.B. vorsehen, dass der Börsenträger den Börsenbetrieb in geordneten Bahnen beendet. Ebenso könnte ein förmliches Verfahren hierfür vorgeschrieben werden. Solche Möglichkeiten werden den widerstreitenden Interessen wesentlich besser gerecht und würden sich auf der niedrigeren Stufe der Berufsausübungsregelungen befinden. Dem Börsenträger insgesamt zu verbieten, auf seine Veranlassung hin den Börsenbetrieb zu beenden, schränkt ihn mehr ein als eine dieser Maßnahmen.

Zudem wäre eine Betriebspflicht des bisherigen Börsenträgers im Einzelfall nicht mehr erforderlich, wenn ein Übernahmeinteressent die Erlaubnisvoraussetzungen erfüllt und garantiert, den Betrieb ohne Zäsur fortzuführen.[64] Dann bestünde kein Anlass, den ursprünglichen Erlaubnisinhaber gegen seinen Willen an der Erlaubnis und der damit verbundenen Betriebspflicht festzuhalten.[65]

350 Im Übrigen ist die Ansicht abzulehnen, dass die gesetzlich auferlegte Betriebspflicht gerechtfertigt sei, weil sich die Unternehmer freiverantwortlich für die Übernahme dieser Pflicht entscheiden.[66] Nach dieser Ansicht beeinflusst die freiverantwortliche Unternehmerentscheidung zwar nicht den Eingriffscharakter der Betriebspflicht, ist aber bei der Prüfung der Angemessenheit zu berücksichtigen und daher für die verfassungsrechtliche Rechtfertigung durchaus von Bedeutung.[67] Diese Auffassung verkennt allerdings, dass die Berufsfreiheit freiverantwortliche Unternehmerentscheidungen erfasst und diese daher bei der Prüfung der Angemessenheit nicht zu Lasten des Unternehmers herangezogen werden können. Von einer freiverantwortlichen Entscheidung des Unternehmers kann schließlich kaum die Rede sein, wenn er schon bei Beginn der Tätigkeit darauf achten muss, ob er diese jemals wieder beenden kann.

351 Im Ergebnis ist eine endlose Betriebspflicht nicht erforderlich, um die Funktionsfähigkeit des Kapitalmarktes zu erreichen. Die Betriebspflicht nach § 5 Abs. 1 BörsG beeinträchtigt die Berufsfreiheit eines Börsenträgers aus der EU in nicht zu rechtfertigender Weise, wenn sie die freie Beendigung seiner Tätigkeit einschränkt, wenn sie also endlos gilt.

---

60 BVerfGE 25, 1, 18 (= NJW 1969, 499) – Mühlengesetz.
61 BVerfGE 7, 377, 404 ff. (= NJW 1958, 1035) – Apothekenurteil.
62 *Jarass*, in: Jarass/Pieroth, Grundgesetz, Art. 12 GG Rn. 43.
63 Ähnlich *Schönemann*, Die Organisationsstruktur der Börse, S. 110.
64 *Baumann*, GewArch 2004, 448, 452.
65 Ebd.
66 So a.a.O., 451.
67 Ebd.

B. Betriebspflicht nach § 5 Abs. 1 BörsG im Lichte der Niederlassungsfreiheit

Die Betriebspflicht nach § 5 Abs. 1 BörsG könnte den Anwendungsbereich der Niederlassungsfreiheit eines Börsenträgers in ungerechtfertigter Weise beeinträchtigen, soweit sie die freie Beendigung der Tätigkeit als Börsenträger einschränkt. **352**

I. Betrieb einer Börse im Anwendungsbereich der Niederlassungsfreiheit

Der Anwendungsbereich der Niederlassungsfreiheit ist für EU/EWR-Gesellschaften **353** eröffnet, die nicht in Deutschland ansässig sind und Deutschland als Standort für eine Börse wählen.[68] Die Bereichsausnahme des Art. 51 Abs. 1 AEUV ist auf den Betrieb einer Börse nicht anzuwenden.[69]

II. Endlose Betriebspflicht als Beeinträchtigung der Niederlassungsfreiheit

Die Niederlassungsfreiheit des Börsenträgers könnte durch eine direkte oder in- **354** direkte Diskriminierung aufgrund seiner Zugehörigkeit zur Rechtsordnung eines Mitgliedstaates oder durch eine sonstige Beschränkung beeinträchtigt sein. Mitgliedstaaten können die Niederlassungsfreiheit durch hoheitliche Maßnahmen wie formelle Gesetze, Rechtsverordnungen oder darauf beruhende Einzelakte beeinträchtigen.[70] Der Zugang zum deutschen Markt der Börsen könnte für nicht in Deutschland ansässige EU/EWR-Gesellschaften durch die Betriebspflicht nach § 5 Abs. 1 BörsG beeinträchtigt sein, soweit Börsendienstleistungen unter dem Vorbehalt einer Börsenerlaubnis stehen.[71]

Die Betriebspflicht diskriminiert EU/EWR-Gesellschaften nicht, die nicht in **355** Deutschland ansässig sind. Sie behandelt inländische und ausländische Börsenträger nicht unterschiedlich, sondern ist gleichermaßen an alle EU/EWR-Gesellschaften gerichtet. Auch faktisch stellt sie EU/EWR-Gesellschaften nicht schlechter, die in anderen Mitgliedstaaten ansässig sind. Zudem benachteiligt sie diese Gesellschaften auch nicht in deren Umfeld.

Die Niederlassungsfreiheit könnte durch die Betriebspflicht nach § 5 Abs. 1 **356** BörsG vorliegend aber beschränkt sein. Die Betriebspflicht beeinträchtigt die Niederlassungsfreiheit jedoch nur als Beschränkung, wenn sie eine *marktsegmentierende* Maßnahme darstellt, also rechtlich oder tatsächlich den Marktzugang versperrt oder erschwert.[72] Sie beeinträchtigt die Niederlassungsfreiheit

---

68 Siehe Rn. 228 ff.
69 Siehe Rn. 243 ff.
70 *Frenz*, Handbuch Europarecht, Bd. I, Rn. 2445.
71 Zum Umfang dieses Vorbehalts siehe Rn. 249.
72 Zu diesem Beschränkungsumfang siehe Rn. 254 ff.

dagegen nicht, wenn sie nur als *marktregulierende* Maßnahme einzuordnen ist, die unterschiedslos wirkt. Denn dann würde das Beschränkungsverbot nicht greifen.[73]

Die Betriebspflicht betrifft alle EU/EWR-Gesellschaften. Sie wirkt also unterschiedslos. Auch stellt sie Anforderungen an die Ausübung der Erwerbstätigkeit und bildet damit eine Standortbedingung. Insoweit scheint es sich lediglich um eine *marktregulierende* Maßnahme zu handeln. Allerdings zwingt die Betriebspflicht, soweit sie die freie Beendigung der Tätigkeit einschränkt, bereits mit dem Antrag auf Erteilung der Börsenerlaubnis darauf zu verzichten, sich der Erlaubnis wieder zu entledigen.[74] Dies beeinflusst die Aufnahme der Erwerbstätigkeit, also den Zugang zum Markt, zumindest mittelbar. Die Niederlassungsfreiheit schützt auch vor Maßnahmen, die die Aufnahme der Erwerbstätigkeit nur mittelbar beeinflussen.[75] Aus diesem Grund beschränkt eine endlose Betriebspflicht aus § 5 Abs. 1 BörsG als *marktsegmentierende* Maßnahme die Niederlassungsfreiheit einer EU/EWR-Gesellschaft, die nicht in Deutschland ansässig ist.

Die Beschränkungsqualität entfällt für *einfache multilaterale Systeme*[76] auch nicht dadurch, dass grundsätzlich gemäß § 32 Abs. 1 i.V.m. § 1 Abs. 1a Satz 2 Nr. 1b KWG die Möglichkeit bestünde, diese ohne Betriebspflicht als MTF zu betreiben. Da der Rechtsverkehr dem Betreiber eines MTF nicht in dem Maße vertraut, wie er dem Betreiber einer Börse traditionell vertraut, unterscheidet sich der Betrieb einer Börse erheblich von dem eines MTF.[77] Die Betriebspflicht als solche beschränkt die Niederlassungsfreiheit folglich auch, wenn ein *einfaches multilaterales System* betrieben und als Börse bezeichnet werden soll.

III. Keine Rechtfertigung einer endlosen Betriebspflicht

357 Wie bei der Erlaubnispflicht[78] kann die Beschränkung der Niederlassungsfreiheit durch das Bestehen der Betriebspflicht lediglich aus zwingenden Gründen des Allgemeininteresses gerechtfertigt sein.[79]

358 Die Betriebspflicht soll Gefahren für die Funktionsfähigkeit des Kapitalmarktes verhindern,[80] sie verfolgt also ein legitimes Ziel.[81]

359 Der Maßstab der Geeignetheit entspricht damit nahezu dem der Berufsfreiheit. In der Folge ist die Betriebspflicht daher auch im Rahmen der Niederlassungs-

73 Siehe Rn. 257.
74 Ähnlich schon Rn. 341.
75 *Schlag*, in: Schwarze, EU-Kommentar, Art. 49 AEUV Rn. 26.
76 Zu diesem Begriff siehe Rn. 42.
77 Ähnlich schon Rn. 42.
78 Siehe Rn. 261 ff.
79 Siehe Rn. 270.
80 Siehe Rn. 346.
81 Siehe Rn. 272.

freiheit geeignet, weil sie die Funktionsfähigkeit des Kapitalmarktes fördert.[82] Durch die Betriebspflicht beeinflusst der Staat zumindest den wirtschaftlichen Fortbestand und die Wettbewerbsfähigkeit der Börse, stellt ein pflichtgemäßes Verhalten der Börsenorgane sicher und trägt so dem Marktfunktionsschutz Rechnung.[83]

Zwar ist die Erforderlichkeit wiederum mit Blick auf die Niederlassungsfreiheit des Vertrags über die Arbeitsweise der Europäischen Union und nicht auf die Berufsfreiheit des Grundgesetzes zu prüfen.[84] Allerdings können die dort angestellten Überlegungen herangezogen werden, obwohl der Bezugspunkt der Rechtfertigung ein anderer ist.[85] In beiden Fällen orientiert sich die Erforderlichkeit nämlich an dem Ziel der Funktionsfähigkeit des Kapitalmarktes. Dem Börsenträger insgesamt zu verbieten, auf seine Veranlassung hin den Börsenbetrieb zu beenden, schränkt ihn mehr ein als Genehmigungsvorbehalte oder vorgeschriebene förmliche Verfahren für die Beendigung des Börsenbetriebs.[86] Im Ergebnis ist eine endlose Betriebspflicht nicht erforderlich, um die Funktionsfähigkeit des Kapitalmarktes zu erreichen.[87] **360**

Die Betriebspflicht nach § 5 Abs. 1 BörsG beeinträchtigt die Niederlassungsfreiheit einer nicht in Deutschland ansässigen EU/EWR-Gesellschaft also in nicht zu rechtfertigender Weise, wenn sie die freie Beendigung der Tätigkeit als Börsenträger einschränkt, wenn sie also endlos gilt.

C. Betriebspflicht nach § 5 Abs. 1 BörsG im Lichte der Dienstleistungsfreiheit

Die Betriebspflicht nach § 5 Abs. 1 BörsG könnte zudem den Anwendungsbereich der Dienstleistungsfreiheit eines Börsenträgers in ungerechtfertigter Weise beeinträchtigen, soweit sie die freie Beendigung der Tätigkeit als Börsenträger einschränkt. **361**

I. Börsendienstleistungen im Anwendungsbereich der Dienstleistungsfreiheit

Einerseits ist der Anwendungsbereich der passiven Dienstleistungsfreiheit für Empfänger von Börsendienstleistungen eröffnet.[88] Auf einen Verstoß gegen diese **362**

82 Siehe zur Berufsfreiheit Rn. 347 f.
83 *Schönemann*, Die Organisationsstruktur der Börse, S. 109.
84 *Mues*, Die Börse als Unternehmen, S. 148.
85 Ebd.
86 Siehe Rn. 349.
87 Siehe Rn. 351.
88 Siehe Rn. 294.

Freiheit können sich auch die Erbringer der Dienstleistung berufen.[89] Andererseits ist der Anwendungsbereich der Korrespondenzdienstleistungsfreiheit für EU/EWR-Gesellschaften eröffnet, die in Deutschland ansässig sind und von Deutschland aus Börsendienstleistungen gegenüber Empfängern anbieten, die sich in anderen Mitgliedstaaten aufhalten.[90] Die Bereichsausnahme nach Art. 62 i.V.m. Art. 51 Abs. 1 AEUV ist auf den Betrieb einer Börse nicht anzuwenden.[91]

II. Endlose Betriebspflicht als Beeinträchtigung der Dienstleistungsfreiheit

363 Die Dienstleistungsfreiheit des Börsenträgers könnte durch eine direkte oder indirekte Diskriminierung aufgrund seiner Zugehörigkeit zur Rechtsordnung eines Mitgliedstaates oder durch eine sonstige Beschränkung beeinträchtigt sein.

1. Keine Diskriminierung

364 Die Betriebspflicht diskriminiert die Erbringer von Börsendienstleistungen nicht, weil der Anwendungsbereich der Dienstleistungsfreiheit vorliegend nur für in Deutschland ansässige Börsenträger eröffnet ist. Der Fall, dass in anderen Mitgliedstaaten ansässige EU/EWR-Gesellschaften Börsendienstleistungen erbringen, indem sie eine Börse in Deutschland betreiben, fällt bereits voll in den Anwendungsbereich der Niederlassungsfreiheit.[92]

Eine in Deutschland ansässige EU/EWR-Gesellschaft kann sich als Erbringer von Börsendienstleistungen auch nicht auf die passive Dienstleistungsfreiheit ihrer potenziellen Empfänger berufen, weil diese insgesamt nicht beeinträchtigt ist. Das Dienstleistungsangebot, welches ausländischen Emittenten und Handelsteilnehmern zur Verfügung steht, ist gegenüber dem deutscher Empfänger nicht geschmälert. Auch deutsche Börsenteilnehmer können in Deutschland nur Börsendienstleistungen in Anspruch nehmen, die geregelte Märkte anderer Mitgliedstaaten oder erlaubte deutsche Börsen anbieten. Dies gilt auch in tatsächlicher Hinsicht.

Die Betriebspflicht diskriminiert auch nicht die Dienstleistung selbst. Sie gilt nur für Börsendienstleistungen, die aus Deutschland erbracht werden. Sie erfasst keine Börsendienstleistungen, die von einem anderen Mitgliedstaat aus erbracht werden. Zwar unterscheidet die Betriebspflicht damit nach der Herkunft der Börsendienstleistungen. Allerdings sind dadurch nur die inländischen Dienstleistungen benachteiligt. Insofern besteht allenfalls eine umgekehrte Diskriminierung. Diese wird von der Dienstleistungsfreiheit allerdings nicht erfasst.

Insgesamt diskriminiert die Betriebspflicht daher weder die Erbringer von Börsendienstleistungen, noch die Empfänger, noch die Dienstleistung selbst.

---

89 Siehe Rn. 294.
90 Siehe Rn. 296.
91 Siehe Rn. 297.
92 Siehe Rn. 231 i.V.m. Rn. 241 f.

2. *Endlose Betriebspflicht als Beschränkung*

Beschränkungen der Dienstleistungsfreiheit sind insoweit verboten, als Regelungen des Herkunftsstaates den Absatz der Dienstleistung im Bestimmungsstaat und so den Zugang zu diesem Markt behindern.[93] Behindern oder erschweren Maßnahmen des Sitzstaates eines Dienstleistenden die Nachfrage ausländischer Empfänger, so gilt ein eingeschränkter Kontrollmaßstab:[94] Am Beschränkungsverbot ist die Betriebspflicht nach § 5 Abs. 1 BörsG dann nur insoweit zu messen, als sie die Einreisefreiheit oder das Aufenthaltsrecht der Dienstleistungsempfänger schmälert.[95] Dies ist aber nicht der Fall. Die Betriebspflicht hindert Emittenten und Handelsteilnehmer anderer Mitgliedstaaten nicht daran, in Deutschland Börsendienstleistungen in Anspruch zu nehmen, die geregelte Märkte anderer Mitgliedstaaten oder erlaubte deutsche Börsen anbieten. Vielmehr wirkt sich die Betriebspflicht überhaupt nicht auf die Dienstleistungsempfänger aus. **365**

Entsprechend den Ausführungen zur Niederlassungsfreiheit beeinflusst eine endlose Betriebspflicht aber die Aufnahme der Erwerbstätigkeit, also den Zugang zum deutschen Markt der Börsen.[96] Dadurch behindert Deutschland als Herkunftsstaat der Börsendienstleistungen den Absatz dieser Dienstleistungen auch in anderen Mitgliedstaaten und so den Zugang zu diesen Märkten. Eine endlose Betriebspflicht nach § 5 Abs. 1 BörsG beschränkt folglich die Korrespondenzdienstleistungsfreiheit einer in Deutschland ansässigen EU/EWR-Gesellschaft.

III. Keine Rechtfertigung einer endlosen Betriebspflicht

Vorliegend ist nicht zu rechtfertigen, dass eine endlose Betriebspflicht die Korrespondenzdienstleistungsfreiheit beeinträchtigt, weil schon nicht zu rechtfertigen ist, dass eine endlose Betriebspflicht die Niederlassungsfreiheit beeinträchtigt.[97] Die Betriebspflicht nach § 5 Abs. 1 BörsG beeinträchtigt die Korrespondenzdienstleistungsfreiheit einer in Deutschland ansässigen EU/EWR-Gesellschaft also in nicht zu rechtfertigender Weise, wenn sie die freie Beendigung der Tätigkeit als Börsenträger einschränkt, wenn sie also endlos gilt. **366**

D. Fazit: Ermessensreduktion auf Null

Während eine endlose Betriebspflicht gegen die Berufsfreiheit sowie gegen die Niederlassungsfreiheit oder die Dienstleistungsfreiheit verstößt, sind diese Freiheiten nicht betroffen, wenn die Börsenaufsichtsbehörde die Börsenerlaubnis auf Antrag des Börsenträgers widerruft. Der Börsenbetrieb kann in einem förmlichen **367**

93 Siehe Rn. 302.
94 Siehe Rn. 303.
95 Siehe Rn. 303.
96 Siehe Rn. 356.
97 Zur Begründung dieser Argumentation siehe Rn. 307.

Verfahren in geordneten Bahnen beendet werden. Da es ein solches Verfahren gibt, überwiegt das Interesse der Allgemeinheit, den Börsenbetrieb aufrechtzuerhalten, nicht das Interesse des Börsenträgers, die Tätigkeit aufzugeben. Aus diesem Grund darf die Börsenaufsichtsbehörde einen Antrag auf Widerruf der Börsenerlaubnis nicht mit der Begründung versagen, dass diesem die Betriebspflicht entgegenstehe. Sofern im Einzelfall keine anderweitigen Ermessensgesichtspunkte hinzutreten, ist das Ermessen der Börsenaufsichtsbehörde folglich auf Null reduziert, wenn der Börsenträger den Widerruf der Börsenerlaubnis beantragt.

§ 8. Kein Verzicht auf die Börsenerlaubnis

Zwar lassen sich im Privatrecht zum Verzicht spezielle Regelungen wie z.B. § 397 BGB oder § 928 BGB finden. Allgemein regelt den Verzicht aber weder das Privatrecht noch das öffentliche Recht.[1] Im besonderen Verwaltungsrecht untersagen jedoch einige Gesetze den Verzicht ausdrücklich.[2] Der Verzicht ist also als eigenständiges verwaltungsrechtliches Institut anerkannt.[3] Gleichwohl ist es unzulässig, auf Rechte ganz allgemeiner Art zu verzichten,[4] wie z.B. auf Grund- und Menschenrechte.[5] Verzichtbar sind vielmehr nur konkrete Rechtspositionen und Befugnisse, die den Rechten ganz allgemeiner Art entspringen;[6] also Rechtspositionen des materiellen Rechts sowie des Verfahrensrechts.[7] **368**

Erklärt ein Begünstigter den Verzicht, ist dies nicht nur ein Antrag, den Verwaltungsakt aufzuheben.[8] Vielmehr wirkt diese Erklärung unmittelbar rechtsgestaltend.[9] Sie ist empfangsbedürftig[10] und wird entsprechend § 130 Abs. 1 Satz 1 BGB[11] mit Zugang wirksam.[12] Eine Erlaubnis verliert daher mit Zugang des Verzichts ihre rechtliche Existenz.[13] Bestätigt die Behörde das Erlöschen der Erlaubnis, so wirkt dies nur noch deklaratorisch.[14]

369 Nach dem börsenrechtlichen Schrifttum und den Gesetzesmaterialien kann der Börsenträger nicht einseitig auf die Börsenerlaubnis verzichten.[15] Börsen dienten

---

1 *Sachs*, in: Stelkens/Bonk/Sachs, Verwaltungsverfahrensgesetz, § 53 VwVfG Rn. 30.
2 Ebd.
3 Ebd.
4 A. a. O., § 53 VwVfG Rn. 31.
5 *Ders.*, in: Sachs, Grundgesetz, Vor Art. 1 GG Rn. 52 f.; näher *Stern*, in: Stern/Sachs, Staatsrecht, Bd. III/2, S. 887 ff.
6 *Sachs*, in: Sachs, Grundgesetz, Vor Art. 1 GG Rn. 53.
7 *Ders.*, in: Stelkens/Bonk/Sachs, Verwaltungsverfahrensgesetz, § 53 VwVfG Rn. 31.
8 A.A. *E. Forsthoff*, Lehrbuch des Verwaltungsrechts, Bd. I, S. 288.
9 BVerwGE 84, 209, 211 f. (= NVwZ 1990, 464).
10 *Schoenborn*, Verzicht im öffentlichen Recht, S. 32 ff.; *Leippert*, Verzicht auf subjektive öffentliche Rechte, S. 75; *Frieß*, Der Verzicht auf Grundrechte, S. 20; *Middel*, Öffentlich-rechtliche Willenserklärungen von Privatpersonen, S. 31 f.; *Koch*, Verzicht auf Grundrechte, S. 18; *Baumann*, GewArch 2004, 448, 448.
11 *Wall*, Privatrechtliche Vorschriften im Verwaltungsrecht, S. 125.
12 *Schoenborn*, Verzicht im öffentlichen Recht, S. 32 ff.; *Nebinger*, Verwaltungsrecht, S. 300 Fn. 74; *Wilde*, Der Verzicht Privater auf subjektive öffentliche Rechte, S. 65 f.; *Frieß*, Der Verzicht auf Grundrechte, S. 20; *Illian*, Der Verzicht Privater im Verwaltungsrecht, S. 99; *Baumann*, GewArch 2004, 448, 448.
13 *Baumann*, GewArch 2004, 448, 449.
14 BVerwGE 84, 209, 211 (= NVwZ 1990, 464); *Quaritsch*, in: Selmer/Münch, GS Martens, S. 407, 414; *Baumann*, GewArch 2004, 448, 449.
15 *Göppert*, Das Recht der Börsen, S. 76; *Posegga*, WM 2002, 2402, 2403 f.; *Groß*, Kapitalmarktrecht, 6. Aufl., § 5 BörsG Rn. 7; *Kümpel*, in: Kümpel/Hammen, Börsen-

dem öffentlichen Interesse und es könne daher nicht im Belieben des Börsenträgers stehen, ob eine Börse aufgelöst werde oder weiter bestehe.[16] Die Betriebspflicht verbiete dem Börsenträger, die Börse eigenverantwortlich aufzulösen.[17] Sie verpflichte – so wird gesagt – den Börsenträger, den Bestand und die Funktionsfähigkeit der Börse zu erhalten.[18] Daher könne der Börsenträger weder die Reichweite seiner Pflichtenstellung privatautonom modifizieren, noch den Betrieb der Börse ohne Einverständnis der Börsenaufsichtsbehörde einstellen.[19]

Dem steht entgegen, dass ein Begünstigter nach allgemeinen Grundsätzen darauf verzichten kann, seine Rechte wahrzunehmen.[20] Hiernach würde die Börsenerlaubnis mitsamt der Betriebspflicht nämlich erlöschen, sobald der Börsenträger auf die Erlaubnis verzichtet.[21] Ein wirksamer Verzicht setzt allerdings voraus, dass der Verzichtende ihn formell ordnungsgemäß erklärt und der Verzicht materiell zulässig ist.

A. Formelle Voraussetzungen

370 Ein Verzicht erfolgt unmittelbar durch einseitige, empfangsbedürftige Willenserklärung gegenüber demjenigen Hoheitsträger, der im Verhältnis zum Verzichtenden sachlich und örtlich zuständig ist,[22] also dem Verzichtenden die Rechtsposition verliehen hat.[23] Dies ist für die Börsenerlaubnis wie beim Widerruf die jeweilige oberste Landesbehörde als Börsenaufsichtsbehörde.[24] Die Willenserklärung ist unwiderruf-

recht, 2. Aufl., S. 116; *Ledermann*, in: Schäfer/Hamann, Kapitalmarktgesetze, Bd. II, 2. Aufl. 7. EL., § 1 BörsG Rn. 6; *Beck*, in: Schwark/Zimmer, Kapitalmarktrecht, 4. Aufl., § 4 BörsG Rn. 31; *Seehafer*, Grenzüberschreitende Börsenkonzentrationen, S. 188; BT-Drs. 14/8017, S. 146; *„europarechtlich bedenklich"* findet *Hammen*, Börsen und multilaterale Handelssysteme im Wettbewerb, S. 56 die Ansicht, dass sich der Börsenträger nicht mehr von seiner Betriebspflicht lösen können soll.

16 *Göppert*, Das Recht der Börsen, S. 89; *Ledermann*, in: Schäfer/Hamann, Kapitalmarktgesetze, Bd. II, 2. Aufl. 7. EL., § 1 BörsG Rn. 6; *Kümpel*, in: Kümpel/Hammen, Börsenrecht, 2. Aufl., S. 116; *Kümpel/Hammen*, WM 2000 Sonderbeilage Nr. 3, 3, 10; auch in diesem Sinne *Groß*, Kapitalmarktrecht, 6. Aufl., § 5 BörsG Rn. 7.

17 *Breitkreuz*, Die Ordnung der Börse, S. 187.

18 *Schlüter*, Börsenhandelsrecht, S. 380 Rn. 148; *Kümpel*, Bank- und Kapitalmarktrecht, 2. Aufl., Rn. 17.146.

19 *Mues*, ZBB 2001, 353, 357.

20 BVerwGE 84, 209, 211 f. (= NVwZ 1990, 464); *Sachs*, in: Stelkens/Bonk/Sachs, Verwaltungsverfahrensgesetz, § 43 VwVfG Rn. 209.

21 Siehe Rn. 326.

22 *E. Forsthoff*, Lehrbuch des Verwaltungsrechts, Bd. I, S. 289; *Illian*, Der Verzicht Privater im Verwaltungsrecht, S. 99 ff.; *Sachs*, in: Stelkens/Bonk/Sachs, Verwaltungsverfahrensgesetz, § 53 VwVfG Rn. 33 f.

23 *Illian*, Der Verzicht Privater im Verwaltungsrecht, S. 100 f.; *Baumann*, GewArch 2004, 448, 448.

24 Zur Zuständigkeit der Börsenaufsichtsbehörde beim Widerruf siehe Rn. 329 f.

lich[25] und bedarf keiner besonderen Form.[26] Zwar muss der Verzichtende den Verzicht nicht ausdrücklich erklären, allerdings eindeutig und unmissverständlich.[27] Bloßes Schweigen oder Untätigkeit reichen nicht aus.[28] Um einen entsprechenden Willen zum Ausdruck zu bringen, muss der Verzichtende zumindest Kenntnis von dem Recht haben, auf das er verzichten möchte.[29] Diese Kenntnis besitzt der Börsenträger ohne Weiteres. Denn er weiß ja, dass er aus der ihm erteilten Börsenerlaubnis das Recht zum Betrieb der Börse besitzt.

B. Materielle Voraussetzungen

Materiell setzt ein wirksamer Verzicht voraus, dass der Verzichtende Inhaber des **371** Rechts ist und ihm die Verzichtsbefugnis zukommt.[30]

I. Börsenträger als Rechtsinhaber

Nur der materielle Rechtsinhaber selbst kann auf sein Recht verzichten. Wer die **372** Entstehung des Rechts veranlasst hat, ist unerheblich. Der Verzicht betrifft nicht den Entstehungsgrund sondern die daraus resultierende Rechtsposition.[31] Auf eine Rechtsposition aus einem Verwaltungsakt kann daher nur derjenige verzichten, dem dieser Verwaltungsakt eine Rechtsposition vermittelt.[32] Die Börsenerlaubnis vermittelt dem Börsenträger gemäß § 5 Abs. 1 Satz 1 BörsG das Recht, eine Börse zu errichten und zu betreiben. Folglich ist der Börsenträger der materielle Rechtsinhaber.

---

25 BVerwG DÖV 1960, 391, 391; *Jellinek*, Verwaltungsrecht, S. 217; *Quaritsch*, in: Selmer/Münch, GS Martens, S. 407, 408.

26 BVerwG DÖV 1960, 391, 391; *E. Forsthoff*, Lehrbuch des Verwaltungsrechts, Bd. I, S. 289.

27 BVerwG DÖV 1960, 391, 391; OVG Koblenz DÖV 1981, 879, 879; OVG Saarlouis NVwZ 1984, 657, 658; VGH Mannheim NVwZ 1995, 280, 281 (= DVBl. 1994, 707); OVG Lüneburg NVwZ 1998, 427, 427; *Jellinek*, Verwaltungsrecht, S. 215; *E. Forsthoff*, Lehrbuch des Verwaltungsrechts, Bd. I, S. 289; *Illian*, Der Verzicht Privater im Verwaltungsrecht, S. 101 f.; *Sachs*, in: Stelkens/Bonk/Sachs, Verwaltungsverfahrensgesetz, § 53 VwVfG Rn. 33.

28 *Illian*, Der Verzicht Privater im Verwaltungsrecht, S. 101 f.; *Sachs*, in: Stelkens/Bonk/Sachs, Verwaltungsverfahrensgesetz, § 53 VwVfG Rn. 33.

29 *Henneke*, in: Knack/Henneke, Verwaltungsverfahrensgesetz, Vorb. zu § 53 VwVfG Rn. 18.

30 *Henneke*, in: Knack/Henneke, Verwaltungsverfahrensgesetz, Vorb. zu § 53 VwVfG Rn. 18; *Sachs*, in: Stelkens/Bonk/Sachs, Verwaltungsverfahrensgesetz, § 53 VwVfG Rn. 29, 35.

31 *Illian*, Der Verzicht Privater im Verwaltungsrecht, S. 36 f.; *Baumann*, GewArch 2004, 448, 448.

32 *Sachs*, in: Stelkens/Bonk/Sachs, Verwaltungsverfahrensgesetz, § 53 VwVfG Rn. 36.

II. Keine Verzichtsbefugnis des Börsenträgers

373 Der grundsätzlich zulässige Verzicht auf Verwaltungsakte setzt im Einzelfall voraus, dass der Verzichtende befugt ist, über die betroffene Rechtsposition zu disponieren.[33] Diese Verzichtsbefugnis folgt nämlich nicht allein daraus, dass der Verzichtende Rechtsinhaber ist. Schließlich kann eine Verzichtsbefugnis durch gesetzliche Verbote oder öffentliche Interessen ausgeschlossen sein.[34]

1. Kein gesetzliches Verbot des Verzichts

374 Ob der Berechtigte nach dem geschriebenen Recht auf seine Rechtsposition verzichten kann, ist durch Auslegung der Vorschriften herauszufinden, welche die Rechtsposition begründen.[35] Weil auch der Rechtsverzicht Grundrechtsausübung (Art. 2 Abs. 1 GG) ist,[36] bedarf die Beschränkung der Dispositionsbefugnis einer hinreichend bestimmten gesetzlichen Regelung.[37] Das BörsG untersagt einen Verzicht des Börsenträgers auf die Börsenerlaubnis nicht ausdrücklich. Auch § 4 Abs. 5 Satz 1 BörsG regelt nur Fälle, in denen die Börsenaufsichtsbehörde die Börsenerlaubnis aufhebt, um auf eine neue Sach- oder Rechtslage zu reagieren. Dies rechtfertigt aber noch nicht den Umkehrschluss, dass eine Aufhebung der Börsenerlaubnis durch den Börsenträger im Wege des Verzichts unzulässig wäre. Zudem könnte eine solche Regelung auf den Verzicht entsprechend anzuwenden sein.[38] Des Weiteren spricht es eher für die Zulässigkeit eines Verzichts, wenn der Erlaubnisinhaber die Möglichkeit hat, die erlaubte Tätigkeit nicht auszuüben.[39] § 4 Abs. 5 Satz 1 Nr. 1 BörsG geht zumindest von der tatsächlichen Möglichkeit aus, dass der Börsenträger den Börsenbetrieb nicht ausübt. Insgesamt ist dem BörsG daher kein ausdrückliches Verbot zu entnehmen, auf das Recht zum Börsenbetrieb zu verzichten.

2. Entgegenstehendes öffentliches Interesse

375 Regelt das geschriebene Recht die Disponibilität einer Rechtsposition nicht, kann der Begünstigte grundsätzlich auf sie verzichten. Der Verzichtbarkeit kann allerdings die Natur der Rechtsposition selbst entgegenstehen.[40] Die Dispositionsbefugnis bestimmt

---

33 BVerwG DÖV 1960, 391, 391; *E. Forsthoff*, Lehrbuch des Verwaltungsrechts, Bd. I, S. 288; *Quaritsch*, in: Selmer/Münch, GS Martens, S. 407, 408; *Stober*, in: Stober/Kluth/Wolff/Bachof, Verwaltungsrecht I, § 43 Rn. 81; *Maurer*, Allgemeines Verwaltungsrecht, § 14 Rn. 34; *Illian*, Der Verzicht Privater im Verwaltungsrecht, S. 53.

34 *Terhechte*, in: Fehling/Kastner/Störmer, Verwaltungsrecht, § 53 VwVfG Rn. 21.

35 *Fluck*, WM 1995, 553, 553.

36 *Fluck*, WM 1995, 553, 556 ff.; in diesem Sinne wohl schon *Quaritsch*, in: Selmer/Münch, GS Martens, S. 407, 410.

37 *Fluck*, WM 1995, 553, 556 ff.

38 A. a. O., 554.

39 *Wilde*, Der Verzicht Privater auf subjektive öffentliche Rechte, S. 53.

40 In diesem Sinne *Baumann*, GewArch 2004, 448, 449.

sich also auch nach der Art des zugrunde liegenden Verwaltungsrechtsverhältnisses.[41] Verzichtbar sind hiernach solche Rechte, die den Einzelnen begünstigen.[42] Dagegen sind Pflichten und Lasten nicht verzichtbar.[43] Subjektive öffentliche Rechte sind also grundsätzlich unverzichtbar, wenn sie dem Einzelnen im allgemeinen Interesse zugesprochen werden,[44] er also verpflichtet ist, die Rechte auszuüben.[45] Grenze der individuellen Verfügungsbefugnis ist danach das öffentliche Interesse.[46] Der Verzicht auf eine Rechtsposition ist folglich unzulässig, wenn die Position überwiegend im öffentlichen Interesse besteht.[47] Ob ein öffentliches Interesse tatsächlich vorliegt, folgt aus dem Zweck der vermittelten Rechtsposition.[48]

Ein öffentliches Interesse fehlt in der Regel, wenn der Begünstigte bei der Entstehung der Rechtsposition mitwirken musste, z. B. durch einen Antrag.[49] Dagegen ist von einem öffentlichen Interesse auszugehen, wenn der Begünstigte bei Ausübung der ihm verliehenen Rechtsposition Aufgaben wahrnimmt, die eigentlich der öffentlichen Hand vorbehalten sind.[50] Jedenfalls liegt ein öffentliches Interesse vor, wenn die Rechtsposition mit der Pflicht verbunden ist, sie auszuüben oder fortdauernd aufrechtzuerhalten.[51] Bereits die Verknüpfung mit einer Verpflichtung reicht also aus.[52] Das Mitwirken des Begünstigten tritt dann in den Hintergrund. Der Begünstigte kann auf eine solche Rechtsposition nicht verzichten, ohne dass

---

41 *Illian*, Der Verzicht Privater im Verwaltungsrecht, S. 86; *Fluck*, WM 1995, 553, 553.

42 *E. Forsthoff*, Lehrbuch des Verwaltungsrechts, Bd. I, S. 287; *H. Landmann/Giers/Proksch*, Allgemeines Verwaltungsrecht, S. 132 f.; auch in diesem Sinne *Wilde*, Der Verzicht Privater auf subjektive öffentliche Rechte, S. 44 ff.; *Turegg/Kraus*, Verwaltungsrecht, S. 174.

43 *E. Forsthoff*, Lehrbuch des Verwaltungsrechts, Bd. I, S. 287.

44 *Wilde*, Der Verzicht Privater auf subjektive öffentliche Rechte, S. 49.

45 *Jellinek*, Verwaltungsrecht, S. 215.

46 *Illian*, Der Verzicht Privater im Verwaltungsrecht, S. 86.

47 OVGE MüLü 26, 265, 268; *Quaritsch*, in: Selmer/Münch, GS Martens, S. 407, 414; *Illian*, Der Verzicht Privater im Verwaltungsrecht, S. 53, 86; differenzierender *Baumann*, GewArch 2004, 448, 449.

48 *Erichsen*, in: Erichsen/Ehlers, Allgemeines Verwaltungsrecht, 12. Aufl., § 11 Rn. 54; *Baumann*, GewArch 2004, 448, 449.

49 *Stober*, in: Stober/Kluth/Wolff/Bachof, Verwaltungsrecht I, § 43 Rn. 81; *Fluck*, WM 1995, 553, 553 f., 556; auch in diesem Sinne *Jellinek*, Verwaltungsrecht, S. 216; *Wilde*, Der Verzicht Privater auf subjektive öffentliche Rechte, S. 50 ff.

50 *Nebendahl/Rönnau*, NVwZ 1988, 873, 876; auch in diesem Sinne *Fluck*, WM 1995, 553, 555.

51 *Jellinek*, Verwaltungsrecht, S. 215; *Stober*, in: Stober/Kluth/Wolff/Bachof, Verwaltungsrecht I, § 43 Rn. 81; *Middel*, Öffentlich-rechtliche Willenserklärungen von Privatpersonen, S. 33; zwar nicht so konkret, aber auch in diesem Sinne *Illian*, Der Verzicht Privater im Verwaltungsrecht, S. 71.

52 *Erichsen*, in: Erichsen/Ehlers, Allgemeines Verwaltungsrecht, 12. Aufl., § 11 Rn. 54; *Nebendahl/Rönnau*, NVwZ 1988, 873, 876; *Fluck*, WM 1995, 553, 553.

der aus der hiermit einhergehenden Belastung Berechtigte mitwirkt.[53] Begründet ein Verwaltungsakt also Rechte für die Verwaltung, so kann der private Adressat diesen nicht durch einseitigen Verzicht zum Erlöschen bringen. Rechtsinhaber dieser Berechtigung ist die Behörde für die jeweilige Körperschaft, die ihr Recht durch *actus contrarius* beendet.[54]

376 Die Börsenerlaubnis könnte wegen der Betriebspflicht aus § 5 Abs. 1 BörsG in einem solchen überwiegenden öffentlichen Interesse stehen. Betriebspflichten bestehen grundsätzlich im öffentlichen Interesse.[55] Der Gesetzgeber trifft bei der Auferlegung von Betriebspflichten in der Regel eine ausdrückliche Regelung dahin gehend, dass die Dispositionsbefugnis für die Beendigung der Pflichten allein beim Staat liegt.[56] Dem entspricht auch die herrschende Meinung, welche von einer Unverzichtbarkeit ausgeht, wenn eine Erlaubnis mit einer Betriebspflicht gekoppelt ist.[57] Koppelt das Gesetz nämlich eine verwaltungsrechtliche Begünstigung mit einer Ausübungspflicht, so drückt dies ein erhebliches öffentliches Interesse daran aus, dass der Begünstigte die Rechtsposition ausüben und diese fortbestehen soll.[58] Die Ausübungspflicht soll den Begünstigten auch dazu anhalten, das Recht zu behalten, also nicht darauf zu verzichten.[59]

Selbst wenn ein Recht auf einen Antrag hin entstanden ist, bindet eine Betriebspflicht das Recht sehr stark sozial.[60] Diese Konsequenz ist allerdings nicht zwingend. Es sind rechtliche Konstruktionen denkbar, nach welchen der Rechtsinhaber zwar auf sein Recht im Ganzen verzichten kann, es aber im Sinne einer Betriebspflicht ausüben muss, falls er es behält.[61] Dann beauftragt die Ausübungspflicht den Begünstigten nur, diejenigen Interessen wahrzunehmen, welche die ihm gewährte Rechtsposition erfasst.[62] Folglich ist dann ein einseitiger Verzicht nicht ausgeschlossen.[63]

---

53 *Fluck*, WM 1995, 553, 556.

54 Ebd.

55 *Wilde*, Der Verzicht Privater auf subjektive öffentliche Rechte, S. 59; *Baumann*, GewArch 2004, 448, 449; auch in diesem Sinne *Nebendahl/Rönnau*, NVwZ 1988, 873, 876; *Illian*, Der Verzicht Privater im Verwaltungsrecht, S. 75.

56 Ähnlich *Fluck*, WM 1995, 553, 555 ff.

57 *Baumann*, GewArch 2004, 448, 448 ff.; im Ergebnis auch *Schönleiter*, in: R. v. Landmann/Rohmer, Gewerbeordnung, Bd. I, § 49 GewO Rn. 24, allerdings zur Gewerbeerlaubnis; dieses Ergebnis kann auch schon aus *Illian*, Der Verzicht Privater im Verwaltungsrecht, S. 153 f. geschlussfolgert werden, auf den *Baumann* auch verweist.

58 *Illian*, Der Verzicht Privater im Verwaltungsrecht, S. 75.

59 *Wilde*, Der Verzicht Privater auf subjektive öffentliche Rechte, S. 42.

60 A. a. O., S. 52.

61 A. a. O., S. 42.

62 *Illian*, Der Verzicht Privater im Verwaltungsrecht, S. 75.

63 Anders allerdings ebd.

Die Börsenerlaubnis erweitert einerseits den Rechtskreis des Börsenträgers; sie gestattet ihm, eine Börse zu betreiben.[64] Andererseits beschränkt die Börsenerlaubnis die Freiheit des Börsenträgers; sie verpflichtet ihn, die Börse fortlaufend zu betreiben.[65] Das BörsG koppelt also eine verwaltungsrechtliche Begünstigung mit einer Ausübungspflicht. Dass die Betriebspflicht aus dem Antrag auf Erteilung der Börsenerlaubnis resultiert, ist unerheblich. Ob die Betriebspflicht allerdings nur ausgeübt werden muss, solange der Börsenträger nicht auf die Börsenerlaubnis verzichtet, ist an der Berufsfreiheit zu messen. Denn diese ist auch zu beachten, wenn eine Erlaubnis mit einer Ausübungspflicht gekoppelt wird. Schon die Bindung eines Privaten aufgrund öffentlich-rechtlicher Ausgestaltung ist nämlich an der Berufsfreiheit zu messen.[66] Wie gezeigt, verstößt die Verbindung der Börsenerlaubnis mit der Betriebspflicht gegen die Berufsfreiheit, wenn sich der Börsenträger nicht wieder von dieser Pflicht befreien kann.[67] Der unbestimmte Rechtsbegriff des öffentlichen Interesses wäre in diesem Lichte daher so zu verstehen, dass das öffentliche Interesse gegenüber dem Interesse des Börsenträgers, den Börsenbetrieb wieder einstellen zu können, nicht überwiegt. Mithin stünde die Betriebspflicht einem Verzicht auf die Börsenerlaubnis nicht entgegen. Allerdings steht dem Börsenträger hier der Weg des Widerrufs auf Antrag offen. Die dann folgende Beendigung in geordneten Bahnen wird den widerstreitenden Interessen wesentlich besser gerecht als ein einseitiger Verzicht. Das aus der Betriebspflicht nach § 5 Abs. 1 BörsG folgende öffentliche Interesse überwiegt daher im Ergebnis das Interesse des Börsenträgers, den Börsenbetrieb durch einseitigen Verzicht einstellen zu können, doch. 377

Aus diesem Grund ist der Börsenträger nicht befugt, über die Börsenerlaubnis zu disponieren. Er kann nicht einseitig auf sie verzichten.

---

64 *Mues*, ZBB 2001, 353, 357.

65 Zusätzlich noch auf eine öffentlich-rechtliche Bindung des Börsenträgers bezogen ebd.

66 Siehe Rn. 210.

67 Siehe Rn. 349 ff.

5. Teil

Ergebnis

1. Erteilt die Börsenaufsichtsbehörde einem Antragsteller eine Börsenerlaubnis, dann wird dieser gemäß § 5 Abs. 1 Satz 1 BörsG einerseits zum Börsenträger und andererseits dazu berechtigt und verpflichtet, eine Börse einzurichten und zu betreiben. **378**

   a) Der Antragsteller wird als Börsenträger zum Verwaltungshelfer.[1] Eine Beleihung scheidet aus, weil das jeweilige Bundesland keine Hoheitsbefugnisse auf den Börsenträger überträgt.[2]

      Tatsächlich errichtet ist die Anstalt Börse mit der Erteilung der Börsenerlaubnis noch nicht. Um die Anstalt Börse zu errichten, muss zunächst der vorläufige Börsenrat eine Börsenordnung erlassen, welche die Börsenaufsichtsbehörde anschließend genehmigen und schließlich auch bekannt machen muss.[3] Weil der Börsenaufsichtsbehörde die entscheidenden Teile der Satzungs- und Organisationsgewalt verbleiben, errichtet diese die Anstalt Börse.[4] Anstaltsträger ist das die Börse genehmigende Bundesland.[5]

   b) Die Börsenerlaubnis berechtigt den Antragsteller als Börsenträger, eine Börse einzurichten und zu betreiben.

      Der Begriff „*Errichtung*" in § 4 Abs. 1 und § 5 Abs. 1 Satz 1 BörsG meint die tatsächliche Einrichtung der Börse, also das konkrete Zuweisen von Personal- und Sachmitteln.[6]

      Durch das Betriebsrecht hebt die Börsenerlaubnis das Verbot auf, multilaterale Systeme zu betreiben, die einer Erlaubnis nach § 4 Abs. 1 BörsG bedürfen.[7] Hier ist zu differenzieren: Soweit ein multilaterales System auf den Kauf und Verkauf von Wirtschaftsgütern oder Rechten bezogen ist, die nicht Finanzinstrumente sind, oder es die Interessen der Teilnehmer nicht zwangsläufig zusammenbringt, sondern ein solches Zusammenbringen lediglich fördert (*qualifiziertes multilaterales System*), verbietet § 4 Abs. 1 BörsG, solche Systeme ohne Erlaubnis zu betreiben.[8] Soweit ein multilaterales System sowohl unter § 2 Abs. 1 BörsG als auch unter § 1 Abs. 1a Satz 2 Nr. 1b KWG subsumierbar ist (*einfaches multilaterales System*), verbietet § 4 Abs. 1 BörsG, solche Systeme unter der Bezeichnung *Börse* ohne Erlaubnis zu betreiben.[9]

---

1 Siehe Rn. 37.
2 Siehe Rn. 34.
3 Siehe Rn. 55.
4 Siehe Rn. 55.
5 Siehe Rn. 18.
6 Siehe Rn. 57.
7 Siehe Rn. 39 ff.
8 Siehe Rn. 41.
9 Siehe Rn. 42.

c) Die Börsenerlaubnis begründet nicht nur die Berechtigung, eine Börse einzurichten und zu betreiben, sondern nimmt den Antragsteller als Börsenträger auch in die Pflicht. Die Pflichten eines Börsenträgers regelt § 5 BörsG.[10]

Zunächst verpflichtet § 5 Abs. 1 Satz 1 BörsG den Börsenträger, die Börse einzurichten.[11] Er muss das Personal und die Sachmittel konkret zuweisen, also Stellen besetzen sowie Gebäude und sonstige für den Arbeitsablauf erforderliche Instrumente und Materialien bereitstellen.[12]

Des Weiteren verpflichtet § 5 Abs. 1 Satz 1 BörsG den Börsenträger, die Börse zu betreiben.[13] § 5 Abs. 1 Satz 2 BörsG konkretisiert den Gegenstand dieser Betriebspflicht: Fordert die Geschäftsführung der Börse finanzielle, personelle oder sachliche Mittel an, die erforderlich sind, um den Börsenbetrieb durchzuführen oder angemessen fortzuentwickeln, so muss der Börsenträger entsprechende Mittel zur Verfügung stellen.[14] Da der Antragsteller den Anstaltszweck der Börse selbst bestimmt, muss die Börse die wirtschaftliche Leistungsfähigkeit des Börsenträgers hierbei faktisch berücksichtigen.[15] Fordert die Börse finanzielle, personelle oder sachliche Mittel an, ist das Spannungsverhältnis zwischen der Leistungsfähigkeit des Börsenträgers und dem Durchführungs- und Fortentwicklungszweck nach dem Grundsatz der Verhältnismäßigkeit aufzulösen.[16]

§ 5 Abs. 2 BörsG verpflichtet den Börsenträger, seine aktuelle Eigentümerstruktur auf seiner Internetseite zu veröffentlichen.[17] Dabei muss er insbesondere Inhaber von Beteiligungen bezeichnen, die direkt oder indirekt mindestens 10 % des Kapitals oder der Stimmrechte halten oder seine Geschäftsführung auf andere Weise maßgeblich beeinflussen können.[18]

Lagert der Börsenträger wesentliche Bereiche aus, muss er gemäß § 5 Abs. 3 BörsG absichern, dass er das Auslagerungsunternehmen hinsichtlich der ausgelagerten Funktionen und Tätigkeiten beeinflussen kann, und Vorkehrungen treffen, um die Auslagerung beenden sowie einen Wegfall des Auslagerungsunternehmens kompensieren zu können.[19]

§ 5 Abs. 4 Nr. 1 bis 3 BörsG regelt Anforderungen an die Ablauforganisation und das Risikomanagement.[20] Wirken sich Konflikte zwischen den Interessen

---

10 Siehe Rn. 58.
11 Siehe Rn. 60.
12 Siehe Rn. 60.
13 Siehe Rn. 61.
14 Siehe Rn. 61.
15 Siehe Rn. 63.
16 Siehe Rn. 63, 67.
17 Siehe Rn. 68.
18 Siehe Rn. 100.
19 Siehe Rn. 69.
20 Siehe Rn. 70.

des Börsenträgers oder dessen Eigentümern und dem öffentlichen Interesse am ordnungsgemäßen Betrieb der Börse nachteilig auf den Börsenbetrieb oder auf die Handelsteilnehmer aus, muss der Börsenträger dies erkennen und verhindern.[21] Er muss Konfliktfelder identifizieren, anschließend effektive Instrumente entwickeln, um entsprechende Konflikte zu vermeiden oder jedenfalls zu verringern, und schließlich die entsprechenden Instrumente umsetzen.[22] Der Börsenträger muss systematisch die Risiken des Börsenbetriebs erfassen und messen, begrenzende Maßnahmen entwickeln und Vorkehrungen treffen, wie bei Eintritt eines bestimmten Risikos zu verfahren ist.[23] Die Börsenhandels- und Abwicklungssysteme müssen störungsfrei und mit der erforderlichen Qualität funktionieren und zwar nicht nur im gewöhnlichen Betrieb, sondern auch, wenn neue Systeme eingeführt oder bestehende Systeme erweitert sowie modifiziert werden.[24]

Nach § 5 Abs. 4a BörsG 2018 ist der Börsenträger verpflichtet, Handelssysteme in stabiler Art und Weise zu verwenden.[25] Er muss Systeme und Verfahren vorhalten, die Gefahren verhindern, die sich für die geordnete Funktionsweise der Märkte aus dem algorithmischen Handel und dem Hochfrequenzhandel ergeben.[26]

Der Börsenträger muss gemäß § 5 Abs. 5 BörsG über ausreichende finanzielle Mittel verfügen, um eine ordnungsgemäße Durchführung des Börsenbetriebs zu gewährleisten.[27] Der Umfang der angemessenen Finanzausstattung des Börsenträgers bestimmt sich dabei nach den Anforderungen, welche die Börse an ihn stellt.[28]

Der Börsenträger muss nach § 5 Abs. 6 BörsG das Sitzbundesland der Börse von Amtshaftungsansprüchen freistellen, die aus Schäden resultieren, welche die für die Börse Handelnden in Ausübung der ihnen übertragenen Aufgaben verursachen.[29] Hierzu muss er ausreichend Kapital vorhalten oder sich entsprechend versichern.[30]

§ 5 Abs. 7 BörsG 2018 verpflichtet den Börsenträger, sich bei der Ausführung von Kundenaufträgen neutral zu verhalten.[31] Es ist ihm nicht gestattet, bei der Ausführung von Kundenaufträgen an Börsen für eigene Rechnung Handel

---

21 Siehe Rn. 71.
22 Siehe Rn. 72.
23 Siehe Rn. 73.
24 Siehe Rn. 74.
25 Siehe Rn. 75.
26 Siehe Rn. 75.
27 Siehe Rn. 76.
28 Siehe Rn. 76.
29 Siehe Rn. 77.
30 Siehe Rn. 77.
31 Siehe Rn. 80.

zu treiben.[32] Außerdem darf der Börsenträger nicht auf Geschäfte zurückgreifen, bei denen er während der gesamten Ausführung des Geschäfts keinem Marktrisiko ausgesetzt ist, das Kauf- und das Verkaufsgeschäft gleichzeitig ausgeführt werden und er bis auf die vorab offengelegte Provision, Gebühr oder sonstige Vergütung weder Gewinn noch Verlust macht.[33] Er soll seinen Informationsvorsprung und seine Handelsmöglichkeiten gegenüber anderen Marktteilnehmern nicht zu seinen Gunsten ausnutzen.[34]

Nach § 5 Abs. 7 BörsG/§ 5 Abs. 8 BörsG 2018 muss der Börsenträger ein Whistleblowing-System einrichten.[35] Hierdurch muss es seinen Mitarbeitern möglich sein, Verstöße gegen die EU-Verordnungen MAR, SFTR, MiFIR und PRIIP, gegen das BörsG, das WpHG und auf Grund dessen erlassener Rechtsverordnungen sowie strafbare Handlungen derart an geeignete Stellen innerhalb des Unternehmens zu melden, dass die Vertraulichkeit ihrer Identität gewahrt bleibt.[36]

§ 5 BörsG regelt den Pflichtenkreis des Börsenträgers abschließend.[37] Neben den gesetzlich bestimmten Pflichten obliegen dem Börsenträger keine weiteren Pflichten. Er ist nicht verpflichtet, die gute Ordnung am Kapitalmarkt zu gewährleisten[38] oder den Finanzplatz Deutschland zu fördern.[39] Ihn trifft auch keine öffentlich-rechtliche Treuepflicht, die über den Pflichtenkreis des § 5 BörsG hinausgeht.[40]

2. Eine privatrechtlich organisierte Gesellschaft[41] aus der EU oder dem EWR hat einen Anspruch auf Erteilung der Börsenerlaubnis, wenn die formellen Voraussetzungen des § 4 Abs. 2 BörsG vorliegen, das Vorhaben erlaubnisbedürftig ist und die materiellen Voraussetzungen des § 4 Abs. 3 BörsG erfüllt sind.

   a) Die formellen Voraussetzungen kann der Antragsteller ohne Weiteres erfüllen. Der Antrag auf Erteilung der Börsenerlaubnis ist gemäß § 4 Abs. 2 Satz 1 BörsG schriftlich bei der zuständigen Börsenaufsichtsbehörde zu stellen.[42] Sachlich zuständig ist nach § 4 Abs. 1 i.V.m. § 3 Abs. 1 Satz 1 BörsG die jeweilige oberste Landesbehörde.[43] Die örtliche Zuständigkeit ergibt sich aus dem

32 Siehe Rn. 78.
33 Siehe Rn. 79.
34 Siehe Rn. 80.
35 Siehe Rn. 81.
36 Siehe Rn. 81.
37 Siehe Rn. 85.
38 Siehe Rn. 83.
39 Siehe Rn. 84.
40 Siehe Rn. 85.
41 Zu dieser Anforderung an die Rechtsform eines privaten Antragstellers siehe Rn. 94.
42 Siehe Rn. 92.
43 Näher dazu siehe Rn. 88.

geplanten Verwaltungssitz der Börse.[44] Auch der nach § 4 Abs. 2 Satz 2 bis 4 BörsG vorausgesetzte Antragsinhalt[45] stellt kein unüberwindbares Hindernis für den Antragsteller dar.

b) Materiell setzt die Börsenerlaubnis zunächst voraus, dass das Vorhaben erlaubnisbedürftig ist.[46] Als Standardfall bedarf die Eröffnung einer neuen Börse in Deutschland einer Börsenerlaubnis.[47] Dies gilt auch für einen Antragsteller aus einem EU/EWR-Mitgliedstaat.[48] Unerheblich ist, ob der Antragsteller bereits einen geregelten Markt im Sinne der MiFID/MiFID II betreibt.[49]

   Ebenfalls erlaubnisbedürftig ist es, wenn der alte Börsenträger mit einem neuen wechselt oder zum alten Börsenträger ein weiterer hinzutritt.[50]

   Auch bedürfen nichtidentitätswahrende Umwandlungen durch Verschmelzung, Spaltung und Vermögensübertragung einer Börsenerlaubnis.[51] Anders ist dies bei nichtidentitätswahrenden Abspaltungen oder Teilvermögensübertragungen, wenn der Börsenbetrieb beim übertragenden Rechtsträger verbleibt.[52] Dann ist grundsätzlich keine neue Börsenerlaubnis erforderlich. Gleichwohl muss die Börsenerlaubnis in diesen Fällen sowie bei einem identitätswahrenden Formwechsel oder einer Eingliederung im Auge behalten werden.[53] Denn die Börsenerlaubnis könnte aufgrund einer veränderten Eigentümerstruktur gemäß § 4 Abs. 5 Satz 1 Nr. 2 BörsG aufzuheben sein oder der Sachverhalt könnte dazu zwingen, die Erlaubnis gemäß § 4 Abs. 5a Satz 2 BörsG nachträglich mit Auflagen zu versehen.[54]

   Schließlich bedarf es auch einer Börsenerlaubnis, wenn ein geregelter Markt im Sinne der MiFID/MiFID II seinen Sitz nach Deutschland verlegt. Dieser Fall unterscheidet sich nicht von einer Neueröffnung einer Börse.[55]

c) Neben der Erlaubnisbedürftigkeit setzt die Börsenerlaubnis materiell noch voraus, dass das Vorhaben erlaubnisfähig ist.[56] Wie schon die formellen Voraussetzungen der Börsenerlaubnis für den Antragsteller keine Hindernisse bilden, gilt dies grundsätzlich auch für die materiellen Voraussetzungen. Der Antragsteller kann nämlich beeinflussen, dass keine benannten oder

---

44 Siehe Rn. 90.
45 Siehe Rn. 92; näher dazu siehe Rn. 93 ff.
46 Siehe Rn. 105.
47 Siehe Rn. 107 ff.
48 Siehe Rn. 114.
49 Siehe Rn. 114.
50 Siehe Rn. 115 f.
51 Siehe Rn. 119.
52 Siehe Rn. 119.
53 Siehe Rn. 121.
54 Siehe Rn. 121.
55 Siehe Rn. 126.
56 Siehe Rn. 105.

unbenannten Versagungsgründe des § 4 Abs. 3 BörsG vorliegen und alle ungeschriebenen Erlaubnisvoraussetzungen erfüllt sind.[57] Denn zum einen betreffen die Versagungsgründe des § 4 Abs. 3 BörsG persönliche Eigenschaften und Fähigkeiten, das Vorhandensein von Personal-, Sach- und Finanzmitteln sowie Sachkunde, Eignung und Zuverlässigkeit.[58] Zum anderen können ungeschriebene Erlaubnisvoraussetzungen nach dem Willen des Gesetzgebers ebenfalls nur Tatsachen sein, die der Antragsteller beeinflussen kann.[59] Insgesamt hat die Börsenerlaubnis also nur subjektive Erlaubnisvoraussetzungen; objektive Erlaubnisvoraussetzungen sind ausgeschlossen.[60] Da sich die Erlaubnisvoraussetzungen zudem noch daran orientieren, welche Art Börse der Antragsteller konkret plant,[61] steht es ihm frei, sich rechtlich und tatsächlich derart zu organisieren, dass er alle materiellen Voraussetzungen der Börsenerlaubnis erfüllt. Denn einerseits setzt die Börsenerlaubnis rechtlich nichts voraus, was der Antragsteller nicht erfüllen könnte. Andererseits kann der Antragsteller die geplante Börse mit seinen tatsächlichen Eigenschaften und Qualifikationen abstimmen.[62] Hat der Antragsteller seinen Sitz allerdings außerhalb der EU und des EWR, begrenzt das Territorialitätsprinzip die Aufsicht über den Börsenträger.[63] Dann wäre noch zu prüfen, ob ein bilaterales Abkommen eine effektive Aufsicht gewährleistet.[64]

Der Antragsteller und zukünftige Börsenträger muss die materiellen Voraussetzungen der Börsenerlaubnis auch während des Betriebs der Börse erfüllen.[65] Ob der Antragsteller dies kann, prüft die Börsenaufsichtsbehörde im Wege einer Prognose.[66] Die zu treffende Prognoseentscheidung eröffnet der Börsenaufsichtsbehörde aber keinen Beurteilungsspielraum im Erlaubnisverfahren.[67] Im Börsenerlaubnisverfahren ist keine unklare Situation vorausschauend einzuschätzen, weil alle Nachweise vorzulegen sind, die die Basis für die anzustellende Prognose bilden.[68] Die Prognoseentscheidung ist anhand dieser Nachweise jederzeit voll überprüfbar.[69]

---

57 Siehe Rn. 154, 158.
58 Siehe Rn. 154.
59 Siehe Rn. 158.
60 Siehe Rn. 154, 158.
61 Siehe z. B. Rn. 130, 134, 135, 145.
62 Siehe Rn. 63.
63 Siehe Rn. 174.
64 Siehe Rn. 174.
65 Siehe Rn. 128.
66 Siehe Rn. 128.
67 Siehe Rn. 129.
68 Siehe Rn. 129.
69 Siehe Rn. 129.

§ 4 Abs. 3 BörsG sieht neben den benannten Versagungsgründen noch andere *gleichermaßen gewichtige* unbenannte Versagungsgründe vor.[70] Als subjektive Erlaubnisvoraussetzungen kann der Antragsteller diese allesamt beeinflussen. Kündigt der Antragsteller an, zu einem späteren Zeitpunkt gegen das BörsG, die in § 4 Abs. 5 Satz 1 Nr. 3 BörsG genannten unionsrechtlichen Verordnungsregelungen oder zur Durchführung dieser Gesetze erlassenen Verordnungen oder Anordnungen zu verstoßen, liegt hierin ein unbenannter Versagungsgrund nach § 4 Abs. 3 BörsG.[71] Die Erlaubnis zu erteilen, obwohl bereits bekannt ist, dass sie aufgrund eines Verhaltens des Antragstellers zu einem späteren Zeitpunkt nach § 4 Abs. 5 Satz 1 Nr. 3 BörsG aufzuheben wäre, würde dem Zweck der Betriebspflicht widersprechen.[72]

Hingegen ist eine Bedürfnisprüfung kein unbenannter Versagungsgrund des § 4 Abs. 3 BörsG, weil der Antragsteller diese Prüfung nicht beeinflussen könnte.[73] Denn sie wäre darauf bezogen, die Funktionsfähigkeit des gesamten inländischen Kapitalmarktes sicherzustellen.[74]

Im Übrigen führt auch die richtlinienkonforme Auslegung des § 4 Abs. 3 i.V.m. Abs. 2 BörsG nicht zu zusätzlichen unbenannten Versagungsgründen.[75]

Neben die benannten und unbenannten Versagungsgründe des § 4 Abs. 3 BörsG treten weitere ungeschriebene Voraussetzungen und Versagungsgründe.[76] Da objektive Erlaubnisvoraussetzungen hier ebenfalls ausgeschlossen sind, ist eine Bedürfnisprüfung auch nicht als ungeschriebene Erlaubnisvoraussetzung außerhalb des § 4 Abs. 3 BörsG auf der Tatbestandsebene einzuordnen.[77] Ferner können Auflagen im Sinne des § 4 Abs. 5a Satz 1 BörsG keine zusätzlichen Erlaubnisvoraussetzungen begründen.[78] Denn Nebenbestimmungen sind rechtswidrig, wenn sie Voraussetzungen sicherstellen sollen, die keine gesetzlichen Voraussetzungen des begehrten Verwaltungsaktes sind.[79]

Der Antragsteller muss allerdings die kartellrechtliche Zulässigkeit sowohl hinsichtlich der zu gründenden Börse als auch hinsichtlich des Börsenträgers selbst als ungeschriebene Erlaubnisvoraussetzung gewährleisten.[80] Anderenfalls droht die Aussetzung des Erlaubnisverfahrens mit dem Ergebnis, dass

70 Siehe Rn. 154.
71 Siehe Rn. 156.
72 Siehe Rn. 156.
73 Siehe Rn. 155.
74 Siehe Rn. 155.
75 Siehe Rn. 157.
76 Siehe Rn. 158.
77 Siehe Rn. 158.
78 Siehe Rn. 159.
79 Siehe Rn. 159.
80 Siehe Rn. 163.

die Börsenaufsichtsbehörde die Börsenerlaubnis so lange nicht erteilt, bis die Kartellbehörde ihr Verfahren beendet hat.[81] Bei negativem Ausgang des Verfahrens der Kartellbehörde ist die Erlaubnis sogar zu versagen.[82]

Daneben ist es eine ungeschriebene Erlaubnisvoraussetzung, dass die Effektivität der Aufsicht durch die Börsenaufsichtsbehörde nicht aufgrund von Tatsachen gefährdet wird, die im Börsenträger begründet liegen.[83] Über Börsenträger mit Sitz in der EU und im EWR gewährleistet die MiFID/MiFID II eine effektive Aufsicht.[84] Außerhalb des räumlichen Anwendungsbereichs der MiFID/MiFID II bildet das Territorialitätsprinzip die Grenze der Aufsicht über den Börsenträger.[85] Hier kann eine effektive Aufsicht über den Börsenträger nur durch bilaterale Abkommen garantiert werden.[86] Ist die effektive Aufsicht über den Börsenträger nicht gefährdet, dann ist auch die effektive Aufsicht über die Einrichtungen des Börsenverkehrs einschließlich der ausgelagerten Bereiche sowie den Freiverkehr nicht durch Tatsachen gefährdet, die im Börsenträger begründet liegen.[87] Die effektive Aufsicht über die Anstalt Börse ist nicht durch Tatsachen zu gefährden, die im Antragsteller begründet liegen, weil solche Tatsachen den aufsichtsrechtlichen Zugriff auf die Börse nicht beeinträchtigen.[88]

Schließlich muss der Antragsteller – wie jedes andere Unternehmen – den Aufsichtsgesetzen entsprechen, die nicht an die Eigenschaft als Börsenträger anknüpfen, sondern schon allgemein einzuhalten sind.[89]

3. Der Antragsteller hat einen Anspruch auf Erteilung der Börsenerlaubnis, weil sich die Entscheidung der Börsenaufsichtsbehörde über seinen Antrag für ihn als gebundene Entscheidung darstellt.[90] Denn die Auslegung der Rechtsfolge des § 4 Abs. 3 i.V.m. Abs. 2 BörsG führt zu folgendem Ergebnis: Liegt ein Versagungsgrund vor, den § 4 Abs. 3 BörsG auflistet, muss die Börsenaufsichtsbehörde die Börsenerlaubnis versagen.[91] Liegt ein Versagungsgrund vor, den § 4 Abs. 3 BörsG nicht auflistet, kann die Börsenaufsichtsbehörde die Börsenerlaubnis gleichwohl erteilen.[92] Liegt kein Versagungsgrund vor, sind also die tatbestandlichen Voraussetzungen des § 4 Abs. 3 i.V.m. Abs. 2 BörsG erfüllt, hat der Antragsteller einen

81 Siehe Rn. 163.
82 Siehe Rn. 163.
83 Siehe Rn. 164 f.
84 Siehe Rn. 174.
85 Siehe Rn. 174.
86 Siehe Rn. 174.
87 Siehe Rn. 179 f.
88 Siehe Rn. 178.
89 Siehe Rn. 181.
90 Siehe Rn. 322.
91 Siehe Rn. 322.
92 Siehe Rn. 322.

Anspruch auf Erteilung der Börsenerlaubnis.[93] Die Regelung in § 4 Abs. 1 BörsG enthält folglich ein präventives Verbot mit Erlaubnisvorbehalt.[94]

Die Wortlautauslegung für sich führt dazu, dass der Antragsteller einen Anspruch auf Erteilung der Börsenerlaubnis hat, wenn alle tatbestandlichen Voraussetzungen bzw. keine Versagungsgründe vorliegen.[95] Die Börsenaufsichtsbehörde kann danach nur abwägen, ob sie die Börsenerlaubnis erteilt, obwohl ein Versagungsgrund vorliegt (*Erteilungsermessen*).[96] Dagegen ist ihr nicht gestattet, eine an sich zu erteilende Erlaubnis zu versagen, obwohl kein Versagungsgrund vorliegt (*Versagungsermessen*).[97]

Die systematische Auslegung stützt und konkretisiert dieses Ergebnis.[98] Die Rechtsordnung als Ganzes bleibt nur widerspruchsfrei und der Bedeutungszusammenhang gewahrt, wenn die Kriterien der richtlinienkonformen, der verfassungskonformen und der grundfreiheitenkonformen Auslegung beachtet werden.[99] Zum einen reduziert die richtlinienkonforme Auslegung das *Erteilungsermessen* dahin gehend, dass die Börsenaufsichtsbehörde die Börsenerlaubnis versagen muss, wenn ein Versagungsgrund vorliegt, den § 4 Abs. 3 BörsG auflistet.[100] Ein *Erteilungsermessen* steht ihr nach richtlinienkonformer Auslegung nur noch zu, wenn ein Versagungsgrund vorliegt, den § 4 Abs. 3 BörsG nicht auflistet.[101] Denn bei benannten Versagungsgründen gemäß § 4 Abs. 3 BörsG ist das *Erteilungsermessen* auf Null reduziert, weil dann den Anforderungen des Titels III der MiFID/MiFID II nicht genügt ist.[102] Zum anderen stehen die richtlinienkonforme, die verfassungskonforme und die grundfreiheitenkonforme Auslegung einem *Versagungsermessen* entgegen.[103] § 4 Abs. 3 i.V.m. Abs. 2 BörsG ist richtlinienkonform als einen Anspruch auf Erteilung der Börsenerlaubnis begründend auszulegen.[104] Nach verfassungskonformer Auslegung folgt aus der Norm eine gebundene Entscheidung, weil einem *Versagungsermessen* Art. 12 Abs. 1 GG entgegensteht.[105] Die Börsenaufsichtsbehörde könnte einen Ermessensspielraum weder anhand subjektiver noch anhand objektiver Gesichtspunkte ausfüllen, ohne dass dies in ungerechtfertigter Weise die Berufsfreiheit eines Antragstellers

93 Siehe Rn. 322.
94 Siehe Rn. 322.
95 Siehe Rn. 189.
96 Siehe Rn. 189.
97 Siehe Rn. 189.
98 Siehe Rn. 314.
99 Siehe Rn. 314.
100 Siehe Rn. 203.
101 Siehe Rn. 203.
102 Siehe Rn. 203.
103 Siehe Rn. 314.
104 Siehe Rn. 203.
105 Siehe Rn. 314.

aus der EU beeinträchtigen würde.[106] Auch aus der grundfreiheitenkonformen Auslegung resultiert ein Anspruch auf Erteilung der Börsenerlaubnis.[107] Betreibt eine Gesellschaft, die nach dem Recht eines Mitgliedstaates der EU oder des EWR gegründet wurde (EU/EWR-Gesellschaft) eine Börse, ist dies immer ein grenzüberschreitender Sachverhalt im Sinne der Grundfreiheiten und fällt entweder in den Anwendungsbereich der Niederlassungs- oder den der Dienstleistungsfreiheit.[108]

a) § 4 Abs. 3 i.V.m. Abs. 2 BörsG begründet nach richtlinienkonformer Auslegung einen Anspruch auf Erteilung der Börsenerlaubnis.[109] Denn Art. 36 Abs. 1 UAbs. 1 und 2 MiFID/Art. 44 Abs. 1 UAbs. 1 und 2 MiFID II verpflichtet die Mitgliedstaaten, einen Anspruch auf Zulassung eines Systems als geregelter Markt für den Fall vorzusehen, dass der Antragsteller sowohl den Anforderungen des Titels III der MiFID/MiFID II als auch den zusätzlichen Anforderungen des nationalen Umsetzungsgesetzes genügt.[110]
b) Einer solchen Auslegung steht nicht entgegen, dass es keinen grundrechtlichen Anspruch auf Übertragung staatlicher Verwaltungsaufgaben gibt.[111] Denn der Anspruch auf Übertragung staatlicher Verwaltungsaufgaben aus § 4 Abs. 3 i.V.m. Abs. 2 BörsG ist ein einfachgesetzlicher Anspruch.[112]
c) Eine Erlaubnispflicht nach § 4 Abs. 1 BörsG in Kombination mit einem aus § 4 Abs. 3 i.V.m. Abs. 2 BörsG folgenden *Versagungsermessen* beeinträchtigt in ungerechtfertigter Weise den Schutzbereich der Berufsfreiheit eines Antragstellers aus der EU.

   Die geplante Organisation einer Börse steht im sachlichen Schutzbereich der Berufsfreiheit, weil sie auf Dauer angelegt ist und der Gewinnerzielung dienen soll.[113] Der persönliche Schutzbereich der Berufsfreiheit steht gemäß Art. 19 Abs. 3 GG neben natürlichen Personen auch inländischen juristischen Personen sowie Personenvereinigungen des Privatrechts offen.[114] Im Anwendungsbereich des Vertrags über die Arbeitsweise der Europäischen Union gilt dies auch für juristische Personen und Personenvereinigungen mit Sitz in der EU.[115]

---

106 Siehe Rn. 314.
107 Siehe Rn. 314.
108 Siehe Rn. 314.
109 Siehe Rn. 203.
110 Siehe Rn. 203.
111 Siehe Rn. 204.
112 Zu dieser Möglichkeit siehe Rn. 204, 318.
113 Siehe Rn. 207.
114 Siehe Rn. 207.
115 Siehe Rn. 207.

Die Erlaubnispflicht nach § 4 Abs. 1 BörsG beeinträchtigt die Berufsfreiheit als klassischer Eingriff.[116] Während die Erlaubnispflicht als Verbot, *qualifizierte multilaterale Systeme* zu betreiben, die Berufswahl beschränkt, beschränkt sie als Verbot, *einfache multilaterale Systeme* unter der Bezeichnung *Börse* zu betreiben, lediglich die Berufsausübung.[117]

Der Börsenaufsichtsbehörde ist bei ihrer Entscheidung über die Erteilung der Börsenerlaubnis kein *Versagungsermessen* zu gewähren. Sie könnte den Ermessensspielraum nicht in der Art und Weise ausfüllen, dass die dazu herangezogenen Ermessensgesichtspunkte mit der Berufsfreiheit in Einklang stünden. Eine Berücksichtigung subjektiver Gesichtspunkte bei der Ermessensentscheidung wäre ungeeignet und würde sowohl die Berufsausübungsfreiheit als auch die Berufswahlfreiheit in ungerechtfertigter Weise beeinträchtigen.[118] Subjektive Gesichtspunkte fördern weder den angestrebten Zweck der Funktionsfähigkeit des Kapitalmarktes, noch verhindern sie Gefahren für diesen.[119] Denn die Beurteilung der Erlaubnisfähigkeit anhand subjektiver Gesichtspunkte erfolgt bereits umfassend auf der Tatbestandsseite durch die benannten und unbenannten Versagungsgründe des § 4 Abs. 3 BörsG sowie die ungeschriebenen Erlaubnisvoraussetzungen.[120]

Für objektive Gesichtspunkte ist zu differenzieren: Soweit die Erlaubnispflicht das Verbot betrifft, *einfache multilaterale Systeme* als Börse zu betreiben, wäre ihre Berücksichtigung bereits ungeeignet.[121] Der angestrebte Zweck wäre nicht zu erreichen, weil die Erlaubnispflicht tatsächlich nicht verhindern kann, dass der Antragsteller ein *einfaches multilaterales System* betreibt.[122] Für *einfache multilaterale Systeme* folgt nämlich aus § 32 Abs. 1 i.V.m. § 1 Abs. 1a Satz 2 Nr. 1b KWG ein Anspruch auf Erteilung einer Erlaubnis, diese als MTF zu betreiben.[123]

Soweit die Erlaubnispflicht das Verbot betrifft, *qualifizierte multilaterale Systeme* zu betreiben, wäre die Berücksichtigung objektiver Gesichtspunkte nicht erforderlich.[124] Eine nachträgliche Kontrolle der Marktteilnehmer ist ebenso wirksam, um die Gefahren für die Funktionsfähigkeit des Kapitalmarktes zu verhindern.[125] Außerdem schränkt eine nachträgliche Kontrolle anderer Per-

116 Siehe Rn. 208.
117 Siehe Rn. 213.
118 Siehe Rn. 220.
119 Siehe Rn. 220.
120 Siehe Rn. 154, 158.
121 Siehe Rn. 223.
122 Siehe Rn. 223.
123 Siehe Rn. 223.
124 Siehe Rn. 225 f.
125 Siehe Rn. 226.

sonen die Berufsfreiheit des Antragstellers weniger ein als eine präventive Kontrolle seiner Fähigkeiten und Qualifikationen im Erlaubnisverfahren.[126]

d) Die Erlaubnispflicht nach § 4 Abs. 1 BörsG beeinträchtigt in ungerechtfertigter Weise die Niederlassungsfreiheit einer EU/EWR-Gesellschaft, die nicht in Deutschland ansässig ist, wenn § 4 Abs. 3 i.V.m. Abs. 2 BörsG dahin gehend ausgelegt wird, dass er ein *Versagungsermessen* einräumt.[127]

Der personelle Anwendungsbereich der Niederlassungsfreiheit ist für EU/EWR-Gesellschaften eröffnet, die nicht in Deutschland ansässig sind und Deutschland als Standort für eine Börse wählen.[128] Der sachliche Anwendungsbereich der Niederlassungsfreiheit ist ebenfalls eröffnet.[129] Beantragt ein Unternehmen aus einem anderen Mitgliedstaat eine Börsenerlaubnis in Deutschland, ist dies ein grenzüberschreitender Sachverhalt.[130] Der Betrieb einer Börse unterfällt dem Begriff der Niederlassung im Sinne des Art. 49 Abs. 2 AEUV.[131] Zum einen dient er der tatsächlichen Ausübung einer selbstständigen Erwerbstätigkeit.[132] Zum anderen ist die Präsenz des Börsenträgers durch die Anstalt Börse eine auf Dauer angelegte feste Einrichtung, durch welche sich der Börsenträger in die deutsche Volkswirtschaft integriert.[133] Schließlich ist die Bereichsausnahme des Art. 51 Abs. 1 AEUV nicht auf den Betrieb einer Börse anzuwenden.[134]

Die Erlaubnispflicht nach § 4 Abs. 1 BörsG beschränkt die Niederlassungsfreiheit des Antragstellers als *marktsegmentierende* Maßnahme, weil sie den Zugang zum deutschen Markt der Börsen regelt.[135]

Zwar begrenzt die MiFID/MiFID II nicht den Gestaltungsspielraum der Mitgliedstaaten, Interessen zur Rechtfertigung von Eingriffen in die Grundfreiheiten zu definieren.[136] Gleichwohl ist die Erlaubnispflicht weder nach Art. 52 Abs. 1 AEUV,[137] noch nach Art. 106 Abs. 2 AEUV,[138] noch aus zwingenden Gründen des Allgemeininteresses zu rechtfertigen. Die Erlaubnispflicht ist in Kombination mit einem *Versagungsermessen* als Verbot, *qualifizierte multilaterale Systeme* zu betreiben, nicht erforderlich, um das verfolgte Ziel der

126 Siehe Rn. 226.
127 Siehe Rn. 277.
128 Siehe Rn. 231.
129 Siehe Rn. 242.
130 Siehe Rn. 232.
131 Siehe Rn. 242.
132 Siehe Rn. 236, 241.
133 Siehe Rn. 240.
134 Siehe Rn. 247.
135 Siehe Rn. 258.
136 Siehe Rn. 263.
137 Siehe Rn. 264.
138 Siehe Rn. 269.

Funktionsfähigkeit des Kapitalmarktes zu erreichen.[139] Als Verbot, *einfache multilaterale Systeme* als Börse zu betreiben, ist ein solches Erlaubnissystem schon nicht dazu geeignet, das Ziel zu fördern.[140] Die Begründungen entsprechen jeweils den zur Berufsfreiheit vorgetragenen Gründen.

e) Die Erlaubnispflicht nach § 4 Abs. 1 BörsG beeinträchtigt zudem in ungerechtfertigter Weise die Dienstleistungsfreiheit einer EU/EWR-Gesellschaft, die in Deutschland ansässig ist, wenn § 4 Abs. 3 i.V.m. Abs. 2 BörsG dahin gehend ausgelegt wird, dass er ein *Versagungsermessen* einräumt.[141]

Der personelle Anwendungsbereich der Dienstleistungsfreiheit ist – im Gegensatz zu demjenigen der Niederlassungsfreiheit – für EU/EWR-Gesellschaften eröffnet, die bereits in Deutschland ansässig sind.[142] Auch der sachliche Anwendungsbereich ist eröffnet. Die Korrespondenzdienstleistungsfreiheit erfasst nämlich den Fall, dass diese Gesellschaften von Deutschland aus Börsendienstleistungen gegenüber Empfängern anbieten, die sich in anderen Mitgliedstaaten aufhalten.[143] Dann überschreitet lediglich die Dienstleistung die Grenze.[144] Betreibt eine deutsche Gesellschaft eine Börse in Deutschland, wirkt sich dies immer *potenziell* grenzüberschreitend aus.[145] Denn aufgrund der Zulassungsansprüche aus § 19 Abs. 4 BörsG und § 32 Abs. 3 BörsG können Börsen nicht verhindern, dass Emittenten oder Handelsteilnehmer aus anderen Mitgliedstaaten am Börsenhandel teilnehmen und Börsendienstleistungen empfangen.[146]

Die Erlaubnispflicht nach § 4 Abs. 1 BörsG beschränkt die Korrespondenzdienstleistungsfreiheit einer in Deutschland ansässigen EU/EWR-Gesellschaft.[147] Denn durch diese Regelung behindert Deutschland als Herkunftsstaat der Börsendienstleistungen den Absatz dieser Dienstleistungen in anderen Mitgliedstaaten und so den Zugang zu diesen Märkten.[148]

Wie bei der Niederlassungsfreiheit ist eine Beschränkung der Dienstleistungsfreiheit durch die Erlaubnispflicht auch nicht aus zwingenden Gründen des Allgemeininteresses zu rechtfertigen.[149] Eine Beschränkung dieser Freiheit wäre aus zwingenden Gründen des Allgemeininteresses überhaupt nur dann zu begründen, wenn schon die mit ihr einhergehende Beschränkung

---

139 Siehe Rn. 277.
140 Siehe Rn. 274.
141 Siehe Rn. 307.
142 Siehe Rn. 282.
143 Siehe Rn. 296.
144 Siehe Rn. 296.
145 Siehe Rn. 289.
146 Siehe Rn. 289.
147 Siehe Rn. 304.
148 Siehe Rn. 304.
149 Siehe Rn. 307.

der Niederlassungsfreiheit aus diesen Gründen zu rechtfertigen wäre.[150] Beschränkt eine Maßnahme nämlich sowohl die Niederlassungsfreiheit als auch die Dienstleistungsfreiheit, ist die Beschränkung der Niederlassungsfreiheit eher aus zwingenden Gründen des Allgemeininteresses zu rechtfertigen als die der Dienstleistungsfreiheit.[151]

Ebenso wie die systematische Auslegung entsprechen auch Regelungsabsicht, Zwecke und Normvorstellungen des historischen Gesetzgebers der Wortlautauslegung.[152] Ein Ermessen für den Fall, dass weder benannte noch unbenannte Versagungsgründe des § 4 Abs. 3 BörsG vorliegen, wollte weder die Bundesregierung, noch der Bundesrat, noch der Bundestag in die Norm aufnehmen.[153]

Objektiv-teleologische Kriterien haben vorliegend eher geringe Bedeutung.[154] Ein Anspruch auf Erteilung einer Erlaubnis ist nicht als offenkundig unsinnig anzusehen.[155] Auch ein Verstoß gegen hinter der Regelung stehende rechtsethische Prinzipien ist nicht zu erkennen.[156] Die Strukturen des Börsenorganisationsrechts geben es her, § 4 Abs. 3 i.V.m. Abs. 2 BörsG als gebundene Entscheidung auszulegen.[157]

4. Beantragt ein Börsenträger aus der EU oder dem EWR den Widerruf der Börsenerlaubnis, dann ist das Ermessen der Börsenaufsichtsbehörde hinsichtlich der Entscheidung über diesen Antrag auf Null reduziert, sofern im Einzelfall keine anderweitigen Ermessensgesichtspunkte hinzutreten.[158] Das Interesse der Allgemeinheit, den Börsenbetrieb aufrechtzuerhalten, überwiegt dann nicht das Interesse des Börsenträgers, die Tätigkeit aufzugeben.[159] Denn die Betriebspflicht nach § 5 Abs. 1 BörsG würde gegen die Berufsfreiheit sowie gegen die Niederlassungsfreiheit oder die Dienstleistungsfreiheit verstoßen, wenn sie die freie Beendigung der Tätigkeit als Börsenträger einschränkt, wenn sie also endlos gilt.[160]

   Ein Börsenträger aus der EU oder dem EWR hat demnach gewissermaßen einen Anspruch auf Widerruf der Börsenerlaubnis, wenn die formellen und materiellen Voraussetzungen des § 49 Abs. 2 LVwVfG vorliegen.

   a) Sachlich zuständig für den frist- und formfreien Antrag ist gemäß § 4 Abs. 1 i.V.m. § 3 Abs. 1 Satz 1 BörsG die jeweilige oberste Landesbehörde als Börsen-

150 Siehe Rn. 307.
151 Siehe Rn. 307.
152 Siehe Rn. 316.
153 Siehe Rn. 316.
154 Siehe Rn. 320.
155 Siehe Rn. 320.
156 Siehe Rn. 320.
157 Siehe Rn. 320.
158 Siehe Rn. 367.
159 Siehe Rn. 367.
160 Siehe Rn. 367.

aufsichtsbehörde.[161] Die örtliche Zuständigkeit folgt aus § 49 Abs. 5 i.V.m. § 3 Abs. 1 Nr. 2 LVwVfG und entspricht der örtlichen Zuständigkeit für die Erteilung der Börsenerlaubnis.[162]

b) Materiell setzt der Widerruf der Börsenerlaubnis nur voraus, dass der Börsenträger diesen verlangt.[163] Denn ein Verwaltungsakt kann nicht nur auf der Basis gesetzlicher Widerrufstatbestände, sondern auch dann widerrufen werden, wenn der Begünstigte dies verlangt.[164]

5. Das nach § 49 Abs. 2 LVwVfG eröffnete Ermessen ist derart auf Null reduziert, dass die Börsenaufsichtsbehörde die Börsenerlaubnis widerrufen muss, sofern im Einzelfall keine anderweitigen Ermessensgesichtspunkte hinzutreten.[165] Die Börsenaufsichtsbehörde darf einen Antrag auf Widerruf nicht mit der Begründung versagen, ihm stehe die Betriebspflicht entgegen.[166] Während eine endlose Betriebspflicht gegen die Berufsfreiheit sowie gegen die Niederlassungsfreiheit oder die Dienstleistungsfreiheit verstößt, sind diese Freiheiten nicht verletzt, wenn die Börsenaufsichtsbehörde die Börsenerlaubnis auf Antrag des Börsenträgers widerruft.[167] Der Börsenbetrieb kann im förmlichen Widerrufsverfahren in geordneten Bahnen beendet werden.[168] Aufgrund dieses Verfahrens überwiegt das Interesse der Allgemeinheit, den Börsenbetrieb aufrechtzuerhalten, nicht das Interesse des Börsenträgers, die Tätigkeit aufzugeben.[169]

a) Die Betriebspflicht nach § 5 Abs. 1 BörsG beeinträchtigt die Berufsfreiheit eines Börsenträgers aus der EU in nicht zu rechtfertigender Weise, wenn sie die freie Beendigung seiner Tätigkeit einschränkt, wenn sie also endlos gilt.[170]

Die geplante Organisation einer börslichen Handelsplattform fällt in den Schutzbereich des Art. 12 Abs. 1 GG, weil sie auf Dauer angelegt ist und der Gewinnerzielung dienen soll.[171]

Die Betriebspflicht nach § 5 Abs. 1 BörsG beeinträchtigt die Berufsfreiheit als klassischer Eingriff.[172] Das mit einer endlosen Betriebspflicht einhergehende Verbot, die Tätigkeit zu beenden, stellt eine objektive Berufswahlbeschränkung dar.[173] Denn die Frage, wann und wie die berufliche Tätigkeit wieder

161 Siehe Rn. 331, 329.
162 Siehe Rn. 330.
163 Siehe Rn. 333 f.
164 Siehe Rn. 333.
165 Siehe Rn. 367.
166 Siehe Rn. 367.
167 Siehe Rn. 367.
168 Siehe Rn. 367.
169 Siehe Rn. 367.
170 Siehe Rn. 351.
171 Siehe Rn. 339.
172 Siehe Rn. 340.
173 Siehe Rn. 345.

beendet werden kann, ist bereits bei der Aufnahme eines Berufs entscheidend.[174] Zu diesem Zeitpunkt ist die Betriebspflicht noch unabhängig von den Eigenschaften des Antragstellers.[175]

Eine endlose Betriebspflicht wäre daher nur zu rechtfertigen, wenn dies nachweisbar oder höchstwahrscheinlich schwere Gefahren für ein überragend wichtiges Gemeinschaftsgut abwehrt.[176] Die Geeignetheit entfällt aber bereits im Einzelfall, wenn eine endlose Betriebspflicht die wirtschaftliche Existenz des Verpflichteten bedroht.[177] Des Weiteren wäre eine endlose Betriebspflicht im Einzelfall nicht mehr erforderlich, wenn ein Übernahmeinteressent die Erlaubnisvoraussetzungen erfüllt und garantiert, den Betrieb ohne Zäsur fortzuführen.[178] Allgemein ist eine endlose Betriebspflicht nicht erforderlich, um den Zweck der Funktionsfähigkeit des Kapitalmarktes zu erreichen.[179] Dieser kann bereits durch Genehmigungsvorbehalte oder ein förmliches Verfahren zur Beendigung des Börsenbetriebs erreicht werden.[180]

b) Ebenfalls aus diesem Grund beeinträchtigt die Betriebspflicht nach § 5 Abs. 1 BörsG – entsprechend den Ausführungen zur Erlaubnispflicht nach § 4 Abs. 1 BörsG – entweder die Niederlassungsfreiheit oder die Dienstleistungsfreiheit einer EU/EWR-Gesellschaft in nicht zu rechtfertigender Weise, wenn sie die freie Beendigung ihrer Tätigkeit als Börsenträger einschränkt, wenn sie also endlos gilt.[181]

6. Da der Börsenträger gewissermaßen einen Anspruch auf Widerruf der Börsenerlaubnis hat, kann er die Unwirksamkeit der Börsenerlaubnis nicht schon dadurch herbeiführen, dass er einseitig auf die Erlaubnis verzichtet.[182] Hierzu fehlt ihm die Dispositionsbefugnis, weil das öffentliche Interesse am Börsenbetrieb das Interesse des Börsenträgers überwiegt, den Börsenbetrieb durch einseitigen Verzicht einstellen zu können.[183] Denn dem Börsenträger steht der förmliche Weg des Widerrufs auf Antrag offen.[184] Die dann folgende Beendigung des Börsenbetriebs in geordneten Bahnen wird den widerstreitenden Interessen wesentlich besser gerecht als ein einseitiger Verzicht.[185]

---

174 Siehe Rn. 345.
175 Siehe Rn. 345.
176 Siehe Rn. 345.
177 Siehe Rn. 348.
178 Siehe Rn. 349.
179 Siehe Rn. 351.
180 Siehe Rn. 349.
181 Siehe Rn. 360, 366.
182 Siehe Rn. 377.
183 Siehe Rn. 377.
184 Siehe Rn. 377.
185 Siehe Rn. 377.

Literaturverzeichnis

Assmann, Heinz-Dieter/Thorsten Pötzsch/Uwe H. Schneider (Hrsg.): Wertpapiererwerbs- und Übernahmegesetz. Kommentar. 2. neu bearbeitete und erweiterte Aufl. Verlag Dr. Otto Schmidt: Köln 2013.
Zitiert als: *Bearbeiter*, in: Assmann/Pötzsch/U. H. Schneider, WpÜG.

Assmann, Heinz-Dieter/Uwe H. Schneider (Hrsg.): Wertpapierhandelsgesetz. Kommentar. 6. neubearbeitete und erweiterte Aufl. Verlag Dr. Otto Schmidt: Köln 2012.
Zitiert als: *Bearbeiter*, in: Assmann/U. H. Schneider, WpHG.

Augsberg, Steffen: Rechtsetzung zwischen Staat und Gesellschaft. Möglichkeiten differenzierter Steuerung des Kapitalmarktes. (= Schriften zum Öffentlichen Recht. Bd. 925.) Duncker & Humblot: Berlin 2003. (Zugl. Diss. Universität Heidelberg: 2002.)

Bach, Albrecht: Wettbewerbsrechtliche Schranken für staatliche Maßnahmen nach europäischem Gemeinschaftsrecht. (= Tübinger Rechtswissenschaftliche Abhandlungen. Bd. 72.) J. C. B. Mohr (Paul Siebeck): Tübingen 1992.
Zitiert als: *Bach*, Wettbewerbsrechtliche Schranken.

Bader, Johann/Michael Ronellenfitsch (Hrsg.): VwVfG. Mit VwVG und VwZG. Edition: 36. (= Beck'scher Online-Kommentar.) Verlag C. H. Beck: München. Stand: 1. Juli 2017.

Badura, Peter: Das Verwaltungsmonopol. Duncker & Humblot: Berlin 1963.

Balzer, Peter: »Anleger- und Funktionenschutz bei außerbörslichen Wertpapierhandelssystemen.« In: Witt, Carl-Heinz u. a. (Hrsg.): Jahrbuch Junger Zivilrechtswissenschaftler 2002. Die Privatisierung des Privatrechts – rechtliche Gestaltung ohne staatlichen Zwang. Richard Boorberg Verlag: Stuttgart u. a. 2003. S. 93–126.
Zitiert als: *Balzer*, in: Witt u. a., Jb.J.ZivRWiss. 2002, S. 93.

Battis, Ulrich: Allgemeines Verwaltungsrecht. 3. neubearbeitete Aufl. C. F. Müller Verlag: Heidelberg 2002.

Baumann, Karsten: »Die Pflicht zum Gebrauchmachen von behördlichen Genehmigungen. Zur staatlichen Gewährleistung von Gemeinwohlfunktionen durch Betriebspflichten.« In: GewArch 2004. S. 448–453.

Baumbach, Adolf (Begr.)/Klaus J. Hopt u. a. (Mitarb.): Handelsgesetzbuch. Mit GmbH & Co., Handelsklauseln, Bank- und Börsenrecht, Transportrecht (ohne Seerecht). 37. neubearbeitete Aufl. (= Beck'sche Kurz-Kommentare. Bd. 9.) Verlag C. H. Beck: München 2016.
Zitiert als: *Bearbeiter*, in: Baumbach/Hopt, Handelsgesetzbuch.

Baums, Theodor/Ulrich Segna: Börsenreform. (= Arbeitspapier Nr. 65.) Institut für Handels- und Wirtschaftsrecht: Universität Osnabrück 1998.

Beaucamp, Guy: »Ermessen der Verwaltung: Frei? Pflichtgemäß? Reduziert? Intendiert? – Eine Bestandsaufnahme.« In: JA 2006. S. 74–78.

Bechtold, Rainer (Hrsg.)/Wolfgang Bosch (Mitarb.): Kartellgesetz. Gesetz gegen Wettbewerbsbeschränkungen (§§ 1–96, 130, 131). Kommentar. 8. Aufl. Verlag C. H. Beck: München 2015.

Beck, Heiko: »Das neue elektronische Handelssystem Xetra der Frankfurter Wertpapierbörse.« In: WM 1998. S. 417–430.

—: »Die Börsen im Lichte des deutschen und europäischen Kartellrechts.« In: WM 2000. S. 597–611.

—: »Die erwerbswirtschaftliche Betätigung Beliehener am Beispiel des Trägers einer Wertpapierbörse.« In: WM 1996. S. 2313–2319.

—: »Die Reform des Börsenrechts im Vierten Finanzmarktförderungsgesetz. Teil 1: Änderungen des Börsenorganisationsrechts.« In: BKR 2002. S. 662–668.

Behrens, Peter: »Die Konvergenz der wirtschaftlichen Freiheiten im europäischen Gemeinschaftsrecht.« In: EuR 1992. S. 145–162.

Benz, Hanspeter: Die verfassungsrechtliche Zulässigkeit der Beleihung einer Aktiengesellschaft mit Dienstherrenbefugnissen. Dargestellt am Beispiel der Deutschen Post AG, Deutschen Postbank AG, Deutschen Telekom AG sowie der Deutschen Bahn AG. (= Europäische Hochschulschriften: Reihe 2. Rechtswissenschaft. Bd. 1771.) Peter Lang Europäischer Verlag der Wissenschaften: Frankfurt am Main u. a. 1995. (Zugl. Diss. Universität Tübingen: 1995.)
Zitiert als: *Benz*, Zulässigkeit der Beleihung einer AG.

Berringer, Christian: Regulierung als Erscheinungsform der Wirtschaftsaufsicht. (= Münchener Universitätsschriften: Reihe der Juristischen Fakultät. Bd. 188.) Verlag C. H. Beck: München 2004. (Zugl. Diss. Universität München: 2003.)
Zitiert als: *Berringer*, Regulierung.

Bettermann, Karl August/Hans Carl Nipperdey/Ulrich Scheuner (Hrsg.): Die Grundrechte. Handbuch der Theorie und Praxis der Grundrechte. 4 Bde., Bd. III/1: Die Wirtschafts- und Arbeitsverfassung. 2. unveränderte Aufl. Duncker & Humblot: Berlin 1972.

Bindseil, Ulrich: Verfügungsrechte an organisierten Wertpapiermärkten. Untersucht auf der Grundlage der Theorie unvollständiger Verträge. Diss. Universität Saarland: 1994.

Bleckmann, Albert: »Die Ausnahmen der Dienstleistungsfreiheit nach dem EWG-Vertrag.« In: EuR 1987. S. 28–50.

Boos, Karl-Heinz/Reinfrid Fischer/Hermann Schulte-Mattler (Hrsg.): KWG, CRR-VO. Kommentar zu Kreditwesengesetz, VO (EU) Nr. 575/2013 (CRR) und Ausführungsvorschriften. 2 Bde., Bd. I. 5. Aufl. Verlag C. H. Beck: München 2016.

Bopp, Matthias: Fusionen und Kooperationen deutscher Börsen und ihrer Träger. (= Börsen- und kapitalmarktrechtliche Abhandlungen. Bd. 14.) Peter Lang Internationaler Verlag der Wissenschaften: Frankfurt am Main u. a. 2015. (Zugl. Diss. Universität Gießen: 2013.)

Bornkamm, Joachim/Frank Montag/Jürgen Säcker (Hrsg.): Münchener Kommentar. Europäisches und Deutsches Wettbewerbsrecht. Kartellrecht Missbrauchs- und Fusionskontrolle. 3 Bde., Bd. I: Europäisches Wettbewerbsrecht. 2. Aufl. Verlag C. H. Beck: München 2015.
Zitiert als: *Bearbeiter*, in: Bornkamm/Montag/Säcker, Münchener Kommentar zum Wettbewerbsrecht, Bd. I.

Boschan, Christoph: Wertpapierhandelssysteme. Erscheinungsformen und Funktionsweisen, rechtliche Systematisierung und aufsichtsrechtliche Behandlung. (= Wirtschaftsrechtliche Forschungsergebnisse. Bd. 112.) Verlag Dr. Kovač: Hamburg 2007. (Zugl. Diss. Technische Universität Chemnitz: 2007.)

Brechmann, Winfried: Die richtlinienkonforme Auslegung. Zugleich ein Beitrag zur Dogmatik der EG-Richtlinie. (= Münchener Universitätsschriften: Reihe der Juristischen Fakultät. Bd. 99.) C. H. Beck'sche Verlagsbuchhandlung: München 1994.

Bredt, Stephan: »Das Börsenrecht als Ausgleichsinstrument zwischen öffentlichem Auftrag, Trägerinteresse und Anforderungen der internationalen Finanzmärkte.« In: WM 2013. S. 1839–1852.

Breitkreuz, Tilmann: Die Ordnung der Börse. Verwaltungsrechtliche Zentralfragen des Wertpapierbörsenwesens. (= Grundlagen und Praxis des Bank- und Börsenwesens. Bd. 39.) Erich Schmidt Verlag: Berlin 2000. (Zugl. Diss. Universität Gießen: 2000.)

Bremer, Heinz: Grundzüge des deutschen und ausländischen Börsenrechts. (= Enzyklopädie der Rechts- und Staatswissenschaft. Abteilung Rechtswissenschaft.) Springer-Verlag: Berlin, Heidelberg und New York 1969.

Bressler, Stefan: Public private partnership im Bank- und Börsenrecht durch Beleihung mit einer Anstaltsträgerschaft. (= Börsen- und kapitalmarktrechtliche Abhandlungen. Bd. 4.) Peter Lang Internationaler Verlag der Wissenschaften: Frankfurt am Main u. a. 2009. (Zugl. Diss. Universität Gießen: 2007.)
Zitiert als: *Bressler*, Public private partnership im Bank- und Börsenrecht.

Bretzinger, Otto N.: Verwaltungsfachkunde I. Allgemeines Staatsrecht, Staatsrecht der Bundesrepublik Deutschland, Verwaltungsrechtliche Grundbegriffe, Verwaltungsverfahrensrecht, Verwaltungsrechtlicher Rechtsschutz, Verwaltungsvollstreckungsrecht. Nomos-Verlagsgesellschaft: Baden-Baden 1992.

Brohm, Winfried: Strukturen der Wirtschaftsverwaltung. Organisationsformen und Gestaltungsmöglichkeiten im Wirtschaftsverwaltungsrecht. (= Res publica: Beiträge zum öffentlichen Recht. Bd. 21.) W. Kohlhammer Verlag: Stuttgart u. a. 1969. (Zugl. Habil.-Schr. Universität Freiburg: 1967/1968.)

Brüning, Christoph: »Der Verwaltungsmittler – eine neue Figur bei der Privatisierung kommunaler Aufgaben.« In: NWVBl. 1997. S. 286–293.

Burgard, Ulrich: »Die börsenrechtliche Zulässigkeit des Zusammenschlusses der Deutschen Börse AG mit der NYSE Euronext im Blick auf die Frankfurter Wertpapierbörse. Teil I.« In: WM 2011. S. 1973–1982.

—: »Die börsenrechtliche Zulässigkeit des Zusammenschlusses der Deutschen Börse AG mit der NYSE Euronext im Blick auf die Frankfurter Wertpapierbörse. Teil II.« In: WM 2011. S. 2021–2034.

Burgi, Martin: »Börse, Börsenträger und Börsenaufsicht im System des Wirtschaftsverwaltungsrechts.« In: WM 2009. S. 2337–2343.

—: »Der Beliehene – ein Klassiker im modernen Verwaltungsrecht.« In: Geis, Max-Emanuel/Dieter Lorenz (Hrsg.): Staat, Kirche, Verwaltung. Festschrift für Hartmut Maurer zum 70. Geburtstag. Verlag C. H. Beck: München 2001. S. 581–594.
Zitiert als: *Burgi*, in: Geis/Lorenz, FS Maurer, S. 581.

—: »Die öffentlichen Unternehmen im Gefüge des primären Gemeinschaftsrechts.« In: EuR 1997. S. 261–290.

—: Funktionale Privatisierung und Verwaltungshilfe. Staatsaufgabendogmatik – Phänomenologie – Verfassungsrecht. (= Jus publicum: Beiträge zum öffentlichen Recht. Bd. 37.) J. C. B. Mohr (Paul Siebeck): Tübingen 1999. (Zugl. Habil.-Schr. Universität Konstanz: 1998.)

Bydlinski, Franz: Juristische Methodenlehre und Rechtsbegriff. 2. ergänzte Aufl. Springer-Verlag: Wien und New York 1991.

Callies, Christian/Matthias Ruffert (Hrsg.): EUV/AEUV. Das Verfassungsrecht der Europäischen Union mit Europäischer Grundrechtecharta. Kommentar. 5. Aufl. Verlag C. H. Beck: München 2016.

— (Hrsg.): EUV/AEUV. Das Verfassungsrecht der Europäischen Union mit Europäischer Grundrechtecharta. Kommentar. 4. Aufl. Verlag C. H. Beck: München 2011.

Canaris, Claus-Wilhelm: »Die richtlinienkonforme Auslegung und Rechtsfortbildung im System der juristischen Methodenlehre.« In: Koziol, Helmut/Peter Rummel (Hrsg.): Im Dienste der Gerechtigkeit. Festschrift für Franz Bydlinski. Springer: Wien und New York 2002. S. 47–103.
Zitiert als: *Canaris*, in: Koziol/Rummel, FS Bydlinski, S. 47.

Christoph, Fabian L.: Börsenkooperationen und Börsenfusionen. Organisationsrecht – Aufsichtsrecht – Kartellrecht. Eine Untersuchung unter besonderer Berücksichtigung der europäischen Richtlinie 2004/39/EG über Märkte für Finanzinstrumente und deren Umsetzung ins deutsche Recht. (= Abhandlungen zum Deutschen und Europäischen Gesellschafts- und Kapitalmarktrecht. Bd. 12.) Duncker & Humblot: Berlin 2007. (Zugl. Diss. Universität Göttingen: 2006.)

—: »Die börsenrechtliche Zulässigkeit einer expansiven Unternehmenspolitik durch deutsche Börsenbetreiber. Das Werben um ausländische Börsengesellschaften durch die Deutsche Börse AG.« In: ZBB 2005. S. 82–95.

Claussen, Carsten Peter: »Noch einmal: Die Rechtsform deutscher Wertpapierbörsen.« In: ZBB 2000. S. 1–10.

Dauses, Manfred A. (Begr.)/Markus Ludwigs (Hrsg.): Handbuch des EU-Wirtschaftsrechts. 2 Bde., Bd. I. 41. EL. Verlag C. H. Beck: München. Stand: Mai 2017.
Zitiert als: *Bearbeiter*, in: Dauses/Ludwigs, Handbuch des EU-Wirtschaftsrechts, Bd. I.

Dauses, Manfred A. (Hrsg.): Handbuch des EU-Wirtschaftsrechts. 2 Bde., Bd. I. 29. EL. Verlag C. H. Beck: München. Stand: September 2011.

Dehmer, Hans (Hrsg.): Umwandlungsgesetz Umwandlungssteuergesetz. 2. Aufl. Verlag C. H. Beck: München 1996.
Zitiert als: *Dehmer*, UmwG/UmwStG.

Dreher, Meinrad: »Die Zulässigkeit von Unternehmensverträgen unter Beteiligung von Versicherungsaktiengesellschaften.« In: ZVersWiss 77 (1988). S. 619–654.

Dreyling, Georg: »Zur staatlichen Aufsicht über Börsen mit überregionalem Wirkungsbereich.« In: WM 1990. S. 1529–1529.

Duve, Christian/Moritz Keller: »MiFID: Die neue Welt des Wertpapiergeschäfts. Lernen Sie Ihre Kunden kennen – Kundenklassifikation und -information.« In: BB 2006. S. 2425–2432.

Ehlers, Dirk: Die Erledigung von Gemeindeaufgaben durch Verwaltungshelfer. Dargestellt am Beispiel von Hundebestandsaufnahmen. (= Kommunalwissenschaftliche Forschung und kommunale Praxis. Bd. 6.) Carl Heymanns Verlag KG: Köln u. a. 1997.

—: Die Verwaltung in Privatrechtsform. (= Schriften zum Öffentlichen Recht. Bd. 464.) Duncker & Humblot: Berlin 1994. (Zugl. Habil.-Schr. Universität Erlangen-Nürnberg: 1981.)

— (Hrsg.): Europäische Grundrechte und Grundfreiheiten. 4. Aufl. (= De Gruyter Studium.) De Gruyter: Berlin 2014.

Ehlers, Dirk/Michael Fehling/Hermann Pünder (Hrsg.)/Norbert Achterberg/Günter Püttner/Thomas Würtenberger (Begr.): Besonderes Verwaltungsrecht. 3 Bde., Bd. I: Öffentliches Wirtschaftsrecht. 3. völlig neu bearbeitete und erweiterte Aufl. C. F. Müller Verlag: Heidelberg u. a. 2012.
Zitiert als: *Bearbeiter*, in: Ehlers/Fehling/Pünder, Besonderes Verwaltungsrecht, Bd. I.

Ehricke, Ulrich: »Der Art. 90 EWGV – eine Neubetrachtung.« In: EuZW 1993. S. 211–216.

—: »Die richtlinienkonforme und die gemeinschaftsrechtskonforme Auslegung nationalen Rechts. Ein Beitrag zu ihren Grundlagen und zu ihrer Bedeutung für die Verwirklichung eines ›europäischen Privatrechts‹.« In: RabelsZ 59 (1995). S. 598–644.

Ehricke, Ulrich/Jens Ekkenga/Jürgen Oechsler (Hrsg.): Wertpapiererwerbs- und Übernahmegesetz. Kommentar. Verlag C. H. Beck: München 2003.
Zitiert als: *Bearbeiter*, in: Ehricke/Ekkenga/Oechsler, WpÜG.

Eiden, Christoph: Die Rechtsangleichung gemäß Art. 100 des EWG-Vertrages. (= Schriften zum Internationalen Recht. Bd. 31.) Duncker & Humblot: Berlin 1984. (Zugl. Diss. Universität Münster [Westfalen]: 1983.)

Eidenmüller, Horst (Hrsg.): Ausländische Kapitalgesellschaften im deutschen Recht. Verlag C. H. Beck: München 2004.

Elster, Nico: Europäisches Kapitalmarktrecht. Recht des Sekundärmarktes. (= Europäisches Wirtschaftsrecht. Bd. 23.) Verlag C. H. Beck: München 2002. (Zugl. Diss. Universität Halle: 2001.)

Emmerich, Volker: Kartellrecht. Ein Studienbuch. 13. Aufl. (= Juristische Kurz-Lehrbücher.) Verlag C. H. Beck: München 2014.

Emmerich, Volker/Mathias Habersack/Jan Schürnbrand (Hrsg.): Aktien- und GmbH-Konzernrecht. Kommentar. 8. Aufl. Verlag C. H. Beck: München 2016.

Emmerich, Volker/Jochen Hoffmann: »Das deutsche Börsenrecht vor dem Forum des Gemeinschaftsrechts.« In: Osterloh, Lerke/Karsten Schmidt/Hermann Weber (Hrsg.): Staat, Wirtschaft, Finanzverfassung. Festschrift für Peter Selmer zum 70. Geburtstag. (= Schriften zum Öffentlichen Recht. Bd. 960.) Duncker & Humblot: Berlin 2004. S. 305–321.
Zitiert als: *Emmerich/Hoffmann*, in: Osterloh/Schmidt/Weber, FS Selmer, S. 305.

Engelhardt, Hanns (Begr.)/Arne Schlatmann (Hrsg.): Verwaltungs-Vollstreckungsgesetz Verwaltungszustellungsgesetz. Kommentar. Unter Berücksichtigung der landesrechtlichen Bestimmungen, der Abgabenordnung, des EG-Beitreibungsgesetzes und des Europäischen Übereinkommens über die Zustellung von Schriftstücken in Verwaltungssachen im Ausland. 11. neubearbeitete Aufl. Verlag C. H. Beck: München 2017.
Zitiert als: *Bearbeiter*, in: Engelhardt/Schlatmann, VwVG/VwZG.

Epiney, Astrid: Umgekehrte Diskriminierungen. Zulässigkeit und Grenzen der discrimination à rebours nach europäischem Gemeinschaftsrecht und nationalem Verfassungsrecht. (= Völkerrecht – Europarecht – Staatsrecht. Bd. 15.) Carl Heymanns Verlag KG: Köln u. a. 1995. (Zugl. Habil.-Schr. Universität Mainz: 1994.)

Erbs, Georg (Begr.)/Max Kohlhaas (Fortf.)/Peter Häberle (Hrsg.): Strafrechtliche Nebengesetze. 4 Bde., Bd. IV: T–Z. 214. EL. (= Beck'sche Kurz-Kommentare. Bd. 17.) Verlag C. H. Beck: München. Stand: Mai 2017.
Zitiert als: *Bearbeiter*, in: Erbs/Kohlhaas, Strafrechtliche Nebengesetze, Bd. IV.

Erichsen, Hans-Uwe/Dirk Ehlers (Hrsg.): Allgemeines Verwaltungsrecht. 14. neubearbeitete Aufl. (= De Gruyter Lehrbuch.) De Gruyter: Berlin und New York 2010.

— **(Hrsg.):** Allgemeines Verwaltungsrecht. 12. neubearbeitete Aufl. (= De Gruyter Lehrbuch.) De Gruyter: Berlin 2002.

Erne, Roland (Hrsg.)/Carsten Peter Claussen (Begr.): Bank- und Börsenrecht. 5. neu bearbeitete Aufl. Verlag C. H. Beck: München 2014.

Everling, Ulrich: »Der Einfluß des EG-Rechts auf das nationale Wettbewerbsrecht im Bereich des Täuschungsschutzes.« In: ZLR 1994. S. 221–239.

Fehling, Michael/Berthold Kastner/Rainer Störmer (Hrsg.): Verwaltungsrecht. VwVfG | VwGO | Nebengesetze. Handkommentar. 4. Aufl. Nomos Verlagsgesellschaft: Baden-Baden 2016.

Fett, Torsten: Öffentlich-rechtliche Anstalten als abhängige Konzernunternehmen. Dargestellt unter besonderer Berücksichtigung des „Berliner Modells“ zur Konzernierung der Landesbank Berlin. (= Untersuchungen über das Spar-, Giro- und Kreditwesen. Abteilung B: Rechtswissenschaft. Bd. 133.) Duncker & Humblot: Berlin 2000. (Zugl. Diss. Humboldt-Universität Berlin: 2000.)
Zitiert als: *Fett*, Anstalten als abhängige Konzernunternehmen.

Fikentscher, Wolfgang: Methoden des Rechts in vergleichender Darstellung. 5 Bde., Bd. III: Mitteleuropäischer Rechtskreis. J. C. B. Mohr (Paul Siebeck): Tübingen 1976.
Zitiert als: *Fikentscher*, Methoden des Rechts, Bd. III.

Fink, Karsten: Der Freiverkehr. Die rechtliche Organisation des Handelssegments Freiverkehr an deutschen Börsen. (= Börsen- und kapitalmarktrechtliche Abhandlungen. Bd. 10.) Peter Lang Internationaler Verlag der Wissenschaften: Frankfurt am Main u. a. 2013. (Zugl. Diss. Universität Gießen: 2012.)

Florian, Ulrich: Rechtsfragen des Wertpapierhandels im Internet. (= Schriftenreihe Information und Recht. Bd. 23.) Verlag C. H. Beck: München 2001. (Zugl. Diss. Universität Münster [Westfalen]: 1999/2000.)

Fluck, Jürgen: »Zum Verzicht des Begünstigten auf Rechte aus einem Verwaltungsakt am Beispiel der Börsenzulassung.« In: WM 1995. S. 553–560.

Forsthoff, Ernst: Lehrbuch des Verwaltungsrechts. Bd. I: Allgemeiner Teil. 10. neubearbeitete Aufl. C. H. Beck'sche Verlagsbuchhandlung: München 1973.

Frenz, Walter: Die Staatshaftung in den Beleihungstatbeständen. (= Schriften zum Öffentlichen Recht. Bd. 618.) Duncker & Humblot: Berlin 1992. (Zugl. Diss. Universität München: 1991.)

—: Handbuch Europarecht. 6 Bde., Bd. I: Europäische Grundfreiheiten. 2. Aufl. Springer-Verlag: Berlin und Heidelberg 2012.

Frieß, Knut: Der Verzicht auf Grundrechte. Diss. Julius-Maximilians-Universität Würzburg: 1968.

Frotscher, Werner: »Das Gesetz zur Änderung der Gewerbeordnung und sonstiger gewerberechtlicher Vorschriften vom 23.11.1994.« In: NVwZ 1996. S. 33–37.

Gaiser, Anja Sofia: »Die Umwandlung und ihre Auswirkungen auf personenbezogene öffentlich-rechtliche Erlaubnisse – Ein unlösbarer Konflikt zwischen Umwandlungsrecht und Gewerberecht?« In: DB 2000. S. 361–364.

Gajo, Marianne: »Londoner Börse senkt Gebühren.« In: AG Report 2004. S. R16–R16.

Gebauer, Martin: »Umsetzungsprobleme von EG-Richtlinien und ihre Lösung. Richtlinienkonforme Auslegung als Mittel der Rechtsfortbildung im Privatrecht.« In: AnwBl. 2007. S. 314–319.

Gleiss, Alfred (Begr.)/Martin Hirsch (Hrsg.)/Rainer Bechtold/Christian Hootz (Mitarb.): Kommentar zum EWG-Kartellrecht. 3. völlig neubearbeitete und erweiterte Aufl. (= Schriftenreihe Recht der internationalen Wirtschaft. Bd. 16.) Verlagsgesellschaft Recht und Wirtschaft mbH: Heidelberg 1978.
Zitiert als: *Gleiss/Hirsch*, EWG-Kartellrecht.

Goette, Wulf/Mathias Habersack (Hrsg.): Münchener Kommentar zum Aktiengesetz. 7 Bde., Bd. V: §§ 278–328. SpruchG, ÖGes-AusG, Österreichisches Konzernrecht. 4. Aufl. Verlag C. H. Beck/Verlag Franz Vahlen: München 2015.
Zitiert als: *Bearbeiter*, in: Goette/Habersack, Münchener Kommentar zum AktG, Bd. V.

Göppert, Heinrich: Das Recht der Börsen. Ein Beitrag zum Verwaltungsrecht. Verlag von Julius Springer: Berlin 1932.

Goutier, Klaus/Rüdiger Knopf/Anthony Tulloch (Hrsg.): Kommentar zum Umwandlungsrecht. Umwandlungsgesetz – Umwandlungssteuergesetz. Verlag Recht und Wirtschaft GmbH: Heidelberg 1996.
Zitiert als: *Bearbeiter*, in: Goutier/Knopf/Tulloch, Umwandlungsrecht.

Grabitz, Eberhard (Begr.)/Meinhard Hilf (Hrsg.): Das Recht der Europäischen Union. 5 Bde., Bd. II: EUV/EGV. 40. EL. Verlag C. H. Beck: München. Stand: Oktober 2009.
Zitiert als: *Bearbeiter*, in: Grabitz/Hilf, EUV/EGV, Bd. II.

Grabitz, Eberhard (Begr.)/Meinhard Hilf (Fortf.)/Martin Nettesheim (Hrsg.): Das Recht der Europäischen Union. 3 Bde., Bd. I: EUV/AEUV. 61. EL. Verlag C. H. Beck: München. Stand: April 2017.
Zitiert als: *Bearbeiter*, in: Grabitz/Hilf/Nettesheim, EUV/AEUV, Bd. I.

— (Begr.)/(Fortf.)/(Hrsg.): Das Recht der Europäischen Union. 3 Bde., Bd. II: EUV/AEUV. 61. EL. Verlag C. H. Beck: München. Stand: April 2017.
Zitiert als: *Bearbeiter*, in: Grabitz/Hilf/Nettesheim, EUV/AEUV, Bd. II.

Greipel, Christian: »Beurteilungsermächtigungen zugunsten der Exekutive, dargestellt am Beispiel des Börsenvorstands.« In: DVBl. 1989. S. 746–752.

Greve, Holger: »Korruptionsbekämpfung und Whistleblowing. Überlegungen zur Auflösung des Konflikts zwischen Transparenz und Datenschutz.« In: ZD 2014. S. 336–342.

Groeben, Hans von der/Jürgen Schwarze/Armin Hatje (Hrsg.): Europäisches Unionsrecht. Vertrag über die Europäische Union, Vertrag über die Arbeitsweise der Europäischen Union, Charta der Grundrechte der Europäischen Union. 4 Bde., Bd. I: Art. 1 bis 55 EUV, Art. 1 bis 54 GRC, Art. 1 bis 66 AEUV. 7. Aufl. Nomos Verlagsgesellschaft: Baden-Baden 2015.

Groeben, Hans von der/Jürgen Schwarze/Armin Hatje (Hrsg.): Europäisches Unionsrecht. Vertrag über die Europäische Union, Vertrag über die Arbeitsweise der Europäischen Union, Charta der Grundrechte der Europäischen Union. 4 Bde., Bd. III: Art. 106 bis 173 AEUV. 7. Aufl. Nomos Verlagsgesellschaft: Baden-Baden 2015.

Groß, Wolfgang (Hrsg.): Kapitalmarktrecht. Kommentar zum Börsengesetz, zur Börsenzulassungs-Verordnung und zum Wertpapierprospektgesetz. 6. vollständig überarbeitete und erweiterte Aufl. Verlag C. H. Beck: München 2016.

– (Hrsg.): Kapitalmarktrecht. Kommentar zum Börsengesetz, zur Börsenzulassungs-Verordnung, zum Wertpapierprospektgesetz und zum Verkaufsprospektgesetz. 3. vollständig überarbeitete und erweiterte Aufl. Verlag C. H. Beck: München 2006.

Grüb, Michael: Europäische Niederlassungs- und Dienstleistungsfreiheit für Private mit hoheitlichen Befugnissen. (= Schriften zum Europa- und Völkerrecht und zur Rechtsvergleichung. Bd. 2.) Peter Lang Europäischer Verlag der Wissenschaften: Frankfurt am Main u. a. 1999. (Zugl. Diss. Universität Frankfurt am Main: 1998.)

Gurlit, Elke/Peter O. Mülbert: Der Börsenträger im Spannungsfeld von Gemeinwohlauftrag und Privatinteresse. Zugleich ein Beitrag zu den Verfassungs- und Europarechtsfragen der Beteiligung an Börsenträgern. (= Schriften zum Öffentlichen Wirtschaftsrecht. Bd. 2.) Nomos Verlagsgesellschaft: Baden-Baden 2012.
Zitiert als: *Gurlit/Mülbert*, Der Börsenträger im Spannungsfeld.

Haarmann, Wilhelm/Matthias Schüppen (Hrsg.): Frankfurter Kommentar zum Wertpapiererwerbs- und Übernahmegesetz. Öffentliche Übernahmeangebote (WpÜG) und Ausschluss von Minderheitsaktionären (§§ 327a–f AktG). 3. neubearbeitete Aufl. Verlag Recht und Wirtschaft: Frankfurt 2008.
Zitiert als: *Bearbeiter*, in: Haarmann/Schüppen, Frankfurter Kommentar zum WpÜG.

Häberle, Peter: »Verfassungsprinzipien „im" Verwaltungsverfahrensgesetz.« In: Schmitt Glaeser, Walter (Hrsg.): Verwaltungsverfahren. Festschrift zum 50-jährigen Bestehen des Richard Boorberg Verlags. Richard Boorberg Verlag: Stuttgart, München und Hannover 1977. S. 47–93.
Zitiert als: *Häberle*, in: Schmitt Glaeser, FS Boorberg, S. 47.

Hailbronner, Kay: »Öffentliche Unternehmen im Binnenmarkt – Dienstleistungsmonopole und Gemeinschaftsrecht.« In: NJW 1991. S. 593–601.

Hammen, Horst: »Börsen- und kreditwesengesetzliche Aufsicht über börsenähnliche Handelssysteme, Wertpapierbörsen und Börsenträger.« In: WM 2001. S. 929–940.

—: Börsen und multilaterale Handelssysteme im Wettbewerb. Eine wirtschaftsrechtliche Analyse. (= Börsen- und Kapitalmarktrechtliche Abhandlungen. Bd. 9.) Peter Lang Internationaler Verlag der Wissenschaften: Frankfurt am Main u. a. 2011.

—: Börsenerlaubnis, Anteilseignerkontrolle und Niederlassungsfreiheit bei der Fusion von Börsenorganisationen. Das Projekt Gamma. (= Börsen- und Kapitalmarktrechtliche Abhandlungen. Bd. 13.) Peter Lang Internationaler Verlag der Wissenschaften: Frankfurt am Main u. a. 2013.

Zitiert als: *Hammen*, Börsenerlaubnis, Anteilseignerkontrolle und Niederlassungsfreiheit.

Hammen, Horst: »Gebühren- und Entgeltregelungen für die Teilnahme am elektronischen Handel.« In: Grundmann, Stefan u. a. (Hrsg.): Unternehmensrecht zu Beginn des 21. Jahrhunderts. Festschrift für Eberhard Schwark zum 70. Geburtstag. Verlag C. H. Beck: München 2009. S. 389–405.
Zitiert als: *Hammen*, in: Grundmann u. a., FS Schwark, S. 389.

—: »Steuerrechtliche Anreize statt staatlicher Reglementierung. Der Entwurf des § 8b Abs. 2 KStG n. F. und die Auswirkungen des Urteils des EuGH vom 20.4.1999, WM 2000, 738 ff.« In: WM 2000. S. 941–945.

—: »Verschmelzung von Börsen?« In: Der Konzern 2008. S. 269–274.

Hammen, Horst/Roger Müller: »Die Bewältigung von Interessenkonflikten beim Börsengang eines Börsenträgers an die von ihm betriebene Börse.« In: Hammen, Horst (Hrsg.): Interessenkonflikte beim Börsengang von Börsen. (= Börsen- und Kapitalmarktrechtliche Abhandlungen. Bd. 5.) Peter Lang Internationaler Verlag der Wissenschaften: Frankfurt am Main u. a. 2009. S. 75–98.

Haslehner, Werner Christof: »Das Konkurrenzverhältnis der Europäischen Grundfreiheiten in der Rechtsprechung des EuGH zu den direkten Steuern.« In: IStR 2008. S. 565–575.

Hatschek, Julius: Lehrbuch des deutschen und preußischen Verwaltungsrechts. 7. und 8. veränderte Aufl. A. Deichertsche Verlagsbuchhandlung Dr. Werner Scholl: Leipzig 1931.

Heimburg, Sibylle von: Verwaltungsaufgaben und Private. Funktionen und Typen der Beteiligung Privater an öffentlichen Aufgaben unter besonderer Berücksichtigung des Baurechts. (= Schriften zum Öffentlichen Recht. Bd. 417.) Duncker & Humblot: Berlin 1982. (Zugl. Diss. Freie Universität Berlin: 1981.)

Helmrich, Klaus/Olaf Schick: »Die beliehene Sparkassen-Holding AG – Ein Modell für die Zukunft.« In: BKR 2003. S. 882–888.

Herdegen, Matthias: Europarecht. 18. überarbeitete und erweiterte Aufl. (= Grundrisse des Rechts.) Verlag C. H. Beck: München 2016.

Hirschmann, Jörn: Anteilseignerkontrolle im Versicherungs- und Kreditwirtschaftsrecht. (= Schriftenreihe der Zeitschrift Versicherungsrecht [VersR]. H. 12.) Verlag Versicherungswirtschaft: Karlsruhe 2000. (Zugl. Diss. Universität Mainz: 2000.)
Zitiert als: *Hirschmann*, Anteilseignerkontrolle.

Hirte, Heribert/Thomas M. J. Möllers (Hrsg.): Kölner Kommentar zum WpHG. 2. Aufl. (= Kölner Kommentare zum Unternehmens- und Gesellschaftsrecht.) Carl Heymanns Verlag: Köln, Berlin und München 2014.

Hoffmann-Riem, Wolfgang/Eberhard Schmidt-Aßmann/Andreas Voßkuhle (Hrsg.): Grundlagen des Verwaltungsrechts. 3 Bde., Bd. II: Informationsordnung, Verwaltungsverfahren, Handlungsformen. 2. Aufl. Verlag C. H. Beck oHG: München 2012.

Honsell, Thomas: Historische Argumente im Zivilrecht. Ihr Gebrauch und ihre Wertschätzung im Wandel unseres Jahrhunderts. (= Abhandlungen zur rechtswissenschaftlichen Grundlagenforschung. Bd. 50.) Verlag Rolf Gremer: Ebelsbach 1982.

Hopt, Klaus J.: »Zum Begriff des geregelten Marktes nach der Wertpapierdienstleistungsrichtlinie – am Beispiel von Eurex.« In: Horn, Norbert/Hans-Jürgen Lwowski/Gerd Nobbe (Hrsg.): Bankrecht – Schwerpunkte und Perspektiven. Festschrift für Herbert Schimansky. RWS Verlag Kommunikationsforum: Köln 1999. S. 631–666.
Zitiert als: *Hopt*, in: Horn/Lwowski/Nobbe, FS Schimansky, S. 631.

Hopt, Klaus J./Harald Baum: »Börsenrechtsreform: Überlegungen aus vergleichender Perspektive.« In: WM 1997 Sonderbeilage Nr. 4. S. 3–20.

Hopt, Klaus J./Bernd Rudolph/Harald Baum (Hrsg.): Börsenreform. Eine ökonomische, rechtsvergleichende und rechtspolitische Untersuchung. Schäffer-Poeschel Verlag: Stuttgart 1997.

Huber, Ernst Rudolf: Wirtschaftsverwaltungsrecht. 2 Bde., Bd. I. 2. neubearbeitete und erweiterte Aufl. J. C. B. Mohr (Paul Siebeck): Tübingen 1953.

Huber, Peter M.: Allgemeines Verwaltungsrecht. 2. völlig neubearbeitete und erweiterte Aufl. (= Schaeffers Grundriß des Rechts und der Wirtschaft. Bd. 29/1.) C. F. Müller Verlag: Heidelberg 1997.

Illian, Eckart: Der Verzicht Privater im Verwaltungsrecht. Diss. Friedrich-Wilhelms-Universität Bonn: 1993.

Immenga, Ulrich/Ernst-Joachim Mestmäcker (Hrsg.)/Torsten Körber (Mitarb.): Wettbewerbsrecht. 3 Bde., Bd. I/1: EU/Teil 1. Kommentar zum Europäischen Kartellrecht. 5. Aufl. Verlag C. H. Beck: München 2012.
Zitiert als: *Bearbeiter*, in: Immenga/Mestmäcker, Wettbewerbsrecht, Bd. I/1.

— (Hrsg.)/(Mitarb.): Wettbewerbsrecht. 3 Bde., Bd. II/1: GWB/Teil 1. Kommentar zum Deutschen Kartellrecht. §§ 1–96, 130–131. 5. Aufl. Verlag C. H. Beck: München 2014.
Zitiert als: *Bearbeiter*, in: Immenga/Mestmäcker, Wettbewerbsrecht, Bd. II/1.

Ipsen, Hans Peter: Europäisches Gemeinschaftsrecht. J. C. B. Mohr (Paul Siebeck): Tübingen 1972.

—: Öffentliche Subventionierung Privater. Carl Heymanns Verlag KG: Berlin und Köln 1956.

Isensee, Josef/Paul Kirchhof (Hrsg.): Handbuch des Staatsrechts der Bundesrepublik Deutschland. 12 Bde., Bd. IV: Aufgaben des Staates. 3. völlig neubearbeitete und erweiterte Aufl. C. F. Müller Verlag: Heidelberg 2006.
Zitiert als: *Bearbeiter*, in: Isensee/Kirchhof, Handbuch des Staatsrechts, Bd. IV.

— (Hrsg.): Handbuch des Staatsrechts der Bundesrepublik Deutschland. 12 Bde., Bd. V: Rechtsquellen, Organisation, Finanzen. 3. völlig neubearbeitete und erweiterte Aufl. C. F. Müller Verlag: Heidelberg 2007.
Zitiert als: *Bearbeiter*, in: Isensee/Kirchhof, Handbuch des Staatsrechts, Bd. V.

Jarass, Hans D.: »Die Niederlassungsfreiheit in der Europäischen Gemeinschaft. Ein Kernelement der Freiheit selbständiger wirtschaftlicher Betätigung.« In: RIW 1993. S. 1–7.

—: »Elemente einer Dogmatik der Grundfreiheiten II.« In: EuR 2000. S. 705–723.

—: »Richtlinienkonforme bzw. EG-rechtskonforme Auslegung nationalen Rechts.« In: EuR 1991. S. 211–223.

Jarass, Hans D./Bodo Pieroth (Hrsg.): Grundgesetz für die Bundesrepublik Deutschland. Kommentar. 14. Aufl. Verlag C. H. Beck: München 2016.
Zitiert als: *Bearbeiter*, in: Jarass/Pieroth, Grundgesetz.

Jecht, Hans: Die Öffentliche Anstalt. Wandlungen und gegenwärtige Struktur. (= Schriften zum Öffentlichen Recht. Bd. 10.) Duncker & Humblot: Berlin 1963.

Jellinek, Walter: Verwaltungsrecht. Unveränderter Neudruck der 3. Aufl. von 1931. Verlag Dr. Max Gehlen: Bad Homburg v.d.H., Berlin und Zürich 1966.

Kadelbach, Stefan: Allgemeines Verwaltungsrecht unter europäischem Einfluss. (= Jus publicum: Beiträge zum öffentlichen Recht. Bd. 36.) J. C. B. Mohr (Paul Siebeck): Tübingen 1999. (Zugl. Habil.-Schr. Universität Frankfurt am Main: 1996.)

Kallmeyer, Harald (Hrsg.): Umwandlungsgesetz. Kommentar. Verschmelzung, Spaltung und Formwechsel bei Handelsgesellschaften. 6. neu bearbeitete und erweiterte Aufl. Verlag Dr. Otto Schmidt: Köln 2017.

Keßler, Jutta: Das System der Warenverkehrsfreiheit im Gemeinschaftsrecht. Zwischen Produktbezug und Verkaufsmodalitäten. (= Berliner Juristische Universitätsschriften. Zivilrecht. Bd. 16.) Berlin Verlag Arno Spitz GmbH und Nomos Verlagsgesellschaft: Berlin und Baden-Baden 1997. (Zugl. Diss. Humboldt-Universität Berlin: 1996.)
Zitiert als: *Keßler*, Warenverkehrsfreiheit.

Kingreen, Thorsten: Die Struktur der Grundfreiheiten des Europäischen Gemeinschaftsrechts. (= Schriften zum Europäischen Recht. Bd. 56.) Duncker & Humblot: Berlin 1999.
Zitiert als: *Kingreen*, Grundfreiheiten.

Klenke, Hilmar: Börsendienstleistungen im europäischen Binnenmarkt. Die Marktkonzeption der Wertpapierdienstleistungsrichtlinie am Beispiel der Aktienmärkte. (= Untersuchungen über das Spar-, Giro- und Kreditwesen. Abteilung B: Rechtswissenschaft. Bd. 111.) Duncker & Humblot: Berlin 1998. (Zugl. Diss. Universität Konstanz: 1997.)

Knack, Hans Joachim (Begr.)/Hans-Günter Henneke (Fortf.): Verwaltungsverfahrensgesetz (VwVfG). Kommentar. 10. neubearbeitete Aufl. Carl Heymanns Verlag: Köln 2014.
Zitiert als: *Bearbeiter*, in: Knack/Henneke, Verwaltungsverfahrensgesetz.

Knöpfle, Franz: »Die Nachfolge in verwaltungsrechtliche Rechts- und Pflichtstellungen.« In: Spanner, Hans u. a. (Hrsg.): Festgabe für Theodor Maunz zum

70. Geburtstag am 1. September 1971. C. H. Beck'sche Verlagsbuchhandlung: München 1971. S. 225–247.
Zitiert als: *Knöpfle*, in: Spanner u. a., FG Maunz, S. 225.

Koch, Gerd: Ein Beitrag zur Lehre vom Verzicht auf Grundrechte. Diss. Ruprecht-Karl-Universität Heidelberg: 1983.
Zitiert als: *Koch*, Verzicht auf Grundrechte.

Koenig, Christian/Jürgen Kühling: »„Totgesagte Vorschriften leben länger": Bedeutung und Auslegung der Ausnahmeklausel des Art. 86 Abs. 2 EG.« In: ZHR 166 (2002). S. 656–684.

Köhler, Ludwig von: Grundlehren des Deutschen Verwaltungsrechts. 2. unveränderter Nachdruck. Verlag von W. Kohlhammer: Stuttgart und Berlin 1936.

Köndgen, Johannes: »Mutmaßungen über die Zukunft der europäischen Börsen.« In: Schneider, Uwe H. u. a. (Hrsg.): Festschrift für Marcus Lutter zum 70. Geburtstag. Deutsches und europäisches Gesellschafts-, Konzern- und Kapitalmarktrecht. Verlag Dr. Otto Schmidt: Köln 2000. S. 1401–1420.
Zitiert als: *Köndgen*, in: Schneider u. a., FS Lutter, S. 1401.

Köndgen, Johannes/Jochen Mues: »Zwangslizenz für XETRA? Deutsches Börsenwesen zwischen Staatsauftrag und privatwirtschaftlicher Freiheit.« In: WM 1998. S. 53–62.

Kopp, Ferdinand O. (Begr.)/Ulrich Ramsauer (Hrsg.)/Carsten Tegethoff/Peter Wysk (Mitarb.): Verwaltungsverfahrensgesetz. Kommentar. 18. vollständig überarbeitete Aufl. Verlag C. H. Beck: München 2017.
Zitiert als: *Bearbeiter*, in: Kopp/Ramsauer, Verwaltungsverfahrensgesetz.

Köttgen, Arnold: Gemeindliche Daseinsvorsorge und gewerbliche Unternehmerinitiative. Im Bereiche der Wasserversorgung und Abwässerbeseitigung. (= Göttinger Rechtswissenschaftliche Studien. Bd. 34.) Verlag Otto Schwartz & Co: Göttingen 1961.
Zitiert als: *Köttgen*, Daseinsvorsorge und Unternehmerinitiative.

Kranz, Jürgen: Die Ausübung öffentlicher Gewalt durch Private nach dem Europäischen Gemeinschaftsrecht. Ein Beitrag zur Auslegung von Art. 55 Abs. 1 EWG-Vertrag. (= Europäische Hochschulschriften: Reihe 2. Rechtswissenschaft. Bd. 425.) Peter Lang: Frankfurt am Main u. a. 1984.
Zitiert als: *Kranz*, Ausübung öffentlicher Gewalt durch Private.

Kress, Sabine L.: Effizienzorientierte Kapitalmarktregulierung. Eine Analyse aus institutionenökonomischer Perspektive. (= Kreditwirtschaft und Finanzierung. Bd. 19.) Gabler: Wiesbaden 1996. (Zugl. Diss. Universität Frankfurt am Main: 1995.)

Kroll-Ludwigs, Kathrin/Markus Ludwigs: »Die richtlinienkonforme Rechtsfortbildung im Gesamtsystem der Richtlinienwirkungen. Zugleich Besprechung von BGH, Urt. v. 26.11.2008 – VIII ZR 200/05 (Quelle). 2. Teil: Implementierungsmöglichkeiten im nationalen Recht.« In: ZJS 2009. S. 123–130.

Kümpel, Siegfried: »Amtlicher Markt und Freiverkehr an der Börse aus rechtlicher Sicht. Unter Berücksichtigung der Konzeption des geregelten Marktes.« In: WM 1985 Sonderbeilage Nr. 5. S. 3–12.

—: Bank- und Kapitalmarktrecht. 3. neubearbeitete und wesentlich erweiterte Aufl. Verlag Dr. Otto Schmidt: Köln 2004.

—: Bank- und Kapitalmarktrecht. 2. neubearbeitete und wesentlich erweiterte Aufl. Verlag Dr. Otto Schmidt: Köln 2000.

—: Bank- und Kapitalmarktrecht. 1. Aufl. Verlag Dr. Otto Schmidt: Köln 1995.

—: »Börsengesetzesnovelle 1989. Teil I.« In: WM 1989. S. 1313–1321.

—: Börsenrecht. Eine systematische Darstellung. 1. Aufl. (= Grundlagen und Praxis des Bank- und Börsenwesens. Bd. 31.) Erich Schmidt Verlag: Berlin 1996.

—: »Die Preisfeststellung im Geregelten Markt.« In: WM 1988. S. 1621–1629.

—: »Inter-Banken-Informations-System (IBIS). Rechtliche und betriebliche Aspekte.« In: WM 1990. S. 45–49.

—: »Zur öffentlichrechtlichen Organisation der deutschen Wertpapierbörsen.« In: BKR 2003. S. 3–13.

Kümpel, Siegfried/Horst Hammen (Hrsg.): Börsenrecht. Eine systematische Darstellung. 2. neu bearbeitete und erweiterte Aufl. (= Grundlagen und Praxis des Bank- und Börsenwesens. Bd. 31.) Erich Schmidt Verlag: Berlin 2003.

—: »Zur Genehmigungsfähigkeit eines geplanten Börsenverbundes.« In: WM 2000 Sonderbeilage Nr. 3. S. 3–23.

Kümpel, Siegfried/Horst Hammen/Jens Ekkenga (Hrsg.): Kapitalmarktrecht. Handbuch für die Praxis. Systematische Sammlung der Gesetze, Verordnungen, behördlichen Verlautbarungen sowie Einführungen und Kurzerläuterungen. 2 Bde., Bd. I. Erich Schmidt Verlag: Berlin 2011. Stand: Dezember 2012.

Kümpel, Siegfried (Begr.)/Arne Wittig (Hrsg.): Bank- und Kapitalmarktrecht. 4. neu bearbeitete Aufl. Verlag Dr. Otto Schmidt: Köln 2011.

Kurth, Ekkehard: »Handlungsbefugnisse der Landesverwaltung bei Börsenaufsicht und -zulassung.« In: ZfgK 1998. S. 618–624.

Lackhoff, Klaus: Die Niederlassungsfreiheit des EGV – nur ein Gleichheits- oder auch ein Freiheitsrecht? (= Münsterische Beiträge zur Rechtswissenschaft. Bd. 125.) Duncker & Humblot: Berlin 2000. (Zugl. Diss. Universität Münster [Westfalen]: 2000.)
Zitiert als: *Lackhoff*, Niederlassungsfreiheit.

Landmann, Heinz/Wolfgang Giers/Ernst Proksch: Allgemeines Verwaltungsrecht. 4. neubearbeitete Aufl. (= Dr. Koll's juristische Kurzlehrbücher. Bd. 12.) Müller-Albrechts-Verlag: Düsseldorf 1969.

Landmann, Robert von/Gustav Rohmer (Hrsg.)/Peter Marcks u. a. (Mitarb.): Gewerbeordnung und ergänzende Vorschriften. 2 Bde., Bd. I: Gewerbeordnung. Kommentar. 75. EL. Verlag C. H. Beck: München. Stand: März 2017.
Zitiert als: *Bearbeiter*, in: R. v. Landmann/Rohmer, Gewerbeordnung, Bd. I.

Langen, Eugen (Begr.)/Hermann-Josef Bunte (Hrsg.): Kartellrecht. Kommentar. 2 Bde., Bd. I: Deutsches Kartellrecht. 12. Aufl. Luchterhand Verlag: Köln 2014.

– (Begr.)/(Hrsg.): Kartellrecht. Kommentar. 2 Bde., Bd. II: Europäisches Kartellrecht. 12. Aufl. Luchterhand Verlag: Köln 2014.

Larenz, Karl: Methodenlehre der Rechtswissenschaft. 6. neubearbeitete Aufl. (= Enzyklopädie der Rechts- und Staatswissenschaft.) Springer-Verlag: Berlin u. a. 1991.

Lascho, Stefan: Die Erledigung des Verwaltungsaktes als materiellrechtliches und verwaltungsprozessuales Problem. (= Schriften zum Öffentlichen Recht. Bd. 864.) Duncker & Humblot: Berlin 2001. (Zugl. Diss. Universität Bonn: 2000.)
Zitiert als: *Lascho*, Erledigung des Verwaltungsaktes.

Laule, Gerhard: »Die Umstrukturierung der Frankfurter Wertpapierbörse. Ein Modell.« In: Kübler, Friedrich/Hans-Joachim Mertens/Winfried Werner (Hrsg.): Festschrift für Theodor Heinsius zum 65. Geburtstag am 25. September 1991. De Gruyter: Berlin und New York 1991. S. 437–456.
Zitiert als: *Laule*, in: Kübler/Mertens/Werner, FS Heinsius, S. 437.

Leippert, Max: Der Verzicht auf subjektive öffentliche Rechte mit besonderer Berücksichtigung des Verzichtes auf Leistungen der Sozialversicherung. Juris-Verlag: Zürich 1953. (Zugl. Diss. Universität Freiburg: 1953.)
Zitiert als: *Leippert*, Verzicht auf subjektive öffentliche Rechte.

Lenenbach, Markus: Kapitalmarktrecht und kapitalmarktrelevantes Gesellschaftsrecht. 2. wesentlich überarbeitete Aufl. RWS Verlag Kommunikationsforum GmbH: Köln 2010.
Zitiert als: *Lenenbach*, Kapitalmarkt- und Gesellschaftsrecht.

Lepczyk, Dennis A.: Rechtliche Aspekte internationaler Börsenfusionen. Gesellschaftsrecht, Organisationsrecht, Aufsichtsrecht. (= Schriftenreihe zum Gesellschafts- und Kapitalmarktrecht. Bd. 27.) Peter Lang Internationaler Verlag der Wissenschaften: Frankfurt am Main u. a. 2009. (Zugl. Diss. Universität Frankfurt am Main: 2008.)
Zitiert als: *Lepczyk*, Internationale Börsenfusionen.

Loewenheim, Ulrich u. a. (Hrsg.): Kartellrecht. Kommentar. 3. Aufl. Verlag C. H. Beck: München 2016.

Lorenz, Oliver: Die Wertpapierbörse und ihr Träger. Ein Beitrag zur Inhaltsbestimmung der Betriebspflicht und zur erwerbswirtschaftlichen Betätigung des Trägers. (= Europäische Hochschulschriften: Reihe 2. Rechtswissenschaft. Bd. 4040.) Peter Lang Europäischer Verlag der Wissenschaften: Frankfurt am Main u. a. 2004. (Zugl. Diss. Universität Gießen: 2003.)

Lutter, Marcus/Walter Bayer/Jessica Schmidt: Europäisches Unternehmens- und Kapitalmarktrecht. Grundlagen, Stand und Entwicklung nebst Texten und Materialien. 5. völlig neubearbeitete und erweiterte Aufl. (= Zeitschrift für Unternehmens- und Gesellschaftsrecht. Sonderheft 1. Teil 1.) De Gruyter: Berlin und Boston 2012.

Lutter, Marcus (Begr.)/Walter Beyer/Jochen Vetter (Hrsg.): Umwandlungsgesetz. Kommentar mit systematischer Darstellung des Umwandlungssteuerrechts und Kommentierung des SpruchG. 2 Bde., Bd. I: §§ 1–122l. 5. neubearbeitete Aufl. Verlag Dr. Otto Schmidt: Köln 2014.
Zitiert als: *Bearbeiter*, in: Lutter/Beyer/Vetter, UmwG, Bd. I.

Mangoldt, Hermann von (Begr.)/Friedrich Klein (Fortf.)/Christian Starck (Hrsg.): Das Bonner Grundgesetz. 3 Bde., Bd. I: Präambel, Artikel 1 bis 19. 6. Aufl. Verlag Franz Vahlen: München 2010.
Zitiert als: *Bearbeiter*, in: Mangoldt/Klein/Starck, Grundgesetz, Bd. I.

Martens, Wolfgang: Öffentlich als Rechtsbegriff. Verlag Gehlen: Bad Homburg v.d.H., Berlin und Zürich 1969. (Zugl. Habil.-Schr. Universität Münster [Westfalen]: 1968.)

Maunz, Theodor/Günter Dürig (Begr.)/Roman Herzog u. a. (Hrsg.): Grundgesetz. Kommentar. 7 Bde., Bd. II: Art. 6–15. 79. EL. Verlag C. H. Beck: München. Stand: Dezember 2016.
Zitiert als: *Bearbeiter*, in: Maunz/Dürig, Grundgesetz, Bd. II.

Maurer, Hartmut: Allgemeines Verwaltungsrecht. 18. überarbeitete und ergänzte Aufl. (= Grundrisse des Rechts.) Verlag C. H. Beck: München 2011.

Mayer, Otto: Deutsches Verwaltungsrecht. Bd. II. 3. Aufl. (= Systematisches Handbuch der Deutschen Rechtswissenschaft. 6. Abteilung.) Duncker & Humblot: München und Leipzig 1924.

Merkt, Hanno: »Börsenfusion: Nach dem Spiel ist vor dem Spiel. Ausgewählte börsenrechtliche Fragen am Beispiel der gescheiterten Fusion der Deutschen Börse mit dem New York Stock Exchange.« In: Krieger, Gerd/Marcus Lutter/Karsten Schmidt (Hrsg.): Festschrift für Michael Hoffmann-Becking zum 70. Geburtstag. Verlag C. H. Beck: München 2013. S. 793–820.
Zitiert als: *Merkt*, in: Krieger/Lutter/Schmidt, FS Hoffmann-Becking, S. 793.

—: »Empfiehlt es sich, im Interesse des Anlegerschutzes und zur Förderung des Finanzplatzes Deutschland das Kapitalmarkt- und Börsenrecht neu zu regeln? Börsenrechtliches Teilgutachten. Gutachten G für den 64. Deutschen Juristentag.« In: Verhandlungen des Vierungsechzigsten Deutschen Juristentages. 2 Bde., Bd. I: Gutachten. Verlag C. H. Beck: Berlin 2002. G 3–G 143.
Zitiert als: *Merkt*, in: 64. Deutscher Juristentag, Bd. I, G 3.

Meyer, Oscar (Begr.)/Heinz Bremer (Hrsg.): Börsengesetz. Nebst Ausführungsbestimmungen. 4. völlig neubearbeitete Aufl. Walter de Gruyter & Co.: Berlin 1957.

Michaelis, Rüdiger: Der Beliehene. Ein Beitrag zur Verflechtung von öffentlichem und privatem Recht. Diss. Westfälische Wilhelms-Universität Münster: 1969.

Middel, Dieter: Öffentlich-rechtliche Willenserklärungen von Privatpersonen. (= Schriften zum Öffentlichen Recht. Bd. 157.) Duncker & Humblot: Berlin 1971. (Zugl. Diss. Universität Hamburg: 1969.)

Mössner, Jörg Manfred: Einführung in das Völkerrecht. (= Schriftenreihe der Juristischen Schulung. Bd. 55.) C. H. Beck'sche Verlagsbuchhandlung: München 1977.

Mues, Jochen: »Anmerkungen zum Börsengesetz nach dem Diskussionsentwurf für das Vierte Finanzmarktförderungsgesetz.« In: ZBB 2001. S. 353–360.

—: Die Börse als Unternehmen. Modell einer privatrechtlichen Börsenorganisation. (= Studien zum Bank- und Börsenrecht. Bd. 48.) Nomos-Verlagsgesellschaft: Baden-Baden 1999. (Zugl. Diss. Universität Bonn: 1999.)

Mühl, Axel: Diskriminierung und Beschränkung. Grundansätze einer einheitlichen Dogmatik der wirtschaftlichen Grundfreiheiten des EG-Vertrages. (= Schriften zum Europäischen Recht. Bd. 104.) Duncker & Humblot: Berlin 2004. (Zugl. Diss. Universität Bayreuth: 2003.)

Mülbert, Peter O.: »Anlegerschutz bei Zertifikaten. Beratungspflichten, Offenlegungspflichten bei Interessenkonflikten und die Änderungen durch das Finanzmarkt-Richtlinie-Umsetzungsgesetz (FRUG).« In: WM 2007. S. 1149–1163.

—: Auswirkungen der Art. 19 ff. MiFID auf das Zivilrecht am Beispiel von Vertriebsvergütungen im Effektengeschäft der Kreditinstitute. (= Arbeitspapiere 2008.) Institut für deutsches und internationales Recht des Spar-, Giro- und Kreditwesens: Johannes Gutenberg-Universität Mainz 2008.
Zitiert als: *Mülbert*, Auswirkungen der Art. 19 ff. MiFID auf das Zivilrecht.

—: »Empfiehlt es sich, im Interesse des Anlegerschutzes und zur Förderung des Finanzplatzes Deutschland das Kapitalmarkt- und Börsenrecht neu zu regeln? Deutscher Juristentag, 4. Finanzmarktförderungsgesetz und Europa.« In: JZ 2002. S. 826–837.

Müller-Hennenberg, Hans/Gustav Schwartz (Begr.)/Christian Hootz (Hrsg.): Gesetz gegen Wettbewerbsbeschränkungen und Europäisches Kartellrecht. Gemeinschaftskommentar. § 1 GWB Kartellverbot. 5. völlig neubearbeitete Aufl. Carl Heymanns Verlag KG.: Köln u. a. 1. Lieferung 1999.
Zitiert als: *Bearbeiter*, in: Müller-Hennenberg/Schwartz/Hootz, GWB und Europäisches Kartellrecht.

Münstermann, Ute: Märkte für Risikokapital im Spannungsfeld von Organisationsfreiheit und Staatsaufsicht. (= Studienreihe der Stiftung Kreditwirtschaft an der Universität Hohenheim. Bd. 17.) Verlag Wissenschaft & Praxis: Sternenfels und Berlin 1996. (Zugl. Diss. Universität Hohenheim: 1995.)
Zitiert als: *Münstermann*, Märkte für Risikokapital.

Mutius, Albert von: »Die Handlungsformen der öffentlichen Verwaltung. Schluß.« In: Jura 1979. S. 223–224.

Nachbaur, Andreas: Niederlassungsfreiheit. Geltungsbereich und Reichweite des Art. 52 EGV im Binnenmarkt. (= Schriftenreihe Europäisches Recht, Politik und Wirtschaft. Bd. 214.) Nomos-Verlagsgesellschaft: Baden-Baden 1999. (Zugl. Diss. Universität Konstanz: 1997/1998.)

Nebendahl, Mathias/Thomas Rönnau: »Der Verzicht auf den Doktorgrad – eine mögliche Alternative zum Entziehungsverfahren? Zugleich ein Beitrag zum Verzicht Privater im öffentlichen Recht.« In: NVwZ 1988. S. 873–879.

Nebinger, Robert: Verwaltungsrecht. Allgemeiner Teil. 2. erweiterte Aufl. Wissenschaftliche Verlagsgesellschaft m. b. H.: Stuttgart 1949.

Nentwich, Michael: Das Lebensmittelrecht der Europäischen Union. Entstehung, Rechtsprechung, Sekundärrecht, nationale Handlungsspielräume. (= Schriftenreihe des Forschungsinstituts für Europafragen. Bd. 10.) Service Fachverlag: Wien 1994. (Zugl. Diss. Universität Wien: 1994.)
Zitiert als: *Nentwich*, Lebensmittelrecht.

Ochmann, Daniela: Rechtsformwahrende Privatisierung von öffentlich-rechtlichen Anstalten. Dargestellt am Holdingmodell zur Teilprivatisierung der Berliner Wasserbetriebe. (= Schriften zum Wirtschaftsverwaltungs- und Vergaberecht. Bd. 4.) Nomos Verlagsgesellschaft: Baden-Baden 2005. (Zugl. Diss. Freie Universität Berlin: 2004.)
Zitiert als: *Ochmann*, Privatisierung von Anstalten.

Ohler, Christoph: »Die Kapitalverkehrsfreiheit und ihre Schranken.« In: WM 1996. S. 1801–1808.

Olenhusen, Peter Götz von: Börsen und Kartellrecht. Zur wettbewerbsrechtlichen Problematik der Börsenleistungen. (= Studien zum Bank- und Börsenrecht. Bd. 11.) Nomos Verlagsgesellschaft: Baden-Baden 1983. (Zugl. Diss. Universität Bochum: 1982/1983.)

Ossenbühl, Fritz: »Die Erfüllung von Verwaltungsaufgaben durch Private.« In: VVDStRL 29 (1971). S. 137–209.

Peters, Hans: »Öffentliche und staatliche Aufgaben.« In: Dietz, Rolf/Heinz Hübner (Hrsg.): Festschrift für Hans Carl Nipperdey zum 70. Geburtstag, 21. Januar 1965. 2 Bde., Bd. II. C. H. Beck'sche Verlagsbuchhandlung: München und Berlin 1965. S. 877–895.
Zitiert als: *Peters*, in: Dietz/Hübner, FS Nipperdey, Bd. II, S. 877.

Picot, Arnold/Christine Bortenlänger/Heiner Röhrl: Börsen im Wandel. Der Einfluss von Informationstechnologie und Wettbewerb auf die Organisation von Wertpapiermärkten. Fritz Knapp Verlag: Frankfurt am Main 1996.

Pielow, Johann-Christian (Hrsg.): Gewerbeordnung. Kommentar. 2. Aufl. Verlag C. H. Beck: München 2016.

Posegga, Volker: »Gesellschafts- und aufsichtsrechtliche Aspekte des Zusammenschlusses von Börsen am Beispiel der Verschmelzung der Trägergesellschaften. Zugleich ein Beitrag zur Betriebspflicht des Börsenträgers im Sinne des § 1 Abs. 2 Börsengesetz n. F.« In: WM 2002. S. 2402–2408.

Preußner, Joachim/Torsten Fett: »Hypothekenbanken als abhängige Konzernunternehmen.« In: AG 2001. S. 337–343.

Quaritsch, Helmut: »Der Verzicht im Verwaltungsrecht und auf Grundrechte.« In: Selmer, Peter/Ingo von Münch (Hrsg.): Gedächtnisschrift für Wolfgang Martens. Walter de Gruyter: Berlin und New York 1987. S. 407–417.
Zitiert als: *Quaritsch*, in: Selmer/Münch, GS Martens, S. 407.

Rehm, Hermann u. a. (Mitarb.): Kommentar zum Börsengesetz. Auf Veranlassung des Centralverbands des deutschen Bank- und Bankiergewerbes. J. Guttentag: Berlin 1909.
Zitiert als: *Bearbeiter*, in: Rehm u. a., Börsengesetz.

Reindl, Petra: „Negative Dienstleistungsfreiheit" im EWG-Vertrag. Die Rechtsstellung der Nichterwerbstätigen als Empfänger von Dienstleistungen gemäß Art. 59 ff. EWG-Vertrag. VVF: München 1992. (Zugl. Diss. Universität Passau: 1991.)
Zitiert als: *Reindl*, Negative Dienstleistungsfreiheit.

Reinhardt, Michael (Hrsg.)/Paul Gieseke/Werner Wiedemann (Begr.)/Manfred Czychowski (Fortf.): Wasserhaushaltsgesetz. Unter Berücksichtigung der Landeswassergesetze. Kommentar. 11. neubearbeitete Aufl. Verlag C. H. Beck: München 2014.
Zitiert als: *Czychowski/Reinhardt*, Wasserhaushaltsgesetz.

Rengeling, Hans-Werner: Erfüllung staatlicher Aufgaben durch Private. Zu den Aufgaben eines privaten Dritten bei der Einrichtung von Anlagen zur Endlagerung radioaktiver Abfälle. (= Recht – Technik – Wirtschaft. Bd. 42.) Carl Heymanns Verlag KG: Köln u. a. 1986.

Ress, Georg: »Freier Personen-, Dienstleistungs- und Kapitalverkehr.« In: Kommission der Europäischen Gemeinschaft (Hrsg.): Dreißig Jahre Gemeinschaftsrecht. (= Sammlung „Europäische Perspektiven".) Verlag Dr. Otto Schmidt: Luxemburg 1983. S. 311–350.
Zitiert als: *Ress*, in: Kommission der Europäischen Gemeinschaft, 30 Jahre Gemeinschaftsrecht, S. 311.

Reuschle, Fabian/Andreas M. Fleckner: »Börsenähnliche Einrichtungen. Die privatrechtliche Organisation einer Börse im materiellen Sinne.« In: BKR 2002. S. 617–625.

Richter, Lutz: »Verwaltungsrecht der öffentlichen Anstalt.« In: VVDStRL 6 (1929). S. 69–104.

Riesenhuber, Karl (Hrsg.): Europäische Methodenlehre. Handbuch für Ausbildung und Praxis. 3. neubearbeitete Aufl. (= De Gruyter Handbuch.) De Gruyter: Berlin, München und Boston 2015.

Rolshoven, Michael: „Beschränkungen" des freien Dienstleistungsverkehrs. (= Schriften zum Europäischen Recht. Bd. 86.) Duncker & Humblot: Berlin 2002. (Zugl. Diss. Technische Universität Dresden: 2001.)
Zitiert als: *Rolshoven*, Beschränkungen.

Roth, Wulf-Henning: »Die Niederlassungsfreiheit zwischen Beschränkungs- und Diskriminierungsverbot.« In: Schön, Wolfgang (Hrsg.)/Werner Flume u. a. (Mitarb.): Gedächtnisschrift für Brigitte Knobbe-Keuk. Verlag Dr. Otto Schmidt: Köln 1997. S. 729–742.
Zitiert als: *Roth*, in: Schön, GS Knobbe-Keuk, S. 729.

—: »Freier Warenverkehr nach „Keck".« In: Hübner, Ulrich/Werner F. Ebke (Hrsg.): Festschrift für Bernhard Großfeld zum 65. Geburtstag. Verlag Recht und Wirtschaft: Heidelberg 1999. S. 929–957.
Zitiert als: *Roth*, in: Hübner/Ebke, FS Großfeld, S. 929.

Ruffert, Matthias: »Die Erledigung von Verwaltungsakten „auf andere Weise".« In: BayVBl. 2003. S. 33–40.

Sachs, Michael (Hrsg.): Grundgesetz. Kommentar. 7. Aufl. Verlag C. H. Beck: München 2014.

Sadler, Gerhard (Hrsg.): Verwaltungs-Vollstreckungsgesetz Verwaltungszustellungsgesetz. Kommentar anhand der Rechtsprechung. 9. neubearbeitete Aufl. C. F. Müller Verlag: Heidelberg 2014.
Zitiert als: *Sadler*, VwVG/VwZG.

Samm, Carl-Theodor: Börsenrecht. Grundzüge, Insider-Problematik, Optionshandel. Forkel Verlag: Stuttgart und Wiesbaden 1978.

—: »„Bundesbörsen" unter Landesaufsicht? Zur verfassungsrechtlichen Standortbestimmung von Börsenveranstaltungen in der bundesstaatlichen Ordnung des Grundgesetzes.« In: WM 1990. S. 1265–1269.

Schäfer, Frank A. (Hrsg.): Wertpapierhandelsgesetz, Börsengesetz mit BörsZulV, Verkaufsprospektgesetz mit Verk-ProspV. Kommentar. 1. Aufl. Verlag W. Kohlhammer: Stuttgart, Berlin und Köln 1999.
Zitiert als: *Bearbeiter*, in: Schäfer, Kapitalmarktgesetze, 1. Aufl.

Schäfer, Frank A./Uwe Hamann (Hrsg.): Kapitalmarktgesetze. Wertpapierhandelsgesetz, Börsengesetz mit BörsZulV, Wertpapierprospektgesetz, Verkaufsprospektgesetz, Wertpapiererwerbs- und Übernahmegesetz. Kommentar. 2 Bde., Bd. II. 2. neubearbeitete Aufl. 7. EL. Verlag W. Kohlhammer: Stuttgart, Berlin und Köln. Stand: Januar 2013.

Scheidler, Alfred: »Gewerbeuntersagung bei Aktiengesellschaften. Die Korruptionsskandale in Großkonzernen aus dem Blickwinkel des § 35 GewO.« In: GewArch 2005. S. 445–452.

Schick, Walter: »Gemeindemonopole und Grundgesetz.« In: DÖV 1962. S. 931–936.

Schlüter, Uwe: Börsenhandelsrecht. Handbuch für Banken und Finanzdienstleistungsinstitute. 2. gründlich überarbeitete und wesentlich erweiterte Aufl. Verlag C. H. Beck: München 2002.

Schmalz, Dieter: Allgemeines Verwaltungsrecht und Grundlagen des Verwaltungsrechtsschutzes. 3. Aufl. Nomos Verlagsgesellschaft: Baden-Baden 1998.
Zitiert als: *Schmalz*, Verwaltungsrecht und Verwaltungsrechtsschutz.

Schmidt, Dirk: »Das Bayernmodell: Beleihung von Privatpersonen mit Staatsaufgaben.« In: ZfgK 2003. S. 180–187.

Schmidt, Hartmut: Börsenorganisation zum Schutz der Anleger. J. C. B. Mohr (Paul Siebeck): Tübingen 1970.
Zitiert als: *H. Schmidt*, Börsenorganisation.

—: »Entwicklungen in der nationalen Börsenlandschaft. Die internationalen Börsen zwischen Fusionen, Übernahmen und konkurrierenden Geschäftsanbietern.« In: ZBB 2009. S. 233–236.

Schmidt, Hartmut/Peter Iversen: »Geld-Brief-Spannen deutscher Standardwerte in IBIS und MATIS.« In: ZBB 1991. S. 209–226.

Schmidt, Karsten/Marcus Lutter (Hrsg.): Aktiengesetz. 2 Bde., Bd. II: §§ 150–410, SpruchG. 3. neu bearbeitete Aufl. Verlag Dr. Otto Schmidt: Köln 2015.

Schmidt, Marek: »Privatrechtsangleichende EU-Richtlinien und nationale Auslegungsmethoden.« In: RabelsZ 59 (1995). S. 569–597.

Schmidt-Aßmann, Eberhard: »Verwaltungskooperation und Verwaltungskooperationsrecht in der Europäischen Gemeinschaft.« In: EuR 1996. S. 270–301.

Schmitt, Joachim/Robert Hörtnagl/Rolf-Christian Stratz (Hrsg.): Umwandlungsgesetz Umwandlungssteuergesetz. 7. Aufl. Verlag C. H. Beck: München 2016.
Zitiert als: *Bearbeiter*, in: Schmitt/Hörtnagl/Stratz, UmwG/UmwStG.

Schneider, Uwe H./Ulrich Burgard: »Börsenrechtliche Bewertung einer Einbeziehung der Trägergesellschaft der Frankfurter Wertpapierbörse in einen multinationalen Börsenkonzern und die Verlagerung des Handels in Standardwerten an eine anderen Börse.« In: WM 2000 Sonderbeilage Nr. 3. S. 24–45.

Schoch, Friedrich: »Das verwaltungsbehördliche Ermessen.« In: Jura 2004. S. 462–469.

Schoch, Friedrich/Eberhard Schmidt-Aßmann/Rainer Pitzner (Begr.)/Friedrich Schoch/Jens-Peter Schneider/Wolfgang Bier (Hrsg.): Verwaltungsgerichtsordnung. Kommentar. 2 Bde., Bd. II. 32. EL. C. H. Beck: München. Stand: Oktober 2016.
Zitiert als: *Bearbeiter*, in: Schoch/J. Schneider/Bier, Verwaltungsgerichtsordnung, Bd. II, 32. EL.

Schoenborn, Walther: Studien zur Lehre vom Verzicht im öffentlichen Recht. Verlag von J. B. C. Mohr (Paul Siebeck): Tübingen 1908.
Zitiert als: *Schoenborn*, Verzicht im öffentlichen Recht.

Schöne, Franz-Josef: »Die „umgekehrte Diskriminierung“ im EWG-Vertrag nach der Rechtsprechung des Europäischen Gerichtshofs. Dargestellt am Beispiel der Dienstleistungsfreiheit nach Art. 59 ff. EWG-Vertrag.« In: RIW 1989. S. 450–454.

—: Dienstleistungsfreiheit in der EG und deutsche Wirtschaftsaufsicht. (= Schriften zum Wirtschafts-, Handels-, Industrierecht. Bd. 32.) Carl Heymanns Verlag KG: Köln u. a. 1989. (Zugl. Diss. Universität Münster [Westfalen]: 1989.)
Zitiert als: *Schöne*, Dienstleistungsfreiheit und deutsche Wirtschaftsaufsicht.

Schönemann, Frank: Die Organisationsstruktur der Börse. Von der öffentlich-rechtlichen zu einer privatrechtlichen Börsenverfassung. (= Abhandlungen zum Deutschen und Europäischen Gesellschafts- und Kapitalmarktrecht. Bd. 35.) Duncker & Humblot: Berlin 2010. (Zugl. Diss. Universität Freiburg [Breisgau]: 2009.)

Schönle, Herbert: Bank- und Börsenrecht. Ein Studienbuch. 2. neubearbeitete Aufl. (= Juristische Kurz-Lehrbücher.) C. H. Beck'sche Verlagsbuchhandlung: München 1976.

Schroeder-Printzen, Günther (Hrsg.)/Hubert Lohaus/Helge Loytved (Mitarb.): Allgemeines Verwaltungsrecht in Leitsätzen. Mit Berücksichtigung des Sozialrechts. 3. neubearbeitete Aufl. Carl Heymanns Verlag KG: Köln u. a. 1986. Zitiert als: *Bearbeiter*, in: Schroeder-Printzen/Lohaus/Loytved, Allgemeines Verwaltungsrecht.

Schulte, Martin: Schlichtes Verwaltungshandeln. Verfassungs- und verwaltungsrechtsdogmatische Strukturüberlegungen am Beispiel des Umweltrechts. (= Jus publicum: Beiträge zum öffentlichen Recht. Bd. 12.) J. C. B. Mohr (Paul Siebeck): Tübingen 1995. (Zugl. Habil.-Schr. Universität Münster [Westfalen]: 1994.)

Schuster, Detlev/Marcus Sohns: »Zur Veräußerung von Sparkassen.« In: ZBB 2006. S. 342–354.

Schuster, Gunnar: Die internationale Anwendung des Börsenrechts. Völkerrechtlicher Rahmen und kollisionsrechtliche Praxis in Deutschland, England und den USA. (= Beiträge zum ausländischen öffentlichen Recht und Völkerrecht. Bd. 123.) Springer-Verlag: Berlin u. a. 1996. (Zugl. Diss. Universität Heidelberg: 1994/1995.)

Schuster, Gunnar/Jens-Hinrich Binder: »Die Sitzverlegung von Finanzdienstleistern innerhalb der Europäischen Gemeinschaft.« In: WM 2004. S. 1665–1675.

Schwark, Eberhard: »Börsen und Wertpapierhandelsmärkte in der EG.« In: WM 1997. S. 293–307.

— **(Hrsg.):** Börsengesetz. Kommentar zum Börsengesetz und zu den börsenrechtlichen Nebenbestimmungen. 2. neubearbeitete Aufl. C. H. Beck'sche Verlagsbuchhandlung: München 1994.

— **(Hrsg.):** Börsengesetz. Kommentar zum Börsengesetz, zu den börsenrechtlichen Nebenbestimmungen und den Insider-Richtlinien. 1. Aufl. C. H. Beck'sche Verlagsbuchhandlung: München 1976.

—: »Die rechtliche Zulässigkeit der Konzerneingliederung des Trägers der Frankfurter Wertpapierbörse unter eine ausländische Holding und eines blue-chips-Handelssegments in alleiniger Zuständigkeit einer ausländischen Börsenholding.« In: WM 2000. S. 2517–2532.

—: »Internalisierung.« In: Fuchs, Andreas/Hans-Peter Schwintowski/Daniel Zimmer (Hrsg.): Wirtschafts- und Privatrecht im Spannungsfeld von Privatautonomie, Wettbewerb und Regulierung. Festschrift für Ulrich Immenga zum 70. Geburtstag. Verlag C. H. Beck: München 2004. S. 723–742.
Zitiert als: *Schwark*, in: Fuchs/Schwintowski/Zimmer, FS Immenga, S. 723.

Schwark, Eberhard (Hrsg.): Kapitalmarktrechts-Kommentar. Börsengesetz mit Börsenzulassungsverordnung, Verkaufsprospektgesetz mit Verkaufsprospektverordnung, Wertpapierhandelsgesetz, Wertpapiererwerbs- und Übernahmegesetz. 3. Aufl. Verlag C. H. Beck: München 2004.
Zitiert als: *Bearbeiter*, in: Schwark, Kapitalmarktrecht, 3. Aufl.

—: »Zur rechtlichen Problematik der Schließung der Devisenbörsen.« In: DB 1971. S. 949–952.

Schwark, Eberhard/Daniel Zimmer (Hrsg.): Kapitalmarktrechts-Kommentar. Börsengesetz mit Börsenzulassungsverordnung, Wertpapierprospektgesetz, Verkaufsprospektgesetz mit Vermögensanlagen-Verkaufsprospektverordnung, Wertpapierhandelsgesetz, Wertpapiererwerbs- und Übernahmegesetz. 4. neubearbeitete und erweiterte Aufl. Verlag C. H. Beck: München 2010.
Zitiert als: *Bearbeiter*, in: Schwark/Zimmer, Kapitalmarktrecht, 4. Aufl.

Schwarze, Jürgen (Hrsg.): Wirtschaftsverfassungsrechtliche Garantien für Unternehmen im europäischen Binnenmarkt. (= Schriftenreihe Europäisches Recht, Politik und Wirtschaft. Bd. 263.) Nomos Verlagsgesellschaft: Baden-Baden 2001.
Zitiert als: *Bearbeiter*, in: Schwarze, Wirtschaftsverfassungsrechtliche Garantien.

Schwarze, Jürgen (Hrsg.)/Ulrich Becker/Armin Hatje/Johann Schoo (Mitarb.): EU-Kommentar. 3. Aufl. Nomos-Verlagsgesellschaft: Baden-Baden 2012.
Zitiert als: *Bearbeiter*, in: Schwarze, EU-Kommentar.

Schweitzer, Michael/Waldemar Hummer: Europarecht. Das Recht der Europäischen Union – Das Recht der Europäischen Gemeinschaften (EGKS, EG, EAG) – mit Schwerpunkt EG. 5. neubearbeitete und erweiterte Aufl. (= Juristische Lernbücher. Bd. 16.) Luchterhand: Neuwied, Kriftel und Berlin 1996.

Schwenke, Michael: »Die Kapitalverkehrsfreiheit im Wandel? Eine erste Analyse neuer Entwicklungen in der Rechtsprechung des EuGH.« In: IStR 2006. S. 748–754.

Seehafer, Bernadette: Grenzüberschreitende Börsenkonzentrationen im deutschen und britischen Recht. (= Abhandlungen zum Deutschen und Europäischen Gesellschafts- und Kapitalmarktrecht. Bd. 23.) Duncker & Humblot: Berlin 2009. (Zugl. Diss. Universität Freiburg: 2007.)
Zitiert als: *Seehafer*, Grenzüberschreitende Börsenkonzentrationen.

Segna, Ulrich: Die Rechtsform deutscher Wertpapierbörsen. Anmerkungen zur Reformdiskussion. (= Arbeitspapier Nr. 75.) Institut für Handels- und Wirtschaftsrecht: Universität Osnabrück 1999.

—: »Die Rechtsform deutscher Wertpapierbörsen. Anmerkungen zur Reformdiskussion.« In: ZBB 1999. S. 144–152.

Seitz, Jochen: »Die Regulierung von Wertpapierhandelssystemen in der EU.« In: AG 2004. S. 497–506.

Semler, Johannes/Arndt Stengel (Hrsg.): Umwandlungsgesetz. 4. Aufl. (= Beck'sche Kurz-Kommentare. Bd. 56.) Verlag C. H. Beck: München 2017.

Semler, Johannes/Arndt Stengel (Hrsg.): Umwandlungsgesetz. Mit Spruchverfahrengesetz. 3. Aufl. (= Beck'sche Kurz-Kommentare. Bd. 56.) Verlag C. H. Beck: München 2012.

Sendler, Horst: »Wer gefährdet wen: Eigentum und Bestandsschutz den Umweltschutz – oder umgekehrt?« In: UPR 1983. S. 33–46.

Siems, Ulrike: Der Begriff des schlichten Verwaltungshandelns. Cuvillier Verlag: Göttingen 1999. (Zugl. Diss. Georg-August-Universität Göttingen: 1999.)
Zitiert als: *Siems*, Schlichtes Verwaltungshandeln.

Sodan, Helge/Jan Ziekow (Hrsg.): Verwaltungsgerichtsordnung. Großkommentar. 4. Aufl. Nomos: Baden-Baden 2014.

Spanner, Hans: »Die verfassungskonforme Auslegung in der Rechtsprechung des Bundesverfassungsgerichts.« In: AÖR 91 (1966). S. 503–536.

Spindler, Gerald: »Elektronische Finanzmärkte und Internet-Börsen. Teil I: Grundlegende Risiken und Reform des nationalen Kapitalmarktrechts.« In: WM 2002. S. 1325–1341.

—: »Internationale Kapitalmarktangebote und Dienstleistungen im Internet. Öffentlich-rechtliche Regulierung und Kollisionsrecht unter besonderer Berücksichtigung der E-Commerce-Richtlinie.« In: WM 2001. S. 1689–1701.

—: »Neuregelungen des Kapitalmarkt- und Börsenrechts zum Anlegerschutz? – Zur gesellschafts- und wirtschaftsrechtlichen Abteilung des 64. Deutschen Juristentages.« In: DStR 2002. S. 1576–1587.

Spindler, Gerald/Roman A. Kasten: »Der neue Rechtsrahmen für den Finanzdienstleistungssektor – die MiFID und ihre Umsetzung. Teil I.« In: WM 2006. S. 1749–1756.

Stadie, Holger: »Rechtsnachfolge im Verwaltungsrecht.« In: DVBl. 1990. S. 501–508.

Steiner, Udo: »Der „beliehene Unternehmer" – VG Münster, NJW 1967, 171.« In: JuS 1969. S. 69–75.

Steinmeyer, Roland (Hrsg.): WpÜG. Wertpapiererwerbs- und Übernahmegesetz. Kommentar. 3. völlig neubearbeitete und erweiterte Aufl. Erich Schmidt Verlag: Berlin 2013.

Steinweg, Christian: Zeitlicher Regelungsgehalt des Verwaltungsaktes. (= Münsterische Beiträge zur Rechtswissenschaft. Bd. 165.) Duncker & Humblot: Berlin 2006. (Zugl. Diss. Universität Münster [Westfalen]: 2005.)

Stelkens, Paul/Heinz Joachim Bonk/Michael Sachs (Hrsg.): Verwaltungsverfahrensgesetz. Kommentar. 8. Aufl. Verlag C. H. Beck: München 2014.

Stern, Klaus: Das Staatsrecht der Bundesrepublik Deutschland. 5 Bde., Bd. II: Staatsorgane, Staatsfunktionen, Finanz- und Haushaltsverfassung, Notstandsverfassung. C. H. Beck'sche Verlagsbuchhandlung: München 1980.
Zitiert als: *Stern*, Staatsrecht, Bd. II.

Stern, Klaus (Hrsg.)/Michael Sachs (Mitarb.): Das Staatsrecht der Bundesrepublik Deutschland. 5 Bde., Bd. III/2: Allgemeine Lehren der Grundrechte. Grundrechtstatbestand, Grundrechtsbeeinträchtigungen und Grundrechtsbegrenzungen, Grundrechtsverluste und Grundpflichten, Schutz der Grundrechte, Grundrechtskonkurrenzen, Grundrechtssystem. C. H. Beck'sche Verlagsbuchhandlung: München 1994.
Zitiert als: *Bearbeiter*, in: Stern/Sachs, Staatsrecht, Bd. III/2.

Stober, Rolf/Winfried Kluth (Hrsg.)/Hans J. Wolff (Begr.)/Otto Bachof (Fortf.): Verwaltungsrecht I. Ein Studienbuch. 12. neubearbeitete Aufl. (= Kurzlehrbücher für das juristische Studium.) Verlag C. H. Beck: München 2007.

— (Hrsg.)/(Begr.)/(Fortf.): Verwaltungsrecht II. Ein Studienbuch. 7. neubearbeitete Aufl. (= Kurzlehrbücher für das juristische Studium.) Verlag C. H. Beck: München 2010.

Streinz, Rudolf: »Frauen an die Front. Bewertung und Folgen der Urteile des EuGH vom 26. Oktober 1999 – Rs. C-273/97 (Angela Maria Sirdar) – und vom 11. Januar 2000 – Rs. C-285/98 (Tanja Kreil).« In: DVBl. 2000. S. 585–595.

Streinz, Rudolf (Hrsg.)/Tobias Kruis/Walther Michl (Mitarb.): EUV/AEUV. Vertrag über die Europäische Union und Vertrag über die Arbeitsweise der Europäischen Union. 2. Aufl. (= Beck'sche Kurz-Kommentare. Bd. 57.) Verlag C. H. Beck: München 2012.
Zitiert als: *Bearbeiter*, in: Streinz, EUV/AEUV.

Stünkel, Kerstin: EG-Grundfreiheiten und Kapitalmärkte. Die Auswirkungen der Grundfreiheiten auf die Integration der Sekundärmärkte. (= Europäisches Wirtschaftsrecht. Bd. 42.) Nomos Verlagsgesellschaft: Baden-Baden 2005. (Zugl. Diss. Universität Hamburg: 2004.)

Szagunn, Volkhard (Begr.)/Ulrich Haug/Wilhelm Ergenzinger (Hrsg.): Gesetz über das Kreditwesen. In der Fassung vom 22. Januar 1996. Kommentar. 6. vollständig überarbeitete Aufl. Verlag W. Kohlhammer: Stuttgart, Berlin und Köln 1997.

Temmel, Christian (Hrsg.): Börsegesetz. Praxiskommentar. LexisNexis: Wien 2011.

Tettinger, Peter J. (Fortf.)/Rolf Wank/Jörg Ennuschat (Hrsg.)/Harald Sieg/Werner Leifermann (Begr.): Gewerbeordnung. Kommentar. 8. Aufl. Verlag C. H. Beck: München 2011.
Zitiert als: *Bearbeiter*, in: Tettinger/Wank/Ennuschat, Gewerbeordnung.

Thieme, Juliane: Wertpapierdienstleistungen im Binnenmarkt. Von der Wertpapierdienstleistungsrichtlinie zur MiFID. (= Studien zum Bank- und Kapitalmarktrecht. Bd. 7.) Nomos Verlagsgesellschaft: Baden-Baden 2008. (Zugl. Diss. Universität Halle-Wittenberg: 2008.)

Thieme, Werner: »Berufsfreiheit und Verwaltungsmonopole.« In: JZ 1961. S. 280–284.

Thode, Bernd/Holger Peres: »Anstalten des öffentlichen Rechts im Spannungsfeld zwischen deutschem und europäischem Recht. Anstaltslast und Gewährträgerhaftung bei kommunalen Sparkassen und Landesbanken.« In: VerwArch 89 (1998). S. 439–466.

Timm, Wolfram: Die Aktiengesellschaft als Konzernspitze. Die Zuständigkeitsordnung bei der Konzernbildung und Konzernumbildung. (= Abhandlungen zum deutschen und europäischen Handels- und Wirtschaftsrecht. Bd. 30.) Carl Heymanns Verlag KG: Köln u. a. 1980. (Zugl. Diss. Universität Bochum: 1979.)

Traumann, Dodo: Die Organisationsgewalt im Bereich der bundeseigenen Verwaltung. (= Nomos Universitätsschriften: Recht. Bd. 291.) Nomos Verlagsgesellschaft: Baden-Baden 1998. (Zugl. Diss. Universität München: 1997.)
Zitiert als: *Traumann*, Organisationsgewalt.

Triepel, Heinrich: »Staatsdienst und staatlich gebundener Beruf.« In: Festschrift für Karl Binding zum 4. Juni 1911. 2 Bde., Bd. II. Scientia Verlag: Neudruck der Ausgabe Leipzig: Verlag von Wilhelm Engelmann 1911. Aalen 1974. S. 1–85.
Zitiert als: *Triepel*, in: FS Binding, Bd. II, S. 1.

Turegg, Kurt Egon von/Erwin Kraus: Lehrbuch des Verwaltungsrechts. 4. neubearbeitete Aufl. (= Lehrbücher und Grundrisse der Rechtswissenschaft. Bd. 20.) Walter de Gruyter & Co.: Berlin 1962.
Zitiert als: *Turegg/Kraus*, Verwaltungsrecht.

Uber, Giesbert: Freiheit des Berufs. Artikel 12 des Grundgesetzes. Nach einer rechtsgrundsätzlichen Betrachtung der individuellen Freiheit. (= Abhandlungen aus dem Seminar für Öffentliches Recht. Bd. 42.) Kommissionsverlag Ludwig Appel: Hamburg 1952.

Uppenbrink, Martin: Die deutschen Wertpapierbörsen als Körperschaften des öffentlichen Rechts. Diss. Ruprecht- Karl-Universität Heidelberg: 1963.
Zitiert als: *Uppenbrink*, Wertpapierbörsen als Körperschaften.

Vaupel, Christoph F.: »Genehmigungszuständigkeit für grenzüberschreitenden computergestützten Börsenhandel.« In: RIW 1993. S. 733–737.

Vogel, Klaus: Diskussionsbeitrag, in: »Erfüllung von Verwaltungsaufgaben durch Private. 3. Aussprache und Schlußworte.« In: VVDStRL 29 (1971). S. 237–276.

—: Öffentliche Wirtschaftseinheiten in privater Hand. Eine verwaltungsrechtliche Untersuchung. (= Abhandlungen aus dem Seminar für Öffentliches Recht. Bd. 47.) Kommissionsverlag Ludwig Appel: Hamburg 1959.

Völker, Stefan: Passive Dienstleistungsfreiheit. (= Tübinger Schriften zum internationalen und europäischen Recht. Bd. 21.) Duncker & Humblot: Berlin 1990. (Zugl. Diss. Universität Tübingen: 1989.)

Wagner, Matthias: Das Konzept der Mindestharmonisierung. (= Schriften zum Europäischen Recht. Bd. 70.) Duncker & Humblot: Berlin 2001. (Zugl. Diss. Universität Bayreuth: 1999.)
Zitiert als: *Wagner*, Mindestharmonisierung.

Wall, Heinrich de: Die Anwendbarkeit privatrechtlicher Vorschriften im Verwaltungsrecht. Dargestellt anhand der privatrechtlichen Regeln über Rechtsgeschäfte und anhand des allgemeinen Schuldrechts. (= Jus publicum: Beiträge zum öffentlichen Recht. Bd. 46.) J. C. B. Mohr (Paul Siebeck): Tübingen 1999. (Zugl. Habil.-Schr. Universität Erlangen-Nürnberg: 1997/1998.)
Zitiert als: *Wall*, Privatrechtliche Vorschriften im Verwaltungsrecht.

Walter, Jörg: »Rechtliche Aspekte der Zulassung als Freimakler an einer deutschen Wertpapierbörse.« In: WM 1986. S. 1489–1494.

Warncke, Theodor: »Die jüngste Rechtsprechung des Bundesverwaltungsgerichts zur Bedürfnisprüfung bzw. numerus clausus.« In: NJW 1956. S. 1587–1588.

Wastl, Ulrich/Christian Schlitt: »Internetbörse. Revolution am Kapitalmarkt oder einfach nur juristisches Neuland?« In: MMR 2000. S. 387–396.

Weber, Claus: »Die Dienstleistungsfreiheit nach den Art. 59 ff. EG-Vertrag – einheitliche Schranken für alle Formen der Dienstleistung?« In: EWS 1995. S. 292–296.

Weber-Rey, Daniela/Corinna Baltzer: »Aktuelle Entwicklungen im Versicherungsaufsichtsrecht. Aufsicht über Rückversicherungen und an Versicherungen beteiligte Unternehmen.« In: WM 2006. S. 205–213.

Weichert, Tilman/Thomas Wenninger: »Die Neuregelung der Erkundigungs- und Aufklärungspflichten von Wertpapierdienstleistungsunternehmen gem. Art. 19 RiL 2004/39/EG (MiFID) und Finanzmarkt-Richtlinie-Umsetzungsgesetz.« In: WM 2007. S. 627–636.

Weisel, Klaus: Das Verhältnis von Privatisierung und Beleihung. Eine verfassungsrechtliche Untersuchung der Kombinationsfähigkeit von Privatisierung und Beleihung sowie der Einflüsse der Anwendung des neuen Steuerungsmodells für die öffentliche Verwaltung auf ihre Zulässigkeit. (= Privatisierungsprobleme. Bd. 4.) Nomos Verlagsgesellschaft: Baden-Baden 2003. (Zugl. Diss. Universität Bremen: 2002.)
Zitiert als: *Weisel*, Privatisierung und Beleihung.

Wiede, Peter: Die Börse als verwaltungsrechtliches Problem und Rechtsinstitut. Diss. Universität Köln: 1965.

Wiedemann, Gerhard (Hrsg.): Handbuch des Kartellrechts. 3. neu bearbeitete und erweiterte Aufl. Verlag C. H. Beck: München 2016.

Wilde, Klaus Rüdiger: Der Verzicht Privater auf subjektive öffentliche Rechte. Diss. Universität Hamburg: 1966.

Wilmowsky, Peter von: »Ausnahmebereiche gegenüber EG-Grundfreiheiten?« In: EuR 1996. S. 362–375.

—: »Mit besonderen Aufgaben betraute Unternehmen unter dem EWG-Vertrag. Ein Beitrag zu Art. 90 Abs. 2 EWGV.« In: ZHR 155 (1991). S. 545–572.

Wolfers, Benedikt/Marcel Kaufmann: »Private als Anstaltsträger.« In: DVBl. 2002. S. 507–514.

Wolff, Wilfried: Allgemeines Verwaltungsrecht. Verwaltungsverfahrensrecht Verwaltungsprozessrecht. 4. neubearbeitete und ergänzte Aufl. (= Kompendien für Studium, Ausbildung und Fortbildung.) Nomos Verlagsgesellschaft: Baden-Baden 2004.

Würtenberger, Thomas: »Anmerkung zu BGH, Urteil v. 21.01.1993 – III ZR 189/91 (OLG Hamm).« In: JZ 1993. S. 1003–1005.

Zippelius, Reinhold: Juristische Methodenlehre. 11. Aufl. Verlag C. H. Beck: München 2012.

Zöllner, Wolfgang: »Grundsatzüberlegungen zur umfassenden Umstrukturierbarkeit der Gesellschaftsformen nach dem Umwandlungsgesetz.« In: Martens, Klaus-Peter/Harm Peter Westermann/Wolfgang Zöllner (Hrsg.): Festschrift für Carsten Peter Claussen. Zum 70. Geburtstag. Carl Heymanns Verlag KG: Köln u. a. 1997. S. 423–444.
Zitiert als: *Zöllner*, in: Martens/Westermann/Zöllner, FS Claussen, S. 423.

www.ingramcontent.com/pod-product-compliance
Ingram Content Group UK Ltd.
Pitfield, Milton Keynes, MK11 3LW, UK
UKHW021837290926
8980IPUK00004B/508

9 783631 745533